Reinhard Leube

Katz-und-Maus-Spiele

Fünfter Teil

Anderwelt Verlag

Reinhard Leube

Katz-und-Maus-Spiele

Europa in den Jahren 1940 und 1941

Der Geschichte fünfter Teil

Titelbild von Andreas Schäfer

Impressum

Katz-und-Maus-Spiele
Europa in den Jahren 1940 und 1941
Teil 5

Titelbild von Andreas Schäfer

1. Auflage 2020

Anderwelt Verlag, München
Druck: CPI Books GmbH Printed in Germany

ISBN: 978-3-940321-26-8

Das *Appeasement* war kein *Fehler*. Es war die Pflege und Wartung des Selbstzerstörungsmechanismus im Inneren Deutschlands, der den Namen Adolf Hitler trug und glaubte, er verdanke die Erfolge, die er wundersam erzielen durfte, im vollen Ernst der Vorsehung.

Zum Geleit

Im Prinzip kennen Sie die Geschichte. Irgendwann gab es einen ersten Weltkrieg und später einen zweiten. Warum ein neues Buch darüber? Und weshalb ist es denn letzten Endes gleich eine Serie geworden?

Es gibt sie, die vielen Wahrheiten, die vielen Quellen, die vielen Details. Gewöhnlich entscheiden sich Historiker dafür, die Fragmente zu liefern, die ihre These „belegen“. Doch wo bleibt der Rest? Andere Wahrheiten landen in anderen Büchern und dort war auf einmal alles ganz anders.

Warum sollen die unterschiedlichen Wahrheiten jedoch nicht einmal in einem und demselben Buch gesammelt werden? Und zeitlich geordnet? Sie werden staunen, wenn sich auf diese Weise neue Antworten finden und wenn sich auf einmal Rätsel auflösen, die erst entstanden waren, weil Historiker ungeeignet erscheinende Details nicht erwähnten.

Warum soll sich denn das interessierte Publikum nicht einmal selbst ein Bild von der Welt der Urgroßeltern machen? Ohne jenes ewige Schwarz-Weiß-Denken? Es ist vielleicht gar nicht so schlecht, wenn Sie angeregt werden, sich diese und jene Quellen einmal selbst anzuschauen.

Zur leichteren Orientierung über die handelnden Akteure finden Sie ab Seite 315 ein Namensregister und ab Seite 328 Funktionsträger in den einzelnen Ländern. Den Menschen, auf die hier mit einem Sternchen* aufmerksam gemacht wird, werden Sie in den Jahrzehnten von 1945 bis 1990 in herausgehobenen Stellungen wieder begegnen.

Was Sie hier erwartet

1941

1940

Hitlers Reden vom Frieden sind Geschichte

Ein Heiligabend ohne Lichter in den Fenstern und die Silvesterfeier fällt von 1939 zu 1940 auch aus, danke lieber Friedenskanzler. Was wird jetzt aus den übrigen 993 Jahren des Reiches? Diese Lage stellt die Kollegen im Sicherheitsapparat auch vor größere Probleme. Das fängt schon mit der wachsenden Findigkeit der Leute an, die verstanden haben, dass sie seit dem Kriegsausbruch gar nichts mehr dürfen. Die Klügsten unter den Leuten stellen sich saublöd, wenn sie gefragt werden, warum sie meinetwegen Radio Moskau oder so gehört hätten. Wie hieß es immer so schön auf den Plakaten? Mein Name ist Hase, ich weiß von nichts. Dann sieht man den *Freund und Helfer* herzlich unschuldig an und erklärt ihm im vollen Ernst, dass wir doch jetzt den Vertrag mit Moskau haben, deshalb gelte das Abhörverbot, auf das zumindest hohe Zuchthausstrafen stehen oder im schlimmsten Fall die Hinrichtung, in dem Falle nicht mehr. Mit Sendungen aus der Schweiz und Italien wird ähnlich verfahren. Dass die Musikdarbietungen aus dem Auslande unter das Verbot fallen könnten, wenn das Abhören ausländischer Sender nicht zulässig ist, bleibt für die nächsten Schlauberger ein Rätsel. Dumm sein ist gefährlich, aber dumm stellen ist gar nicht so selten lebensrettend. Dabei bräuchte man keinen rauschenden fernen Sender anschalten, wenn unsere Sender die neueste internationale Musik selbst spielen würden. Eine andere Denkschule ist in der Partei festzustellen. So geben Parteigenossen auf die Frage, wieso sie denn gegen das Verbot verstoßen hätten, die Antwort, das Gesetz sei doch „nur gegen Schwache und Böswillige“ gerichtet.[1] Das hat doch was, braune Genossen hören jetzt Radio Moskau und denken, damit sei man auf der Linie der Partei. Vom erfolgreichen Beklopptstellen handelt auch der nachfolgende Spruch: Ein Mann steht in der Zigarettenschlange und brummelt: „Alles wegen dem Einen!“ Er steht vor dem Gemüseladen an und muffelt ärgerlich: „Ja, ja, alles wegen dem Einen!“ Später trifft man ihn vor dem Schokoladenladen wartend, wieder stichelnd: „Alles wegen“ Da wird er verhaftet und man bringt ihn zur Polizeiwache. Der Wachtmeister fährt ihn an: „Das ist ja unerhört, wie Sie da miesmachen! Wen meinen Sie denn mit »dem Einen«?“ Mit undurchdringlicher Miene antwortet der Mann: „Nun, selbstverständlich Churchill." Enttäuscht, aber ebenso erleichtert sagt der Wachtmeister: „Ach so – Churchill. Na, dann können Sie gehen." Der Mann geht, dreht sich an der Tür aber nochmals um und fragt diesen Polizisten: „Nun sagen Sie mal, Herr Wachtmeister, an wen hatten Sie eigentlich gedacht???"[2]

In einer katholischen Pfarrerbesprechung am 3. Januar hält einer dieser Schwarzröcke einen Vortrag über Meldungen ausländischer Sender. Der gute Mann schießt den Vogel ab, als er die Wellenlängen der Sendungen einfach mal bekannt gibt. Das wirkt wie eine Aufforderung zum illegalen Radiohören. Übrigens gehen die Zahlen der illegalen Hörer weiterhin in die Millionen. Man einigt sich drauf, die Meldungen solcher Sender, die man nicht hören darf, in vorsichtiger Form propagandistisch zu nutzen. Der Kollege beim SD erwähnt bedauerlicherweise nicht den Namen des Heckenschützen unter den Pfarrern, der seine Kollegen denunziert. Auf jeden Fall hat der SD-Ganove keine Zweifel über den Inhalt der von den Pfarrern vorgesehenen Propaganda, denn sie hatten direkt gesagt, dass die Wehrkraft des Reiches geschwächt werden müsse. Einige Geistliche meinen, es sei am besten, sich mit den Angehörigen der im Feld Stehenden in Verbindung zu setzen und nach deren Ergehen zu fragen. Im Lauf des Gesprächs könne man auf die Unsinnigkeit des Kriegs kommen und auf diese Art die Angehörigen beeinflussen, damit diese in ihren Briefen ins Feld eben diese Meinung über den Krieg zum Ausdruck bringen.[3]

Kinos orientieren sich bei der Filmauswahl am Markt, so werden weiterhin amerikanische Filme gezeigt, was zu Beschwerden vonseiten unserer ganz harten Volksgenossen in Reichenberg, Liegnitz, Lüneburg sowie in Breslau führt. Warum beschweren sich die Braunen bloß in so wenigen Gemeinden? Aus Allenstein in Ostpreußen wird geklagt, dass gerade in der Woche vor Weihnachten nur ein Filmtheater einen deutschen Film zeigte, während die drei übrigen amerikanische Filme anboten. Das war hart für die ganz Harten. Schön findet es diese Klientel jedoch, dass sich der Reichsjugendführer freiwillig zum Wehrdienst gemeldet hat. Es wird gewünscht, dass die Presse druckt, dass viele HJ-Chefs beim Heer sind, da doch dieser Tatbestand in der Bevölkerung viel zu wenig bekannt sei. Gar nicht schön findet es dieser Teil der Leute in Frankfurt an der Oder, dass gerade der Film *Scotland Yard erlässt Haftbefehl* aufgeführt wird. Wo sind wir denn? Es ist unerhört, dass die Frankfurter Oderzeitung in ihrer Kritik über den Film von „Englands Meisterdetektiven" spricht.[4]

Freuen können sich die Kinder, denn Weihnachten ist zwar dunkel aber dafür dauern die Ferien dieses Jahr durch den Kohlenmangel zehn Tage länger. Heißa, Hopsasa und Trallala! In ein paar Kreisen der Nordmark wurde der Schulanfang gar auf unbestimmte Zeit verschoben. In Berlin muss das Hauptgebäude der Friedrich-Wilhelms-Universität deswegen geschlossen werden und in den Schulverwaltungen kursieren Gerüchte, dass die Schulen bis zum Ende der Kälteperiode überhaupt nicht wieder öffnen werden. Es wäre aber gelacht, wenn den Leuten über allem Elend noch der Humor gefrieren würde. So ist rasch ein neuer Witz unterwegs und der geht so: Einer alten Frau wird von der NSV Kohle zugeteilt, und es wird ihr dabei ein Bild des Führers überreicht mit den Worten: „Das ist der Mann, dem Sie die Kohlen zu verdanken haben." Später sieht ein Besucher das Bild und sagt: „Ah – der Führer!" Woraufhin ihm die gute Frau erläutert: „Ach, Quatsch, das ist mein Kohlenhändler!"[5]

Bei der *Firma* interpretieren sie es als Ausdruck „nationalsozialistischen Gemeinschaftsgeistes", dass sich die Leute gegenseitig unterstützen, um die Folgen des Brennstoffmangels zu lindern, durch Abgabe von Kohlen oder durch Hilfe beim Transport des Heizmaterials. Wenn sie sich aber selbst helfen und auf Kohlenklau gehen, zum Beispiel in den Kellern und auf Fabrikplätzen, dann streikt bei den Kollegen in der Wärme plötzlich der Humor. Wütend fragt man: „Wie heißt der Vetter von Kohlenklau? – Kohldampf!" Warum soll es denn was zum Essen geben, wenn es nichts zum Heizen gibt? Wenn schon in Stadt und Land Hunger herrscht, dann möchte man sich nicht vorstellen, wie es Gefangenen in den Lagern oder Zuchthäusern geht. Die Leute auf den Straßen sind aber auch nicht aufzuheitern mit Berichten über solche Engpässe in den Feindstaaten. Nun wird verschiedentlich darauf hingewiesen, dass früher oft betont wurde, dass ein Mangel an Kohlen bei uns niemals eintreten werde. Erregt wird immer wieder darüber diskutiert, wer wohl an den Engpässen schuld sei und wann diejenigen endlich bestraft würden. Eine besonders niedliche Erklärung kursiert unter den Parteigenossen. Dort heißt es vielfach, die Knappheit wäre durch die Sabotage ehemaliger Freimaurer entstanden. Andere machen vor allem die Reichsbahn dafür verantwortlich.[6]

Was auch immer wieder großartig ankommt, sind Witze mit einem zweifachen Lacher – Hermann Göring geht in der Schorfheide spazieren. Er trifft einen Mann mit einem vollen Sack auf dem Rücken. Leutselig fragt er: „Na, sind Sie der Kohlenklau?“ Und bekommt zur Antwort: „Nein – ich bin Eichenlaubträger!“[7] Damit wird aus der ganz praktischen Szene der Bogen geschlagen zu den Auszeichnungen beim Militär und so wird geklärt, dass es ohne den Krieg auch noch immer genug Kohlen gäbe.

Die Arbeiter in der Industrie sind so einigermaßen die Ersten, bei denen die Stimmung allmählich in den Keller rutscht. Diese Entwicklung wird auf den ganz allgemeinen Mangel in der Kartoffel- vor allem aber in der Kohlenversorgung zurückgeführt. Was wir auf der anderen Seite freilich streng genommen schon wissen, ist, dass man die Deutschen motivieren kann, wenn man ihnen einen Titel verleiht. Mit sofortiger Wirkung sind die Arbeiter in der Rüstungswirtschaft berechtigt, sich Kriegskameraden nennen zu lassen. Da vergessen die Norddeutschen, dass sie in der Kälte nichts zu essen haben. Im Süden wird bald ein zweiter Titel zu verleihen sein, weil „bei den Arbeitern, die unter dem Einfluss der kath. Geistlichkeit stehen, vielfach eine pessimistische Einstellung zum Krieg“ bemerkt wird. Bei den Arbeitern, die am Westwall schuften, tut es ein Titel auch nicht. Wird ein Westwall-Ehrenzeichen genügen? Oh ja, doch bei diesen knorrigen Männern „herrscht teilweise Verstimmung darüber, dass das Westwall-Ehrenzeichen an politische Leiter, SA.-Führer usw. sofort verliehen wurde, auch wenn sie die Voraussetzungen der Verleihung kaum erfüllten, während Arbeiter mit langer Dienstzeit das Ehrenzeichen zum großen Teil bis heute noch nicht erhalten haben.“[8] Alle sind gleich, aber manche sind dann eben doch wieder gleicher als die einfachen Leute.

Gib den Deutschen einen warmen Händedruck und sie arbeiten einfach weiter. So sind sie eben. Wenn nur manche von ihnen nicht so aufsässig wären! Der gemeine Nazi, also der Nazi an sich, na, Sie verstehen schon, was gemeint ist, der hat sich gedacht, wenn die Juden zum Beispiel erstmal ausgewandert sind, dann sinn die mal wech. Pustekuchen. Vor dem Jahreswechsel brachte der Deutsche Verein für Kunstwissenschaft eine Broschüre heraus und die wird an die etwa 2.000 Mitglieder des Vereins geschickt. Es ist der 6. Jahrgang des Schrifttums zur Deutschen Kunst – und enthält Aufsätze, die die jüdischen Emigranten Neumeyer, Frankel, Pausfek, Pollack, Scharf, Goldschmidt und Auerbach in den Jahren 1938 und 1939 verfasst haben. Auch andere sind recht findig: Es mehren sich Horror-Berichte, dass immer häufiger Bücher über das Chiffrieren ausgeliehen oder gekauft werden. Einen Brief kann man öffnen und sehen, was der Volksgenosse so schreibt, doch man kann es dem Schnüffler ein wenig schwerer machen, wenn man verschlüsselt schreibt. Ein Geheimtipp ist auf jeden Fall Eiweiß. Klebt man Briefe damit zu, soll es nicht so einfach sein, sie über Wasserdampf aufzubekommen. Dreimal darf man raten, was die Männer von der *Firma* ihren Auftraggebern vorschlagen. Mehr Dechiffriergeräte anschaffen? Mehr Personal einstellen? Oh, was glauben Sie denn, wie beweglich so ein überzeugter Ideologe im Mangel ist? Es wird empfohlen, dass die Bibliotheken solche Werke sperren und dass sie im Handel verboten werden.[9] Neue Ideen? Fehlanzeige.

Hitlers Drang nach Osten bringt in den betroffenen osteuropäischen Gebieten alles heillos durcheinander. Die Ukrainer bedanken sich herzlich, weil viele der Polen vor den wild gewordenen Deutschen in ihre Ukraine fliehen. Dadurch macht die Polonisierung, die Warschau einst anstrebte, nunmehr sogar noch Fortschritte. Aus Reichenberg im Sudetenlande ist zu erfahren, dass sich die Erzfeinde Tschechen und Polen annähern. Es beginnen sich freundschaftliche Beziehungen zwischen polnischen Bergarbeitern und der tschechischen Minderheit anzubahnen. Was gar nicht geht, sind Anzeigen, die sich in polnischen Zeitungen wie in der Goniec Krakowski häufen, in denen Deutsche Kontakt mit Polen oder Polinnen suchen.[10] Der Nationalsozialismus auf Reisen fördert so das Zusammenwachsen der europäischen Völker. Wenn das der Führer wüsste...

Die Leute wissen ja sogar besser als er selbst, was er im Luftschutzkeller gesagt haben soll: Noch in diesem Jahr sei der Krieg vorbei, habe er dort unten gemeint. Beim SD wird notiert: „Im ganzen Reich ist das Gerücht im Umlauf, der Führer habe sich anlässlich der Weihnachtsfeiern in den Bunkern in diesem Sinne über die Dauer des Krieges geäußert." Das Gerücht findet weitere Nahrung durch den Neujahrsaufruf des Führers an die Partei und seine Anordnung, mit den Vorbereitungen für die Kunstausstellung des Jahres 1940 zu beginnen. Dann will man gehört haben, der Führer habe Frau Winifred Wagner auf deren Anfrage mitgeteilt, die Vorbereitungen für die Bayreuther Festspiele könnten beginnen, weil ja der Krieg noch in diesem Jahr aufhören werde.[11] Der Führer hat es nicht leicht mit den Deutschen; wo soll auch der Kompromiss liegen zwischen der Sehnsucht nach Frieden auf deutschen Straßen und dem Drang nach Krieg und der Ausrottung anderer Völker im Bunker der Reichskanzlei?

Auf beiden Seiten wird mit harten Bandagen operiert. Aus einer ganzen Reihe von Informationen geht hervor, dass in mehreren Fällen Teile des katholischen Klerus erklärten, sie würden es begrüßen, wenn Deutschland den laufenden Krieg verlieren würde. Von einem Sieg Frankreichs und Englands erhoffe man sich eine Aufteilung in katholische Staaten – wie Österreich, Bayern, die Rheinlande und so weiter. Eine Analyse auf jeden Fall ergibt, dass die Haltung der Pfarrer überall im Reich eine derartige Übereinstimmung zeigt, dass völlig eindeutig zentrale Weisungen vorliegen müssen, zumal ihre Aktivitäten unter dem Einfluss der päpstlichen Enzyklika vom 27. Oktober 1939 noch weiter intensiviert wurden. Es versteht sich von selbst, dass hier staatspolizeiliche Maßnahmen eingeleitet wurden. Verschiedentlich wird festgehalten, dass die allgemeine Stimmung in den Gebieten der Ostmark, in denen katholische Geistliche bedeutenden Einfluss auf die Bevölkerung haben, nicht zufriedenstellen könne. Das sind in erster Linie abgelegene Gegenden, die den Umbruch 1938 fast ohne Ausnahme noch freudig begrüßten. Unter dem Einflusse der katholischen Landgeistlichkeit ist eine erhebliche Änderung des Verhaltens der Einwohnerschaft zu verzeichnen. Der SD stellt fest, dass ihre frühere staatsbejahende Haltung in das Gegenteil verwandelt worden sei und dass in den letzten Tagen wieder neun Geistliche „wegen abfälliger Äußerungen über Maßnahmen der Reichsregierung“ verhaftet wurden. Zeitlich verzögert fanden staatliche Sicherheitskräfte Mitte Januar auch „in fast allen Teilen des Reiches“ durch die Post versandte „Hetzblätter“, unter dem Titel „Weihnachtsaufruf an das deutsche Volk – Was nicht in die Zeitung kommt“.[12]

Vielleicht hier noch ein Wort zur Ostmark. Das Wort für Österreich, das das Land zumindest gefühlt mehr mit Hitlers Reich verbinden soll, wird von den dortigen Nazis selbstredend gierig aufgegriffen. Folgender Witz klärt jedoch die Fronten: Am Westwall treffen preußische Soldaten zum ersten Male auf ostmärkische Soldaten. „Na, sieht man endlich auch ein paar Ostmärker?“ rufen sie. Aber prompt schallt es zurück: „Ostmärker? Wir sind Österreicher! Die Ostmärker sind alle zu Hause!“ Somit werden die Nazis auch in Österreich für die Verwaltung des Landes benötigt. Zu Festnahmen kam es übrigens auch im deutschen Freiburg, wo eine Verlagsbuchhandlung *Gräuelnachrichten* über die Zustände in Deutschland in Umlauf brachte, wie sich der Kollege von der *Firma* ausdrückt.[13]

Der Führer leidet still vor sich hin, weil ihm „sein Volk“ nur wegen jenes ganz mysteriösen Geschicks für friedliche Erfolge huldigte. Wie will man denn da weiterkommen mit der Umsetzung der Ziele, die er seinerzeit in *Mein Kampf* dargelegt hatte? Was für ein eigenbrötlerisches Volk diese Deutschen doch sind – man muss doch auch mal vergessen, was man in der Christenlehre gelernt hat, wenn es den Führer des Reiches glücklich macht!!! Von Brauchitsch zum Beispiel erspart ihm die jüngste Nörgelei des Oberbefehlshabers der deutschen Besatzungstruppen im „Generalgouvernement für die besetzten polnischen Gebiete“. In der Denkschrift formuliert Johannes Blaskowitz noch verschärfter, dass „die Einstellung der Truppe zu SS und Polizei zwischen Abscheu und Hass“ schwankt. So kann unser Führer einfach nicht arbeiten. Der General schreibt, dass ein

„jeder Soldat sich angewidert und abgestoßen“ fühle durch „Verbrechen, die in Polen von Angehörigen des Reiches und Vertretern der Staatsgewalt begangen werden“. Von Brauchitsch wagt sich ja noch nicht einmal, die Vorlage Hitlers persönlichem Keitel zuzuleiten. Ebenso wenig Erfolg hat ein Einspruch von General Ulex, der bei den Einheiten der SS sowie des SD „einen ganz unbegreiflichen Mangel menschlichen und sittlichen Empfindens“ feststellt, „so dass man geradezu von Vertierung sprechen“ müsse. Hans Frank mit dem kalten Gesicht, der Generalgouverneur für Polen, sorgt bald für die Ablösung von General Johannes Blaskowitz.[14]

Überraschungen

Es erregte den Unwillen der Partei- und Staatsführung, dass neuerdings wieder mehr Flugblätter in Umlauf gebracht wurden – und dass sich die Qualität dieser Anti-Propaganda steigert. Auf einem der Zettel wird zum Beispiel auf der Vorderseite eine Fotomontage gezeigt mit dem Bild von einer großen nationalsozialistischen Versammlung unter einem Banner, auf dem steht: „Wir schützen die Welt vor dem Bolschewismus“. Und im unteren Teil sind Ribbentrop und Stalin ins Gespräch vertieft. Darunter steht groß und breit: „Wer lacht da?“ Auf der Rückseite wird an außenpolitische Sprüche der vergangenen Jahre erinnert und das Ganze endet so: „Hindenburg schlug die Russen zurück, Hitler ließ sie ein.“ In Stettin entdeckt der Sicherheitsdienst der SS einen „offenen Brief eines Bürgers des Deutschen Reiches“ mit den Worten: „Eine Unheilige Allianz haben Nazis und Bolschewisten geschlossen. Landesverrat sind die Ribbentrop-Pakte mit Moskau.“ Der Autor ist sich wohl sicher, dass es da noch einen geheimen Vertrag gab. Und der Brief hat es auch sonst in sich.[15] Heillos durcheinander gebracht hat Hitlers Abkehr vom Antibolschewismus die Fronten auch in Deutschland selbst. „Verschiedene Meldungen besagen, dass in Vorträgen über die Sowjet-Union noch nicht immer der richtige Ton gefunden wird“,[16] befindet man beim SD, doch das ist auch nicht so leicht, wenn der Schwenk vollzogen wird, ohne die Leute in die Hintergründe einzuweihen und ihnen zu verraten, was sie davon halten sollen.

Es wird ein erhöhtes Interesse an Russland bemerkt, was sich an einem starken Besuch russischer Sprachkurse zeige und an der Nachfrage nach Russland-Literatur. Andererseits wird im Vortragswesen noch eine Unsicherheit in der Behandlung von Russland-Fragen gesehen. Die Redner versuchen offenbar, „sowohl dem außenpolitischen Einvernehmen mit Sowjet-Russland als den Grundsätzen der nationalsozialistischen Weltanschauung gerecht zu werden". Ein Schulungsredner in einer Vortragsreihe in der Ostmark meint, er müsse das so ansehen: „Deutschland und Russland seien zwei sozialistische Staaten, von denen jeder sein System habe, und es ist daher nicht einzusehen, warum die zwei sozialistischen Staaten streiten sollten, denn beide Staaten hätten das Bestreben, dem schaffenden Menschen zu geben, was ihm gebühre." Ausführungen wie diese werden in ehemals kommunistischen Industrieorten der Ostmark mit Begeisterung aufgenommen. In ähnlicher Form stießen Vorträge in Köln und Berlin „auf das Missfallen verantwortlicher Parteikreise". Um in Zukunft Missgriffe in dieser Hinsicht zu vermeiden, erscheint es den Herren *von der Firma* „zweckmäßig, ähnlich wie im Verlagswesen, das z. Zt. keine neuen Schriften über die Sowjet-Union verlegt, auch für das Vortragswesen Anweisungen zur Zurückhaltung für diesen Themenkreis zu geben, bis verbindliche Allgemeinrichtlinien ausgegeben sind." Darin darf es dann nur nicht heißen, dass Hitler die Wehrmacht in Kürze auch in die Sowjetunion schicken will. Das wäre der letzte Hieb. Kommen Sie mir jetzt nur nicht mit den militärischen Planungen Stalins um die Ecke. Unser Führer hatte im August 1939 schon gesagt, dass alles, was er hier unternimmt, einschließlich des Paktes mit Stalin, gegen die Sowjetunion gerichtet sei, und wenn der Westen zu dumm und zu blind sei, um dies zu begreifen, würde er gezwungen sein, sich mit Stalin zu verständigen, den Westen zu schlagen, und dann nach seiner Niederlage sich mit versammelten Kräften gegen die Sowjetunion zu wenden. Wenig später, am 17. Oktober 1939, hatte er Wilhelm Keitel den Befehl erteilt, das Territorium des frisch besetzten Polen für seinen Überfall auf die Sowjetunion vorzubereiten.[17] Abgesehen davon ist im Moment vor allem interessant, dass man bloß versucht, eine Logik im Vertrag mit Moskau zu finden. Es zeigen sich nicht einmal Spuren von Rassismus oder Deutschtümelei.

Für Gegner des Regimes liefert dieses Tohuwabohu geradezu Munition, so werden im Reich auch Flugblätter mit solchen Inhalten aufgefunden: „Warum wurden deutsche Offiziere im September erschossen? Weil sie sagten: Die Partei führt uns in den Abgrund. Warum schafften die Bonzen ihr Geld ins Ausland? Weil sie denken: Die Partei steht am Abgrund. Zwei Methoden aber ein Glaube: Die Führung hat das Steuer verloren."[18]

Dieses Gefühl lässt viele Leute auch wegen des verschärften Mangels in allen Bereichen der Industrie und des Handwerks nicht los. Wie heißt es so treffend im Volksmund? Hermann, also der erste Wirtschaftsexperte, und Jupp, also Propagandaexperte Goebbels, stehen zu Weihnachten vor dem Kruzifix. Sagt Jupp: „Wenn es schiefgeht, dann nageln sie uns auch ans Kreuz, wie den da!" Lächelt Hermann: „Keine Bange! Ich sorge vorher dafür, dass kein Nagel und kein Holz mehr da ist!"[19] Dramatisch ist die Lage ausgerechnet in der Bekleidungsindustrie, aber anziehen muss man sich ja schon. Es wird wohl oder übel bald mit Betriebsstilllegungen bei Schneiderwerkstätten zu rechnen sein wegen zu geringer Nähmittelzuteilung. Die vorhandenen Vorräte seien jedenfalls aufgebraucht. Jetzt ist natürlich die Unzeit für den jüngsten Engpass, da allgemein zum Aufarbeiten alter Kleidungsstücke aufgerufen worden ist – weil es bei neuen Sachen schon länger hapert.[20] Schon wegen des akuten Mangels bei den Kleidungsstücken für die breite Masse der Bevölkerung ist ein Krieg im Osten ausgeschlossen. Wenn so ein Konflikt nicht vor dem Winter abgeschlossen wäre, würde es kalt für die Soldaten.

Schwierigkeiten haben die Vertreter des Regimes selbst mit Lehrkräften, die auch nach über einem halben Jahrzehnt nicht dazu zu bewegen sind, ihre Lehrinhalte der neuen Zeit anzupassen. Ja, dem Mathematiklehrer wird es nicht verübelt, wenn er trotz der revolutionären Umbrüche noch behauptet, dass eins und eins immer noch zwei sei, aber wie sieht es mit sensiblen Bereichen wie mit dem Fremdsprachenunterricht aus? Was ist denn zum Beispiel mit den Englisch-Lehrern? Im Bereich des Bildungswesens tummeln sich Lehrkräfte, die England-Fragen „teils aus starrem Festhalten an eingefahrenen Lehrplantraditionen, teils aus persönlicher

England-Schwärmerei solcher Lehrer“ in einer Weise behandeln, die mit der Kriegssituation bei aller Liebe nicht kompatibel ist und „die Jugend in innere Widersprüche bringt“. Ein „krasser Fall“ wird aus Breslau berichtet, wo der Direktor des Heiligen-Geist-Gymnasiums die englischen Schul- und Erziehungssysteme in positivster Weise schildert. Es wurden natürlich gleich staatspolizeiliche Ermittlungen eingeleitet. Aus Aachen ist zu erfahren, dass die höhere Mädchenschule in Heinsberg, die ja von Nonnen geleitet wird, eine Weihnachtsfeier veranstaltete, bei der dann Schülerinnen unter anderem das Lied „Stille Nacht, heilige Nacht“ allen Ernstes „in englischer Sprache sangen, wofür die Nonnen wochenlange Übungen veranstaltet hatten.“ Wenn alles immer auf Deutsch sein muss, wird diese Zeit ein unvergessliches Erlebnis für alle bleiben. Im gleichen Bericht heißt es, dass allein in den letzten Tagen 16 Personen wegen Betätigung für die internationalen Bibelforscher verhaftet wurden; davon sei einer wegen Kriegsdienstverweigerung zum Tode verurteilt worden. Weiter steht dort, vor der Technischen Hochschule in Wien seien in der letzten Woche umherliegende Flugzettel aufgefunden worden, auf denen stand: „Freiheit! Frieden! Österreich! Österreich den Österreichern!“[21]

Noch schlimmer ist die Wirkung des Einzelnen, wenn er ganz hoch oben im Staatsapparat lästerliche Aktivitäten entfaltet. Nehmen Sie einen wie den Nationalökonomen Arvid Harnack, der immerhin Oberregierungsrat im Reichswirtschaftsministerium ist. Oder was ist mit dem Militär? Das ist letztlich der Bereich, auf den Adolf mangels eigener Kinder seine ganzen Hoffnungen setzt. Es ist nicht so gut, wenn der Oberleutnant der Luftwaffe Harro Schulze-Boysen schlecht über das herrschende Regime denkt. Was können die Nazis denn andererseits auch erwarten, wenn sie ihn im April 1933 in einem Folterkeller der SS festgehalten haben? Das vergisst man nicht. Seitdem ist er im Bilde und braucht von niemandem mehr eine weiterführende Aufklärung über den Nazi an sich.[22]

Das Ganze wird ein brodelndes Gemisch, wenn zwei Männer in ein gutes Gespräch kommen und bemerken, dass der eine so denkt wie der andere fühlt. Es dauert nicht lange und sie verhelfen aktuell von diesem Regime

Verfolgten zur Flucht aus dem Reich, verteilen illegale Flugschriften und sind auch sonst sehr rührig. Dabei erweist es sich als nützlich, dass man zuvor eigene Freundeskreise aufgebaut hatte. Arvid Harnack hatte 1931 mit Friedrich Lenz eine „Arbeitsgemeinschaft zum Studium der sowjetrussischen Planwirtschaft" gegründet, in der sich Akademiker, Publizisten und Vertreter verschiedener politischer Richtungen fanden, um verschiedene Wirtschaftssysteme zu vergleichen. Staatswissenschaftler und Osteuropaforscher gehörten dazu wie Emil Lederer, Alfred Meusel, Otto Hoetzsch, Klaus Mehnert*, Georg Lukács*, Hermann Duncker und Karl August Wittfogel* von der politischen Linken, zahlreiche Vertreter der nationalrevolutionären und nationalbolschewistischen Richtung wie ein Ernst Niekisch* oder auch Hans Ebeling* sowie Graf von Reventlov und Ernst Jünger* aus dem konservativen Lager. Genauso wie auch anderen Gruppen fehlen den Beteiligten seit Jahren die Bänder auf der Stirn, auf denen in unseliger Vergangenheit noch stand: Ich bin Kommunist oder Christ oder Sozialdemokrat oder ich hatte als Kind Ziegenpeter; Mumps ist lange nicht so schlimm wie Engstirnigkeit. Worum geht es denn hier? Die Nazis müssen endlich zurück an den heimischen Herd, weg von den Zeitungsredaktionen und aus den Staatsämtern. Harnack hat dafür seit Jahren schon ein neues Stirnband, auf dem in ganz dicken Lettern steht: Ich bin Mitglied der NSDAP.[23]

Der 38-jährige Harnack nimmt also Kontakt mit einer kommunistischen Widerstandsgruppe um Walter Husemann in Berlin auf, der gerade mal die 30 erreicht hat. Verbindungen bestehen zum Beispiel auch zum Ehepaar Hans und Hilde Coppi. Sie ist eine Sachbearbeiterin in der Reichsversicherungsanstalt für Angestellte und er ist Dreher. Anders als seine Frau hat Hans erst ein KZ und dann ein Zuchthaus persönlich von innen kennen gelernt. Der weiß ebenso Bescheid. Dort herrschte nicht bloß ein Mangel an Kartoffeln und Kohlen. Es trifft sich gut, dass ein Mitarbeiter des Moskauer Nachrichtendiensts mit dem Herrn Oberregierungsrat im Reichswirtschaftsministerium in Verbindung tritt. So kann die Gruppe, die in der Zwischenzeit ziemlich gewachsen ist und auch einflussreiches Personal in Berlin umfasst, einen Funkkontakt nach Moskau aufbauen.

Zu den höhergestellten Mitbürgern gehören zum Beispiel Vertraute aus dem Umfeld von Legationsrat Rudolf von Scheliha, Ilse Stöbe und Carl Helfrich in der Informationsabteilung des Auswärtigen Amtes zu Berlin, Ministerialbeamte und Funktionsträger des Regimes. Aber auch Wehrmachtsbedienstete und zahlreiche Künstler findet man in den Gruppen. Dass es sich nicht um einen Männerklub handelt, machen knapp fünfzig Frauen aus dem Dunstkreis der konspirativen Verflechtungen klar. Man darf sich das ja auch nicht so vorstellen, als würde sich eine Gruppe einmal in der Woche immer am Donnerstag um 18:30 Uhr nach der Arbeit im Wohnzimmer dieses Herrn Harnack treffen. Dafür sind es schließlich auch viel zu viele Beteiligte. Es gibt da mehrere Freundeskreise, die nur gelegentlich und wenn es nötig ist, jemanden als Kurier zu anderen Verbindungsleuten schicken, um etwas abzugeben oder etwas auszurichten. Natürlich kommen da auch immer wieder junge Leute dazu, die gerade alt genug geworden sind, um der HJ-Uniform entwachsen zu sein. Auch bei dieser Gruppe in der Stadt wird deutlich, dass die Hitler-Jugend eine staatlicherseits gewünschte Organisation ist, der Kinder nicht eventuell deshalb angehören, weil jemand in der Familie dies unbedingt wünscht. Andererseits heißt das sicher auch nicht, dass die 108-Prozentigen ihre Kinder nun gleich von der Hitler-Jugend fernhielten. Wir leben in einem totalitären Staat und jeder ist bemüht, im jeweiligen Rahmen entweder so zu reden, dass man nicht negativ auffällt, oder eben so, dass man Gedanken mit anderen Menschen austauschen kann. Man ist nicht schwer von Begriff und wurde über die letzten acht Jahre einfallsreich. Es stellt sich allerdings eine Frage: Warum soll es ausgerechnet in unserem Land nicht viele Menschen geben, die zu Ohren kommende Verletzungen der christlichen oder auch ganz einfach nur menschlichen Werte ablehnen? Schauen Sie bei Gelegenheit einmal selbst in die Berichte der Spitzel, die beim Sicherheitsdienst der SS eingehen, und glauben Sie nicht blind den Leuten, die Ihnen ob der Ruhe auf den Straßen etwas von vermeintlicher breiter Zustimmung zu einem Regime erzählen, das die Leute beruflich schikaniert, wegsperrt oder gleich umbringt, wenn sie es wirklich immer noch wagen, Kritik äußern. Wäre der Führer im Wesentlichen von Fans umzingelt, dann hätten wir hier eine lupenreine Demokratie.[24]

Vordenker einer repräsentativen Demokratie

Kommen wir einmal zu Persönlichkeiten aus den alten deutschen Eliten, die sich nach dem tatsächlichen Ausbruch des seit Jahren befürchteten Krieges noch stärker darum bemühen, sich zu vernetzen, um dem herrschenden Regime trotz der widrigen Umstände den Garaus zu machen. Zu den großen Namen zählt nach wie vor Carl Friedrich Goerdeler, der ehemalige Oberbürgermeister der guten alten Messestadt Leipzig. Ihm und seinen Vorstellungen steht ein ganze Reihe von Schriftstellern und Gelehrten nahe. Genannt seien an der Freiburger Universität die Staatswissenschaftler, Nationalökonomen und Historiker Eric Wolf*, Walter Eucken*, Adolf Lampe*, Constantin von Dietze* oder zum Beispiel auch Gerhard Ritter*. Goerdelers Ansprechpartner und Berater auf dem Feld der sozialen Probleme ist inzwischen Professor Albrecht in Marburg und in Sachen Erziehung fragt er Professor Litt in Leipzig. Sie entwickeln ihr erstes förmliches Programm im Januar 1940; der ehemalige Botschafter in Rom Ulrich von Hassell schreibt es auf bei Gesprächen mit Goerdeler, dem einstigen Chef des Generalstabes des Heeres Ludwig Beck und dem früheren Finanzminister von Preußen Johannes Popitz. Es wäre freilich interessant zu erfahren, ob diesen Männern bewusst ist, dass das Reich dieses Regime der intelligenzfernen Schichten der Unterstützung durch reiche Leute in England und Amerika verdankt. Wenn man dies wüsste, könnte man auch sagen, ob sich ihre Ableitungen gegen die obercleveren Strippenzieher im Auslande richten oder gegen die breiten Volksmassen hier im Reich, die sich vom offenkundigen wirtschaftlichen Aufschwung unter Kanzler Hitler blenden ließen und nicht erfuhren, dass er eben der großzügigen finanziellen Unterstützung unter anderem durch Montagu Normans Bank of England zu verdanken war. Es ist schon auch möglich, dass sie sich gegen beide richten. Es lässt ja zumindest aufhorchen, dass diese Männer, selbst wenn sie vor zehn Jahren noch zu den Verteidigern des demokratischen Systems gezählt haben mögen, nunmehr eine Überwindung des Parteienstaats durch eine straffere, wenn nicht sogar halbwegs autoritäre Führung für unerlässlich halten. Auf der als notwendig betrachteten Suche nach einem politischen wie auch einem moralischen

Minimalkonsens, ohne den ein Staat nicht überdauern könne, gelangen sie bis in Utopiebereiche konfliktfreier Ordnungen. Verbunden damit ist eine weitgehende Entpolitisierung. Im ersten Schritt geht es naturgemäß auf jeden Fall um ein Ende der jetzigen Gewaltherrschaft. Für die Zeiten nach Hitler aber haben sie alle eine durchgehend demokratieskeptische Tendenz. In diesen Kreisen werden Wahlen noch Jahre nach dem Ende des Regimes abgelehnt. Sie halten es für abwegig, die künftige Ordnung dem Urteil des Volkes zu überantworten. Bei dem Kreis um James Graf von Moltke beispielsweise sind Begriffe wie Parteienmacht, Parteienzersplitterung und Parteienegoismus inzwischen nur noch Alpträume. Aus eben diesem Grunde sollen auch die Wahlen später nach einem überaus schwierigen, weitgehend indirekten und im Ganzen modifizierten Mehrheitswahlrecht entschieden werden. Auf diese Art soll möglichst starken, erfahrenen sowie im Leben verwurzelten Persönlichkeiten der Weg frei gemacht werden – in dieser Hinsicht sind sich alle Widerstandsgruppen einmal einig, wie groß ihre Meinungsverschiedenheiten ansonsten auch sein mögen. In den dreißiger Jahren begann bereits die Orientierung auf die radikale Überwindung von nationalstaatlichen Egoismen durch eine Europäisierung des Bewusstseins. Es geht ihnen um die Rückbesinnung auf den größeren Zusammenhang, auf Gemeinsamkeiten Europas, seine geistigen Grundlagen in Geschichte, Tradition sowie in der Lebensform, mit dem Ziel, im Nachbarn nicht mehr den Gegner, sondern stattdessen den Reiz des andersartig Gleichen und eines Verwandten zu entdecken. So sollen alte Erbfeindschaften beigelegt und die vielen Minderheitenprobleme nach x-maligen Grenzverschiebungen gelöst werden. Vielfach geht es um die Veränderung dessen, was unter nationalen Interessen zu verstehen sei, Interessen des Staates sowie seiner Souveränität. Solange solch eine gelenkte Gesellschaft in den Händen von Menschen ist, die im Leben fest verwurzelt sind, mag das vielleicht sogar funktionieren. Aber wie geht der Text dann weiter, wenn sich dieses Strickmuster einer vorgegaukelten Demokratie verselbstständigt und von jungen Leuten übernommen wird, die nach der Schule die Politik für sich entdecken, ohne noch mit den Lebensumständen anderer Leute Berührung zu haben? Es würde ja eigentlich auch völlig ausreichen aufzuklären, wie Deutschland zu diesem unsäglichen Regime kam. Darauf ging es ja zurück, dass unser Ex-Kanzler Joseph Wirth geschimpft hat: „Die Weimarer Republik und diejenigen, die zu ihr standen, erhielten nichts, die anderen alles." Diese anderen waren aber eben die Nazis.[25] Dann kommt ja schon von sich aus kein Mensch mehr auf die Idee, noch einmal Nazis zu wählen. Man wird den Grund zum Auslöschen seines Landes doch nicht selbst liefern.

Deutsche Kriegsgegner im Kontakt mit London

Genervt von der Unentschlossenheit ihrer Kombattanten und trotzdem unentwegt bemühen sich am Tirpitzufer der Hauptstadt Oster, Thomas, Gisevius, von Tresckow und Stülpnagel weiter, die Oberbefehlshaber im Westen für den Auftakt zu einem Staatsstreich zu gewinnen. Alle warten auf ein Zeichen Halders in Zossen, doch der sieht bei der aktuellen Lage keine Erfolgsaussichten für eine Aktion. Vielleicht tut eine Trude Müller nichts gegen die Nazis und gegen den Krieg. Sie erzählt ihrer Nachbarin Witzchen und zieht ansonsten den Kopf ein – ein Meckerlieschen vorm Herrn. Sie hat von Politik auch nicht sonderlich Ahnung und weiß nicht, was man gegen den Krieg großartig machen kann. Da ist der Münchener Rechtsanwalt Josef Müller in der besseren Position. Er ist ein Vertrauter des Erzbischofs von München Kardinal Faulhaber sowie von Ex-Kanzler Joseph Wirth. Daraus lässt sich etwas machen. Müller hat Beziehungen zu vatikanischen Kreisen und nutzt sie auch weiterhin. Seine Gespräche in Rom zu den Friedensbedingungen der britischen Regierung bei einem Regimewechsel im Reich, die er über Londons Botschafter beim Vatikan beziehungsweise über den Papst führt, erbringen im Februar 1940 einen *Erfolg* für die Militäropposition im Reich. Es ist eine Stellungnahme der Londoner Regierung, in der der Ex-Botschafter in Rom von Hassell den deutlichen Willen zu einem anständigen Frieden zu erkennen meint. Als das Papier, das „Herr X" von seinen Sondierungsgesprächen mitbrachte, Franz Halder Anfang Februar vorgelegt wird, weigert er sich schlicht, es überhaupt zu lesen. Warum? Die erste Antwort ist es schon nicht mehr, aber es ist auch noch längst nicht die letzte Reaktion auf einen der etwa sechzig Friedensfühler, die von allen Seiten in die Hauptstadt von England gesandt werden. Will sich Halder die nächste dumme Entgegnung nicht auch noch antun? Danach versucht Ulrich von Hassell alleine den Kontakt zum englischen Außenminister Lord Halifax aufzubauen. Dazu bittet er seinen italienischen Schwiegersohn, dessen Freund in England James Lonsdale-Bryans anzusprechen, ob dieser nicht eine Verbindung zum Außenminister herstellen könne. Doch Lonsdale-Bryans ist einfach ein Privatmann, der überdies verschuldet ist und in dieser Kontaktaufnahme vor allem eine Möglichkeit sieht, großzügig entlohnt zu werden. In London hat freilich niemand um einen solchen Dienst gebeten, so ist es bloß folgerichtig, dass ihm nicht noch Geld gegeben werden soll. Man erschwert schon den Kontakt. Mutige Leute im Widerstand in Deutschland beschleicht seit Jahren das Gefühl, dass man in England überhaupt nichts gegen Hitler an der Spitze hat, sondern den Krieg gegen Deutschland führt. Eugen Gerstenmaier* engagiert sich hier in der Bekennenden Kirche und ist über jeden Zweifel erhaben, jedwede Sympathie für Hitler zu haben. Da ist es umso bemerkenswerter, dass gerade er sagt, dass sie dieses im deutschen Widerstand einfach nicht wirklich begreifen wollen. Das Scheitern der Verständigungsversuche aus dem Widerstand sei somit kein Zufall. Parallel dazu sind die Freunde erfolgreicher Raubzüge in Europa nicht untätig. Alfred Jodl sowie Stellvertreter Walter Warlimont besprechen mit dem Planungssachverständigen für die Luftwaffe Hans Jeschonnek, wie sie am besten gegen Norwegen, Dänemark und Holland vorgehen sollten – unter Wahrung der Neutralität Belgiens. Wegen der Fairness darf man jedoch nicht verschweigen, dass es seine Wirkung tut, wenn im Februar in Berlin die Meldung eingeht, dass ein englischer Zerstörer innerhalb der Hoheitsgewässer Norwegens den Dampfer Altmark überfallen hat. Hitler ergeht sich danach vor Militärs natürlich wieder in längeren Ausführungen darüber, dass die Kleinstaaten nicht in der Lage seien, ihre Neutralität zu wahren. Solche Vorfälle liefern ihm Argumente für sein Eingreifen im Norden Europas gratis und frei Haus. Sie nehmen den Militärs andererseits auch die Gegenargumente.[26]

Stimmungsbilder I

Propaganda ist ja eine feine Sache. Ist sie *chic* gemacht, erfüllt sie unter Umständen auch ihren Zweck. Die gewünschte Wirkung bleibt aber aus, wenn die Leute mitdenken bei dem, was ihnen vorgesetzt wird, und sich herausstellt, dass es sich hierbei bloß um Propaganda handelt. In einem Kino im malerischen Dresden mit seinen wunderschönen alten Kirchen, dem Residenzschloss und der Semperoper bricht das Publikum in lautes Lachen aus, als in der Wochenschau Nr. 5 der Bildstreifen gezeigt wird, der ein Spähtruppunternehmen in Spichern zum Gegenstand hat. Durch die Art der bildlichen Darstellung schlussfolgert das Publikum, dass das unmöglich eine Aktion im Krieg sein könne. Vielmehr müsse es sich hier um eine gestellte Filmaufnahme handeln, denn es wäre ausgeschlossen, dass ein Kameramann mit dem Rücken zur Feindseite einen vorgehenden Spähtrupp filmen könne. Dann wäre der Fotograf faktisch zwischen eigenen und fremden Soldaten und würde der Gefahr noch nicht einmal ins Auge sehen. Man prustet wieder los, als ein „Soldat" eingespielt wird, der in aller Seelenruhe Wasser an einem Dorfbrunnen trinkt und dabei jede Vorsicht außer Acht lässt. Der Saal scheppert wieder los, als unser Spielzeugsoldat einen zerschossenen Kraftwagen passiert wie ein Hans-guck-in-die-Luft. Nein, da kann sich kein Gegner verbergen, mitnichten. Dem SD wird gemeldet, dass sich sogar Zivilpersonen, selbst anwesende Frauen über den Bildstreifen lustig gemacht hätten. Das wirft die Frage auf, ob Zivilpersonen und Frauen separat gezählt werden. Jedenfalls ist diese Darbietung als „völlig unglaubhaft" empfunden worden und ist in „allen Teilen des Reiches ... auf sehr laute Kritik gestoßen". Gnädiger ist die Aufnahme von Filmen, in denen der koloniale Gedanke aufgegriffen wird, wie beispielsweise *Sehnsucht nach Afrika*, der an vielen Orten zur Aufführung kam. Befremden löste es jedoch wiederum in München aus, dass gegenwärtig mehrere Filme mit Shirley Temple gezeigt werden, die als Ikone der gegnerischen Propaganda in den Vereinigten Staaten gilt.[27]

Das sagt eine Menge über die Betreiber, über die Besucher der Kinos wie auch über die strammen braunen Kritiker der Filme mit Shirley Temple.

Ein Schlaglicht auf den innerdeutschen Diskurs bezüglich eines Filmes, der markante Stellen aus Wochenschauen zum Polenfeldzug zusammenfasst, wirft ein kleiner Streit im Foyer eines Kinos: Eine Frau erregt sich darüber, dass nur ein kleiner Teil des Publikums seinen Beifall bezeugte. Der sie begleitende Mann erwidert darauf: „Dafür ist die Sache zu ernst, wir brauchen keinen Hurra-Patriotismus!" Die Frau entgegnet ziemlich unreflektiert: „Das ist egal, Sieg ist Sieg!"[28] Ganz der Führer.

Gehören nicht all die vielen Wahrheiten dazu, wenn man *Die Wahrheit* sucht? Es führt doch zu keinem brauchbaren Ergebnis, wenn sich jeder Verdreher immer die Krümel herauspickt, die die von ihm respektive ihr gewünschte Wirkung erzielen. Warum sollte die Szene, in der diese Frau ihre Sicht auf die Dinge verdeutlicht, nicht stellvertretend für andere ins Geschichtsbuch kommen, für andere, die die Welt einigermaßen genauso sehen? Ja sicher ist diese Frau so gestrickt, wie sie in der Szene wirkt. Von Leuten ihrer Art gibt es schon allein in den Konzentrationslagern so viele, dass die Berichte über sie ohne Probleme hunderte oder tausende von Büchern füllen können, aber dann würden wiederum die weit über 95 Prozent der Leute in den Geschichtsbüchern fehlen, die nicht in den Konzentrationslagern Aufseher sowie hartgesottene Folterknechte sind. Die Frau hat aber schon wahrgenommen, dass sie selbst zu dem kleinen Part des Publikums zählte, das dem Film Beifall zollte. Wie gut, dass sie nicht in Hamburg ins Kino muss, wo die Betreiber immer noch Filme in großer Zahl in ihrem Programm haben, die aus dem Auslande stammen. Was würde es sie erzürnen, dass „die in Amerika als Deutschenhetzerin bekannte Jeannette MacDonald in den gegenwärtig gezeigten amerikanischen Filmen" auftritt. Zumindest bei einschlägig bekannten Gruppen in der Hansestadt ernteten diese Filme harsche Kritik. Anders reagieren solche Leute auch in Reichenberg im Sudetengau bei einer Aufführung des Streifens *Im Trommelfeuer der Westfront* nicht, „weil er einerseits nur Schrecknis, Tod und Verderben des Krieges ohne eine tiefere Sinngebung behandele und Licht und Schatten völlig gleichmäßig, ja fast zugunsten der Feindseite verteile." Die deutschen Soldaten würden da als alte, bärtige, ausgemergelte und erschöpfte Gestalten auftreten.[29]

Wollte uns der Künstler damit gar eine Botschaft übermitteln, die nicht der Hitlerschen Linie entspricht? Ei der Daus. Aber die Bürgerbewegung „Krieg jetzt und für immer“ schöpft Hoffnung, weil am 11. Februar 1940 ein Wirtschaftsvertrag zwischen Moskau und Berlin unterzeichnet wird, nach dem wir Rohstoffe im Wert von 420 Millionen Reichsmark in zwölf Monaten erhalten – darunter Futtergetreide, Erdöl und Metalle.[30] Es ist zugegebenermaßen nicht wahr, dass es solch eine Bürgerbewegung gibt. Wem der Krieg über Gebühr Spaß macht, muss schon in den dafür vorgesehenen Einheiten sehen, wie er es anstellt. Umgekehrt weiß sich der Staat sehr wohl gegen jegliche eigenwillige Geheimbündelei zu wehren – so zum Beispiel als dieser Tage vermehrt Zettel der Oxford-Bewegung in Umlauf gebracht wurden, die den Pazifismus zu propagieren trachteten. Keine Frage: Da schlägt’s 13. Die Flugblätter waren in Holland gedruckt und ins Reich geschmuggelt worden. Die Staatspolizei hat Maßnahmen zur Erfassung der Verbreiter dieser Schriften eingeleitet.[31]

Das ganze Gegenteil von Rassismus

Ein starkes Stück bei der hartnäckigen Wirklichkeitsverweigerung bietet im Februar der Mitarbeiter vom Sicherheitsdienst, der Berlin informiert, dass sich das Verhalten gegenüber den polnischen Kriegsgefangenen im Reich selbst nach den verschiedenen Strafandrohungen nicht verändert. Ungefähr fünf Meter am Tor vorbei schlussfolgert der arme Mann, dass „ein großer Teil der Bevölkerung noch immer nicht genügend über den Inhalt der Verordnung zur Ergänzung der Strafvorschriften zum Schutze der Wehrkraft des deutschen Volkes vom 25. 11. 1939 – soweit sich diese auf den Umgang mit Kriegsgefangenen bezieht – unterrichtet ist.“ Mein lieber Scholli, ist dieser Mann blind. Dass er selbst vielleicht nur zu dem kleinen Teil der Benutzer deutscher Straßen gehört, die abartig sind, ist für ihn unvorstellbar. Wie hatten die Münchener Neuesten Nachrichten 1937 über unser liebes Rotkäppchen geschrieben? „In der Hand trug es ein Körbchen mit einer Pfundspende und einer Flasche Patenwein. Da begegnete ihm der böse Wolf. Er hatte ein braunes Fell, damit niemand gleich von Anbeginn seine rassefremden Absichten merken sollte." Die Ableitung war schon zwei Jahre vor dem Beginn des Krieges eine klare und unverblümte Aufforderung zum Mord am Staats- und Parteichef im schönen alten Berlin: „Da ging draußen der Kreisjägermeister vorbei. Er hörte ihn und dachte: Wie kann eine arische Großmutter so rassefremd schnarchen? Und als er nachsah, da fand er den Wolf, und er schoss ihn, obwohl er keinen Jagdschein für Wölfe hatte, auf eigene Verantwortung hin tot. Dann schlitzte er ihm den Bauch auf und fand Großmutter und Kind noch lebend. War das eine Freude!" Und danach stand da letztlich, dass der böse Wolf dem Reichsnährstand zugewiesen worden sei und zu Fleisch im eigenen Saft verarbeitet. Der Kollege vom SD notiert unbeirrt das nach seinem festen Glauben falsche Verhalten eines großen Teils der Deutschen, wie er selbst bemerkt und niederschreibt.[32]

Der Protokollant, der auf seinem braunen Leuchtturm Bewegungen von Rechten, Linken und anderen verfolgt, reicht weiter, wie die Deutschen die Anordnungen der Nazis ignorieren: „So wurde jetzt wieder in vielen Teilen des Reiches festgestellt, dass Bauern, Landwirte usw., bei denen polnische Kriegsgefangene beschäftigt sind, deren Briefe sammeln und unter Angabe ihres Absenders nach Polen schicken. Umgekehrt werden auch aus Polen Briefe an die polnischen Kriegsgefangenen ebenfalls an die betreffenden Deckanschriften geschickt." Meint der gute Mann denn im vollen Ernst, dass die Leute die Bestimmungen unserer Gesetze nicht kennen? Es ist doch genau umgekehrt. Weil jeder, der sich nicht an die Gesetze hält, sein Tun streng verheimlicht und tarnt, denkt jeder aus der Bevölkerung, der sich wie „ein großer Teil der Bevölkerung" verhält, die anderen wären dressiert wie die sprichwörtlichen Pawlowschen Hunde. Genau so entsteht der schiefe Eindruck von Menschen in Diktaturen. In den *Meldungen aus dem Reich* wird fixiert, dass insbesondere in Bayern Deutsche für polnische Kriegsgefangene in erheblichem Umfange Wertgegenstände, vor allem Gold- und Silberwaren aufkaufen. Angeregt wird der eindringliche Hinweis durch Presse und Rundfunk, dass eine solche Vermittlertätigkeit Deutscher für Kriegsgefangene strafbar sei.[33] Aua.

Kriegsgegner bleiben im Kontakt mit London

Seit dem Kriegsbeginn im September 1939 sind alle deutschen Grenzen dicht, sodass nicht mehr Hinz und Kunz einfach mal ins Ausland kann; die Sprachkenntnisse und das nötige Kleingeld reichen nicht mehr aus, wenn einer mit seinen Möglichkeiten dem Krieg ein Ende bereiten will. Auf Ulrich von Hassells persönlichen Wunsch hin hat dessen Schwiegersohn das gewünschte Treffen mit jenem Vermittler Lonsdale-Bryans auf den Weg gebracht und so kommt Hassell am 22. Februar im Erholungsort Arosa im schweizerischen Kanton Graubünden mit dem Engländer ins Gespräch. Bald wird deutlich, dass die Absichten der Regimegegner im Reich nicht zu den Vorstellungen der Kreise um Lord Halifax passen. Die Umgebung Chamberlains tendiert Anfang 1940 dazu, die Interessen Großbritanniens und Deutschlands zu „harmonisieren“. Nunmehr lautet die offizielle Sprachregelung, Expansion sei ein objektives Bedürfnis des Deutschen Reiches mit einer Bevölkerung von 80 Millionen Menschen. Wenn man sich nicht das Ziel setze, das Reich zu vernichten, müsse man sich klar werden, mit welcher Art einer friedlichen deutschen Expansion London sich abfinden könnte. Das Dilemma zwischen dem „Drang nach Osten“ und dem „Drang nach Westen“ dürfe nicht nach Erwägungen des Augenblicks oder Emotionen entschieden werden, sondern nach einem nüchternen Kalkül. Dieses wird noch befeuert durch das Wissen um den Pakt, den Berlin ’39 mit Moskau geschlossen hat. Londons Linie kann ja auch schiefgehen... Was James Lonsdale-Bryans aus London mitbringt, ist der Wunsch nach einem Bündnisvertrag mit Deutschland. Das Signal für die Neuausrichtung der Außenpolitik ihrer beiden Länder soll die bewaffnete Intervention in Skandinavien sein, denn wider Erwarten deutet sich an, dass die Rote Armee die völlig unkaputtbare Mannerheim-Linie in Finnlands Osten trotz allem nehmen wird. Dann werfen britische und deutsche *Waffenbrüder* die Russen wieder aus Finnland raus und schon ist die Grundlage des Vertrages zur Sicherung des Friedens zwischen der Sowjetunion und Deutschland Makulatur. Ich persönlich würde das mit Halford John Mackinders 1904 dem Londoner Außenministerium aufgetischter Herzlandtheorie erklären – aber zögern Sie nicht, so Sie eine alternative Interpretation anbieten wollen. Zugleich sollen französische und britische Luftstreitkräfte den Süden der Sowjetunion angreifen. Die Bedingungen aus London sind einfach: Mitglieder der Hitler-Regierung dürften im neuen Kabinett nicht vertreten sein. Auf niedrigerem Niveau werden deutsche Territorialforderungen nicht abgelehnt. Polen und die Tschechei sollen weitgehend wiederhergestellt werden. Die Briten geben jedoch zu verstehen, in Österreich müsse man vielleicht ein Referendum abhalten. Ach so ja, und London darf dann wenigstens über den Rest der Welt herrschen. Das sind also die Forderungen der Briten. Übrigens ist Ulrich von Hassell längst nicht der Einzige, der sich auf eigene Faust um eine Verständigung zwischen Deutschland und England bemüht. Unter jenen kühnen Engeln findet man auch Albrecht Haushofer, der wie auch sein Vater, der Geopolitiker Karl Haushofer, zunehmend auf Distanz zu den herrschenden Rassenfanatikern geht. Die Familie hat nämlich Angst wegen der jüdischen Abstammung von Karls Frau Martha.[34]

Wollen die Deutschen ihren Boss aus Österreich schon von einem Krieg gegen den Westen abhalten, legen sie gleich gar keinen Wert auf so eine Auseinandersetzung mit der Sowjetunion. Anderes wäre auch unlogisch. Wie ließe sich sonst jene Erleichterung und Freude nach dem Abschluss des Nichtangriffsvertrages zwischen Ribbentrop und Molotov erklären? Als der Vermittler anders lautende Gedanken Hassells im Foreign Office vorträgt, wird ihm nur noch ein einziges weiteres Treffen zugebilligt, ein Treffen, in dem er seine Kontakte endgültig abbrechen soll. Frieden und Kooperation zwischen dem neuen Deutschland und dem revolutionären Russland sind das Letzte, was sie in London wünschen.[35] Kriegsgegnern im Deutschen Reich macht es auch die offizielle Propaganda schwer, an den Engländern nicht zu verzweifeln. Immer wieder sonntags strahlt der Rundfunk Konzerte aus. Zur besten Sendezeit lässt Propagandaminister Goebbels den Bass Wilhelm Strienz das Lied vom Lügenlord singen. Das sollten Sie sich auf jeden Fall einmal selbst anhören, damit Sie eine Vorstellung davon bekommen, was für eine Stimmung bei uns mit Hilfe des Radios verbreitet wird. Gewiss finden Sie ein geeignetes Gerät, mit dem sie es abspielen können.

1940

In England wohnt ein kleiner Mann,
der nie die Wahrheit sagen kann.
Er lügt, wenn er den Mund aufmacht,
dieweil das ganze Ausland lacht.

In England wohnt ein armer Greis,
wie Reuters zu berichten weiß.
Er ist bekannt im ganzen Land,
weil er das Einmaleins erfand.

Oh du alte Lügenhaut,
was sind das für Sachen?
Wenn der Tommy dich durchschaut,
hast du nichts zu lachen.

Oh Lügenlord, oh Lügenlord,
Ich segel ein, spring über Bord!
Da drunten ist ein Plätzchen frei
für den Ersten Lord von der Seeräuberei.

In London wohnt Herr Halifax,
man weiß von ihm, er hat 'nen Knacks.
Das kommt davon, wenn man die Welt
für dümmer als sich selber hält.

Er predigt wohl mit frommem Sinn
und denkt dabei an Kriegsgewinn.
Mit tränenreichem Heuchlerblick
hetzt er die Völker in den Krieg.

Oh du alte Lügenhaut,
was sind das für Sachen?
Wenn der Tommy dich durchschaut,
hast du nichts zu lachen.

Drum alter Freund nimm dich in Acht!
Das Unglück kommt oft über Nacht.
Es geht zum Brunnen länger nicht
der Krug, als bis entzwei er bricht.

Zu diesem traurigen Verein
gehört oft auch noch Duff Cooperlein.
Er informiert von spät bis früh,
die Wahrheit aber sagt er nie.

Man freut sich nun in Engelland,
dass Churchill solchen Schüler fand.
Er dreht gleich ihm mit viel Geschick
aus jeder Schlappe einen Sieg.

Oh du alte Lügenhaut,
was sind das für Sachen?
Wenn der Tommy dich durchschaut,
hast du nichts zu lachen.

Duff Cooperlein, du traur'ger Wicht
mit solchen Märchen siegt man nicht.
Was macht das schon? Bald ist es gleich,
im Notfall schwimmt Ihr über'n Teich.

Und wer führt diese Clique an?
Herr Churchill, dieser Scharlatan.
Er ist Europas böser Geist
und ist genauso dumm wie dreist.

Aus seinem falschen Angesicht
nur nackte Angst und Feigheit spricht.
Er weiß genau, jetzt kommt die Zeit,
wo Schluss ist mit der Herrlichkeit.[36]

Stimmungsbilder II

Die Spitzel in „allen Teilen des Reiches" hören, dass bei Gesprächen, die in der Bevölkerung geführt werden, oft ein genau bestimmter Zeitpunkt genannt wird, an dem das Kriegsende mit Sicherheit zu erwarten sei. Es fällt in letzter Zeit besonders auf, dass dieser Termin sehr kurzfristig angesetzt war. Vielfach wird gerüchteweise auf angeblich vom Führer oder seiner Umgebung gemachte Äußerungen Bezug genommen. Wenn dann jeweils ein Termin verstrichen war und der Krieg noch nicht beendet, so wirkte sich das „oft stimmungsmäßig ungünstig" aus. Kein Wunder. Den letzten Hieb bekamen die Deutschen, als „Generalfeldmarschall Göring in seiner letzten Rede erklärte, die Bauern und Landwirte müssten sich auf eine mehrjährige Kriegsdauer einrichten."[37] Der Rest der Leute wird das dann nämlich wohl oder übel auch tun müssen. Görings Auftritt ist zugleich eine kalte Dusche für diejenigen, die davon ausgehen, dass der Führer von dunklen Mächten zu seinen Kriegen gezwungen werde. Hier darf man nicht das Kind mit dem Bade ausschütten. Es gibt die dunklen Mächte, die sich Löcher in den Bauch freuen, dass Hitler Deutschlands Wirtschaftskraft ins Militär steckt und in Kriegen verpulvert, aber diese Strippenzieher brauchten den Kampfhahn nicht zum Krieg zu zwingen – sie haben lediglich um 1920 herum genau den Stürmer gefunden, der in ihr Beuteschema gepasst hat, einen, dessen Psyche und dessen weiteren Lebensweg sie absolut richtig eingeschätzt haben. Für Frau und Kinder Tag und Nacht buckeln gehen, ist sein Ding jedenfalls nicht gewesen. Da war der Eingang in die Geschichtsbücher auf jeden Fall vorrangig.

Im Altreich haben sich die gesinnungstreuen Kommunisten, die nicht in früheren Jahren schon in Konzentrationslager, Gefängnisse und Zuchthäuser verbracht wurden, nach den Meldungen der Spitzel wohl mehr in eine innere Emigration zurückgezogen. Anders sieht es aber in der Ostmark und im Protektorat Böhmen und Mähren aus. Wie 1933 und 1934 im damaligen Reich müssen die Ostmärker erst klären, wer der Herr im Hause sein soll. Jedenfalls konstatiert der Sicherheitsdienst der SS, dass „marxistische Organisationen sich in verhältnismäßig großem Umfange erhalten“ hätten. Was tun? Aber es gibt kein neues Herangehen. Wer bei drei nicht auf den Bäumen ist, wird verhaftet. Im Protektorat sind dieses Mal die Führer einer kommunistischen Jugendorganisation die Opfer – sie haben versucht, illegale Gruppen auf der Grundlage der ehemaligen Linkspartei *Narodni strana prace* aufzubauen. In der Ostmark führt die illegale Kommunistische Partei besonders in Wiener Neustadt, Mödling, Eisenstadt und in Industrieorten der Steiermark ihre Tätigkeit weiter. In den letzten Tagen konnte eine große Anzahl führender kommunistischer Funktionäre festgenommen werden. Das waren vor allem Gebietsleiter, Ortsgruppenleiter und Ortsgruppenkassierer.[38]

Die nüchternen Teile des *nationalsozialistischen Volkskörpers*, die nicht in die Illegalität abtauchen, sind für den Sicherheitsapparat nicht so einfach zu bändigen: hochziehen, wegsperren, fertig. In diesen Kreisen will man gar nichts Böses! Es wird doch noch erlaubt sein, einmal Vergleiche anzustellen zum Großen Krieg vor gut zwanzig Jahren. Ob es in Weimar oder in Breslau ist, in Stuttgart, Chemnitz oder in Hamburg, man ist im Gespräch über die laufenden Veröffentlichungen der Verluste der feindlichen Handelsschifffahrt und stellt sachlich fest, dass seinerzeit so viel Schiffstonnage versenkt wurde wie heute, wenn nicht gar mehr, und das alles habe doch nicht zur Niederlage Englands geführt. Die Propaganda in den Medien über die aktuellen Erfolge werden als Überbewertung gekennzeichnet. Der SD notiert wörtlich: „Im gleichen Umfang werden Erörterungen darüber angestellt, inwieweit die Feindstaaten, insbesondere England, in der Lage seien, die entstandenen Verluste durch Neubauten und Schiffseinkäufe wieder aufzufüllen.“[39] Es bleibt ein Kreuz mit diesen Deutschen. Aus München wird gemeldet, dass die Methoden der gegenwärtigen Werbeaktion für die NS-Presse von der Bevölkerung des Gaues „ausgesprochen unfreundlich aufgenommen wurden“. Die Ortsgruppen der NSDAP haben einfach nur eine Aufforderung an ihre Volksgenossen gerichtet, man sollte einen Fragebogen ausfüllen und angeben, ob man fein Parteigenosse sei und ein Leser des Völkischen Beobachters. Da war der Spaß vorbei. Das Ansinnen „stieß auf heftige Ablehnung“. Unser SD stellt fest, dass zum großen Teil der Eindruck entstand, als wünsche die politische Führung, dass alleine noch der Völkische Beobachter gelesen und andere Zeitungen abbestellt werden sollten. Besonders aufdringlich gingen die losgeschickten Drückerkolonnen im Kreis Miesbach vor. Den Meldungen zufolge haben sie die Bürgermeister zum Bezug einer je nach der *Kopfzahl der Einwohner* entsprechend hohen Menge von Zeitungen zu zwingen versucht. Eine Kritik bekommen die Werber sowohl von den Genossen wie auch von den Nicht-Genossen um die Ohren: Es sei nicht zu fassen, dass höchste Wertbegriffe der nationalsozialistischen Weltanschauung als Mittel für ausgerechnet „wirtschaftliche Werbemethoden" verwendet werden. Wahrscheinlich ist bei den Deutschen aber ohnehin Hopfen und Malz verloren, wenn immer wieder gemeldet werden muss, dass in den Gaststätten besonders in ländlichen Gegenden im Rheinland und im Sudetengau weiterhin englische und französische Schallplattenmusik in aller Öffentlichkeit gespielt wird.[40]

America, Great Britain and Adolf Hitler

Grämen über den Misserfolg bei den Briten kann sich Ulrich von Hassell später; Ende Februar steht erst einmal die Europareise des Unterstaatssekretärs im State Department von Washington Sumner Welles auf dem Plan. Hassell nutzt diesmal die Bekanntschaft mit dem amerikanischen Geschäftsträger in Berlin Alexander Kirk. Er möchte erreichen, dass sich der Politiker aus dem freien Westen nicht nur mit den offiziellen Leuten wie Hitler und den Getreuesten trifft, sondern auch mit Regimegegnern, wobei er an den früheren Finanzminister von Preußen Johannes Popitz und an Erwin Planck denkt, der bis 1933 der Staatssekretär der Reichskanzlei war. Carl Friedrich Goerdeler regt an, dass sich Sumner Welles, der von Roma über Berlin und Paris nach London reisen will, aus Italien direkt nach Frankreich und England begibt, in der Hoffnung, dass dem Vertreter Amerikas dort Aufklärung verschafft wird, nach der er auf die letzte Station seiner Reise verzichtet. Woher soll er denn wissen, was die klugen Männer in London und in Washington im Schilde führen? Denen geht es bedauerlicherweise nicht darum, dass die Briten nun gemeinsam mit den Franzosen losschlagen, um Übergrößendeutschland wieder auf die Maße von Großdeutschland zu stutzen. Moskau ist selbstredend von Anfang an nicht im Reiseplan vorgesehen. Sumner Welles trifft letztlich am 25. Februar in Rom ein, bleibt noch einen weiteren Tag und will vom 1. bis 3. März prompt nach Berlin – und tut den Regimegegnern keinen Gefallen, warum auch? Er wünscht kein Foto mit Popitz und kein Foto mit einem Planck. Das werden ihm *Hitlers* Diplomaten* und Generäle* nicht vergessen.[41]

Der Westen hat seit jenem peinlichen Verhandlungsmarathon von 1938 keine frische Strategie. Sie haben nur mit Hitlers Freundeskreis *getalkt*. Erst ging darüber Österreich flöten, dann die Sudeten, anschließend war der Rest der Tschechei dran, inzwischen Polen, und Adolf Hitler scharrt schon mit den Hufen, weil er endlich in Frankreich einreiten möchte. In Deutschland kursiert in Anlehnung an den Goebbels-Ausspruch „Führer befiel – wir folgen dir!“ die sinnträchtige Abwandlung: „Führer befiel –

wir tragen die Folgen." In Linz, einst der ersten Station des Siegeszuges Hitlers durch die alte Heimat, werden im Jahr 1940 Reime dieser Machart weitererzählt: „Wir wollen keinen Krieg. Wir wollen keinen Sieg. Wir wollen unser Österreich und eine schöne Führerleich'."[42] Auch sonst ist mit den Österreichern nicht mehr wirklich gut Kirschen essen. Seit einer ersten Begeisterung über die Vereinigung schwere Ernüchterung folgte, sagen die Ösis über jene Deutschen aus den alten Ländern, die zu ihrer Bekehrung ausgezogen sind: „S-Mexikaner" ('s meg sie koaner) oder auf gut Deutsch: Es mag sie keiner.[43]

Großbritannien bereitet ein Expeditionskorps für seinen eigenen Angriff auf die Sowjetunion vor, und es spricht im Prinzip überhaupt nichts dagegen, ihn zusammen mit der Wehrmacht durchzuführen. Amerika auf der anderen Seite des Atlantik bereitet nunmehr eine Friedensoffensive für Europa vor, nachdem es England vor einem halben Jahre überhaupt erst in diesen Krieg getrieben hatte – und Berlin bereitet sich auf seinen nächsten militärischen Blitzsieg in Europa vor. Damit haben diese Jungs im Großen und Ganzen alle Hände voll zu tun. Alfred Jodl hält im Tagebuch fest, er habe zuerst dem Chef vom Oberkommando der Wehrmacht und dann dem Führer vorgeschlagen, der *Fall Gelb,* also der Einmarsch in die Niederlande, und die *Weserübung*, der Überfall auf Dänemark sowie Norwegen, müssten so vorbereitet werden, dass sie zeitlich und auch kräftemäßig voneinander unabhängig werden. Hat Dänemark mit Berlin keinen Nichtangriffspakt? Darf denn jetzt jegliches Land, dem solch eine Zusicherung gemacht wurde, darauf warten, dass unsere Wehrmacht in Kürze an der Haustür klingelt? Die Zeit bleibt sicherlich auch in Holland nicht stehen. Seit November fürchten sie nun schon einen Einmarsch in ihr Land. Je mehr Zeit ins Land geht, ohne dass etwas passierte, denken langsam diejenigen, die Sas geglaubt hatten, dessen Informant habe ihn einfach bloß irregeführt, und andere betrachten Gijsbertus Jacobus Sas zunehmend als einen Wichtigtuer. Die entstehenden Missverständnisse kennen nur einen Gewinner. Er heißt Adolf Hitler, denn die Niederlande leiten keine Mobilisierungsmaßnahmen ein, durch die Hitler doch noch abgeschreckt werden würde.[44] Wie oft hat er denn seither seinen Angriff verschoben? Es ist der reine Nervenkrieg mit diesem Taktierer.

Premier Chamberlain sieht Welles' Reise mit gehörigem Misstrauen. Als Fußtruppen zur Rettung Englands im Großen Kriege waren Amerikaner ja noch brauchbar, aber wenn Amerika jetzt dazu ansetzt, London in Europa den Rang abzulaufen, schlägt es dreizehn. Chamberlain hat keineswegs die Absicht, die politische Führerschaft an die USA abzutreten und ließ dem ehemaligen deutschen Reichskanzler Joseph Wirth über Lausanne in der Schweiz eine Mitteilung aus fünf Punkten für die deutsche Opposition zuleiten. Aber sollten die Kontakte denn nicht endgültig abgebrochen werden? Liest man die Bedingungen für eine Waffenruhe, so glaubt man, in London hätten sie Kreide gefressen, wie der Volksmund es formuliert: 1. Es wird die Versicherung abgegeben, dass die britische Regierung eine vorübergehende Krise, wie sie im Anschluss an eine Aktion der deutschen Opposition entstehen könnte, nicht militärisch zum Nachteil Deutschlands, etwa durch einen Angriff im Westen, ausnützen würde. – Das wäre natürlich zu schön. 2. Die britische Regierung erklärt sich bereit, mit einer neuen deutschen Regierung, der sie ihr Vertrauen schenken kann, zur Sicherung eines dauerhaften Friedens zusammenzuarbeiten und Deutschland die erforderliche wirtschaftliche Hilfe zu gewähren. – Sehr witzig, wenn diese englische Regierung zur gleichen Zeit sein Expeditionskorps für seinen eigenen Angriff auf das neue Russland präpariert. 3. Weitere Zusicherungen kann die britische Regierung ohne vorheriges Einvernehmen mit der französischen Regierung nicht geben. Wenn Frankreich ins Vertrauen gezogen werden könnte, wären noch genauer bestimmte Zusicherungen möglich. – Das ist zu gut zu verstehen. 4. Im Falle einer Beteiligung Frankreichs an den Verhandlungen wäre es erwünscht, wenn der ungefähre Zeitpunkt der Durchführung des innerdeutschen Unternehmens mitgeteilt werden könnte. – Hoffentlich steckt dahinter keine böse Absicht. Die Bemühungen vom Herbst 1938 waren auch schon abgewürgt worden, indem Churchill die heimlichen Signale der deutschen Generalität nach London publik gemacht hat. 5. Falls die deutsche Opposition zur Erleichterung ihrer Aktion eine von den Westmächten durchzuführende Diversion wünschen sollte, wäre die britische Regierung bereit, einem solchen Wunsche im Rahmen des Möglichen zu entsprechen. – Das wäre selbstredend genau das, was noch nie eintrat. – Bei der Übergabe der Mitteilung weisen die Beamten des *Foreign Office* darauf hin, dass sich London bloß bis Ende April 1940 daran gebunden fühle. Das ist der von Hitler ursprünglich vorgesehene Zeitpunkt für die Offensive im Westen. In etwa dasselbe bekräftigte auch Lord Halifax am 22. Februar als Antwort auf Ulrich von Hassells Bedingungen für einen Friedensschluss.[45]

Staatsbesuch aus Washington

In einem unendliche Kilometer langen, überhaupt nicht mehr endenden Zug stehen 80 Millionen Deutsche auf der Autobahn in Reih' und Glied hinter ihrem Führer und harren der Friedensgespräche, die er angeblich in Kürze beginnen will. Am 1. März ist es endlich soweit. Es sind nur die besten Fotografen, die den Führer und seinen neuesten Staatsgast in das rechte Licht rücken dürfen. *Welcome! Sumner Welles from Washington in the United States of America!* Fahnen, Hymnen, Blitzlichtgewitter in Berlin wie jedesmal. Bei Staatsgästen hat sich der Führer noch niemals lumpen lassen. Der hohe Gast aus den lieben Vereinigten Staaten hinter dem Mond revanchiert sich und hält sich störende Elemente wie Bürgerrechtler vom Hals. *God Save the Fuehrer!* Das höchste der Gefühle wäre ein Gespräch mit dem „halboffiziellen" Hjalmar Schacht. Das wertet die Dissidenten so ab, wie es Hitler in der Öffentlichkeit aufwertet, auch als den unumstrittenen Partner bei den erwarteten Friedensverhandlungen. Der Amerikaner trifft auf die Größen des Reiches, doch er kommt nicht so recht zu Wort. Bereits der *Talk* mit dem Herrn Reichsaußenminister verdeutlicht, wer in den nächsten Tagen den Ton angeben wird und was er bewirken wird. Von Ribbentrop beginnt mit einem sage und schreibe zweistündigen Monolog. Ist das höflich und kann man so viel überhaupt sagen? Na ja, geschenkt. Sein bedeutendster Gedanke ist die Forderung, Deutschland das Recht auf eine Art „Monroe-Doktrin" in Europa zuzugestehen, wie er sie verstanden hat. Nach einigem Nachdenken meint er auf einmal nur noch *in Mitteleuropa*. Der RAM ist von sich selbst offenbar so begeistert, dass er nicht den Sinn dessen erfasst, was ihm Welles nahezubringen versucht: Die USA könnten als neutrale Macht natürlich nicht Friedensverhandlungen für Großbritannien, Frankreich und *unser* Reich führen. Wenn aber alle Kriegsteilnehmer auf einer Konferenz zusammenkämen, wollen sich die Vereinigten Staaten in die Bemühungen einschalten, eine reale Begrenzung und Reduzierung der Rüstungen zu erreichen und ein wirtschaftliches System des Welthandels aufzubauen. Sumner Welles fragt Joachim von Ribbentrop, welche Art einer Vermittlung für Berlin annehmbar wäre.[46]

Beim anschließenden Gespräch mit Hitler hebt der Friedenskanzler vor allem den Wunsch hervor, mit Großbritannien in Eintracht zu leben und äußert Bedauern, dass die „aufrichtigen und ehrlichen Vorschläge", die er Botschafter Henderson am 25. und 28. August 1939 übermittelt hatte, in London nicht entsprechend gewürdigt worden seien. Können Sie sich noch an die Szene erinnern, als Ribbentrop und Henderson plötzlich im Eifer des Gefechts aufsprangen und sich der Dolmetscher nicht so sicher war, ob einer dem anderen gleich ein paar runterhaut? Er verweist auch auf Abrüstungsangebote an Großbritannien und Frankreich, wie die Begrenzung seiner Landstreitkräfte auf 200.000 bzw. auf 300.000 Mann, auf die Deutschland nach seinen Worten nicht einmal eine Antwort erhalten habe. Dass er mit seiner „Begrenzung" die Truppenstärke um 100 beziehungsweise 200 Prozent schwungvoll heraufzusetzen vorhatte, das lässt er weg. Er möchte aber weiter Obergrenzen für die Bewaffnung der Truppen haben, besonders bei den Offensivwaffen. Er stimmt natürlich Welles' Gedanken zum Welthandel zu, wünscht sich aber eine deutsche Vormachtstellung in Ost- und Südosteuropa. Bei ihm ist nun weder von Europa noch von Mitteleuropa die Rede. Sumner Welles fällt speziell die Bemerkung Hitlers auf, er sei sich „des Triumphs Deutschlands sicher", wenn es aber doch anders komme, „dann werden alle gemeinsam untergehen".[47]

Insgesamt ist der Führer jedoch bemüht, den Gedanken hervorzuheben, er wäre bereit, sich an der *Errichtung einer besseren Welt* zu beteiligen, wenn Großbritannien und Frankreich darauf eingingen. Welles sagt zur Abrüstung, „er sei auch der Ansicht, dass es als eine wahre Tragödie für Europa und für die Welt angesehen werden müsste, dass die auf diesen Gebieten gemachten Angebote des Führers nicht großzügig geprüft und durchgeführt worden wären". In seiner Antwort auf Hitlers Kritik an der französischen und britischen Planung zur Zerstörung des Reiches äußert Welles, die amerikanische Regierung sei der Meinung, dass es gar keine größere Sicherheit für einen dauernden und festen Frieden geben könne als ein geeinigtes, zufriedenes und wohlhabendes deutsches Volk. Welles bittet sich aus, dass es von deutscher Seite aus „in den nächsten vier bis fünf Wochen" in Europa ruhig bleibe, damit seine Vermittlungsmission ein Erfolg werden könne.[48] So viel Zeit hat der Friedensfürst aber nicht.

Immer nur Frieden ist nicht zielführend

Just an ebendiesem Tag, dem 1. März 1940, gibt Hitler eine Weisung zur *Weserübung* heraus. Darin wird den führenden Generälen zur Kenntnis gegeben, die Entwicklung in Skandinavien erfordere es, Vorbereitungen dafür zu treffen, um mit Teilkräften der Wehrmacht gleichzeitig Dänemark und Norwegen zu besetzen. Auf diese Weise solle allen englischen Übergriffen nach Skandinavien und der Ostsee vorgebeugt werden, die Erzbasis in Schweden gesichert und für die Kriegsmarine und Luftwaffe die Ausgangsstellung gegen England gesichert werden. Von größter Bedeutung sei, dass die Maßnahmen die nordischen Staaten wie die Westgegner überraschend treffen.[49] Welles ist nach dem Besuch hier wirklich in Paris sowie in London und noch einmal in Rom, um etwas in der Art eines München II zustande zu bringen. Als jedoch die Verantwortlichen in der amerikanischen Hauptstadt erfahren, dass Hitler bei der Absicht bleibt, gegen Frankreich vorzugehen, wird Welles' Mission beendet. Ein weiterer Grund ist witzigerweise jener, dass London nicht bereit ist, die Führung auf dem europäischen Kontinent nunmehr zusammen mit den

Amerikanern zu übernehmen.[50] Als London die Führung noch mit dem Reich teilen wollte, hatte die Elite dort derartige Bauchschmerzen nicht. Im Unterschied zu Deutschland wird es *America* nach dem Kriege noch geben, dessen sind sie sich in London sicher, und tatsächlich teilen mag man die Führung ja auch mit Deutschland nicht.

Das britische Kabinett beschließt am 12. März der finnischen Armee beizustehen und über norwegisches oder über schwedisches Territorium in den Winterkrieg zwischen der Sowjetunion und Finnland einzugreifen – das mag gut gemeint sein, kommt aber zu spät. Einen Tag danach unterzeichnen die Kontrahenten einen Friedensvertrag, nach dem die Finnen große Teile Kareliens abgeben müssen. Sorgfältig wurde der Verlauf des Krieges in Helsinki, in Moskau und in Berlin beobachtet und analysiert. Vor dem Beginn der Schlachten im finnischen Schnee waren sich sämtliche Experten sicher, dass die finnische Armee der sowjetischen absolut unterlegen sei und auch nicht die geringste Chance habe. Die Finnen belehrten die Fachleute eines Besseren. Sie haben sich sehr lange gehalten. Weil das Zurückholen Finnlands in den allrussischen Staatsverband gescheitert ist und die Sowjets bloß ein paar Quadratkilometer gewannen, wird dieser Krieg zu einer Aktion zur Sicherung Leningrads umgedeutet. Aus rein militärischer Sicht nötigt jedoch auch die Leistung der Soldaten der Roten Armee größte Achtung ab. Vor ihnen liegt tief unterm Schnee die Mannerheim-*Linie*, hundert Bunker, in deren Etagen man sich vom elenden Frost bei Temperaturen von etwa -40 Grad aufwärmen könnte, wenn man nicht Tag und Nacht oben im eisigen Winter bei zwei Metern Schnee zu überleben versuchen müsste. In diesen Monaten sterben dort etwa 25.000 Finnen und mehr als 125.000 sowjetische Soldaten, wobei die Überlebenden jenes harten Frostes auch fürs Leben gezeichnet sind. Die relative Schwäche der sowjetischen Armee deutet man in Berlin so, dass die Rote Armee kein ernsthafter Gegner ist. In Moskau schätzt man die Sache jedoch genauso kritisch ein – und beginnt mit Reformen beim Militär. Während London einen Moment vor zwölf noch versuchte, dem unterlegenen Finnland zu helfen, hatte sich Paris der Hilfe gänzlich enthalten, und nach dem nächsten Landgewinn der Sowjets tritt Ministerpräsident Daladier zurück. Sein Nachfolger Paul Reynaud bestätigt vorhandene Pläne zum Angriff auf den Großraum Baku im tiefen Süden der Sowjetunion und auf den Erdölhafen Batumi, weil man sich der britisch-französischen Wirtschaftsblockade gegen Deutschland widersetzt hat. In die Operationen der Luftwaffe und der Marine sollen sowohl die Türkei als auch Iran einbezogen werden. London bleibt skeptisch, bereitet aber wohl alles zum Losschlagen vor.[51]

Ob diese Pläne für den Überfall realisiert werden, hängt davon ab, ob es Frankreich überhaupt noch gibt, wenn die britischen Bedenken beiseite geräumt sind. Norwegen und Dänemark können auch weiterhin seelenruhig schlafen, denn der Führer hat noch keine Sprachregelung bei der Hand, um seinen Eingriff in die inneren Angelegenheiten dieser Staaten zu begründen, wie Alfred Jodl in seinem Tagebuch vermerkt. Das weist auch darauf hin, dass man zumindest zum aktuellen Zeitpunkt der Entscheidung noch keiner Okkupation durch die Engländer zuvorkommen will, sondern, wie Großadmiral Raeder im Oktober schrieb, Stützpunkte in Norwegen gewinnen, um „unsere strategische und taktische Situation zu verbessern". In Norwegen wusste natürlich niemand etwas von jenen geheimen Berliner Plänen im Oktober 1939, doch über den anstehenden Überfall im April wurde der Botschafter direkt durch den Geheimdienst informiert. Hans Oster mag sich gedacht haben, man könnte ihn ja bloß einmal hinrichten, egal, wie oft er Landesverrat begeht. Der norwegische Botschafter hält diese Information aber für ein Täuschungsmanöver und informiert die Verantwortlichen in Oslo nicht, sodass die Mobilmachung dort letzten Endes zu spät erfolgt.[52] Sicher weiß er, dass der holländische Militärattaché nichts als Hohn und Spott nach Osters Warnung geerntet hat und möchte wohl selbst nicht auch auf dubiose Infos hereinfallen.

Der Antichrist besucht den Papst

Nach anderthalb Jahrzehnten des Kampfes gegen die Kirchen sowie um die Gottheit des Knäbleins Adolf wartet Berlin jetzt mit einer wirklichen Überraschung auf: Dr. Joseph Goebbels, und wer könnte mehr gewettert haben gegen die Kirchen als dieser Mann, wird im Jahre des Herrn 1940 eine Audienz beim Papst gewährt! Halleluja! Halleluja! Halleluja! Doch elend einfallslos und unkreativ wie die Deutschen traditionell sind, fällt ihnen wie schon beim Besuch des Amis in Berlin und beim Friedensvertrag zwischen Finnen und Russen auch beim Doktor in Rom nichts ein außer geheimnisvoller Friedensverhandlungen. Himmel Herrgott nochmal! Aus welchem Holz sind die Deutschen bloß geschnitzt? Die Männer beim SD können immer wieder nur den Kopf schütteln. In ihrem Bericht für die Staatsführung notieren sie, dass die Gerüchte und die Gespräche über einen baldigen Friedensschluss noch vor einem Ausbruch größerer Kampfhandlungen aus allen Gegenden des Reiches gleichlautend und in immer größerem Umfange gemeldet werden. Was Goebbels tatsächlich in Rom sucht, bleibt unklar. Er soll sicher eher das Ansehen der Staatsführung gegenüber den kriegsfeindlich eingestellten Kirchen heben und deren üblen Einfluss aushebeln, denn so kann der Führer nicht arbeiten. Es gießt noch Wasser auf die Mühlen, dass der amerikanische Präsident Roosevelt in einer Rundfunkrede am 16. März 1940 erklärt, es wäre notwendig über die „moralischen Grundlagen des Friedens" nachzudenken; er müsste gerecht und dauerhaft sein.[53]

Verglichen mit Hinweisen auf den baldigen Friedensschluss werden die Leitartikel in der gleichgeschalteten Presse, in denen die Notwendigkeit der militärischen Entscheidung betont wird, „verhältnismäßig wenig beachtet", genauso wie die Ausführungen von Rednern der Partei, dass das Volk den Kampf gegebenenfalls mehrere Jahre aushalten müsse. Wenn natürlich eine offizielle Stelle wie die Wirtschaftskammer Sachsen eine Rundreise organisiert für Auslandsjournalisten aus Belgien, der Schweiz und den baltischen Ländern, aus skandinavischen und südeuropäischen Staaten im Anschluss an den Besuch der Leipziger Messe, dann führen die Zuständigen ihre lieben Gäste schon in die richtigen Kreise. Da muss man zweifellos zwischen Tilsit in Ostpreußen und Rosenheim in Bayern nicht lange suchen. Die Journalisten betonen denn auch im Laufe dieser Reise, dass sie sich eine solche Ruhe und Siegeszuversicht auf gar keinen Fall vorgestellt hätten.[54]

General Alfred Jodl schreibt am 21. März ins Tagebuch, dass der Führer jedes Verhandeln mit Dänemark oder Norwegen ablehnt, um kein Land aus seiner Ruhe aufzuschrecken, weil sonst Hilferufe an Großbritannien und Amerika zu erwarten sind. Wo Widerstand geleistet wird, müsse er „rücksichtslos gebrochen werden“. Drei Tage später werden die Flotten-Operationsbefehle für sein Unternehmen *Weserübung* ausgegeben. Am 30. März gibt Dönitz als Oberbefehlshaber der U-Bootflotte letztlich den Operationsbefehl für die Besetzung der beiden Länder heraus.[55] *Unsere* Presse begleitet diese Vorbereitungen mit Berichten über „fortwährende Neutralitätsverletzungen durch die Westmächte“, was insbesondere auf England zutreffe. Der SD vermerkt, dass *die Öffentlichkeit* darüber enttäuscht sei, nichts zu hören von Gegenmaßnahmen gegen die Verletzung norwegischen und dänischen Hoheitsgebietes bei Angriffen auf deutsche Dampfer in der Nordsee. Überdies gibt es englische Luftangriffe auf das Reich, für die die Niederlande und Belgien überflogen werden, wodurch sich auch Hitler persönlich berechtigt sieht, Belgien und Holland ebenfalls einzunehmen.[56] Schön, dass die Briten auch Belgien wie schon 1914 missbrauchen, um herauszufordern, dass die deutschen Truppen erneut die Neutralität des Landes ignorieren. Die Hauptsache ist wohl, dass die Historiker später die englischen Überflüge unter den Tisch fallen lassen wie auch die Verletzung der Hoheitsgewässer neutraler Staaten. Belgien kann nur als neutral gelten, wenn *alle* diesen Status anerkennen.

Öffentlichkeitsarbeit in Berlin

In Berlin sind die im September in Warschau gefundenen Dokumente in der Zwischenzeit angeschaut und ausgewertet worden; jetzt gelangen sie in einer sorgfältigen Auswahl an das Licht der Öffentlichkeit. Mit diesem geschickten Schachzug wird die Überzeugung eines vermutlich größeren Teils der Bevölkerung gestärkt, dass es ganz richtig war, Polen die Flügel zu stutzen. An der Steilvorlage aus Warschau musste bei der abenteuerlichen Außenpolitik an der Wisła bis August des vorigen Jahres wohl gar nicht so viel weggelassen werden. Je mehr Dokumente, desto besser. Es ist für spätere Forscher nur von Bedeutung, dass fein säuberlich auseinandergehalten wird, welche Schuld oder auch nur Verantwortung dabei dem polnischen Volk zukam, und wie es mit seiner Führung aussah. Im deutschen Publikum wird mit dieser Publikation das politische Interesse auf die Haltung Amerikas im gegenwärtigen Konflikt gelenkt. Nun wird die Möglichkeit eines Kriegseintritts der USA auf Seiten der Westmächte lebhaft erörtert, wie der SD notiert. Die Gründe für die Veröffentlichung der Dokumente werden zum Tagesgespräch. Besonders wird betont, die Einkreisungspläne der Westmächte seien gescheitert, obwohl sie offenbar in Amerika unterstützt wurden. Aufmerksam verfolge man, wie sich Italien und die Sowjetunion verhalten. Mit Genugtuung wird die jüngste Rede von Außenminister Molotov aufgenommen, speziell die Äußerung über die Gegnerschaft zu den Westmächten. Beachtung finden auch die Meldungen über die Tätigkeit und die Erfolge der deutschen Luftwaffe gegenüber englischen Geleitzügen und französischen Luftstreitkräften. Sie würden als neuer Beweis für die Überlegenheit der deutschen Luftwaffe gegenüber den Streitkräften der Westmächte gewertet.[57]

Die Sowjets lassen sich nicht länger hinhalten

In Moskau ist die Führung darüber im Bild, dass ihre Sorgen berechtigt waren, ob man sich auf wirtschaftliche Kooperation mit dem Deutschen Reich einlassen sollte. Seit Monaten schon verzögert Berlin den Beginn. Der Grund liegt vor allem darin, dass die deutschen Firmen sowjetische Aufträge zögerlich annehmen. Es bleibt zu vermuten, dass manche unter den Deutschen nicht völlig davon überzeugt sind, dass es richtig ist, den Kommunismus zu unterstützen. Aber das war die Bedingung dafür, dass Moskau jenen Handelsvertrag abgeschlossen hatte: Deutschland ist nur interessant, wenn es die Importe aus *America* ersetzen kann, die durch das *moralische Embargo* vom Dezember 1939 ausgefallen sind. Deshalb stellt die Sowjetunion am 1. April letztlich die Verschiffung von Getreide und Erdöl wieder ein. Erst nach diesem unüberhörbaren Schreckschuss kommt Bewegung in die zugesagten Lieferungen. Bald erhält die Sowjetunion sogar Militärflugzeuge und Mörser der Firma Krupp.[58] Dies muss wirklich nicht erstaunen, hat das Unternehmen doch auch vorher schon mit Geschäften auf verschiedenen Seiten der Front Geld verdient.

Zwischen Resignation und Initiative

Generalmajor Thomas gelingt es am 4. April endlich, Franz Halder dazu zu bringen, jenen Bericht über denkbare britische Friedensbedingungen zu lesen, den Josef Müller, alias Herr X, vor gut zwei Monaten aus Rom mitgebracht hatte. Halder ist nicht mehr umzustimmen und gibt dieses brisante Dokument nach nächtlicher Lektüre trotzdem von Brauchitsch, der schroff reagiert: „Glatter Landesverrat. Das kommt für uns unter gar keinen Umständen in Frage." Man solle denjenigen verhaften lassen, der das Papier überbracht hat, und es auf dem Dienstweg dahin bringen, wo es hingehöre. Fertig mit der Welt antwortet Franz Halder: „Wenn einer verhaftet werden soll, dann bitte verhaften Sie mich." Noch mindestens zehn Tage behält Halder das Schriftstück, bevor er es dem Generalmajor Thomas zurückgibt, ohne seine Resignation abzuschütteln.[59]

Den Nazibehörden bleibt nichts übrig, als aufzupassen wie Schießhunde, weil die Deutschen Jahr für Jahr erfinderischer werden und technisch in zunehmendem Maße mit den staatlichen Methoden mithalten. Es stößt nicht auf Begeisterung, dass zu dem bisher tätigen *Freien Deutschlandsender* und dem *Deutschen Freiheitssender* Mitte März noch ein neuer Schwarzsender dazugekommen ist, der unter dem Namen *Reichssender der neuen deutschen Revolution* firmiert. Der SD gibt der Staatsführung den Hinweis, dass er in den Abendstunden „deutschfeindliche Nachrichten durchgibt". Die Kollegen wollen damit ausdrücken, dass der Sender nazifeindliche Nachrichten ausstrahlt. Das Missverständnis beruht auf dem Umstand, dass sie sich für normal halten und die restlichen siebzig Prozent der Bevölkerung für erziehungsbedürftig. Einen nützlichen Rat, wie man illegal aufgeschnappte Nachrichten verbreiten kann, ohne sich in Gefahr zu bringen, hat der *Freie Deutschlandsender* parat: Man solle behaupten, Joseph Goebbels hätte wieder einmal mit Recht schändliche Lügenmeldungen aus dem Ausland dementiert, und dann darlegen, was er bestritten hätte. Dann könne den Leuten niemand etwas anhaben und die Nachrichten kämen trotzdem unters Volk.[60]

Kennen Sie den schon? Der Pfarrer sagte in der Predigt: „Die Wahrheit ist verloren, denn die Lüge hinkt durch das Land." Die Gestapo lädt den Pfarrer vor. „Haben Sie bei Ihrer Behauptung an einen unserer Führer gedacht?" Fragt der Pfarrer wiederum: „Wie kommen Sie denn darauf?" Der Gestapo-Mann ist irritiert: „Nun, unser Reichspropagandaminister hinkt doch, wie sie wissen..." Da fragt ihn der Pfarrer: „Nun ja, aber lügt er denn auch?"[61]

Manche Gegner Hitlers bleiben auch im Bereich der Publizistik am Ball. Seine *Weißen Blätter* gibt Karl Ludwig Freiherr von und zu Guttenberg* beispielsweise schon seit 1934 heraus und bringt auf seine Art kritisches Denken an den Mann – will heißen: unter die Leute. Um die Akzeptanz des Blattes zu festigen, lässt Hjalmar Schacht im April auf der Titelseite ein Faksimile des Spruches abdrucken, den er am 11. November 1918 in das Gästebuch des Hauses Bruckmann geschrieben hatte, und dazu die

Unterschrift des Prominenten, um im Leserkreis der Monatsschrift um Vertrauen zu werben, von dem man sich wenigstens moralische Unterstützung eines Umsturzes erhofft. In einer etwas altmodischen Art sagt er, dass weder Gewalt noch Geld in der Welt entscheidend sind: „Gewalt nicht noch Geld formen die Welt. Geistige Kraft und redliches Handeln vermögen Welten zu wandeln." Hjalmar Schacht. 11.11.1918.[62] Stimmung wird auch vom Ausland aus gemacht, so berichtet die Londoner BBC am 07. April in einer frühmorgendlichen Nachrichtensendung über Spitzeldienste: Der neue Volksinformationsdienst der Gestapo wird in unserer Wehrmacht nicht geduldet. Der Sprecher fragt, ob das deutsche Volk im Hinterlande die Armee darum beneiden soll, „von dieser Pest verschont zu bleiben", ober ob es nicht Mittel und Wege finden soll, um sich selbst in ähnlicher Weise davon zu befreien. Die Kollegen im nebligen London warten leider nicht mit dem Patentrezept auf, wie man es anstellt.[63] Was die führenden Militärs in der Wehrmacht – jetzt immer noch – können, darf die einfache Bevölkerung noch lange nicht. Ein Rat hat ja nur einen Sinn, wenn er in der Realität praktikabel ist. Wer solche Wünsche in den Äther schickt, kann mit derselben Erfolgsaussicht auch einfordern, dass jedes zweite Kind in einer Ehe vom Mann geboren werden müsste. Dies geht, wie man sieht, genauso leicht über die Lippen. Es ist überzeugender, wenn Allen Dulles einschätzt, dass moderne Technik und effiziente Methoden von Verhör und Folter der Unterdrückung der Freiheit sowie der Aufspürung all derer dienen, die es wagen, sich der Nazidiktatur zu widersetzen. Im Polizeistaat, der ja mit Maschinengewehren, Tränengas, Panzern sowie Flugzeugen ausgestattet ist, seien Revolutionen nicht von erregten Massen mit nackten Händen zu schaffen.[64] Könnten „die Leute" etwas ändern, würden sie zuerst die Planwirtschaft wieder abschaffen – die stört sogar stramme Nazis. Über die Qualität des Bieres zum Beispiel erzählt man sich Witze wie: Ein Mann sendet eine Bierprobe zur Untersuchung. Nach einigen Tagen teilt ihm dann das Nahrungsmittelinstitut mit: „Ihr Pferd hat Zucker!" Und der ist dann schon derb: *Von München bis Berlin trinkt man nur noch Pissolin!* Was denkt man so über unsere Perspektive? „Unter der Flagge Schwarz-Weiß-Rot hatten wir alle Butter und Brot. Auch unter der Flagge Schwarz-Rot-Gold konnte man kaufen, was man gewollt. Doch unter dem Hakenkreuz mit seinen Ecken werden wir alle noch verrecken!“[65]

Die Deutschen ohne ihre Südfrüchte und Coca-Cola

Inzwischen mangelt es im Reich an allen Ecken und Enden, an Arbeitsschuhen, an Leder, an Nahrungsmitteln wie Butter und Eiern, Geflügel, Gemüse, Obst und *last but not least* an Südfrüchten. Den Rest bekommt man sowieso nur auf Bezugsscheine. Aber sicher kann man sich von den vorhandenen Mehlreserven ein Süppchen kochen. Vielleicht streut man auch ein wenig Möhre darüber, dann sieht es hübsch rot aus. Selbst mit der guten alten Flasche Coca-Cola gibt es Probleme. Weil die Rohstoffe, wie nicht anders zu erwarten war, durch den Krieg knapp werden, muss ein Teil der Produktion auf ein Ersatzgesöff umgestellt werden, welches der deutsche Chefchemiker der deutschen Niederlassung von Coca-Cola Schetelig dieses Jahr in Essen zusammengebräut hat. Jetzt kommen da Molke rein und Apfelreste, lecker, na und zum Abschmecken Fruchtsaftkonzentrate, die *Unser Sonnenstaat Italien* bereitstellen kann. Möchten Sie wissen, auf welchen Namen das Gesöff getauft wird? Fanta! Glauben Sie nicht, den Deutschen würde auf die Nase gebunden, dass es sich bei Coca-Cola um ein Produkt aus *America* handelt. Sie dürfen freilich bitte auch nicht glauben, dass die amerikanische Firma Coca-Cola durch den Krieg geneigt wäre, auf sein *business* im Reich zu verzichten. Allerdings wird die Presse endgültig zum Gespött: „Aus Kiel wird mitgeteilt, dass es in Bevölkerungskreisen auffalle, dass Zeitungen und Zeitschriften noch Werbeanzeigen über kosmetische Artikel z. B. Nivea-Creme oder Nivea-Seife und dergl. bringen, obwohl diese Artikel im Handel nicht mehr zu bekommen seien.“[66] Denken Sie nur nicht, dass sich die Deutschen vom Mangel den Humor verderben ließen – Lehmanns haben sich mit vieler Mühe eine Gans gesichert. Da es noch acht Tage bis Weihnachten sind, hängen sie die Gans draußen ans Balkongitter. Eines Tages war die Gans verschwunden. Statt ihrer hing am Balkongitter ein Zettel: „Vom Feindflug nicht zurückgekehrt.“[67]

Wir sind nämlich im Krieg und weil das Wetter besser wird, müssen die Dänen und die Norweger nicht mehr unendlich warten, bis auch sie nun ins Reich aufgenommen werden. Worauf könnten die Nordlichter denn noch sehnlicher gewartet haben? Beim Isolationismus hinter dem Teich und dem Pakt zwischen Moskau und Berlin bleiben streng genommen in der Tat nur noch die Briten als Schutzengel dieser Länder übrig. Irgendwie kommen die aber immer zu spät. Am 8. April darf nach langem Hin und Her eine Verminung der Küstengewässer Norwegens losgehen und außerdem soll britisches und französisches Militär nach Narvik entsandt werden, das bis Stavanger, Bergen, Drontheim vorgehen soll und bis an die schwedische Grenze, um die Stützpunkte nicht in Feindeshand fallen zu lassen.[68] In der Nacht vom 8. zum 9. April wird der Chefdolmetscher in Berlin durch Ribbentrop aufgefordert, den Sprachen-Dienst ins Hotel *Adlon* in Klausur zu schicken und den Text zu übersetzen, nach welchem die Reichsregierung in den Besitz von einwandfreien Unterlagen gelangt sei, die belegten, dass England und Frankreich beabsichtigten, bereits in den allernächsten Tagen überraschend bestimmte Ecken der nordischen Staaten zu besetzen.[69]

Bei dem bereits hinlänglich bekannten Lug und Trug der täglichen Propaganda glauben kritisch eingestellte Leute am Ende noch nicht einmal mehr die Wasserstandsmeldungen. So ist es auch nicht erstaunlich, dass die Übersetzer zwar ihren Dienst tun, aber längst nicht glauben, was sie da schreiben. Davon abgesehen fehlt in dem Schreiben ja trotzdem eine wesentliche Begründung für die Operation. Die Physiker, die am Atomprojekt beteiligt sind, hatten sich 1939 dafür entschieden, sogenanntes schweres Wasser als Moderatorsubstanz zu verwenden und diesen Stoff stellt bisher nur die Norwegische Hydroelektrische Gesellschaft (Norsk Hydro) in nennenswerter Menge in einem Werk in Vemork bei Rjukan her – als Nebenprodukt bei der Herstellung von Kunstdünger.[70] Was die Übersetzer für die Dänen und Norweger bearbeiten, soll übrigens auch ins Italienische gebracht werden, und gemeinsam mit einem Begleitbrief des Führers dem *Duce* überreicht werden. Das wird das erste Wort, das der „Achsenpartner“ von der Ausweitung des Kriegsschauplatzes hört.[71]

Halb Nordeuropa wird geschluckt

Kalt erwischt es Dänemark und Norwegen am 9. April 1940, doch ihren Regierungen wird in diplomatischen Noten versichert, dass man es bloß gut mit ihnen meint; die deutschen Truppen kämen nicht als Feinde und beabsichtigten nicht, die von der Wehrmacht besetzten Orte womöglich als Stützpunkte für Kampfhandlungen gegen England zu benutzen. Auf keinen Fall, außer, wenn sie natürlich dazu durch Maßnahmen Englands und Frankreichs gezwungen würden. Weiter heißt es, die Truppen seien lediglich gekommen, um den Norden gegen die geplante Besetzung von norwegischen Stützpunkten durch englisch-französische Streitkräfte zu schützen. Im Falle Dänemarks hatte man in Berlin nicht behauptet, dass jemand dieses Land vielleicht ebenfalls besetzen wollte, und obwohl der Führer seit Wochen nach einer Sprachregelung sucht, warum er dorthin muss, gibt es folgerichtig für die Besetzung von Dänemark einfach überhaupt keine Erklärung und es bleibt bei den erwähnten ersten Worten.[72]

Die breite Masse in Deutschland ist irgendwo zwischen fassungslos und fasziniert. Aus einem unerfindlichen Grund gelingt Hitler jeder Streich, wie irre sein Tun auch wirkt. Vielleicht darf man ja daran erinnern, dass der sowjetische Außenminister vor diesem Dominoeffekt schon nach der Eingemeindung Österreichs gewarnt hatte. Nach all der Tölpelei in Paris und London ist jedoch inzwischen längst nicht nur die Sowjetunion ausgefallen für eine tatsächliche Einkreisung. England und Frankreich sind die Letzten, die ohne langen Seeweg noch Erste Hilfe leisten könnten – doch sie ziehen die Köpfe ein. Wer in Deutschland ob des Wagemuts des Hänflings nicht den Kopf verliert, behält im Blick, dass 144 französische Divisionen und die Streitkräfte der Briten mit einem Weltreich dahinter weiterhin existieren.[73] Der 36-jährige Kurt Georg Kiesinger* jedenfalls, der im Frühjahr den Gestellungsbefehl zur Wehrmacht erhalten hat, ist nicht versessen auf einen Auslandseinsatz. Seit dem *Röhmputsch* hält er in der NSDAP bloß noch die Füße still. Der Jurist hat sich 1932 von dem nationalen Sozialismus ebenfalls eine völlig andere Vorstellung gemacht als das, was daraus geworden ist. Der im Auswärtigen Amt tätige Heinz

Gerstner* weist ihn jetzt auf den Personalbedarf in der Kulturabteilung hin, was ihn rettet.[74] Unter den Nachdenklichen sind auch konservative Herren im Auswärtigen Amt. Sie gehen davon aus, dass im Westen bald eine Operation folgen wird. Das ist Anlass genug für den Staatssekretär Ernst von Weizsäcker, seinen Jugendfreund General Geyer aufzusuchen. Beide suchen zur Vermeidung der kriegerischen Lösung nach dem politischen Ausweg aus der Krise, doch vergeblich. Skepsis und Resignation griffen im Reich angesichts der riesigen Erfolge Hitlers um sich. Bei der Befehlsausgabe zum Angriff fühlen viele Militärs, dass ein Zurückdrehen des Zeigers nicht mehr möglich sein wird.[75] Unser Auswärtiges Amt versteht es jedoch, sich gegen die Zumutungen des Regimes abzuschirmen. Der Chefdolmetscher Dr. Schmidt, der es sich trotz aller revolutionären Geschäftigkeit nicht nehmen lässt, selbst mitten im Krieg die Wilhelmstraße in der althergebrachten bürgerlichen Kleidung entlang zu laufen, ist geradezu überrascht, dass es den Diplomaten bislang gelungen war, dem „Beschuss durch Ribbentrop“ standzuhalten. Erst jetzt sollen plötzlich 150 höhere Beamte entlassen werden. Aber die anderen Herren sind nicht naiv und erklären sie zu Spezialisten, die durchaus gar nicht zu ersetzen seien. So muss man sie wohl oder übel im Amt belassen. Die Mitarbeiter des Auswärtigen Amtes haben Fehler und Dilettantismus dieses Regimes schneller und klarer erfassen können als andere.[76] Bleibt ja nur zu hoffen, dass sie ihre Linie dort noch möglichst lange durchhalten und nicht auch noch in den verbrecherischen Sog hineingerissen werden.

Stimmungsbilder III

Wer könnte den Teil der Bevölkerung hier, der im Siegestaumel ist, jetzt noch beeinflussen? Viele große Persönlichkeiten aus der Weimarer Zeit sind entweder in ein KZ verbracht worden oder längst emigriert. Aus der Illegalität heraus ist es ebenfalls nicht leicht, Menschen zu erreichen, die das Regime zwar ablehnen, sich aber scheuen, bei unerlaubtem Tun gesehen zu werden. Für eine unerwünschte aber legale Einwirkung stehen nur die Kirchen zur Verfügung, die sich denn auch vor allem auf unsere Jugend konzentrieren, haben viele junge Leute doch staatlicherseits nie etwas anderes als die offizielle Ideologie gehört. Aus Salzburg berichten die Zuträger, dass Neugründungen wie die Pfarrjugend versuchen, junge Leute vom HJ- und BDM-Dienst abzuhalten. In Ostpreußen wird es den Eltern durch den Bischof von Ermland Maximilian Kaller zur Pflicht gemacht, die Kindererziehung selbst in die Hand zu nehmen. Wien meldet nach Berlin, dass die Geistlichen häufiger bei den Eltern zu Hause sind, um die Jugendlichen von den Nazis weg und in die Kirchen zu bringen. Der SD warnt davor, dass sie in Leipzig, Berlin, Oppeln, Bayreuth, Wien, in Weimar, Karlsbad, Dresden, Neustadt und Frankfurt am Main mehr Wert legen auf eine direkte Beeinflussung der Jugendlichen. Zahlreiche Erbauungs- und Aufklärungsschriften werden verteilt. In einigen Orten der Ostmark werden sie in den Pfarrhöfen beschenkt und bewirtet, dort werden Unterhaltungsspiele und anderes mehr geboten, um die Jugend wieder an die Geistlichen zu binden. Derartige Methoden tragen „in sehr vielen Fällen den Sieg über das HJ-Heim“ davon.[77] Besonders kümmern sich die katholischen Geistlichen weiter um die polnische Minderheit im Reich, um polnische Landarbeiter und Gefangene. Als typisch wird vom SD charakterisiert, dass den Kindern der Polen Kommunionsunterricht in ihrer Muttersprache erteilt wird, dass in Aldersbach (Landkreis Vilshofen) wieder ein Pfarrer festgenommen werden musste, weil er sich der Gefangenen besonders annahm, dass man ihnen Kleidung schenkt und dass Auslandsnachrichten während der Beichte weitergereicht werden. Weil sich an der Haltung vieler Deutscher auch nach dem Kriegsbeginn nichts ändern wollte, gibt es ja seit dem 8. März die sogenannten Polenerlasse, mit denen die Staatsführung das Leben polnischer Arbeiter noch weiter einschränken will. Der Kontakt mit Deutschen ist endgültig tabu. Vorsichtig deutet sich in den Alpen an, dass sich die Kirche aus der Ecke heraustraut, die ihr offiziell zugebilligt wird. Sie will sich nicht mehr auf die rein religiöse Arbeit beschränken und bietet schon in aller Offenheit weltliche Freude an, die der Staat doch für sich reserviert hat. In Berlin führen die Kirchen Volkstanzveranstaltungen durch, Liedersingen oder zum Beispiel Theaterspielen. Dabei bildet eine religiöse Einladung nicht mehr als die Tarnung für eine Parallelwelt. In Stuttgart werden Theatervorstellungen angeboten, bei denen Jugendliche selbst tätig sein dürfen, was der katholischen Jugendarbeit „einen großen Auftrieb" gegeben hat. Es werden ansprechende Filme gezeigt, darunter sogar Farbfilme. Man erkennt die Kirchen nicht wieder. Solche Meldungen kommen aus einer ganzen Reihe weiterer Städte und Dörfer in vielen Landstrichen.[78] Doch es gibt parallel und gleichzeitig auch andere Denkweisen, wenn man bei anderen Leuten in der Küche sitzt. Oder kennen Sie vielleicht ein Land, in dem alle einer Meinung sind?

Unter den Leuten wogen die Stimmungen recht bedenklich hin und her. Dem ersten Überschwang ob der Erfolge in Dänemark und in Norwegen folgt „eine gewisse Beeinträchtigung" der Stimmung durch die wachsende Überzeugung, in Norwegen stünden durch die Aktivitäten des Widerstandes und die Mobilmachungsversuche, durch die Haltung des Königs und der norwegischen Regierung wohl schwere Kämpfe bevor. Das hatte sich ein Teil der Deutschen offenbar etwas anders vorgestellt. Zu dieser Entwicklung tragen die Berichte in den Medien bei, die als „unklar und zurückhaltend" empfunden werden. Wie sich einst die deutschen Eliten am Beginn der Teilhabe der Nationalsozialisten an der Macht irrten, so scheinen jetzt große Teile des Volkes beim Blick auf die Landkarte nicht nachdenklich zu werden, sondern größenwahnsinnig. Der SD ist erfreut darüber, dass „trotz dieser stimmungsmäßigen Beeinträchtigung ... die Grundhaltung der Bevölkerung zu der skandinavischen Aktion nach wie vor begeistert" sei. Allgemein glaube man, dass selbst mit schweren Verlusten die Aktion im Norden nicht zu teuer bezahlt worden sei, wenn es gelinge, Norwegen zu befrieden und sich an vielen Stützpunkten festzusetzen. Bedenken gegen die beträchtliche Verlängerung der Front durch die 2.000 Kilometer lange Küste sind nur vereinzelt zu hören. Der SD ist erfreut zu erfahren, dass „vielfach die kühnsten Erwartungen an das Gelingen der Aktion und das Heranrücken Deutschlands an den Atlantik“[79] geknüpft werden. Nüchterne Mitbürger wären schon zufrieden, wenn es Waren des täglichen Bedarfs auch ohne lästige Bezugsscheine gäbe. Das führt dazu, dass ein Teil der Leute von den Stürmen im Atlantik träumt und ein anderer Teil garstige Witze erzählt. Hören wir uns draußen auf den Straßen um: Ein Mann kommt in ein Textilgeschäft und hätte gerne Vorhangstoff. Da fragt der Verkäufer: „Haben Sie einen Bezugsschein?“ „Hob i, hob i!“ – „Geben Sie mir noch Stoff für einen Wintermantel!“ – „Haben Sie dafür auch einen Bezugsschein?“ – „Hob i, hob i!“ kann der Gefragte erwidern, der noch Bettwäsche sowie eine Reisedecke verlangt und jeweils auf die Frage nach den Bezugsscheinen gewichtig antwortet: „Hob i, hob i!“ Sagt die Verkäuferin: „In Ihrem Ort möchte ich wohnen, Ihr Bürgermeister bewilligt ja alles!“ Lacht der Mann: „Bürgermeister? Bin i, bin i!“[80]

Stalin entwickelt die Verteidigung vor den Toren

Auf einer Tagung zur Auswertung des Krieges gegen Finnland äußert der Genosse Jossif Stalin am 14. April 1940 vor höheren Kommandeuren in Moskau neue Gedanken zur Militärstrategie. Bei dieser Gelegenheit bezeichnet er zum ersten Mal die Verteidigung des eigenen Landes als eine Posse der Vergangenheit und gibt eine ganz neue Definition einer seiner Ansicht nach modernen Armee. Die finnische Armee ist seiner Meinung nach auf jeden Fall schon einmal keine moderne Armee. Das macht der Maestro daran fest, dass sie ganz passiv in der Verteidigung sei und auf die Verteidigungslinie des Befestigten Raumes sieht, wie Mohammedaner auf Allah. Über diese Finnen amüsiert er sich köstlich: „Eine Armee, welche nicht für den Angriff erzogen ist, sondern für die passive Verteidigung; eine Armee, die keine ernsthafte Artillerie hat; eine Armee, die keine ernsthaften Fliegerkräfte hat, obwohl sie alle Möglichkeiten dafür hätte; eine Armee, die gute Partisanenangriffe führt – in den rückwärtigen Raum geht, Sperren errichtet und anderes mehr – solch eine Armee kann ich nicht Armee nennen." Und wie wird man selbst modern? Jetzt ist plötzlich die Rede davon, dass man massenhaft Artillerie braucht und Panzer, massenhaft Panzer, massenhaft Minenwerfer, denn das sei „für einen modernen Krieg schrecklich notwendig". Der Wunschzettel reicht bis zu Flugzeugen – „massenhaft Fliegerkräfte, nicht Hunderte, sondern Tausende" – und welche Art von Verteidigungskrieg kann man vielleicht mit Flugzeugen führen? Den will er ja auch gar nicht mehr, weil die Rote Armee eine moderne Armee werden soll, unabhängig davon, dass sie so nicht mehr anders konzipiert ist als Armeen imperialistischer Länder in aller Welt, gegen die die allrussischen Revolutionäre, oder konkret er als Georgier, Russland seinerzeit umgekrempelt hatten. Wenn nun aber die Gerätschaften geordert werden, die für einen Bewegungskrieg gebraucht werden, muss er *rechtzeitig* angreifen. Käme ihm ein Hitler zuvor, hätte man sonst nicht das geeignete Gerät zur Verteidigung bei der Hand.[81]

Die Kirchen kämpfen weiter gegen den Krieg

Mitte April rückt der Bekenntnisflügel der evangelischen Kirche stärker ins Augenmerk der Aufpasser bei der Firma. Auch von deren Geistlichen und Laienführern werde die Jugendarbeit immer mehr ausgebaut. Hier geht es momentan vorrangig um den Besuch des Religionsunterrichtes, anstelle des „weltanschaulichen" Unterrichts, den nationalsozialistische Argumentationen prägen. Da ist nix mit weltoffenem Denken. Allerdings kommt weltanschaulich von „die Welt anschauen" und wie soll denn das funktionieren, wenn die Grenzen zur Welt mit Draht verhangen werden? Und wie könnten Kinder zur Liebe zum Nächsten erzogen werden, wenn derselbe Lehrer in anderen Stunden den Hass auf Franzosen, Engländer und die Juden als solche propagiert? Dann ist dieser Tage wieder so ein katholischer Kettenbrief in Umlauf gebracht worden, der verkündet, die „sieben fetten Jahre" seien vorbei. Die Bevölkerung sei ausgepresst, bespitzelt, mundtot gemacht, durch die Presse narkotisiert und mit Wahlbetrug willenlos gemacht worden. Die aktuelle Parole sei: „Parteibonzen aller Feigheitsgrade an die Front! Fresst allein aus, was Ihr Euch eingebrockt habt! Deutsche Frau erwache. Du hast ein Recht auf Gatten und Söhne, das vor dem Recht einer Clique steht, Eure Ernährer in den Tod zu jagen und Eure Existenz zu vernichten. Kampf dem Krampf!"[82] Es ist nicht leicht für die Nazis, auf die Findigkeit der Geistlichen zu reagieren. „Einige deutsche Bischöfe", konstatieren die SD-ler, „versuchen immer wieder, durch Hirtenbriefe und Rundschreiben unter dem Deckmantel der Wahrung kirchlicher Interessen mehr oder weniger versteckte Angriffe gegen den Staat und besonders gegen den Nationalsozialismus zu richten." Beispielgebend dafür seien die in der letzten Zeit erschienenen Hirtenbriefe des Bischofs von Leitmeritz Dr. Alois Weber.[83] Wie gesagt, er ist längst nicht der einzige Bischof, der sich hier mutig positioniert.

Der nächste blinde Alarm

Josef Müller aus Admiral Canaris' Geheimdienst wird Ende April erneut zu einer Mission nach Rom entsandt, um zu erklären, dass es unter den aktuellen Umständen einen Umsturz im Reich nicht geben könne, da die Generäle sich nicht zum Handeln entschließen könnten. Dabei spielt die gefühlte Stimmung auf unseren Straßen eine entscheidende Rolle. Aber wie wollen die Generäle denn erfahren, wie andere Leute denken, wenn keiner den Mund aufmacht und schon gar nicht fremden Leuten gegenüber? Wer natürlich vertrauensselig genug ist und den Mund nicht hält, der findet sich bekanntermaßen ganz rasch im Wald wieder. Das haben jetzt schon Hunderttausende erlebt, Maria Küfer ist eine von ihnen. Ihr wurde sogar eine Sonderausgabe kredenzt. Sie war doch im vollen Ernst mit dem Reichsführer SS Heinrich Himmler befreundet. Eines schönen Abends war sie mit ihrem Mann, einem Rechtsanwalt, bei Himmler eingeladen. Man schwatzt eben so über dies und das und über jenes und die Zeit vergeht, dann spricht Heinrich sie an: „Maria, ich muss dich einmal ganz privat etwas fragen. Ich möchte gerne die Stimmung draußen über die Partei erfahren. Du musst mir aber ehrlich sagen, wie du sie kennst." Da sagt die Frau noch: „Ja, damit du mich morgen verhaften kannst." Er ist entrüstet, der Heinrich, und meint: „Unmöglich, was fällt dir ein, du bist meine beste Freundin." Na gut, darauf sind schon viele reingefallen. Nun hat sie sich gedacht, sag ich's ihm halt, und hat eben ein paar Sätze gesprochen, nicht viel. Beim Aufbruch hat er ihr die Gummischuhe noch hingestellt, hat ihren Fuß genommen, ist ihr beim Überziehen behilflich gewesen, hat ihr den Pelzmantel gehalten und gesagt: „Gute Nacht, liebe Maria" und so. Sie ist mit ihrem Mann heimgegangen. Am Morgen drauf sind beide verhaftet worden. Sie wurde ins KZ Lichtenburg gebracht. Ich kenne die Geschichte auch nur von Maria Günzl. Als die andere Maria in das KZ kam, hatte sie ihr das berichtet. Sie kann wirklich nicht sehr viel darüber erzählt haben, was die Leute draußen über die NSDAP so sagen, sonst hätte Maria Günzl einen anderen Eindruck bekommen. Das heißt natürlich im Umkehrschluss, wenn schon die wenigen Stichworte zu viel waren für Heinrich Himmler, dann sind viele Leute richtig fertig mit der

Welt Adolf Hitlers. Aber kein normaler Mensch rückt damit heraus, nein schon gar nicht, wenn ein Wehrmachtsgeneral mit Schulterklappen vom Feinsten vor der Türe steht und fragt, was man eigentlich so vom Kriege und von der Partei halte. Maria bereut den Fehler täglich. Und wie viele kritisierende Deutsche werden Monat für Monat abgeführt. Also warten die Generäle auf militärische Rückschläge für die Wehrmacht, damit es später nicht heißt, die Armee hätte den Sieger aus den Alpen an seinem Endsieg gehindert. Müller hinterlässt in Rom die Information, nunmehr stünde der Angriff im Westen unmittelbar bevor. Für die nächsten Tage sei der Überfall auf Großbritannien geplant. Niemand, auch kein Müller kann wissen, dass auch diese Aktion wenig später auf Ende Mai verlegt werden wird.[84] Geht man nach der Propaganda seit dem Herbst des vergangenen Jahres, ist ein Angriff auf Großbritannien längst zu erwarten gewesen, und in aller Heimlichkeit erzählen sich Leute auf den Straßen: Adolf steht sinnend am Kanal und blickt nach England hinüber. Kommt ein Jude und sagt zu ihm: „Siehste, Adolf, hätt'ste uns in Ruhe gelassen, dann würden wir dir auch den Trick mit dem Roten Meer verraten.“ Sie wissen schon, die Geschichte aus der Bibel, in der Moses den Stab über das Rote Meer hält, Jehova lässt starken Ostwind wehen, das Meer teilt sich und die Israeliten kommen trockenen Fußes ans andere Ufer.[85]

Es ist auch nicht so, als ob aus England keine Antwort auf die Nachricht käme. Außenminister Lord Halifax ist bereit, sich auf die Möglichkeiten eines Friedens einzulassen, wenn auch auf Kosten europäischer Länder, die bereits unter deutscher Herrschaft stehen. Im April 1940 erhält von Hassell, Berlins einstiger Botschafter in Rom, von Minister Halifax die Liste mit den britischen Friedensbedingungen. Halifax macht die Bereitschaft Englands, mit Nazi-Deutschland zusammenzuarbeiten, davon abhängig, dass Hitler und Ribbentrop beseitigt werden. Klingt ja gut, aber wer würde als Sprachrohr der Deutschen akzeptiert? London würde eine Führerschaft Görings anerkennen. Wie geht es Ihnen? Wollen Sie lieber dunkelbraun oder eher hellbraun? Außerdem solle sich Deutschland der Offensive im Westen enthalten. Als Gegenleistung ist man bereit, bezüglich der Tschechoslowakei und Polens den *Status quo* förmlich anzuerkennen. Die Botschaft gelangt an General von Brauchitsch, den Oberbefehlshaber des Heeres. Er lehnt es ab, darauf einzugehen, da gerade die Invasion Norwegens begonnen hat. Er hält es nicht für möglich, mitten in einem Feldzug wieder einen Staatsstreich zu organisieren. Außerdem sind die konservativen und schon deshalb gegen die Nazis eingestellten Generäle nicht am Machtaufstieg Görings interessiert. Selbst wenn auch Halifax bereit ist, eine deutsche Regierung unter Göring zu akzeptieren, ist der *Opposition in Deutschland* wohl schwerlich zuzumuten, dass sie an Stelle Hitlers einen seiner Favoriten zum Herrscher macht.[86] Wer hat ein Wort bei der Hand, das besser passt als *Opposition*, die es eigentlich in einer Diktatur nicht gibt? Wie nennt man vorsichtigen Widerstand, so leise und tastend, dass die Sicherheitsorgane nicht alles ausräuchern?

Das schwere Wasser für die Bombe ist weg

Ein böses Erwachen erleben die am Atomprojekt beteiligten Deutschen, als Soldaten der Wehrmacht am 3. Mai jenes Werk der Norsk Hydro bei Rjukan betreten, in dem sie mehrere Gefäße mit schwerem Wasser vermuten. In Vorgesprächen der IG Farben mit der Norsk Hydro war vereinbart worden, den vorhandenen Vorrat von 185 Kilogramm schwerem Wasser zu erwerben. Der französische Geheimdienst war den deutschen Unterhändlern jedoch zuvorgekommen und vereinbarte mit der Firmenleitung, das ganze schwere Wasser in das Pariser Institut zu verbringen, in dem Frédéric Joliot-Curie eigene Experimente zur Spaltung von Uran durchführt. Dies ist enttäuschend für die Heeresleitung, es ist aber auch eine Warnung. Nun ist ziemlich klar, dass die Nutzung der Kernspaltung nicht nur Hitler interessiert. Diese Schwerwasser-Produktion in Vemork wird ab sofort auf 1500 Kilogramm pro Jahr angehoben.[87]

Polen in der Zange

Mehr als eintausend Kilometer entfernt von den deutschen Westgrenzen liegt jenseits von Pommern und Schlesien das traditionelle Siedlungsgebiet der Polen. Im Herbst letzten Jahres wurde Hans Frank, die Kreatur mit dem kalten Gesicht, zum Chef für eine Zivilverwaltung der besetzten polnischen Gebiete ernannt. Als er in Warschau eintraf, hatte er sich gut eingeführt: Er kam mit einem unerwartet großen Gefolge und erwartete trotzdem eine fürstliche Bewirtung. Es war nicht viel Fleisch vorhanden, also wurde die Soße gestreckt und das Fleisch entsprechend zerkleinert. Er hat sich diese Fetzen zuerst herausgefischt und den anderen die Soße übrig gelassen. Der Militär Erich von Manstein kommentierte die Aktion mit den Worten, das sei die Anwendung der Lehre *Gemeinnutz geht vor Eigennutz* gewesen. Inzwischen wurde Hans Franks wegweisendes Buch *Rechtsgrundlegung des nationalsozialistischen Führerstaates* gedruckt und wenn er sich darüber Rechenschaft ablegt, womit er seine Brötchen täglich verdient, kann er nur angeben, dass er dafür verantwortlich sei, dass die angestammten Einwohner von Polen zur Zwangsarbeit in unser Deutsches Reich deportiert oder dort in ihrer Heimat ermordet werden. Ins Tagebuch schreibt Hans Frank diese Erklärung: „Billige Arbeitskräfte müssen zu Hunderttausenden aus dem Generalgouvernement herausgeholt werden. Dies wird die biologische Verbreitung der Eingeborenen verhindern." Der andere Arbeitsauftrag für das polnische Gebiet besteht darin, „die gesamte Wirtschaft Polens auf das absolut notwendige Minimum für die bloße Existenz zu reduzieren. Die Polen sollen die Sklaven des Großdeutschen Weltreiches sein." Der Größenwahnsinn hat diesen Kerl schon beim fünften Land gepackt. Aber nun wissen wir ja ungefähr, was in Polen seit acht Monaten geschieht. Im Mai dieses Jahres schreibt der Fanatiker Hans Frank ins Tagebuch, „dass wir die Tatsache, dass die Weltaufmerksamkeit auf die Westfront gerichtet ist, zur Massenliquidation von Tausenden von Polen, der führenden Vertreter der polnischen Intelligenz zuerst, benutzen sollen."[88]

Eines ist hier besonders festzuhalten: Es muss späteren Generationen zu denken geben, dass dieser Gattung Mensch stets die Intelligenz anderer Menschen ein Dorn im Auge ist. Intelligentere Leutchen im Reich haben ebenso nur eine Chance, wenn sie die platten Sprüche der Revolutionäre zu untermauern verstehen mit viel warmer Luft. Am besten gelingt dies ideologisch angereicherten und wenn möglich von irgendwas sehr überzeugten Menschen. Das ganze ideologische Gedöns beinhaltet durchaus den Wohlfühlfaktor, der nicht unterschätzt werden darf: Ideologien sind niederschwellige Angebote, bei denen sich intelligenzfernere Menschen auch mit Inhalten einbringen können. Mit der Moral der *Chefideologen* sieht es freilich am anderen Ende nicht gut aus. Wie das Verhalten dort in Polen eine Sünde und eine Schande ist, so wird deren Auftreten auch im Reiche kritisiert. Davon zeugt beispielsweise dieser *Witz*, der bei uns gerade erzählt wird: Parteirichter Buch spricht zu Reichsleitern, Gauleitern und den anderen führenden Bonzen: „Parteigrößen, die ihre Frauen betrügen, verlassen oder sich scheiden lassen, haben nichts in der Partei zu suchen..." Da hört man den *besonders treuen* Dr. Robert Ley aus dem Hintergrund: „Da ... da ... dann wär't ihr sieben geblieben!"[89] Mit diesen Worten verteidigt er, wenn es nach dem Volksmund geht, dass er selbst, was die Treue angeht, die Parteimoral für zu spießig hält. Aber kommen wir an der Stelle zurück zu den Gewaltverbrechern wie Hans Frank, die vor etwa zehn Jahren in Deutschland an die Macht gespült wurden.

Sind die angetroffenen Menschen Juden, so werden sie ermordet oder in ein Ghetto auf polnischem Boden deportiert. Anders als in Deutschland, wo es nach Jahren der Emigration nur noch 213.000 Juden gibt, sind es in Polen mehrere Millionen. Dort, im Kriegsgebiet, in dem ja noch nicht einmal mehr die regulären Gesetze des Reiches gelten, wagt man es von nun an, durch Häftlinge aus dem KZ Dachau in der Nähe des Städtchens Oświęcim ein Durchgangslager für Juden errichten zu lassen. Auschwitz soll es heißen und sein erster Kommandant wird Rudolf Höß. Im Kriegsgebiet geht so einigermaßen alles. Am Anfang sind es 728 Polen, die dort eingeliefert werden.[90]

In diesen Wochen, in denen Westeuropa den Atem anhält und abwartet, welche Überraschungen unser Diktator in Berlin noch auf Lager hat, fiel im Kreml die Entscheidung, Tausende von Polen vom Leben zum Tod zu befördern. In den anderthalb Monaten nach dem 3. April ermorden Angehörige des sowjetischen Innenministeriums, abgekürzt NKWD, etwa 24.000 bis 25.000 polnische Offiziere, Reserveoffiziere, Polizisten sowie viele polnische Intellektuelle an wahrscheinlich fünf Orten der Sowjetunion, unter anderem auch bei Katyn in der Nähe der Stadt Smolensk. Gibt es womöglich Gründe dafür, dass die Militärs hingerichtet werden? Die Sowjetunion ist kein Rechtsstaat und es sieht ganz arg danach aus, als würden Stalins Organe für Friedhofsruhe hier wieder einmal kurzen Prozess machen und sich einerseits denkbare Kämpfer für eine Wiedererringung der Unabhängigkeit Polens vom Hals schaffen und sich andererseits an den polnischen Militärs eben auch für deren überaus brutale Unterdrückung der Weißrussen und Ukrainer in den zwanziger sowie in den dreißiger Jahren rächen wollen.[91] Werden wir es noch erleben, dass Historiker der verschiedenen Völker aufarbeiten, welche Grausamkeiten die Altvorderen ihrer eigenen Völker Angehörigen anderer Völker angetan haben, oder wird es ewig dabei bleiben, dass immer mit schmutzigen Fingern nur auf die bösen anderen gezeigt wird? Und neuerdings sind ja wieder die Polen (außer jenen getürmten Mitgliedern der Exilregierung, die Krieg gegen jedes Nachbarland geführt hatten) die Opfer – da bleibt eine faire Aufarbeitung der Geschichte wohl wieder auf der Strecke. Am Ende bleibt jedoch *noch* eine Frage offen: Werden die Historiker Greueltaten an den Polen, die von Tätern aus dem Westen begangen werden, in einem Atemzug mit Greueltaten nennen, die von Tätern aus dem Osten an den Polen begangen werden, oder werden sie diese Untaten getrennt behandeln? Werden also im Endeffekt jene Greueltaten, die von Berufskriminellen aller beteiligten Völker von 1920 und 1940 begangen wurden, separat abgehandelt? Dann wird das wieder wertloser Schrott.

Im Westen nichts Neues

Rollt der niederländische Militärattaché mit den Augen, als Hans Oster ihm am Abend des 9. Mai das neueste Angriffsdatum für den folgenden Morgen ankündigt? Das ist mittlerweile die neunundzwanzigste Aktualisierung des Termins. Sas, über den schon halb Holland lacht, reicht brav auch diesen Hinweis nach Hause weiter. Sein Kriegsministerium zögert, ruft zurück und äußert seine Zweifel. Man hat offenbar so viel Angst vor den Deutschen, dass wieder nicht mobilgemacht wird. Den Haag ist so gelähmt wie ein Kaninchen beim Anblick einer Schlange. Wird man die Deutschen mit einer Mobilmachung nicht gerade erst auf sich aufmerksam machen? Ähnlich geht es den Belgiern. Es ist auch hier wissenswert für die Interessierten, dass der englische Geheimdienst SIS vorab Informationen über den Start der Aktion erhalten hatte und sie selbstredend nicht in die Niederlande und nach Belgien weitergereicht hat. Warum es nicht geschah? Die Begründung lautet, dass man dieser Meldung keinen Glauben geschenkt habe. Auch auf der englischen Seite werden im Vorfeld keine Vorsichtsmaßnahmen eingeleitet. Hitlers Deutschland hatte ja auch noch nie andere Länder eingemeindet. Die Dolmetscher dürfen an dem Tage wieder herzliche Worte des Führers an die betroffenen Länder übersetzen, doch diesmal gelten verschärfte Sicherheitsvorschriften, da nach der undichten Stelle in Berlin gefahndet wird. Hatte womöglich gar ein Dolmetscher die „Nordlichter" im April gewarnt? Außenminister von Ribbentrop droht Dr. Schmidt ohne alle Umschweife: „Wenn durch eine der beteiligten Abteilungen die Nachricht über die bevorstehende Offensive vorzeitig bekannt wird, lässt Sie der Führer erschießen. Ich kann Sie dann auch nicht mehr retten."[92]

Alle Bemühungen um strikte Geheimhaltung sind umsonst, da die Infos längst die Adressaten erreicht haben. So ist es bestimmt kein Beweis für hellseherische Fähigkeiten der Franzosen, dass in der Zeitung Le Figaro nach der x-ten Vertagung des Krieges an eben diesem 9. Mai ein Artikel abgedruckt wird, der einen Angriff deutscher Fallschirmjäger ankündigt. Letzten Endes sind sie in Holland, Belgien und Luxemburg im Morgengrauen des 10. Mai 1940 trotz allem überrascht, als die Wehrmacht einrückt. Die wahrscheinlich beeindruckendste militärische Leistung ist die Sicherung der strategisch wichtigen Brücken in Holland. Doch wie kann die Wehrmacht in Holland – direkt an der Nordsee – sein, wo noch vor Nord- und Südholland andere niederländische Provinzen liegen und die großen Städte des Landes durch ein Gewirr breiter und schmaler Flussarme des Rheins geschützt sind? Nun, was die Holländer erleben, ist das erste Luftlandeunternehmen der Weltgeschichte. So schweben Soldaten der Luftwaffe an Fallschirmen in die „Festung Holland" hinein. Aber das böse Erwachen kommt nach dem Einmarsch in Paris. Zwar kann keines der Signale aus der Höhle des Löwen irgendein Land von Norwegen bis Luxemburg vor dem Zugriff Adolf Hitlers bewahren, doch Mitarbeiter in Görings Forschungsamt schaffen es, die Telegramme des belgischen Gesandten Nieuwenhuys zu dechiffrieren, in denen ein Informant in Rom erwähnt wird. Außerdem hatten sie das Telefonat des niederländischen Militärattachés Sas mitgeschnitten, in dem er im Oktober vor dem Überfall der Deutschen Wehrmacht gewarnt hat. Der eine Verdacht bleibt an Dr. Josef Müller hängen und der andere Verdacht fällt auf Hans Oster.[93]

Die Gestapo leitet Ermittlungen ein, die unter dem sehr treffend ausgewählten Stichwort „Schwarze Kapelle" laufen. Reinhard Spitzy, ein zeitweiliger Mitarbeiter Hans von Dohnanyis, attestiert dem Kollegen Hans Oster „einen geradezu alttestamentarischen Hass gegen alles Braune".[94] Da hätten die *Nazzis* wohl noch mehr Demokraten austauschen müssen. Noch ist nichts bewiesen. *Horch-Guck-und-Greif* beschattet jedoch von jetzt an die Abteilung Abwehr des Geheimdienstchefs Wilhelm Canaris. Dessen Fingerspitzengefühl kann erreichen, dass die zwei Beschuldigten heil aus den Ermittlungen herauskommen. Mancher im Volk wird seine eigene Formel haben, um seinen Groll gegenüber unseren herrschenden Proleten auszudrücken, Canaris hat seine auch: Wenn er durch Spanien reist und eine Schafherde passiert, nimmt er Haltung an und hebt seine Hand zum Hitler-Gruß mit der Erläuterung, man könnte nie wissen, ob sich nicht eine der Größen des Regimes in der Menge befinde.[95] Richtig, solche Mätzchen kann er sich in Adolfs Reichweite nicht leisten.

Halten wir einen Moment inne, um darüber nachzudenken, warum man in London wieder darauf verzichtete, die Warnung zumindest an die gefährdeten Länder weiterzugeben, völlig unabhängig davon, ob diese die Warnung nutzen oder auch nicht. Es gibt dazu nämlich einen historisch gewordenen Präzedenzfall. Die ganze Planung für die Verteidigung von Frankreich vor dem Weltkriege 1914 beruhte auf der Existenz neutraler Staaten zwischen Frankreich und Deutschland. Entscheidende Leute in London kannten aber seit dem Jahr 1906 schon den Schlieffen-Plan und wussten, dass in Berlin geplant war, bei einer Bedrohung Deutschlands zuerst durch Belgien nach Paris vorzustoßen und die Befehlsstelle lahmzulegen. Jetzt gehen sie in London analog vor: Nachdem die Deutschen nun einmal in den Ländern westlich ihrer Grenzen präsent sind, setzen sich Büroleiter, Agentenführer sowie Hilfspersonal des Geheimdienstes SIS nach London ab oder auf neutrales Territorium. Es gibt keine Pläne, Notnetze zurückzulassen und es gibt noch nicht einmal Funkgeräte, die weiterhin arbeitenden gutgläubigen Agenten erlauben würden, mit ihrer Zentrale in Verbindung zu bleiben. Angeblich gibt es ja leider auch keine Methode, um erneut Agenten einzuschleusen. Dafür bemühen sich nach London emigrierte europäische Dienste darum, die Briten mit den nötigen Informationen zu versorgen. Es wird weder überraschen, dass ihnen dies gelingt, noch dass es den Briten nicht selbst gelingt, benötigte Infos zu beschaffen, denn der Vorteil der Tschechen und Polen, Niederländer und Franzosen etc. besteht darin, dass sie Informationen haben wollen. Außerdem wollen sie, dass ihre Länder so bald wie möglich wieder von Hitlers Truppenteilen befreit werden. Das ist der große Unterschied. Die Polen berichten beispielsweise regelmäßig über Bewegungen deutscher U-Boote von und nach Bordeaux, Brest sowie Le Havre.[96]

Die letzten Zweifel werden ausgeräumt, wenn man erfährt, dass London weder eigene noch fremde Spione braucht, um relevante Informationen zu erhalten. Major Frederick Winterbotham, der seit dem Jahr 1929 die SIS-Abteilung für Luftinformationen leitet, zählt zu denjenigen, welchen bekannt ist, dass die alliierten Streitkräfte die deutschen Codes geknackt haben, wobei sie auf solide polnische Vorleistung zurückgreifen können und dadurch eigentlich nicht einmal auf geheime Hilfe aus Deutschland oder den besetzten Ländern angewiesen sind. Wenn es London eben gerade darauf anlegt, dass Deutschland für die nächsten Jahre auf die vorhandenen Ressourcen der westeuropäischen Länder zurückgreifen kann und sich so auf einen erhofften späteren Krieg mit der Sowjetunion vorbereiten kann, dann muss sich Hans Oster aus der Führung des hiesigen Geheimdienstes in Berlin umsonst abstrampeln und sinnlos der Gefahr aussetzen, dass ihm Hitlers Sicherheitsorgane auf die Schliche kommen. Er sorgt dafür, Informationen zu unterdrücken, ungünstige Berichte zurückzuhalten und hohe Nazi-Beamte irrezuführen, um seine Kollegen zu tarnen, die in Wirklichkeit für den schnellen Sieg der Briten und die Befreiung Deutschlands vom Naziterror sorgen sollen. Der wichtigste von ihnen ist wohl A-54, Paul Thümmel, der schon vor dem Krieg begonnen hat, den Alliierten Informationen zu liefern. Im Krieg setzt er die Praxis fort, wobei er über tschechische Mittelsmänner geht. Er liefert nützliche Informationen über die Gefechtsgliederung, Mobilisierungspläne sowie die Ausrüstung der Deutschen. Von ihm erhalten die Briten Einzelheiten über Hitlers geplante Aktionen – seinerzeit gegen die Tschechoslowakei und Polen und bald auch über Frankreich, Rumänien, Griechenland und Jugoslawien. Um einen möglichst schnellen Sieg der Briten zu bewirken, setzt der deutsche Geheimdienst so ziemlich sein gesamtes Agentennetz in Großbritannien ein. Da wird London, wenn dieser Krieg irgendwann doch noch zu Ende gehen sollte, einfach erklären müssen, sie hätten die deutschen Spione samt und sonders umgedreht. Aber das glaubt sicherlich kein Mensch, dass ein hartgesottener Nazi im Feindeslande tatsächlich umgedreht würde, ganz zu schweigen von zwei oder vielen. Der Chef des deutschen Geheimdienstes Admiral Wilhelm Canaris hat ja vor dem Krieg schon dafür gesorgt, dass keiner, der nur ansatzweise ein Nazi ist, in den Geheimdienst hineinkommt. Als er 1938 den Leiter der österreichischen Gegenspionage Erwin von Lahousen für die Abwehrabteilung rekrutierte, hatte er dem neuen Kollegen eingeschärft: „Sie dürfen niemals, unter keinen Umständen, in Ihrer Abteilung oder Ihrem Stab Mitglieder der NSDAP, der SA oder der SS dulden, ebenso wenig Offiziere, die mit der Partei sympathisieren.“ Ist Mister David Mure eigentlich der erste britische Agent, der aus dem Funkverkehr mit deutschen Agenten, aus ihrer Willfährigkeit und vermeintlichen Ineffizienz ableitet, dass die Männer den Briten absichtlich helfen? Auf keinen Fall wird es jetzt noch erstaunen, dass die Briten vorgeben, keine größeren geheimdienstlichen Erfolge im militärischen Bereich gegen die bösen Deutschen vorweisen zu können, und dass ihre *Erfolge* entweder damit zu tun haben, dass sie ihnen von Polen, Franzosen und so weiter oder gleich aus der Spitze des deutschen Geheimdienstes zugespielt werden. Wenn *das* Ding nach dem Krieg einmal herauskommt, wird das ein peinlicher Skandal. Dann kann London bloß noch hoffen, dass die *Sicherheitskräfte* in Deutschland die Männer an der Spitze des Geheimdienstes rechtzeitig einen Kopf kürzer gemacht und zum Schweigen gebracht haben.[97] Wir können es uns doch sparen, darüber zu streiten, wie viele Deutsche etwas gegen die Diktatur und den Krieg tun, wenn der Geheimdienst unseres Landes jetzt bereits seit Jahren gegen die Diktatur und gegen den Krieg kämpft, und sie im Ausland einfach nur an diesem Strang mitziehen müssten. Es ist immer bloß ein Häufchen von Leuten, das die großen Umschwünge in der Welt in einer Initialzündung einleitet. Noch nicht einmal bei dem legendären Sturm auf die Bastille waren mehr als tausend Leute beteiligt. Erst dann haben sich mehr Franzosen getraut, endlich etwas gegen das Regime zu unternehmen, und daraus wurde die Große Französische Revolution.

Chamberlain geht und Churchill leitet wie '14 den Krieg

Zwei Jahrzehnte lang war das *Appeasement* nötig, damit England, seine Unternehmen und Politiker, einen nachvollziehbaren Grund hatten, um das abgewrackte Deutschland nach dem Weltkrieg zuvor so weit flott zu bekommen, dass es in einem weiteren Waffengang endgültig zermatscht werden kann. Meine Definition war: *Appeasement* ist die Wartung und Pflege des Selbstzerstörungsmechanismus im Innern des ökonomischen Konkurrenten Deutschland. Jetzt sind die zwei Jahrzehnte um und das einst blühende Deutsche Reich wird von einem Absolventen der achten Klasse einer Volksschule im österreichischen Unterholz von einem Krieg in den nächsten geführt. Das ist der rechte Zeitpunkt, um nunmehr das *Appeasement* zu schlachten und den *phoney war*, also den *künstlichen Krieg* zur Startrampe für den eigentlichen Krieg zu machen.

71 Jahre hat der Londoner Premier Chamberlain schon auf dem Buckel. Was meinen Sie? Ist das der rechte Zeitpunkt, um jener Kriegserklärung im September des letzten Jahres endlich Taten folgen zu lassen? Das ist eine Option. Oder sollte er diese gute Möglichkeit beim Schopfe packen und seinen wohlverdienten Ruhestand antreten? Dann kann er das Feld Winston Churchill überlassen, der von militärischen Dingen doch ohnehin mehr Ahnung hat und der seinerzeit auch schon den ersten Teil des millionenfachen Abschlachtens der Kontinentaleuropäer fachgerecht geleitet hat. In London fällt die Entscheidung zugunsten eines öffentlichkeitswirksamen *showdowns* für den alten Mann zum mehr oder weniger glaubwürdigen Verkauf eines Politikwechsels. Leopold Amery, einer der *insider* aus *Milners Kindergarten* fordert Premierminister Chamberlain am 10. Mai vor dem Unterhaus auf: „In Gottes Namen, gehen Sie!" Was der erfolgreiche Premier überraschenderweise auch prompt tut.[98] Wenn jemand jedoch einwendet, er habe nicht verhindert, dass Österreich, die Tschechoslowakei, Polen, Dänemark, Norwegen sowie die Niederlande unter deutsche Vorherrschaft gerieten, der muss jetzt bloß abwarten, ob sein Nachfolger Belgien und Frankreich vor einem solchen Schicksal bewahrt, und ob er von den Medien als erfolgreicher Macher gefeiert wird,

auch wenn ihm dies nicht gelingt, und wenn das rohstoffarme Reich des Führers Krieg führen kann, obwohl es ohne britische und amerikanische Unterstützung weiterhin nicht dazu in der Lage wäre.

Niemand muss sich die Übergabe des Staffelstabes von Chamberlain an Churchill ernsthaft dramatisch vorstellen. Der Präsident des Geheimen Staatsrats und Vorsitzender der essentiellen innenpolitischen Kabinettsausschüsse bleibt Chamberlain. 21 der 34 Minister des neuen Kabinettes waren auch schon in der Ex-Regierung, Mister Churchill eingeschlossen. Der alte Mann macht nur Platz, damit ein um einige Jahre jüngerer das Steuerruder übernehmen kann. Außerdem gab Winston Churchill eben schon 1914 den Startschuss für den Weltkrieg und hat die einschlägigen militärischen Erfahrungen. Vermeintliche Vertreter des *Appeasements* dürfen genauso bleiben wie falsche Freunde der Nationalsozialisten. Sie sollen Hitler weiter die Möglichkeit eines späteren Bündnisses gegen die Russen vorgaukeln, das Reich zum Angriff auf die Sowjetunion verleiten und Amerika in den Krieg hineinziehen, wie es Churchill schon im Weltkrieg von 1914 bis 1918 mit seiner *Lusitania*-Nummer gelungen war. Die Papiere, die darauf Rückschlüsse zulassen, wird man in hundert Jahren wohl noch nicht zur öffentlichen Einsichtnahme freigeben. Churchill ist nun an der Spitze einer *Regierung der Nationalen Koalition* unter Einschluss der Labour Party und der Liberalen. Er selbst übernimmt neben dem Amt des Premiers auch jenes des Kriegsministers wie 1919. Als der neue Premier sein Amt angetreten hat, gibt er erst einmal bezüglich der lästigen Vermittlungsbemühungen von Seiten des Vatikans dem Außenminister die Linie an: „Ich hoffe, es wird dem Nuntius klargemacht, dass wir keine Sondierungen über die Bedingungen eines Friedens mit Hitler wünschen und dass alle unsere Agenten strikte Anweisung haben, nicht mehr auf diesbezügliche Vorschläge zu reagieren.“[99]

So ziemlich die allererste Amtshandlung des frisch gebackenen Premiers wird als Kriegsverbrechen in die Geschichte eingehen. In der Nacht zum 11. Mai ziehen achtzehn englische Whitley-Bomber über den Westen von Deutschland hinweg und bombardieren Zivilisten in Städten. Bis zu dem

Zeitpunkt sind stets nur militärische Ziele oder Städte im Belagerungszustand bombardiert worden. Na ja, unter Chamberlain war auch schon verhindert worden, dass Rüstungsbetriebe in Deutschland bombardiert wurden. Dafür warfen britische Flieger Eierhandgranaten auf erntende Bäuerinnen und Bauern. Jetzt wäre es sinnvoll, deutsche Flugplätze anzugreifen, so dass *unsere* Luftwaffe keine Städte westlich der deutschen Grenze bombardieren kann. Bisher sind die deutschen Truppen ja noch unter sich. Wenn sie weiter in den Westen vordringen, können sie dann nicht mehr so einfach von der *Royal Air Force* mit Bomben von oben angegriffen werden, ohne eigene Soldaten in Mitleidenschaft zu ziehen. Im Vorfeld hatten sie in London natürlich die Weichen längst gestellt. Ende April weigerten sie sich schon, ihre gute Luftwaffe außerhalb der Inseln zu stationieren. Der Pariser Generalstabschef Gamelin war ja nicht einmal in der Lage, jene Entscheidung übelzunehmen; über die Sitzung des Obersten Rates am 28. April '40 bekannte er: „Wir dachten an die Front in Frankreich, sie an ihr Land." Nach dem letzten Kriege hieß es jedoch in London immer, sie hätten sich verpflichtet, die Ostgrenze Frankreichs zu schützen. Dort wird jetzt alles gebraucht, was vorhanden ist, weil die Bündnispartner Englands sonst aus der Wertung fallen. Wenigstens der General Weygand kritisiert am 19. Mai den Einsatz der britischen Luftwaffe, weil diese Bomber über Hamburg geschickt werden, während sie über den Feldern Flanderns tatsächlich gebraucht würden.[100]

Natürlich können wir auch eine Sitzung des Kriegskabinetts am 27. Mai abwarten, bis dann argumentiert wird, im bunten Schlachtengetümmel am Boden seien die Bomber nicht mehr einsetzbar. Nein, aber jetzt wäre der rechte Moment dafür. Weil es sich der Führer nach wie vor nicht mit den Engländern verderben will, bemüht er sich wiederholt, so eine Vereinbarung zu treffen, Zivilisten und nichtmilitärische Ziele gerade nicht zu bombardieren, stößt jedoch jedesmal auf eine steinerne britische Ablehnung. Das macht Hitler übrigens nicht hübscher als er ist, das macht die verantwortlichen Verbrecher in England nur hässlicher als sie gerne wären. Was für ein albernes Weltbild mit Bösen und Guten. Die Vielfalt der im echten Leben denkbaren Varianten reicht bis zu Verbrecher und

Verbrecher. Führende britische Behörden geben offenherzig zu, dass die Briten eher als die Nazis dafür verantwortlich sind, dass mit Bombenangriffen auf Zivilisten und nichtmilitärische Ziele begonnen wurde. Diese Entscheidung war *bereits 1936* vom britischen Luftfahrtministerium getroffen worden. Bei Rückfragen in dieser Hinsicht wenden Sie sich bitte vertrauensvoll an Luftmarschall Sir Arthur Harris (geb. 1892), James M. Spaight vom Londoner Luftfahrtministeriums (geb. 1877) sowie an den Militärhistoriker Sir Basil Henry Liddell Hart (geb. 1895).[101]

Die Deutschen wären aber nicht die Deutschen, wenn ihnen in *der* Lage der Humor abhanden käme: Es gibt drei Gruppen von Luftschutzkeller-Besuchern. Die erste Gruppe grüßt mit „Guten Tag“. Diese Gruppe hatte noch nicht geschlafen, wenn sie in den Keller kommt. Die zweite Gruppe grüßt mit „Guten Morgen“. Sie hat geschlafen, ehe der Alarm kam. Bloß die dritte Gruppe grüßt mit „Heil Hitler!“ Die schläft noch immer.[102] Wer wird denn um Gottes willen auf die Idee verfallen, dass Verlautbarungen des Radios oder der Presse die öffentliche Meinung im Deutschen Reich exemplarisch abbilden? Müsste man nicht vielmehr tiefer schürfen, um gültige Aussagen auch über verstummte Teile der Gesellschaft im Reich zu treffen? Es ist sowohl ausgeschlossen, dass es keine Kritik an Hitlers Führung in Deutschland gibt, als auch, dass man die selbstverständlich vorhandene Kritik in den Medien serviert bekommt. Hier würden weder abenteuerliche Sicherheitsbehörden noch die staatliche Zensur benötigt, wenn ein großer Anteil der Leute in dem Lande der Dichter und Denker von sich aus von Adolf Hitlers braunem Regime und von einem weiteren Krieg nach dem Totalzusammenbruch nach 1918 begeistert wäre.

Verkauft werden soll die Whitley-Bomber-Aktion als Einschüchterungsversuch für die Insassen von Hitlers Diktatur nach dem Überfall auf die Niederlande am 10. Mai, aber warum geht das vor Ort extra stationierte Britische Expeditionskorps jetzt nicht los und fährt *unserer* Wehrmacht in die Parade? Ist Angriff nicht immer noch die allerbeste Verteidigung? Will man abwarten, bis der nächste Blitzkrieg zum Erfolg geworden ist?

London ermöglicht auch Übergrößendeutschland

Wichtig für die Verteidigung Hollands ist vor allem Rotterdam. Weil die Panzertruppen nicht schnell genug hineinkommen, soll es bombardiert werden. Am 14. Mai wollen die Verteidiger Übergabeverhandlungen mit den Deutschen in die Wege leiten, doch die Nachricht erreicht deutsche Kommandostellen zu spät. Eine erste Bomberstaffel ist schon über dem Land der Tulpen. Leuchtzeichen am Boden werden wegen der heftigen Rauchentwicklung von den meisten Piloten nicht mehr wahrgenommen. Als einziger erkennt Oberstleutnant Otto Höhne die roten Leuchtzeichen der deutschen Fallschirmjäger, die signalisieren, dass die Niederländer kapituliert haben. Als Führer einer der zwei angreifenden Kolonnen des Kampfgeschwaders ordnet er an, dass seine Kolonne im letzten Moment abdreht. Die anderen fliegen allerdings weiter und es kommt um 13:27 Uhr zu einem Flächenbombardement auf die Stadt: Insgesamt sind hier 54 Heinkel He 111-Bomber beteiligt, die 97 Tonnen Sprengbomben abwerfen, 814 Zivilisten töten und 24.978 Wohnungen, 24 Kirchen, 2320 Geschäfte, 62 Schulen und 775 Lagerhallen zerstören. Drei Quadratkilometer der Stadt werden binnen weniger Minuten buchstäblich dem Erdboden gleich gemacht. Das ist auch das Ende für den Stadtkern aus dem Mittelalter. Einige der Bomben setzen Öltanks im Bereich des Hafens in Brand, wodurch sich Feuer wegen des starken Westwinds über die Stadt hinweg verteilt und zu noch größeren Zerstörungen beiträgt. Am Abend des 14. Mai wird endgültig eine Kapitulation unterschrieben, um weitere Bombardements zu verhindern.[103]

Wer auf die eine oder die andere Art bei der Aktion beteiligt war, hat ein Bild vom modernen Krieg und hat zwei Möglichkeiten: Man kann einen Erfolg einen Erfolg sein lassen („Das ist egal, Sieg ist Sieg!") oder macht sich klar, dass es bei einer ungünstigen Entwicklung des Krieges solche Bilder bald auch aus unseren deutschen Städten geben kann. Humor ist bekanntlich, wenn man trotzdem lacht, und schlimme Zeiten wie unsere bringen auch entsprechende Witze hervor, Denksprüche, die keine Verbreitung fänden, wenn sie nicht ins Schwarze träfen. Ein Mitbürger, der zu den Nachdenklichen zählt, bringt diesen Spruch in die Runde: Hitler war stets musikempfänglich. Mit Händel fing es an, mit Liszt kam er zur Regierung, aus dem Volk kamen die Kreutzer zur Aufrüstung, dann kam das Schütz-Jahr, das mit Grieg endet – und nun ist es mit allem Hindemith. Siehe Endnote.[104] Während der Erfinder dieses Spruchs den Blick darauf lenkt, dass es trotz aller Friedenslitanei am Ende doch zum Krieg gekommen war, sinniert ein anderer darüber, wie klein das alles einmal anfing: Gott hat eine Sintflut geschickt. Alles versinkt in unvorstellbaren Wassermassen. Hitler und Goebbels haben sich in einen Kahn gerettet und treiben auf den Fluten umher. Sagt Hitler: „Wo mag wohl Deutschland gelegen haben?“ Goebbels blickt in die Wasserwüste. Dann ruft er wie elektrisiert: „Dort, mein Führer, dort, wo die vielen leeren Sammelbüchsen schwimmen.“[105] Ja, so harmlos hatte das begonnen, SA-Männer an jeder Straßenecke mit Sammelbüchsen. Doch nur ganz unbelehrbare Gegner des braunen Alltages können so reden. Wen das brutale Regime im Tausendjährigen Reich freundlicherweise unbehelligt lässt, der kann mit offenem Munde staunen über die Wunder, die der Knabe Adolf tut.

Mehr oder weniger zeitgleich wird die französische Armee matt gesetzt. Der gefürchtete Angstgegner deutscher Militärs fällt auf einen durchaus relativ aufwändig inszenierten Trick herein, den Goebbels’ Propaganda mit Erfolg begleitet. Es wird, teilweise sogar bloß mit Schildern auf den Wiesen, der Eindruck erweckt, der Großteil der deutschen Armee werde im Südwesten des Reiches gesammelt für einen (aussichtslosen) Sturm der uneinnehmbaren *Maginot-Linie* und den Marsch durch die Schweiz, wenn die auch neutral ist. Immerhin hat Goebbels verkündet, innerhalb von zweimal 24 Stunden werde es keine neutralen Staaten mehr geben auf dem Kontinent. Doch Hitler ist nicht bekloppt; ohne den Schweizer Franken muss er jetzt seinen Kampf beenden. Ohne eine Bank für Internationalen Zahlungsausgleich in Basel und ohne den Franken kann Herr Hitler keinen Krieg führen. Frankreich hat 144 Divisionen, Deutschland hat 141 Divisionen zur Hand. Nach allen Warnungen sollte man denken, Frankreich stünde mit aufgerichteten Ohren Gewehr bei Fuß. So ist dem jedoch keineswegs. 12 Prozent aller französischen Offiziere und Soldaten genießen im Moment ihren Urlaub. Es bleibt nur *ein* einsamer Held der Lüfte, der die *Grande Nation* vor dem Einfall der Barbaren noch retten kann. Ein Aufklärer ist auf einem Routineflug über den Waldgebieten in den Ardennen, wo sich Fuchs und Hase „Gute Nacht" sagen und wo kein Mensch im Ernst mit irgendeinem Fahrzeug durch das Dickicht will. Am Nachmittag gegen drei glaubt er unter sich Panzer zu sehen. Das kann ja eigentlich nicht sein, aber er meldet das dem Hauptquartier von General Georges. Dieser Meldung wird natürlich kein Glauben geschenkt. So ist es möglich, dass feindliche Fahrzeuge unbehelligt vorwärts kommen bis tief nach Frankreich hinein.[106] Das ist völlig unmöglich, meinen Männer, die es theoretisch wissen müssten. Im Norden Frankreichs sind mehrere hunderttausend Soldaten des Britischen Expeditionskorps; es ist jedoch wie verhext und die deutschen Erfolgsmeldungen reißen nicht ab.

Hitler behält recht. Wie bereits der Polenfeldzug oder die Besetzung von Dänemark und Norwegen endet sein Holland-Luftzug mit einem Erfolg. Der Botschafter Deutschlands übergibt nach der Kapitulation Vertretern der Regierung ein Memorandum, nach dem britische sowie französische Armeen mit der Einwilligung Belgiens und Hollands durch diese Länder zu marschieren planten, um die Ruhr anzugreifen. Es ist die gleiche Begründung für den Einmarsch, die auch die deutschen Soldaten erhalten haben, und man kann wenig dagegen sagen, denn das Expeditionskorps der Briten wurde nach dem Einfall der Wehrmacht in Polen im Norden von Frankreich stationiert, um auf dem Kontinent eingreifen zu können. Bei so einer Möglichkeit ist es dann allerdings geblieben. Die Briten sind schließlich nur als Begründung für die Westoffensive zu gebrauchen; für die Niederlande kämpfen sie zu spät, für den Eingriff zugunsten Frankreichs, Belgiens oder Luxemburgs fliehen sie zu früh. Wer die Kabinettsprotokolle in London liest, kann sich bloß wundern. England, dem nach dem Flottenabkommen mit Hitler viel mehr Schiffe zustehen als diesem und von dem es seit '39 hieß, es sei gut gerüstet, soll jetzt auf einen Sieg der französischen oder belgischen Armee angewiesen sein, um sein Expeditionskorps auf dem Kontinent halten zu können. Wie lächerlich. In Bezug auf die Franzosen heißt es im Kriegskabinett: „It seemed from all the evidence available that we might have to face a situation in which the French were going to collapse, and that we must do our best to extricate the British Expeditionary Force from northern France." Erstrangig wäre es nun, die Sicherheit des Britischen Expeditionskorps zu gewährleisten, Schiffe zur Rückführung der Truppen zu schicken und Luftangriffen mit eigenen Flugzeugen vorzubeugen. Wären die Worte im Kriegskabinett in den Tagen ab dem 25. Mai ernstzunehmen, dann hätte sich die englische Elite mit ihrer jahrelangen Unterstützung für die Aufrüstung des Reichs und Hitlers expansive Politik irrsinnig verspekuliert. Während sich das Land des Rotweins und des Baguettes noch im Glauben wiegt, englische Truppen würden die französische Armee vom Norden her unterstützen, machen sich die Briten schon wieder auf den Weg nach Hause. Damit ist die Bluffparade dann auch schon beendet. Ermöglicht wird diese Flucht aus Dunkerque oder auch Dünkirchen und über den Ärmelkanal hinweg durch einen Haltebefehl Hitlers bei einem Besuch bei Rundstedt.[107]

Mag ja sein, dass es einem unbedarften Beobachter als „das Wunder von Dünkirchen" verkauft werden kann, doch Wunder sind nicht an Befehle Vorgesetzter gebunden. Wahr ist, dass sich die Truppen der Franzosen, die den deutschen numerisch überlegen sind, vor allem im Süden Frankreichs gesammelt haben, um einen erwarteten Hauptschlag abzufangen, und die Engländer haben sich entgegen den Absprachen aus dem Staub gemacht. Dafür lautet der militärische Fachbegriff aber Verrat und nicht Wunder. So ist der Norden von Frankreich Hitlers Armee schutzlos ausgeliefert. Wer hier kurzfristige militärische Erwägungen als Begründung heranzieht, kalkuliert erstens nicht die langfristige britische Strategie in den Jahren seit 1904 ein und lässt zwei weitere Argumente unbeachtet. Man möchte meinen, das Wort vom *Wunder von Dünkirchen* würde von der Propaganda eines Joseph Goebbels in die Welt gesetzt. So ist es aber nicht. Dieser Ausdruck wird wenige Tage danach in England geprägt, da man diese Aktion den Briten als großartige Leistung darbieten will. Und darüber hinaus lässt die britische Armee der Wehrmacht freundlicherweise genug Ausrüstung übrig, um etwa acht bis zehn Divisionen auszurüsten. Mag sein, dass mancher Soldat geistesgegenwärtig seine Waffen unbrauchbar macht, doch alles in allem bleibt noch eine Menge an Zeug vor Ort. Hitlers Armee stehen auf einen Schlag riesige Munitionsvorräte, 880 Feldgeschütze, 310 Geschütze großen Kalibers, ungefähr 500 Flugabwehrgeschütze, etwa 850 Panzerabwehrkanonen, 11.000 Maschinengewehre, beinahe 700 Panzer, 20.000 Motorräder sowie 45.000 Kraftfahrzeuge und Lastkraftwagen zur Verfügung. Die Armeeausrüstung, die zu Hause verfügbar war, hat gerade ausgereicht, um zwei Divisionen mit den nötigen Utensilien auszustatten. Man kann gewiss davon ausgehen, dass die Führer in London dies wussten. Es ist sicher wahrscheinlicher, dass die guten Menschen einem vorher gefassten Plan gefolgt sind, denn gegen die Auslegung jenes Vorganges als Wunder spricht auch folgende Szene. Noch bevor Lord Gort die Strände verließ, bat Frankreichs Oberbefehlshaber Maxime Weygand General Sir Edward Spears um die Aufstellung einer britischen Armee auf französischem Boden, welche direkt vom Evakuierungspunkt in einen sichereren französischen Hafen hinter den Linien verschifft werden sollte. Spears lehnte dieses ab und erklärte ihm, dass er an der Grenze sei und fast nur noch eine Division habe und dass man keine Zeit habe, um die Truppe auf britischem Boden neu aufzustellen. Vielleicht wird man abwarten müssen, bis sich ein Historiker erbarmt und sich des mysteriösen Vorgangs einmal annimmt. Auf jeden Fall gibt es hier hinreichend viele Indizien dafür, dass London auch jetzt wieder mit gezinkten Karten spielt.[108]

Billige Taschenspielertricks

Ende Mai streut der englische Geheimdienst eine falsche Information in Richtung Hitler-Deutschland, nach der sich angeblich eine Kerngruppe von Friedensleuten um Halifax gegen Churchill versammelt habe. Wozu hatte Churchill genau wie Chamberlain ein Kriegskabinett einberufen, in dem nicht jeder Hinz und Kunz mitreden darf, wenn sich auch dort noch krasse Kritiker tummeln, zum Beispiel *Chamberlain* oder *Halifax*? Derartige vermeintliche Fraktionsbildungen werden schon lange kolportiert und wenn man dumm wie ein Nazi ist, freut man sich natürlich über alle Signale, die einem in den Kram zu passen scheinen. Von vermeintlichen Doppelagenten wie William de Rop wird den Nazis ebenso weisgemacht, dass erst eine größere Schlacht, welche „keinen Zweifel an der deutschen militärischen Macht lässt“, diese *Friedenspartei* in die Lage brächte, die Regierung Churchill zu stürzen. Hinter dieser Finte steckt wie schon im Jahre 1920 hinter einer ähnlichen Aktivität Churchill selbst – gebe Gott, dass Hitler 1940 nicht darauf noch reinfällt. Müssen die Engländer noch wütender werden? Vertreter der englischen Gesellschaft, insbesondere der Oberklasse, des diplomatischen Korps, der Geheimdienste sowie der Intelligenz erwecken den Anschein, in eine Art faschistischer Bewegung verwickelt zu sein, die geneigt zu sein scheint, den Thron zu stürzen, sobald eine Invasion in Großbritannien erfolgt wäre und das Inselreich um Frieden bitten müsste. An ihren Wurzeln führen diese Gruppen Namen wie *The Link, The Right Club, The Nordic League*.[109] Aber sind die Nazis nicht immer *die Arbeitslosen, Armen und Entrechteten*? Da sich dieser Unfug bis zu den *Ministern* durchzieht, sieht das eher wie ein verdammt abgekartetes Spiel aus, oder kann man das auch anders sehen?

Der Führer wendet sich seinem nächsten Ziel zu

Die Belgier lassen Hitlers Wehrmacht zwar durchaus zwei, drei Wochen zappeln, müssen aber am 28. Mai letztlich auch kapitulieren. Ungefähr 80 Divisionen sind zerschlagen. Unser OKW – oder ausgesprochen, das Oberkommando der Deutschen Wehrmacht gibt den Sieg in der größten Vernichtungsschlacht aller Zeiten bekannt. Wer das möchte, kann über 1,2 Millionen Kriegsgefangene jubilieren, Tausende erbeutete Flugzeuge, Geschütze und Panzer. Das hat es in der Geschichte noch nicht gegeben. Hitler befiehlt, drei Tage lang die Glocken läuten und acht Tage flaggen zu lassen. Leise heißt es, der Führer hat einen neuen Titel. Er nenne sich nunmehr kurz *Gröfaz*, will heißen: *Größter Feldherr aller Zeiten.*[110]

In dem kleinen Land Belgien wartet allerdings ein großer Schatz auf die Pioniere einer ananasgroßen, aber recht effektvollen Atombombe. Ende Mai gelingt es, einen Großteil der Uranvorräte der Firma Union Minière du Haut Katanga, die Uranerz aus Belgisch-Kongo importiert, sicherzustellen. Fortan werden tonnenweise Uran-Verbindungen aus Belgien in das Salzbergwerk von Staßfurt östlich vom Harz gebracht. Aus den Vorräten stillen die Auer-Werke fortan ihren Uran-Bedarf.[111] Wer meint, er könne bald über Wunderwaffen verfügen, wie außer ihm keiner, kann in der Tat auf den Gedanken kommen, er könne gegebene Versprechen beliebig oft brechen und mit ganzen Völkern Ping-Pong spielen. Doch eine zumindest zeitlich begrenzte Stetigkeit ist von alters her eine Bedingung für den Erfolg einer Linie in der Außenpolitik. Das trifft in besonderem Maße zu, wenn man einem größeren Land etwas verspricht. Nehmen Sie die Sowjetunion. Hitler hat von Ende 1938 bis Mitte August 1939 große Geduld und viel Geschick investiert, um Moskau zu einem Nichtangriffsvertrag zu bringen, der die Wiederholung eines Zweifrontenkrieges ausschließt. Dieser Pakt wird in einem Vierteljahr seinen ersten Geburtstag haben. Manchmal ist es schwer einzuschätzen, wie der Führer denkt, ja sogar, ob er überhaupt denkt oder ob er sich irgendeiner Stimmung hingibt, die ihn gerade erfasst hat. Jedenfalls offenbart er bei einem Besuch im Hauptquartier General von Rundstedts am 2. Juni seine Hoffnungen auf einen baldigen Friedensschluss mit England, damit er jetzt „endlich die Hände frei" bekomme für seine „große und eigentliche Aufgabe: die Auseinandersetzung mit dem Bolschewismus".[112] Man beachte, dass an diesem 2. Juni keine Rede ist von aufgedeckten Plänen für einen Angriff seitens der Roten Armee. Wenn Hitler daraufhin losschlagen lässt, dann ist Präventivkrieg nicht mehr das Wort der Wahl. Aber wollte er es nicht verhindern, dass auf zwei Seiten gekämpft wird? Wie kommt er darauf, dass die Völker, die er gerade mit der Anwesenheit deutscher Soldaten beglückt hat, nicht bald versuchen werden, diese Truppen wieder loszuwerden? Ist es kein Zweifrontenkrieg, wenn er unter diesen Umständen die Sowjetunion angreift? Das kann doch ein blutiges Gemetzel werden, wenn da Partisanen mitmischen. Wird das nicht noch schlimmer, wenn einen Tag später intern darüber nachgedacht wird, wie man Dänemark und Norwegen weiter zu „verwerten" gedenkt, und eine Lösung zur Erwägung vorschlägt, wonach die Gebiete Dänemarks und Norwegens, die im Laufe des Krieges *erworben* worden waren, weiterhin besetzt bleiben und so orientiert werden sollten, dass sie in Zukunft angesehen werden können als deutsche Besitzungen?[113] Das hat aber auch nix mehr mit der ursprünglichen Erklärung für die Besetzung Norwegens zu tun.

Die große Rede, die der neue Premierminister Churchill am 4. Juni hält, in der er von der Entschlossenheit seines Empires zum Weiterkämpfen spricht, kann den Führer nicht wirklich beeindrucken.[114] Hätte England den Kampf haben wollen, so hatte es bis vor wenigen Tagen dafür noch gute Voraussetzungen. Da war Hitlers Wehrmacht ja noch in Sichtweite. Doch die tolle Truppe, vor der unsere Militärs solch einen wahnsinnigen Bammel hatten, sollte ja vor echten Kampfhandlungen gerettet werden. Mag sein, dass die französische Armee schon noch etwas strampelt, aber sie ist nun ganz aus dem Tritt gekommen, als sie von den Engländern im Stich gelassen worden ist. Was wurde da in London gespielt?

Nehmt mich auf den Arm und verschaukelt mich

Wird diese Flucht über das Wasser letzten Endes tatsächlich als Wunder von Dünkirchen in die Geschichte eingehen? Als Rätsel von Dunkerque? Als Schwindel vor dem Herrn? Wird es aufgeklärt, warum die britischen Soldaten vom Kontinent zurückgezogen wurden, sobald sich die Rauchschwaden der Kämpfe verzogen haben? Was die Belgier angeht, die sich wegen der unzuverlässigen britischen und französischen Versagerpolitik der 1930er Jahre autonom gemacht hatten und sich auf die Selbstverteidigung verbunden mit der Wahrung einer strikten Neutralität verließen, darf man durchaus mit Fug und Recht von heldenhaftem militärischem Widerstand sprechen. Was die Franzosen anbelangt, wird es dann schon schwerer, Worte für ihren Zusammenbruch zu finden. 7 Millionen Mann waren in der größten Armee Europas. Hitlers Armee hat bloß 5.762.000 Soldaten, Stalins Reich nur schätzungsweise 5 Millionen und Britannien sagt, dass es sein Weltreich mit 2.273.000 *soldiers* aufrechterhält. Aber vielleicht zählen sie die Kolonialtruppen außerhalb ihrer grünen Insel ja auch einfach gar nicht zum britischen Militär oder aber die Völker unter der Knute der Briten halten freiwillig ihre Klappe. Dann hätte man aber 1933 nicht auf Bombern zu Polizeizwecken in Übersee bestehen müssen, als Berlin die Abschaffung der militärischen Luftfahrt, insbesondere der Bombenflugzeuge gefordert hatte.[115]

Wie ist denn nun der neuerliche Untergang der größten Armee Europas zu erklären? Beginnen wir in den 1930ern. Es war keine supergute Idee, auf den englischen Druck hin auf die Unterstützung für und durch Wien, Prag, Moskau und Warschau im Vertrauen auf die Unterstützung durch das Konkurrenzimperium der Briten *nonchalant* zu verzichten. Seitdem war das Schicksal der *Grande Nation* dem Gutdünken der Erzrivalen auf der anderen Seite des Ärmelkanals ausgeliefert. Warum sollen die es mit dem Weltreich der Franzosen um Gottes willen gut meinen? Militärisch verlassen sich die Franzosen auf die Erfahrungen steinalter Männer, die noch heute stolz sind auf die Abwehr der Hunnen in monate- und jahrelangen Grabenkämpfen mit unendlich vielen Toten, ohne ansatzweise zu verstehen, dass die englischen Schiffe in der Nord- und Ostsee den Krieg gegen Deutschland entschieden haben. Wie lange das Elend dauern soll, wurde somit auf dem Meer festgelegt. Jener Stellungskrieg, der gar nicht gut war für die anschließende Fortpflanzungsfähigkeit der Franzosen, ist nicht durch ein neues Konzept ersetzt worden. Schade. Die Deutschen in ihrer Angst vor einem neuen Inferno dieser Art ließen sich intelligenterweise eine Alternative zum Stellungskrieg einfallen, wobei einzuräumen ist, dass sich Generäle wie Manstein, Guderian oder Rommel, die bei der Planung dabei waren, auch gegen Widerstände durchsetzen mussten wie ihre Kollegen im französischen Generalstab, bloß mit dem Unterschied, dass den deutschen Kollegen Erfolg beschieden war. Die Grübelei führte zur Nutzung des Verbundwaffensystems und zugleich zum Übergang zu einem Bewegungskrieg oder zu einem sogenannten Blitzkrieg. So war es zu einem schnellen motorisierten Vorrücken verschiedener Einheiten im Zusammenspiel von motorisierten Einheiten, Infanterie, Panzern sowie Artillerie und Flugzeugen mit dem Ziel der kompletten Vernichtung der gegnerischen Armee gekommen. Ergänzt wird das durch das Nutzen von Funkgeräten, was die Flexibilität auf dem Schlachtfeld möglich gemacht hat. Doch Frankreichs Generalstab war von seinem Stellungskrieg nicht abzubringen. Die Wehrmacht kann Geländegewinne erzielen, so viel sie will, muss aber früher oder später bei Geländekämpfen stecken bleiben. Sodann würden die Franzosen die Wehrmacht einfach ausbluten lassen, aber das ist nicht *state of the art* des Jahres 1940.[116]

Bei Luftangriffen zum Beispiel haben die Generäle in den Bunkern nicht einmal Funkgeräte zur Verfügung. Die staunen nicht schlecht, wenn sie in ihrer ausgebauten Stellung an irgendeinem Frontabschnitt sind – und Fallschirmjäger der Wehrmacht landen auf einmal in ihrem Rücken. Bis dahin hätten sie theoretisch nie kommen dürfen. Oder wenn Panzer und motorisierte Divisionen auf ihre Stellung zurollen, womöglich auch noch begleitet von Angriffen der kleinen und wendigen Sturzkampfflugzeuge, zum Beispiel vom Typ Junkers Ju 87, und der Artillerie. Dann lösen sich nicht nur die Stellungen ganz schnell auf, sondern es kommt „blitzartig“ zur Flucht ihrer Truppe. Selbst wenn sie sich nun neu sammeln und ihre

Verteidigung neu aufstellen wollen, kommt es wegen der Beweglichkeit der deutschen Kampfverbände zur erneuten Einkesselung der Truppen. Da kann man noch so viele Soldaten haben. Wer nicht mit der Zeit geht, wird von der Zeit buchstäblich überrollt – und apropos überrollt: Durch das Vorrücken der deutschen Panzer werden natürlich französische Einheiten im Hinterland gebunden, welche dann nicht als Verstärkungen zu wichtigen Kämpfen kommen können. Auf der anderen Seite schlägt jetzt die Stunde *der* Franzosen, die sich zuvor nicht durchsetzen konnten. An einigen Frontabschnitten stellen sich Offiziere der französischen Armee auf die neuartige Taktik ein und können so das Vorrücken der deutschen Panzerspitzen zum Erliegen bringen, sodass sich manch ein Truppenteil sogar zurückziehen muss, da seine Zerschlagung droht. Alles in allem ist es der Wehrmacht aber möglich, sich in einem Radius von ungefähr 200 Kilometern beinahe frei zu bewegen und die Franzosen in einer Zangenbewegung einzukesseln. Weniger günstig ist, dass ein Drittel der Panzer der Wehrmacht wie schon 1938 bei ihrem Einmarsch in Österreich aufgrund technischer Probleme liegen blieb. In Berichten des OKW heißt es dann immer *ohne Feindeinwirkung*, aber das nur so ganz am Rande. So viel zu der deutschen Panzerwaffe und zum Stand der Ingenieurskunst. Vergegenwärtigt man sich den Untergang der Franzosen und dessen Geschwindigkeit, fragt man sich unwillkürlich doch, ob alle Befürchtungen deutscher Generäle, die sie bis zur Planung eines Putsches gegen Hitler gebracht hatten, absolut aus der Luft gegriffen waren. Es gibt freilich ein Argument, mit dem sowohl zu erklären ist, warum die deutsche Militärführung ihren Putsch immer wieder hinausgezögert hat, als auch warum Holländer, Belgier und Franzosen die vielen Warnungen aus dem Reich letztendlich nicht mehr ernstgenommen oder für das Problem selbst gehalten haben: Es war dieses ewige Aufheben der Vormarschbefehle und deren Verschiebung, das sicher sein Scherflein beitrug zur überraschenden Situation Ende Mai, Anfang Juni 1940. Aber real standen doch trotz allem die französischen, englischen und belgischen Truppen bereit zum Krieg gegen die Wehrmacht? Beim Polenfeldzug hieß es, wenn das nicht in drei Wochen über die Bühne gegangen wäre, dann hätten die Vorräte an Munition und Waffen nicht mehr für den Nachschub ausgereicht. Ein halbes Jahr danach sind sicher die Verluste bei der Auseinandersetzung mit Polens Kavallerie wieder ausgeglichen, aber es wird mir doch keiner weismachen wollen, dass die Wehrmacht auf einmal dem Militär Frankreichs, Englands und Belgiens zugleich gewachsen sei, zumal in London eingeschätzt wird, Deutschland setze alles auf einen verzweifelten Wurf, um eine schnelle Entscheidung zu erzielen. Die intensiven Anstrengungen, die es jetzt unternehme, könne es nicht aufrechterhalten. Wenn die Briten den gegenwärtigen Ansturm nur aufhalten könnten, seien sie auf dem besten Weg, einen baldigen Zusammenbruch Deutschlands herbeizuführen. Je größer ihre Entschlossenheit sei, desto größer seien letzten Endes auch die Chancen, amerikanische Unterstützung zu erhalten. Das Reich habe die Möglichkeiten sowohl menschlich als auch materiell ausgeschöpft. Die Kräfte, die man noch nicht gesehen hätte, wären vermutlich von geringerem kämpferischem Wert. War dieses eher ein Grund zu bleiben und zu kämpfen oder zu gehen, auch im Angesicht der Tatsache, dass England in Europa *ohne* Frankreich und die Benelux-Länder allein auf weiter Flur dasteht, wie des Fakts, dass England und andere Länder ebenso weiter Deutschland gegenüber aufgerüstet haben?[117] Was wissen wir über die militärischen Planungen vor dem Beginn des *Luftzuges*?

Ende April hatte das Britische Expeditionskorps eine Stärke von 394.165 Mann in 10 Divisionen. Das war zu wenig und der französische General Weygand wird wissen, warum er von „lächerlichen Kräften“ spricht. Der General Sir Edmund Ironside, Chef des britischen Generalstabs, hat sich mit seinem französischen Kollegen Gamelin über diesen kleinen Beitrag sowie die Disposition der britischen Truppen außerhalb Frankreichs gestritten, wobei dem französischen Oberbefehlshaber gesagt wurde, dass alles Mögliche getan würde, ohne *untrainierte, unausgerüstete Männer (1.878.835)* zu entsenden, und, „dass die Strategie der Briten außerhalb Frankreichs eine rein britische Angelegenheit sei, und damit basta.“ Die Position der britischen Expeditionstruppen in den alliierten Armeen in Frankreich war damit vage und die Franzosen bestanden auf ihrem Plan für die Verteidigung. Andererseits machte das britische Bewusstsein der Unzulänglichkeit ihrer kontinentalen Streitkräfte wahrscheinlich ernsthafte Opposition gegen die strategischen Vorstellungen in Paris unmöglich. Es sieht ja auch nicht so aus, als ob britische den Pariser Plänen in der Tat überlegen gewesen wären. Unter diesen Voraussetzungen waren exakte gemeinsame Planungen unverzichtbar. Es wird nicht überzeugen, wenn die schärfste Kritik in dieser Angelegenheit von Churchill kommen wird, der später analysiert, dass es ein Kardinalfehler der Regierung von Chamberlain gewesen sei, nicht schon lange vor dem Mai den gesamten Militärplan und vor allem die Vorzüge des „Dyle-Plans" ausdiskutiert zu haben. Der Fachminister, der dies hätte veranlassen müssen, wäre ohne Frage der Erste Lord der Admiralität gewesen, und der war Churchill ja selbst. Mit der Abstimmung im Vorgehen konnte es nicht besser werden und das war absehbar. Die Divisionen unter General Lord Gort standen in Verbindung mit General Gamelins Hauptquartier, *General des Forces terrestres* in Montry, auch mit dem Hauptquartier von General Georges in La Ferte-sous-Jouarre, sie standen jedoch nicht unter dem Befehl des Generals des Hauptquartiers, und sie waren nicht dem Kommando der Ersten Armeegruppe unter General Billotte unterstellt, obwohl sie dieser angehörten. Aber die Briten hatten die Hintertür für den Fall erfolgreich verlaufender Verteidigung Frankreichs und so weiter ja schon von vornherein eingebaut. In Gorts Instruktionen vom 3. September 1939 stand, dass er alle Befehle vom Befehlshaber des nordöstlichen Frontabschnitts Georges ausführen solle – mit der Einschränkung: „wenn Ihnen ein von ihm erteilter Befehl die britischen Feldstreitkräfte zu gefährden scheint, ist zwischen der britischen und der französischen Regierung vereinbart, dass es Ihnen freistehen sollte, sich vor der Ausführung dieses Befehles an die britische Regierung zu wenden." Der Verbindungsoffizier Vautrin bestätigt, dass Gort und Pownall bis April positiv über Gamelin, Georges und Billotte gesprochen hatten, aber er lässt keinen Zweifel daran, dass eine ernsthafte Verbindung französischer und britischer Kommandeure fehlte. Jenseits hochrangiger Höflichkeiten habe es letztlich ganz einfach zu wenig enge Zusammenarbeit gegeben. Zu wenige Probleme seien vorhergesehen und durchgesprochen, zu wenig intensiver Kontakt zwischen französischen und britischen Kommandos hergestellt worden.[118]

Zeittafel zum Westfeldzug

10. Mai	Die Wehrmacht schwebt über Holland ein.
11. Mai	Whitley-Bomber lassen ihre Fracht auf Zivilisten fallen.
14. Mai	Rotterdam wird zerstört. Die Niederlande kapitulieren.
19. Mai	In London fällt die Entscheidung, die eigenen Truppen vom europäischen Festland wieder abzuziehen.
20. Mai	Abzug der Bomber von den Kontinentalbasen beginnt.
24. Mai	Haltebefehl für die Wehrmacht wird verkündet, der den Abzug des Britischen Expeditionskorps ermöglicht.
25. Mai	Fall von Boulogne und am 26. Mai von Calais.
26. Mai	Premierminister Paul Reynaud kommt nach London, um das weitere gemeinsame Vorgehen zu besprechen. Noch am gleichen Abend beginnt die Evakuierung der britischen Truppen.
27. Mai	Kritik an „irreführenden“ französischen Berichten über britische Handlungen.
28. Mai	Belgien muss ebenfalls kapitulieren.
04. Juni	Die britischen Truppen sind wieder zu Hause.
22. Juni	Paris unterschreibt Waffenstillstand von Compiègne.

Unterstützung muss eben auch so konzipiert sein, dass sie hilft. Und da gibt es einen historischen Präzedenzfall für das Gegenteil. Im russischen Bürgerkrieg um das Jahr 1920 herum waren beispielsweise die militärischen Operationen der Briten unter Winston Churchill so angelegt, dass sie zum Scheitern der weißen Truppen führten, die feststellen mussten, wer sich auf die Briten verlässt, der ist verlassen. Wie wird man sich an die über Jahre vorbereitete, mit den Franzosen abgesprochene Strategie gehalten haben, wenn sich im Protokoll eines Londoner Ministertreffens vom Nachmittag des 27. Mai der Eintrag findet, der *Lord President* habe die Äußerung getätigt, es müsse doch eine Erklärung geben für die *irreführende Darstellung* der militärischen Operationen in Nordfrankreich, die die Franzosen abgaben im Zusammenhang mit militärischen Ereignissen, an denen sie nicht teilgenommen hätten. Es folgt die rhetorische Fragestellung: Wollten sie damit sagen, dass die Franzosen einen großartigen Plan *(a magnificent scheme)* gehabt hätten, wegen des Rückzugs des Britischen Expeditionskorps jedoch nicht in der Lage gewesen seien, ihn durchzuführen? Und dass die armen Franzosen (da steht tatsächlich *the poor French*) von ihren Verbündeten im Stich gelassen worden seien und die bestmögliche Chance nutzen müssten, um etwas zu retten?[119]

Dieser Ton in einer Sitzung des Kriegskabinetts war gewiss eine schwere Freudsche Fehlleistung. Wollen Sie vielleicht einmal einen kurzen Blick hinter die Kulissen in London werfen? Wer ist der *Lord President of the Council* wie auch *Her Majesty's Most Honourable Privy Council* – oder auf Deutsch der Geheimrat des englischen Königs, seitdem Churchill für die Öffentlichkeit den *Maestro* abgibt? Glauben Sie es mir oder glauben Sie es nicht: Es handelt sich um Neville Chamberlain. Im Ernst. Der gute Mann hat den *Fuehrer* in Berlin immerhin acht Monate weiter *kämpfen* lassen. So schlecht kann er seinen *job* demzufolge nicht gemacht haben. Damit ist Churchill an der Front und Chamberlain ist sein Vorsitzender. Im Nachhinein klingt es ja doppelt albern, dass Leopold Amery Premierminister Chamberlain aufgefordert hatte: „In Gottes Namen, gehen Sie!" Was aber haben *die armen Franzosen* mit ihren Anspielungen gemeint, nach denen sie wohl tolle Pläne hatten, die von den *friends* von der Insel über den Haufen geworfen wurden? Meinten sie zum Beispiel die Aktion etwa zwei Tage zuvor, als es der 10. deutschen Panzer-Division gelungen war, Boulogne *am Ärmelkanal* westlich von Dunkerque und Calais einzunehmen, weil sich zwei britische Divisionen einfach aus dem Staub gemacht hatten und nach Hause geschippert waren? War diese Aktion der Sargnagel für die ohnehin bedrängten Franzosen? Man kann verdammt lange darüber räsonieren, dass *am Ende des Tages* ein Teil der alliierten Truppen rund um Dünkirchen von den französischen Truppen im Süden abgeschnitten war. Man kann freilich auch feststellen, dass sie plötzlich wie Eisbären auf einer Scholle saßen, weil die Briten nicht mehr dort gekämpft haben, wo sie von französischen Militärs vermutet wurden. Man mag es nicht glauben, aber mit dem Fall von Boulogne am 25. Mai sowie dem Fall von Calais am 26. schien es so, als könne die Evakuierung nicht verzögert werden. Um 7 Uhr abends wurde dann die Operation Dynamo in Gang gesetzt. Das induziert schräge Gedanken: Da es zeitlich ziemlich gut zusammenpasst, ist tatsächlich ein Zusammenhang vorstellbar, eine Verabredung über den Abzug der zwei Divisionen gegen freies Geleit für die danach eingeschlossenen britischen *soldiers* im Norden Frankreichs. Ab dem 24. Mai gilt der Haltebefehl, am 25. Mai machen sich die Briten aus dem Staub und am 26. Mai müssen unverzüglich alle wieder zurück? Hat das ein Kurier mit Hitler ausgehandelt und ist das der Grund für die anschließenden Querelen des Führers mit den nichtsahnenden Militärs? Es ist gewiss richtig, wenn der General Erich von Manstein sagt, dass für die völlige Niederlage der alliierten Truppen der Stoß entscheidend war, der so überraschend durch die Ardennen, über die Maas auf die Somme-Mündung und letztlich gegen die Kanalhäfen geführt worden war. Doch das ist bloß ein Teil der Wahrheit. Von Manstein sieht schon, dass es im Rahmen des Möglichen lag, ungefähr 50 Divisionen zu einem Gegenangriff größten Stils beiderseits der Maas, möglicherweise auch nach Osten bis zur Mosel reichend, rechtzeitig zusammenzubringen, gegebenenfalls unter vorübergehender Preisgabe Hollands und Belgiens ausschließlich der Festungen. Er freut sich wie ein Schneekönig über den Erfolg *seines* Planes, liefert jedoch nicht den Hauch einer Vermutung darüber, warum es nicht zu dem für möglich gehaltenen Gegenangriff kam.[120]

Versuchen wir, einer Antwort einen Schritt näher zu kommen. Liest man das Protokoll eines Londoner Ministertreffens vom Morgen des 27. Mai, wünscht man sich, die französische Sprache zu beherrschen und in den Dokumenten der Franzosen selbst stöbern zu können. Da steht zum Beispiel, der englische Informationsminister habe gesagt, er sei sich der Gefahr von Ankündigungen bewusst, die den französischen Kommuniqués zu widersprechen scheinen. Ist nicht gut, wenn man sagen will, dass die Franzosen bald untergehen, und die Franzosen glauben, dass sie mit der Unterstützung der Briten die Deutschen wieder aus dem Lande verjagen könnten. Als schmückendes Beiwerk empfiehlt der Goebbels der Briten, es wäre gut, die englische Öffentlichkeit an Berliner Bemühungen zu erinnern, einen Keil zwischen die zwei Völker, Engländer und Franzosen, zu treiben, als ob sie in London dafür Hilfe von außen brauchen würden. Das schaffen die Teetrinker schon ganz alleine. Alternativ könnten auch die Redakteure gebeten werden, die französischen Verlautbarungen abzuschwächen. Es ist verständlich, warum Letztere optimistisch klangen, gab es doch diese gemeinsamen Planungen. Noch am Abend des 27. Mai schlug Herr Informationsminister im Kriegskabinett vor, der Öffentlichkeit einen Hinweis auf die ernste Lage zu geben, in die das Expeditionskorps gebracht worden sei. Pariser Kommuniqués hatten zu jenem Zeitpunkt weiterhin „einen heiteren Ton". Informationsminister Alfred Duff Cooper meinte, es bestehe kein Zweifel daran, dass die Öffentlichkeit *im Moment* doch ziemlich unvorbereitet war für den Schock der Erkenntnis der *wahren* Situation. Da war es natürlich völlig verständlich, warum sie umformuliert werden sollten. Am 10. Mai 1940 ging der Westfeldzug los und am 19. Mai bereiteten die Briten bereits die Rückholung der Helden vor. Es begann am 19. damit, dass die *Royal Navy* im Auftrag des Kriegskabinetts unter Winston Churchill die Evakuierung der Streitmacht vorbereitete. Nun könnte ein Geschichtenschreiber natürlich erzählen, dass der Befehlshaber der Briten Lord Gort am 20. Mai eine Entscheidung zu treffen gehabt hätte und dass sich der Militär gegen den Kampf und für den Abzug seiner Truppen in Richtung offenes Meer ausgesprochen hat. Das ist aber falsch, weil diese so super friedfertige Entscheidung bereits vorher getroffen worden war. Besonders delikat an dieser Angelegenheit war, dass Lord Gort den Oberkommandierenden der Franzosen Maxime Weygand noch tagelang im Glauben ließ, britische Truppen würden sich an der Doppeloffensive zur Wiedervereinigung der Nordgruppe mit den französischen Hauptkräften beteiligen, durch die die deutschen Panzerdivisionen von ihren Verbindungen abgeschnitten worden wären. Ohne sie wären die Panzertruppen allerdings ratzfatz kampfunfähig gewesen. Weil die Engländer und die Franzosen noch im vollen Saft standen, wäre Frankreich damit aus dem Schneider gewesen und Hitler im Eimer. Das dürfen Sie gerne noch ein wenig drehen und wenden. Diese Gefahr, dass die Verbindungen von hinten nach vorn verloren gehen könnten, war im Endeffekt ein Grund, weshalb die Technik des Sichelschnittes durchaus Gegner hatte und wohl ein Grund für jenen Haltebefehl des Führers vom 24. Mai war. Zu bedenken bleibt ebenso: Wenn der Brite den Franzosen darauf vorbereitet hätte, dass er an *der* Stelle zwei Divisionen von jenem neuralgischen Punkt abziehen wollte oder unter Umständen musste, so hätte Weygand rechtzeitig französische Truppen anfordern können. Da verwundert es dann auch nicht mehr, dass Weygand sagte, dass es ganz offensichtlich sei, dass Churchill seit dem 16. Mai ein doppeltes Spiel gespielt habe, dass er es war, der den Einsatz Gorts im Süden gestoppt hat, und dass Frankreich faktisch aufgegeben worden ist. Zur Disposition der britischen Luftwaffe gab es die heftigsten Auseinandersetzungen. Unbeeindruckt von der Kritik Weygands über den Einsatz britischer Bomber über deutschen Städten und dem Wunsch nach Bombern gegen Hitlers Kräfte wurden ab dem 20. Mai die Bomber der Royal Air Force von den Kontinentalbasen abgezogen. Die Bitte, möglichst viele Kampfflugzeuge der Briten auf französische Flugplätze zu verlegen, damit sie schnell und flexibel eingesetzt werden können, wurde in den Tagen danach wiederholt vorgetragen, stieß jedoch nicht auf Resonanz.[121]

Churchill bleibt beinhart auf der Linie. Im Protokoll des ersten Treffens des Londoner Kriegskabinetts am 26. Mai '40 kann man lesen, nach den vorliegenden Informationen scheine es, als ob man möglicherweise eine Situation vorfinden könne, in der die Franzosen zusammenbrächen, und dass man sein Bestes tun müsste, um die eigene Expeditionstruppe aus

Nordfrankreich zu befreien. Aufgrund der Schlussfolgerungen vom Vorabend sei ein Telegramm an Lord Gort gesandt worden, in dem jener gewarnt worden sei, dass er möglicherweise bald mit einer Situation konfrontiert würde, in der die Sicherheit der Expeditionstruppe die vorherrschende Überlegung darstellen würde, und dass man alles unternehmen müsse, um Schiffe für die Evakuierung und Flugzeuge zur Verfügung zu stellen. Dementsprechend sollten stehenden Fußes vorläufige Pläne ausgearbeitet werden. Noch einen Tag danach klangen Pariser Erklärungen ganz optimistisch. Die *Vorabinformation* ging an ebenjenen Lord Gort an der Spitze des Expeditionskorps, der am 19. Mai Eden gefragt hat, ob seine mutigen Helden nach Hause zurückkommen dürften. Und auch da müssen Sie nicht glauben, dass es nicht noch abgefahrener gehen würde. Es geht. An jenem Tag, dem 26. Mai '40, kam Premierminister Reynaud aus Paris nach London und wollte die Kooperation gegen die deutschen Truppen besprechen. Während des zweiten Treffens der Minister am 26. Mai sagte Churchill, dass seiner Meinung nach an diesem Tage nur noch der Punkt zu klären war, Monsieur Reynaud davon zu überzeugen, dass General Weygand angewiesen werden müsse, der BEF den Befehl zu erteilen, zur Küste zu marschieren. Es sei wichtig, sicherzustellen, dass die Franzosen sich nicht darüber beschweren, dass die Briten sie militärisch im Stich gelassen hätten, indem sie sich ihren Weg zur Ärmelkanalküste gebahnt hätten. Gleichzeitig sei es auch wichtig, dass die Marschbefehle zur Küste so schnell wie möglich erteilt würden. Aus dem Protokoll der Sitzung am 27. Mai '40 gegen Mittag geht leider nicht hervor, ob Frankreichs Premier überrascht war oder bestürzt, sondern lediglich, dass bei dem Treffen mit Reynaud am vergangenen Nachmittag *völlige Einigkeit* darüber *erzielt worden war*, dass die britische Expeditionstruppe an die Küste zurückgezogen werden müsse. Vom Abtransport der Truppen war nach dieser Aufzeichnung aber immer noch keine Rede; Lord Gort hatte Weygand ja ebenfalls nicht informiert. Nur am Rande: Weygand war am Platzen, weil er nicht informiert wurde. Das absehbare Ende der *Entente cordiale* durch das Ende Frankreichs schreckt den Londoner Premier in keiner Weise. Churchill plant, eine vollständige Erklärung im Parlament abzugeben, obwohl es auch noch eine Woche dauern könnte, bis sich die

Situation ausreichend geklärt habe, um ihm dies zu ermöglichen. Bei der Gelegenheit wolle er sagen, dass die wesentlichen Gefahren, die England in den ersten Tagen des Krieges bedroht hatten, durch die Geschehnisse jetzt *nicht entscheidend größer geworden* seien. Die Chancen, ihnen zu begegnen, hätten sich hingegen seit Beginn des Krieges *erhöht*. England könne sich auch mit der so deutlich unter Beweis gestellten überlegenen Qualität und Moral der englischen Luftwaffe Mut machen. Das war jene, die erst nix tat und dann nichts mehr tun konnte. Aus dem Psalm wurde dann jene phänomenale Rede Churchills am 4. Juni 1940. Witzig: Als es am 25. Mai noch darum ging zu erklären, dass man die *Tommy-Fighter* nach Hause holen müsse, sagte man, Deutschland verfüge über reichlich Kräfte, um in England einzufallen und das Land zu besetzen. Gelinge es dem Feind, eine Truppe mit Fahrzeugen fest auf der Insel zu etablieren, dann habe die Armee im Königreich, die ja sehr wenig Ausrüstung habe, nicht die Offensivkraft, um ihn zu vertreiben. Das ist irrsinnig glaubhaft. Wenn jetzt die drei Hanseln, die nicht einmal im Verbund mit Belgiern und Franzosen etwas gegen die *Fritzen* ausrichten konnten, nach Hause zurückkehren, dann sind sie alleine zu einer Gegenwehr besser befähigt. Weiter hieß es in dieser Sitzung: „Schließlich sind wir der Ansicht, dass es an der Zeit ist, die Öffentlichkeit über die wahren Gefahren zu informieren, denen wir ausgesetzt sind, und sie darüber aufzuklären, was sie zu tun und zu lassen hat, wenn das Land überfallen wird.“[122] Und weil es zwei Tage später anders gesagt wird, ist es dann auf einmal anders. Dies ist zumindest gut für kreative Historiker, finden sie doch für so ziemlich jede Interpretation die jeweils zutreffenden Zitate. Die Kunst besteht ja in dieser Branche ohnehin in der richtigen Mischung aus Weglassen und Herauspicken zum Zwecke jeweils gewünschter Beweisführungen.

So spielerisch wie mit der schlechten oder guten militärischen Situation des Inselreichs in der Nordsee wird in London auch mit der Darstellung der Möglichkeiten der deutschen Luftstreitkräfte umgegangen. Als man sagte, dass Deutschland über genug Kräfte verfüge, um in England einzufallen, hieß es auch noch, das Hauptproblem sei die Luftüberlegenheit der *Krauts*; wenn Deutschland diese erreicht habe, könnte es versuchen,

England allein durch einen Luftangriff zu unterwerfen. Deutschland sei aber bloß in der Lage, dic absolute Luftüberlegenheit zu erlangen, wenn es die britische Luftwaffe sowie die Flugzeugindustrie, von der wichtige Teile in Coventry und Birmingham konzentriert sind, ausschalten kann. Den Namen der Stadt Coventry müssen wir uns wohl oder übel merken. Außerdem hieß es in dieser Ministerrunde, man dürfte nicht vergessen, dass die Deutschen zahlenmäßig vier zu eins überlegen seien. Außerdem seien die deutschen Flugzeugwerke gut verstreut und relativ unzugänglich. Wiederum witzig ist es, dass die Deutschen *nicht* den Eindruck gewonnen haben, Hermann Görings Luftwaffe sei der britischen vielleicht vier zu eins überlegen. Drei zu eins oder auch lediglich zwei zu eins ehrlicherweise auch nicht. Dann ginge den Insassen von Hitlers Diktatur ja nicht so erbärmlich der Hintern auf Grundeis. In Deutschland kommt in den Monaten danach der treffliche Witz über den Herrn Staatssekretär des Reichsluftfahrtministeriums sowie Generalinspekteur der Luftwaffe Generalfeldmarschall Erhard Milch in Mode: „Milch! Dafür machen Sie morgen einen Vergeltungsangriff auf London!“ Milch weiß nich so recht: „Nehmen wir *ein* Flugzeug oder nehmen wir diesmal alle zwei?“ Doch Schätzungen hin oder her, Fakt ist, dass die deutsche Luftwaffe, bedingt durch die Verluste an Flugzeugen während des Kriegs, nie mehr als 500 nutzbare Flugzeuge zugleich in der Luft hat – verteilt über Europa. Dies liegt jedoch nur teilweise an dem erwähnten Verlust an Flugzeugen.[123]

Gemessen an der großen Klappe sind die zu geringen Produktionszahlen der eigentliche Grund. Das klang allerdings am 27. Mai ’40 im Londoner Kriegskabinett ganz anders. Dort hieß es, im Januar 1940 habe das Luftfahrtministerium geschätzt, dass in Deutschland monatlich 2.000 Flugzeuge produziert würden. Eine detaillierte Prüfung dieser Schätzung sei vom Ministerium für Wirtschaftskriegsführung durchgeführt worden, so dass das Luftfahrtministerium dann eine sehr viel niedrigere Schätzung von nur 1.000 Flugzeugen pro Monat akzeptiert hat. Die gesamte Politik müsse von der Einschätzung der deutschen Luftwaffenstärke abhängen und es sei daher von wesentlicher Bedeutung, dass alle Schätzungen der möglichst detaillierten Prüfung unterzogen werden sollten. Das ist auch gut so, da selbst diese gestutzte Angabe von 1000 Flugzeugen pro Monat zu schön ist, um wahr zu sein. In der wirklichen Wirklichkeit wurden im Jahr 1939 im Deutschen Reich in den maximal verfügbaren 12 Monaten 2300 Flugzeuge hergestellt. Das bedeutet monatlich etwa 192 Flugzeuge. Am Ende des Jahres '40 werden 6600 Kampfflugzeuge hergestellt sein, das macht im Durchschnitt 550 in einem Monat. Da sich eine steigende Tendenz zeigt, darf davon ausgegangen werden, dass die Anzahl der produzierten Kampfflugzeuge im Laufe des Jahres '40 weiter steigt, dass sie demzufolge im Januar niedriger war als sie als im Dezember des Jahres 1940 sein wird. Die Schätzung, die in der Londoner Ministerrunde eine Grundlage für weitere Entscheidungen bildet, ist somit in der gestutzten Form immer noch doppelt so hoch wie in der realen Realität.[124]

Es stärkt nicht den Glauben an das Gute im Imperialismus, wenn dieses übertriebene Hochrechnen im Dienste der Meinungsbildung Vorgänger hat. 1937 war der bewunderte Ozeanflieger Oberst Charles A. Lindbergh zu Besuch im Dritten Reich und sollte sich hier einen Überblick über die Luftfahrt verschaffen. Als es 1938 auf dem Höhepunkt der Sudetenkrise in Europa darum ging zu zeigen, dass Großbritannien ob der *Schwäche* im Bereich der Rüstungen Hitler leider nicht militärisch entgegentreten könne, kursierte zum Beleg der Bericht von Oberst Charles A. Lindbergh von seinem 1937er Ausflug zu uns und der britische Botschafter in Paris gab die Angabe weiter, dass Deutschland 10.000 Flugzeuge besitze und 1500 monatlich produzieren könne. In Wirklichkeit besaß die deutsche Luftwaffe zwar gute Flugzeuge, nicht zuletzt auf Grund der aus den USA gelieferten Bauteile, aber davon im Jahr 1938 bloß 1500. Da er vom US-Militärgeheimdienst entsandt war, war auch da schon alles klar. Das war doch das Gleiche in grün, als Malcolm Christie, der Geschwaderkapitän a. D., der bis 1930 britischer Luftfahrtattaché in Berlin war und 1938 als Geschäftsmann in Berlin wirkte und Sir Robert Vansittart Tabellen zuleitete, aus denen unter anderem die Flugzeugproduktion des Deutschen Reiches und die projektierte Größe der Luftwaffe hervorgingen. Daraufhin reichte Vansittart diese Tabellen an das Londoner Luftfahrtministerium weiter, wo sie „nicht gewürdigt" in einem Tresor verschwanden.[125]

Was die Bemühungen um eine Evakuierung des Expeditionskorps noch erleichtert hatte, war der Haltebefehl, den Generaloberst von Rundstedt, der Oberbefehlshaber der Heeresgruppe A der Wehrmacht auf den ausdrücklichen Wunsch eines einzelnen wichtigen Zivilisten hin am 24. Mai um 12:45 Uhr den Panzern gegeben hatte. In 49 Stunden war es den eingeschlossenen alliierten Soldaten gelungen, Stellungen zu errichten, die einige Tage lang gehalten werden konnten. Das Ganze war auf deutscher Seite von einem Hickhack zwischen Rundstedt und den Chefs der Wehrmacht begleitet, den Hitler höchstpersönlich beendete, indem er diesen Haltebefehl bekräftigte. Dadurch konnten vom 26. Mai bis zum 4. Juni mehr als 370.000 britische und französische Soldaten über das Meer in Richtung England entkommen. Das spielte sich ab, als Premierminister Reynaud in London weilte, um die gemeinsamen Aktionen miteinander abzustimmen. Es spielte sich ab, während der Ex-Premier der Briten geklagt hat über die angeblich irreführende Darstellung der militärischen Operationen in Nordfrankreich, die die Franzosen abgegeben hätten im Zusammenhang mit militärischen Ereignissen, an denen sie nicht teilgenommen hätten. Der gesunde Menschenverstand fragt nach, wie denn? Anthony Eden setzte der Geschichte das Häubchen auf, indem er am 27. die telegrafische Zusicherung abgab, dass „wir auf jeden Fall die Absicht haben, Seite an Seite mit unseren Verbündeten weiterzukämpfen". Dass er auch zusagte, die evakuierte französische Armee später in Frankreich aufzubauen, war für die Franzosen nur ein schlechter Ersatz für den Gegenangriff, den General Weygand seit dem 21. Mai angestrebt hatte. Der Londoner Außenminister wird sich bei der Zusicherung gedacht haben, die Franzosen können ja in 12 Monaten mal fragen, wann das sein wird. Was die Verantwortlichen in Frankreich von der *Rettung* ihrer Männer hielten, machten sie deutlich, als sie ihre Soldaten auf die nächstbesten Schiffe in Southampton setzten und sofort in ihre Heimat zurückholten. An Rundstedts beziehungsweise Hitlers Haltebefehl werden sich spätere Historiker wahrscheinlich mächtig abarbeiten und keine Quellen finden, die sachdienliche Hinweise geben können. Dann werden sie spekulieren, wie der Haltebefehl wohl zustande gekommen sein mag. Eine denkbare Deutung wäre, dass Hitler den Feldzug gegen Russland gemeinsam mit seinen Waffenbrüdern aus England trotz allem durchziehen will, zumal er diesen Wunsch am. 2. Juni von Rundstedt gegenüber beteuerte. Aber sei es, wie es sei – Wird bei den zu erwartenden Spekulationen die Frage aufgeworfen werden, ob nach dem Telegramm Lord Gorts an Eden eine Anfrage aus London kam, ob die Deutschen freies Geleit bieten würden, wenn sich England aus der Allianz der Guten zurückzieht? Aber man soll sich an diesem heiteren Rätselraten überhaupt nicht beteiligen, weil das von der entscheidenden Frage ablenkt: Warum führt England den Krieg nicht endlich, den es Hitler im September 1939, wenn auch widerwillig, erklärt hatte? Wo bleibt denn Winston Churchills Mundwerk? Wollte er nicht am 10. Mai die Chance nutzen, die sich durch den Weggang seines Vorgängers geboten hatte? Ist Angriff nicht die beste Verteidigung?[126]

Hatte nicht gerade der überraschende Erfolg der Wehrmacht gegen eine weit überlegene Übermacht der Alliierten bewiesen, dass ein schwacher Mann einen stärkeren durchaus auf die Matte legen kann, wenn er sein Gehirn einsetzt und schneller schlägt als der andere denken kann? Weshalb haben die Briten erneut so großzügig darauf verzichtet, dem Zauber Adolf Hitlers kraftvoll entgegenzutreten? So war es doch schon seit 1936 mit der Besetzung des Rheinlandes gewesen und das lief dann über alle Etappen bis zum Polenfeldzug 1939 nicht anders. Generalleutnant Erich von Manstein sagt dazu: „Es kann keinem Zweifel unterliegen, dass sich die Dinge wesentlich anders hätten entwickeln können, wenn die Westmächte zum frühest möglichen Zeitpunkt im Westen offensiv geworden wären.“ Da hat Churchill auch schon verhindert, die Macht in die Finger zu bekommen, um großen Worten keine Taten folgen lassen zu müssen. Jetzt ist die nächste Posse dran. Warum sind den Briten nun die Mängel bei den Franzosen nicht aufgefallen? Oder waren sie ihnen aufgefallen? Es ist ja unhöflich, eine Frau nach ihrem Alter zu fragen, und manchem Mann ist die Antwort auch nicht angenehm, aber bei Spezialisten ist das Alter wichtiger als Erwägungen dieser Art. Andererseits kennen sich die Chefs des britischen und des französischen Militärs jetzt schon lange genug und wie lange planen sie gemeinsam, wie im Falle eines Krieges mit Deutschland vorgegangen werden soll? Ist den Kollegen von der grünen

Insel nicht aufgefallen, dass die ehemaligen Experten im französischen Generalstab weit jenseits des Verfallsdatums sind? Warum haben sie da nicht wenigstens nachgehakt, ob der Generalstab mit moderner Technik ausgestattet ist? Oder hatte der alte Krempel gut in ihren Kram gepasst? Genießen Sie, wie sich Londons Informationsminister Duff Cooper über die Gespräche mit seinem Pariser Amtskollegen Luc-Olivier Frossard im Hotel *Continental* am letzten Tage der Evakuierung äußerte. Am besten ist, dass er weiß, was Frossard fühlte: „Wir erörterten ernsthaft Fragen wie die besten Zeiten für die Veröffentlichung von Nachrichten, Übertragungen aus London auf Französisch und aus Frankreich auf Englisch und die verschiedenen kleinen Kniffe, mit denen sich die beiden Ministerien gegenseitig unterstützen könnten. Eine Atmosphäre der Unwirklichkeit hing über unseren Beratungen. Wir fühlten uns wie zwei Verurteilte, die Karten spielten, während sie auf die Vorladung zum Schafott warteten.“[127] Nur einen von ihnen sollte es erwischen.

In diesen Tagen wird in London auch eine andere Baustelle nicht völlig vergessen. Der Premierminister sagt, Herr Hitler glaube, er habe Oberwasser. Man müsse ihm darlegen, dass er England nicht erobern könne. Wenn Frankreich aber nach Ansicht von Premier Reynaud nicht weitermachen kann, müsse man sich trennen. Gleichzeitig erhebt er keine Einwände gegen eine Annäherung an Signore Mussolini. Jetzt dürfen wir ja gespannt sein. Als wäre es hilfreich, den Achsenmächten nach allen bisherigen *Erfolgen* noch mehr in ihren Rachen zu werfen, wird im Kriegskabinett auch ventiliert, wie man vielleicht mit Signore Benito Mussolini zusammenarbeiten könne, um eine Regelung aller europäischen Fragen zu erreichen, einfach alles was notwendig ist, um für die Unabhängigkeit und Sicherheit *der Alliierten* zu sorgen und Grundlage für den gerechten sowie dauerhaften Frieden in Europa sein könnte. Die Herren Minister in London meinen, dass sie verstehen, dass der Signore eine Lösung bestimmter Fragen im Mittelmeerraum wünsche. Er müsse nun unter der Hand sagen, um welche Fragen es sich dabei handele. Frankreich sowie Großbritannien würden dann auf der Stelle ihr Bestes tun, um Mussolini in seinen Wünschen auf der Basis der hier dargelegten Zusammenarbeit zufriedenzustellen. Den Historikern sollte es zu denken geben, dass man diese Worte zur gleichen Zeit zu Papier bringt, zu der erklärt wird, wenn Frankreich untergehe, müsse sich England von ihm trennen, um nicht in diesem Sog mit in die Tiefe gerissen zu werden. Dies eingerechnet bleibt unter dem Strich übrig, dass Churchill den Römer zufrieden stellen will. Also ist er noch immer nicht bereit, die Unterstützung für Mussolini aus den frühen 1920er und den dreißiger Jahren aufzugeben.[128]

Für Frankreich wird in der Londoner Ministerrunde ebenfalls eine ganz besondere Überraschung auf den Weg gebracht. Wenn es zur gegebenen Zeit die militärische Situation erforderlich mache, wolle man auch nicht zögern, französische Städte zu bombardieren. Soll so verhindert werden, dass Produkte fürs Reich hergestellt werden? Dann ist es ja bloß wichtig, dass die Flugzeuge in Richtung Deutschland fliegen, um alle Transportverbindungen zwischen Frankreich und Hitlers Reich zu kappen. So ist es Deutschland nicht möglich, Frankreichs Produktion zu nutzen. Wenn sie aber in Richtung der französischen Atlantikküste zischen, würde der fatale Eindruck entstehen, dass die Soldaten seiner Majestät des Königs in London versuchen, die französische Konkurrenz für einige Jahre auszuschalten. Aber die Briten trauen sich bestimmt nicht, das Zerstörungswerk Hitlers in Polen eigenhändig in Frankreich in Szene zu setzen.[129]

Um diese Überlegungen nicht ins Uferlose fortzusetzen, soll hier einmal ein Punkt gesetzt werden. Es bleibt sowieso zu hoffen, dass später nicht jeder auf Dünkirchen herumreitet. Das war nicht der einzige Hafen, nur der letzte, über den die wilde Flucht erfolgte. Es hört sich ohnehin schon putzig an, dass der Angstgegner der Wehrmacht nach bloß drei Wochen kampflos das Feld räumte. Es ging deutlich schneller. 338.226 britische Soldaten können also bei Dünkirchen nach England übergesetzt werden, ungefähr 85 Prozent des britischen Expeditionskorps. Wenn hier jedoch noch beinahe die ganze vorgesehene Streitmacht der Briten existent ist, dann wird es noch augenfälliger, dass der unangekündigte Weggang der zwei Divisionen bei Boulogne die Wiedervereinigung mit der Hauptkraft der Franzosen verhindert hat und Frankreich letztlich das Genick brach.

Der Meister der Dramatik Premierminister Winston Churchill bringt die Zirkusnummer zu ihrem Höhepunkt, als er die Rede *„We Shall Fight on the Beaches“* vor dem Unterhaus hält, und der interessierten Öffentlichkeit seine Weisheit präsentiert, dass man mit einer Evakuierung keinen Krieg gewinnen könne. Da möchte man geradezu glauben, dass das von Idioten eingefädelt worden war nach dem Motto: Wenn das der Fuehrer wüsste. Etwas anderes werden die Soldaten der Wehrmacht auch nicht denken, wenn zu ihnen durchsickert, dass es wie schon in Polen auch da nach geschlagenen Schlachten am 27. und 28. Mai '40 zu Massakern an Kriegsgefangenen und Zivilisten unter der Leitung solcher altbewährter Berufsverbrecher wie Fritz Knöchlein und Wilhelm Mohnke kam.[130]

Berlin und Rom im Eroberungsmodus

Es dauert wenige Tage, bis der sowjetische Militärattaché für Bulgarien, I. Dergatschow, meldet, dass er aus zuverlässiger Quelle erfahren habe, Deutschland werde nach Abschluss eines Waffenstillstandes mit Frankreich in allernächster Zeit gemeinsam mit Italien und Japan die Sowjetunion überfallen. Dass sich Italien beteiligen könnte, war sicher reinstes Wunschdenken... Am 9. Juni berichtet der Moskauer Militärattaché aus Berlin in die Heimat, dass mit der Verlegung von Wehrmachtseinheiten vom Westen nach dem Osten begonnen worden sei. Diesen Nachrichten folgen in regelmäßigen Abständen Informationen über die Angriffspläne aus Zürich, Bukarest und Tokio, aus der deutschen Botschaft in Moskau, aus Berlin selbst und der eigenen Aufklärung der Stäbe in den Militärbezirken an der Grenze. Außerdem werden Pionierarbeiten in Ostpreußen, Polen, Rumänien und in der Slowakei bekannt. Es werden Umgehungsstraßen und Feldflugplätze gebaut, alte Brücken werden befestigt sowie neue gebaut und Lagerkapazitäten für Rüstungsgüter wie Treibstoff und Munition eingerichtet.[131] Bei denen, die die brisanten Informationen aus Berlin hinausschleusen, bleibt bloß noch die Hoffnung, dass wenigstens die Sowjetunion Verteidigungsmaßnahmen einleitet, die den Führer von einem weiteren Abenteuer abhalten. Wer soll ihn noch stürzen, wenn er auch nur die Ukraine als „Kornkammer“ für das Reich dazugewinnt? In jedem Falle sollten Sie sich merken, dass diese Warnungen vor dem Angriff *in allernächster Zeit* im Juni 1940 erstmals ausgesprochen werden. Dann muss es ja im Sommer 1940 knallen. Träte das nicht wirklich ein, würde Väterchen Frost im Kreml womöglich zur Überzeugung gelangen, es habe sich nur um leere Drohungen gehandelt, und legt zur gegebenen Zeit einen eigenen Angriffstermin zu einem für ihn als aussichtsreich erscheinenden Zeitpunkt fest.

Trotz des mehrfach erlebten eigenwilligen Vorgehens von Hitler verlässt sich der *Duce* auf den Nichtangriffsvertrag des Reiches mit Moskau und kündigt Frankreich und Großbritannien die Freundschaft. Das ist keine gute Idee, denn der Führer nördlich der Alpengletscher ist sich nach der Flucht des Expeditionskorps aus Dünkirchen schon ziemlich sicher, dass Großbritannien klein beigeben wird, und plant keine Landung auf dieser Insel mehr. Wie reiflich hatte es sich Duce Benito Mussolini demzufolge überlegt, wenn er sein Land am 10. Juni 1940 wieder auf der deutschen Seite in den Krieg schickt? England war doch schon so lange der Angstgegner wegen seiner Marine, die Italiens Küsten bombardieren kann? Es kann übrigens auch nicht mit *Gröfaz* Hitler abgesprochen gewesen sein; wie will der eine Ganove vielleicht mit England Frieden schließen, wenn sein Spießgeselle gerade erst richtig loslegt?

Die Großmacht Frankreich kommt abhanden

Das deutsche Armeeoberkommando 18 lässt sich nach den Kämpfen im Osten von Frankreich durch einen Unterhändler die Räumung von Paris durch die französische 7. Armee zusichern. Dann ziehen am 14. Juni die Wehrmachtsverbände friedlich in das menschenleer wirkende Paris ein. Der überraschende Einfall der Deutschen unter Umgehung der sündhaft aufwändigen *Maginot-Linie* und die Flucht der Briten auf die Insel verunsichert die französische Regierung zutiefst. Premierminister Reynaud beruft den 84-jährigen Philippe Pétain zum Stellvertreter. Am 14. Juno flieht die Regierung vor der drohenden Besetzung nach Bordeaux. Drei Tage später spricht sich Reynaud für eine Fortsetzung des militärischen Kampfes aus, kann sich jedoch nicht durchsetzen und tritt zurück. Jetzt bildet Pétain eine *junge* Regierung und die erste Amtshandlung besteht darin, um Waffenstillstandsverhandlungen zu bitten. In London ruft der 49-jährige Held Charles de Gaulle zur Fortführung des Widerstands auf, umsonst. Seine Landsleute auf dem Kontinent sind vom Sieg der Wehrmacht so bedient wie von ihrer und der britischen Regierung und ihren eigenen und den britischen Truppen. Wie soll nun mit Frankreich weiter verfahren werden? Für den 18. Juno lädt Adolf Hitler den Amtskollegen Benito Mussolini in den Münchener Führerbau am Königsplatz ein, also in jenen Prachtbau, in dem 1938 bereits die Konferenz mit Chamberlain und Daladier stattfand. Hitler plädiert dafür, den Franzosen keine allzu drückenden Waffenstillstandsbedingungen aufzuerlegen. Als Mussolini die Auslieferung der französischen Flotte an Italien fordert, hält ihm der Führer warnend entgegen, dann gehe die gesamte französische Flotte zu den Engländern über. Hitler lehnt auch gemeinsame Waffenstillstandsverhandlungen mit den Italienern ab, um sich nicht „mit der italienisch-französischen Animosität" zu belasten. Da sind Egoisten unter sich. Der *junge Römer* hat den Franzosen den Krieg erklärt, als bereits absehbar war, dass die Deutschen den Krieg so gut wie gewonnen hatten. So trug er kein Risiko, möchte aber einen guten Teil der Beute. Umgekehrt wird Hitler einen Teufel tun und Mussolini in seine Pläne bezüglich Moskaus einweihen, doch der Römer will sich ebenfalls nicht mit eventuell weiter existierenden Animositäten Hitlers und Stalins belasten. Hitler erläutert seinem Amtskollegen, dass er nicht vorhabe, das britische Weltreich zu zerstören, da es „immerhin noch ein bedeutsames Element der Ordnung in der Welt" sei. Dolmetscher Schmidt sieht dabei einen etwas verdutzt dreinblickenden Mussolini. Wozu hatte er dann überhaupt England und Frankreich den Krieg erklärt? Wenigstens für *eine* französische Kolonie hat Hitler schon eine Weiterverwendung im Sinn: Für Juden, die er jetzt noch in Ghettos im ehemaligen Polen einsperren lässt, kann man „einen israelitischen Staat auf Madagaskar errichten".[132] Dieses Vorhaben wird aber wieder fallengelassen.

So fallen letztlich die Waffenstillstandsbedingungen gemäßigter aus, als es von den Franzosen befürchtet worden war. Der Norden dieses Landes unter Einschluss der Industriegebiete und der Kanal- und Atlantikküste bis zur spanischen Grenze untersteht ab dem Sommer einem deutschen Besatzungsregime, die Südhälfte der Vichy-Regierung, die eine gewisse Selbstständigkeit erhält. Das französische Kolonialreich wird nicht angetastet. Zur Wahrung der inneren Ordnung darf Frankreich ein Heer von 100.000 Mann unterhalten. Das dürfte als Denkzettel für die Hunderttausend-Mann-Reichswehr nach *Versailles* gedacht sein ganz nach dem Motto: Probiert doch auch mal, euer Reich so zu regieren. Die Regionen Elsaß sowie Lothringen werden der Zivilverwaltung angrenzender Gaue im Reich unterstellt und faktisch, wenn auch nicht staatsrechtlich, vom Deutschen Reich annektiert. Man darf doch sicher gut und gerne davon ausgehen, dass sich Hitler diese milden Friedensbedingungen bei Fürst von Bismarck abgeschaut hat, der mit diesem weisen Schachzug im Jahr 1866 die Österreicher von der Rache für ihre Niederlage bei Königgrätz abgehalten hat, obgleich die Habsburger-Monarchie seinerzeit nicht von preußischen Truppen besetzt worden war. Die Analogie rückt wieder in die Nähe, wenn man die Möglichkeit sieht, dass Frankreichs Regierende zumindest keinen Anlass bekommen, aus den Kolonien heraus Krieg gegen das Deutsche Reich zu führen.[133]

Der Liebhaber von monumentalen Wagner-Opern Adolf Hitler versteht es aber nicht nur, den spontanen Volkszorn der Franzosen zu vermeiden und womöglich *résistance* zu provozieren, es gelingt ihm zugleich, dem Großteil der Deutschen mit ganz großem Pomp die ultimative Revision des so gern zitierten „Schandfriedens von Versailles" zu zelebrieren. Am 22. Juni 1940 darf eine Militärdelegation der Franzosen im Salonwagen von Compiègne mehr oder weniger feierlich die Kapitulation am selben Ort unterzeichnen, an dem im Jahr '18 seinerzeit die Vertreter des alten Deutschen Kaiserreichs einen Waffenstillstand unterzeichnen mussten, dem anstelle eines echten Vertrages mangels deutscher Vertragspartner ein Stufenplan in den wirtschaftlichen Ruin Deutschlands folgte. An der Stelle findet man den ursprünglichen Grund für Hitlers Erfolge.[134]

Andere kichern über die ganze Großmannssucht: „Göring wird vermisst. Alles wird alarmiert, um ihn zu suchen. Endlich, nach drei Tagen, findet man ihn schließlich. Wo? Auf dem Brandenburger Tor! Im Siegeswagen! Er wollte den triumphalen Einzug nach Kriegsende probieren!" Weniger gelächelt wird beim Sicherheitsdienst, weil neuerdings wieder mehr von den lästigen Kettenbriefen auftauchen, was ihnen sagt, dass sie von den Leuten tatsächlich weitergeschickt werden, wie das seitens der Absender auch gewünscht wurde: „Lieber Volksgenosse! Bisher hast Du über den Krieg nur geschimpft. Mit Schimpfen geht der Krieg aber nicht zu Ende. Mit Schimpfen ist Hitler groß geworden. Mit Schimpfen bringen wir ihn aber nicht wieder fort. Du müsstest nun endlich mal was anderes tun als nur schimpfen. Wir wollen nicht noch einmal 4 Jahre Krieg. Wir wollen nicht noch einmal einen Kohlrübenwinter. Darum überlege: Was kann ich außer Schimpfen noch gegen den Krieg tun. Und dann tue auch endlich mal etwas! Freiheit!" Als hieße der Absender mit Nachnamen Krieg, steht darunter *N. W. Krieg*. Anstelle des Namens, man ist ja nicht blöd, steht dort *Nie wieder Krieg*. Und dann heißt es, man solle das siebenmal abschreiben und es an sieben Unbekannte schicken. Wenn das Geld für das Porto nicht reiche, solle man die Schreiben in Briefkästen stecken.[135]

Hitler muss weg I

Die Nachricht vom Einmarsch deutscher Truppen in die kampflos übergebene französische Hauptstadt versetzt nach den Aufzeichnungen des SD „die Bevölkerung in allen Teilen des Reiches in eine bisher in diesem Maße noch nicht erlebte Begeisterung". Auf vielen Plätzen und Straßen sei es zu lauten Freudenkundgebungen sowie herzlichen Begeisterungsszenen gekommen.[136] Beweisen diese Beobachtungen, dass 4,5 Millionen Berliner keine Deutschen sind, oder nehmen die SD-Kollegen die freien Meinungsäußerungen von Parteigenossen in Versammlungen zum Sieg über den Erzfeind Frankreich *pars pro toto*? Der Diplomat George Frost Kennan staunt nur: „Trotz heftigsten Bemühens" gelingt es den „berufsmäßigen Nazi-Agitatoren nicht", den Berlinern bei der Militärparade auf der Ost-West-Achse „Zeichen des Hochgefühls oder der Zustimmung zu entlocken". Die Nachricht von der Einnahme der französischen Hauptstadt wird „mit derselben Reserve und undurchdringlichem Schweigen" aufgenommen, wie der Sieg über Warschau. Am Nachmittag fährt jener Amerikaner viele Kilometer weit auf dem geschlossenen Oberdeck eines Busses, wo man praktisch alles mitbekommt, was geredet wird. Er hört nicht, dass jemand das Ereignis auch nur erwähnt. Man spricht über die Lebensmittelkarten und über die Preise für Strümpfe. Hat sich Kennan getäuscht? Nein, denn das deckt sich mit einer Meldung des britischen Spions Gladwyn Jebb nach London: „Alle unsere Informanten stimmen darin überein, dass sich die deutsche Bevölkerung insgesamt nicht allzu viel aus den kürzlichen Siegen macht und recht betrübt ist." Das werden die Richtigen sein, die sich zu lauten Freudenkundgebungen einfinden. Fritz-Dietlof von der Schulenburg gehört nicht zu ihnen. Er ist bisher in Schlesien Regierungspräsident gewesen und jetzt sieht er rot und meldet sich bei seinem Ersatz-Regiment, weil er glaubt, von einer militärischen Position aus dem Widerstand nützlicher zu sein. Wie schon in den dreißiger Jahren wird diese Armee zum Fluchtpunkt. Zusammen mit Eugen Gerstenmaier* will er eine Kommando-Einheit aufstellen, die selbst ein Attentat auf Hitler verübt. Dienstreisen sowie Versetzungen verhindern allerdings, dass er ca. hundert Männer zusammenbekommt. Doch auch hier ist noch nicht aller Tage Abend und er findet andere Mitstreiter. Es führt an dieser Stelle zu weit, jeden Attentatsversuch zu schildern, doch so viel kann gesagt werden: An den Planungen sind bei weitem nicht nur Militärs beteiligt, sondern auch Anwälte und Richter, Landwirte, Lehrer und Geistliche, Professoren und Geschäftsleute.[137]

Die Geistlichen sind in großer Zahl seit Jahren schon aktiv, obgleich zu Beginn noch mit friedlichen Mitteln, und sie haben Grund genug, gegen das herrschende religionsfeindliche Regime zu kämpfen. Die Nazigröße Martin Bormann gibt im Frühjahr des laufenden Jahres einen Geheimerlass heraus, in dem er ausführt: „Zum ersten Mal in der deutschen Geschichte hat der Führer bewusst und vollständig die Volksführung selbst in der Hand. Mit der Partei, ihren Gliederungen und angeschlossenen Verbänden hat der Führer sich und damit der deutschen Reichsführung ein Instrument geschaffen, das ihn von der Kirche unabhängig macht." Als Zielorientierung formuliert der Bonze: „Immer mehr muss das Volk den Kirchen und ihren Organen, den Pfarrern, entwunden werden." Er betont ausdrücklich: „Niemals aber darf den Kirchen wieder ein Einfluss auf die Volksführung eingeräumt werden. Dieser muss restlos und endgültig gebrochen werden. Nur die Reichsführung und in ihrem Auftrag die Partei, ihre Gliederungen und angeschlossenen Verbände haben ein Recht zur Volksführung."[138] Schön, wenn man das selbst festlegen kann.

Seit dem Sommer 1940 findet eine Gruppe von Deutschen aus dem persönlichen Umfeld von Helmuth James Graf von Moltke zusammen, von denen die meisten zwischen dreißig und vierzig Jahre alt sind. Man trifft sich häufig in der Berliner Hortensienstraße, hin und wieder auch fernab der Reichshauptstadt auf Moltkes Gut im schlesischen Kreisau. Wer Menschen gern in Gruppen betrachtet, in eine Schublade packt und dort etiquettiert, mag sie als den Kreisauer Kreis bezeichnen. Zu seinen Vertrauten zählen zum Beispiel auch Horst von Einsiedel, Carl-Dietrich von Trotha* und Peter Graf Yorck von Wartenburg, um wieder ein paar der Leute aus dem Dunkel der Anonymität herauszuholen. Über ehemalige soziale und parteipolitische Bindungen sind auch sie schon seit einigen

Jahren erhaben, sodass zu dem Freundeskreis auch Sozialisten gehören, zum Beispiel Mierendorff, Haubach und Reichwein, Geistliche wie zum Beispiel der Jesuitenpater Alfred Delp, ein Pfarrer in einem Münchener Vorort, der Jesuiten-Provinzial in Bayern Augustin Roesch*, oder auch der Gefängnisgeistliche Harald Poelchau* sowie der Theologe Professor Eugen Gerstenmaier*, ein Mitglied des Außenamtes der deutschen protestantischen Kirche. Der westfälische Katholik Paulus van Husen* zählt zum engeren Freundeskreis, ein Mitglied der „Gemischten Kommission" in Oberschlesien und des Oberverwaltungsgerichts, Hans Lukaschek*, ein katholischer Anwalt, ehemals der Oberpräsident von Oberschlesien, Theodor Steltzer*, der in der ökumenischen Arbeit tätig ist nach seiner Entfernung vom Landratsamt in Holstein. Von der Friedrich-Wilhelms-Universität in Breslau gehört der Jurist und Professor Hans Peters* zur Gruppe. Eine Verbindung zum Kopf des zivilen Widerstandes im Reiche Carl F. Goerdeler hält der genannte Fritz-Dietlof Graf von der Schulenburg. Kontakt zu der Gruppe unterhält auch der ehemalige Botschafter in Moskau Friedrich Werner von der Schulenburg. Graf Schwerin von Schwanenfeld und andere kümmern sich um Kontakte zur militärischen Widerstandsbewegung und zu den Kritikern im Auswärtigen Amt halten Hans-Bernd von Haeften und Adam von Trott zu Solz die Verbindung.[139]

Gut, auch dies ist kein reiner Männerclub. Das fängt bei Ehefrauen und Bekannten an und reicht bis hin zur jungen Marion Gräfin Dönhoff*. Sie leitet zum Beispiel Mitteilungen an ausländische Diplomaten in anderen Ländern weiter und hält die Verbindung zwischen einzelnen Mitgliedern des Widerstandes. Sie kennt Peter Yorck und weiß, dass er überzeugt ist von der Notwendigkeit eines Umsturzes, wie mancher andere auch. Für ihn wie auch für Moltke, die beide sehr bewusst als Christen leben, ist es ein schweres Problem, die Ermordung eines Menschen planmäßig zu organisieren, ob er nun Hitler heißt oder anders. Anderen macht das nicht so zu schaffen. Helmuth James Graf von Moltke weigert sich sogar ganz kategorisch, die Verbrecher mit „Gangstermethoden" zu beseitigen, wie er das bezeichnet. Er pflegt zu sagen: „So kann man keine neue Epoche einleiten!" Yorck teilt seine Meinung nicht ganz so eindeutig und er sieht die Sache in dem Maß anders, je größer die Zahl der Opfer wird, die ihm offiziell oder unter der Hand bekannt gemacht werden. Der Kreis denkt über die letzten Dinge der Politik nach, über die Rolle des Staates sowie über die Grenzen der Freiheit. Die Mitglieder der Gruppe suchen integre und brauchbare Menschen, die den neuen Staat aufbauen und verwalten können. Man braucht moralische und politische Maßstäbe für das nachhitlersche Deutschland. Wer sich dazu durchgerungen hat, den Mord an Hitler und damit verbundene Auseinandersetzungen in der Bevölkerung zu riskieren, streitet dann über den rechten Zeitpunkt. Solange der Chef in Berlin einen spektakulären Sieg nach dem anderen einfährt, ist es zu früh, und wenn erst die erwarteten Rückschläge einsetzen, kann es unter Umständen schon zu spät sein. Trotz alledem werden wieder und wieder Vorbereitungen für ein Attentat getroffen.[140] Via Wilhelm Leuschner ist die Gruppe mit einem Netz von ca. zehntausend Leuten verbunden, die bei einem Putsch die Verwaltung Deutschlands übernehmen können.[141]

Was wird aus der deutsch-französischen Aussöhnung?

Indessen wurde der General der Artillerie Alfred von Vollard-Bockelberg Militärbefehlshaber von Paris. Er verbietet Beschlagnahmungen und die Requirierung von Gegenständen ohne die schriftliche Genehmigung von seinem Tisch aus und untersagt die selbstständige Quartierbeschaffung. Die Truppe hält sich an diese Befehle. Dagegen versuchen hohe Parteifunktionäre, teilweise mit Ausweisen von Hitler, sich Kunstgegenstände, Rennpferde und anderes widerrechtlich anzueignen. Auch hier zeigt sich natürlich, dass Hitler längst nicht der einzige Nazi ist und dass die Nazis Unrecht bloß beklagen, wenn es ihnen selbst zustößt. Als aus der Wehrmacht Widerspruch laut wird, kommt die Antwort, man solle doch nicht so kleinlich sein, solche Dinge könnten im Kampf abhanden gekommen sein. General von Bockelberg weist alle derartigen Ersuchen zurück und sorgt für den Schutz des Kunstbesitzes. Sie dürfen dreimal raten, ob sich der Herr General lange auf diesem Posten halten wird. Es sind sage und schreibe anderthalb Monate. Auch andere Militärs wie ein Hans Speidel oder Franz Graf Wolff Metternich müssen sich gegen Reichsleiter Alfred Rosenberg behaupten, der die Vorstellungen der Nazis vom Umgang mit den besiegten Franzosen durchzupauken versucht. So mädchenhaft wie die Kostverächter aus Deutschland sind amerikanische Geschäftsleute in Europa ja bei weitem nicht. Der Chef der deutschen Tochtergesellschaft von Coca-Cola Max Keith erhält zum Beispiel von den NS-Behörden die Genehmigung, die Tochtergesellschaften in Frankreich, Luxemburg, den Niederlanden, Belgien und in Norwegen zu leiten und den Markt für Erfrischungsgetränke von Coca-Cola zu erobern. Die Gewinner sind hinter dem Atlantik zu Hause.[142]

General Hans Speidel muss jetzt den Chef des Stabes des Militärbefehlshabers von Paris geben. Es ist immer wieder dasselbe: Bin ich das nicht, wer kommt nach mir? Die Szene mutet ihm gespenstisch an. Hier hatte er zwei Jahre lang gewirkt und Schritt für Schritt sollte die Aussöhnung mit den Franzosen nach dem furchtbaren Weltkrieg Formen annehmen. Jetzt war er wieder durch Frankreich gezogen und kam auch vorbei am

Gasthaus *Gargantua*, in dem seine Familie 1935 eingekehrt war und wo er ihnen Land und Leute vorstellen wollte. Der damals so fröhliche Wirt hat ihn bedrückt begrüßt, wenn auch erleichtert, dass das alles an seiner kleinen Restauration so glimpflich vorbeigegangen ist. Jetzt in Paris ist es nicht gemütlicher, so fährt er mit einem schlechten Gewissen und nur mit seinem Fahrer durch die Straßen. In den Vorstädten staut sich alles und sieht mit Erstaunen und, wie er anmerkt, ohne feindselige Haltung, dem Auto nach. An der *Place de la Concorde* steht fröstelnd im Cape ein „Flic", der überrascht ist, als er ihn fragt, ob noch französische Truppen in der Stadt seien. Er weist ihm den Weg zum *Hôtel des Invalides*. Dort sei wohl noch ein Regiment.[143] Speidels erster Spezialauftrag ist delikat. Er soll den Besuch Hitlers in Paris am Morgen des 23. Juni vorbereiten. Keine leichte Aufgabe, da noch nicht einmal sein Befehlshaber General von Bockelberg unterrichtet werden darf. Von dem sind Verhaltensauffälligkeiten an Hitlers Ohr gedrungen und woher soll der Führer wissen, ob der ihm nicht an den Kragen geht? So wird Speidel selbst dem Führer aufgrund seiner Ortskenntnisse die Stadt zeigen. In aller Herrgottsfrühe fährt er dann mit Hitler, seinen Architekten Speer und Giessler und dem Bildhauer Breker durch die Stadt der Liebe. In einem anderen Wagen ist Platz für Generaloberst Keitel, General Bodenschatz, Oberst Schmundt, den Reichspressechef Dietrich und Hauptmann Engel. Zu den Stationen zählen die Kirche *Sacré-Cœur* auf dem *Montmartre* und die Oper, deren Plan Hitler in allen Details kennt. Wen wundert's, bei dem Feingeist?[144]

Aber Scherz beiseite – mit seinen präzisen Vorbereitungen auf Termine hat er schon von Anfang an in- und ausländische Gesprächspartner stets beeindruckt. Fakten, Fakten, Fakten, und dann werden die Leute damit totgeredet. Was die ständige Einmischung des Führers in alle denkbaren Fachfragen angeht, die an Stalin erinnert, der sich sogar einmal über die Sprachwissenschaft ausgelassen hat, erzählt man sich diesen Witz, dem nicht viel hinzuzufügen ist: Gespräch zwischen dem Dirigenten Wilhelm Furtwängler und dem Architekten Albert Speer. Furtwängler meint: „Sie haben es gut. Sie sind immer in der Nähe des Führers, können ihm Ihre Pläne vortragen und können durchsetzen, was Sie möchten!" Antwortet

Speer: „Sie haben es besser! Auf Ihre Arbeit hat der Führer keinen Einfluss. Seien Sie froh, dass er nicht auch noch Mundharmonika spielt!“[145]

Zur Fundgrube wird Paris auch für die Beteiligten am Uran-Projekt des Deutschen Reiches. Wenige Tage nach der Besetzung der französischen Hauptstadt treffen der Chef der Forschungsabteilung des Heereswaffenamtes Erich Schumann und der Kernphysiker Kurt Diebner dort ein, um Jean Frédéric Joliot-Curie in seinem Labor im *Collège de France* aufzusuchen. Dieser französische Physiker war nicht wie seine Kollegen nach London geflohen, und Kurt Diebner kann ihn zur Weiterarbeit an nichtmilitärischen Projekten bewegen. Joliot-Curie hat sozusagen zur Hälfte ein Zyklotron, also einen Teilchenbeschleuniger, fertiggestellt, mit dem er eine Kettenreaktion auslösen wollte. Diebner verspricht ihm, das Gerät fertigzustellen, und im Juli beginnt eine Pariser Arbeitsgruppe unter der Leitung des Kernphysikers Wolfgang Gentner mit den Arbeiten.[146]

Viele Berliner Amtsträger meinen, der Krieg wäre schlussendlich vorbei. Geht es hingegen nach den Chefs in London, fängt er gerade erst an. Der Generalstabschef äußert in diesem Zusammenhang seine Überzeugung, dass man ohne die Hilfe der USA nicht auskommen werde. Der Premierminister Winston Churchill erfährt, dass Deutschlands Geschäftsträger in Washington eine Unterredung mit dem dortigen Botschafter Londons wünscht, und kabelt ihm, er solle unter keinerlei Umständen in irgendeiner Form auf Annäherungsversuche reagieren. Parallel dazu liefert die Firma Bendix Aviation zum Beispiel völlig unbeeindruckt vom offiziellen Embargo gegen das Reich auch weiterhin ihre Konstruktionsunterlagen für die Anlasser von Flugzeugmotoren. Damit kann unser *Gröfaz* weiter nach Lust und Laune Krieg spielen. Im Sommer beinhaltet Washingtons Regierungsliste der knappen und strategischen Güter, die zur nationalen Verteidigung der USA unerlässlich sind, 20 Hauptpositionen, und nicht weniger als 14 davon werden von Unternehmen hergestellt, die Verträge mit deutschen Firmen haben. Das dient selbstredend nicht der baldigen Befreiung der von der Wehrmacht überrannten Staaten.[147]

Moskau strafft den Zeitplan

Im Moskauer Volkskommissariat für Auswärtige Angelegenheiten fallen sie aus allen Wolken. Kein Mensch hat damit gerechnet, dass Frankreich der Wehrmacht nicht einmal wenige Wochen standhalten würde. Genau so erschrocken war man darüber, dass sich London für ein schmähliches Abhauen aus Dünkirchen entscheiden würde. Die entscheidende Grundannahme für das *Nichtangriffsabkommen* mit Berlin bricht zusammen, haben doch die Moskauer Außenpolitiker seinerzeit geglaubt, man hätte damit ein paar Jahre Zeit für die Vorbereitung eines eigenen Überfalles auf ein durch aufreibende Kriege im Westen geschwächtes Deutschland herausgeholt. 1939 wurde das Feldhandbuch der Roten Armee (PU-39) aktualisiert, in welchem es unter Punkt 4 heißt, die Aufgaben der Roten Armee der Arbeiter und Bauern sind internationale. Sie haben weltweite historische Bedeutung. Diese Armee wird als Befreier der Unterdrückten und Versklavten in das Gebiet des angreifenden Feindes eindringen. Ob die Unterdrückten und Versklavten von den Mörderbanden Stalins nun befreit werden wollen oder nicht, ist erst in zweiter Linie interessant. Es ist eine wichtige Aufgabe der Roten Armee, die breite Masse der feindlichen Armee und die Bevölkerung am Kriegsschauplatz auf die Seite der proletarischen Revolution zu bringen. Dies wird durch die politische Arbeit in der Armee und jenseits davon von allen Kommandanten, Militärkommissaren und politischen Arbeitern der Roten Armee erreicht. Der Punkt 5 besagt, dass alle Angestellten der Roten Armee der Arbeiter und Bauern im Geiste des unerbittlichen Hasses auf den Feind und des unerschütterlichen Willens, ihn zu vernichten, erzogen werden müssten. Bis der Feind die Waffen niederlegt und sich ergibt, werde er gnadenlos zerstört werden. In der Schlacht solle die Armee schrecklich sein, sie sei jedoch Freund und Verteidiger der arbeitenden Massen des angegriffenen Landes und schütze deren Leben, ihre Häuser und ihr Eigentum. Sobald der Feind geschlagen sei, sollte das Personal der Roten Armee großzügig sein und ihm jede Art von Hilfe geben, um dessen Leben zu retten.[148]

Da Hitler gesiegt hat, kann er die militärischen Möglichkeiten jetzt sogar noch stärker ausbauen. Parallel zu den Berichten über den Rückzug der Franzosen in den vergangenen Wochen und Tagen strafft die Moskauer Führung den Zeitplan und muss jetzt mangels Bündnispartnern alleine gegen Deutschland vorgehen, wenn es nicht auch sang- und klanglos zu einem Opfer werden möchte. Ob es in den vergangenen Jahren nun die Österreicher waren oder die Tschechen, dann die Polen oder aktuell die Franzosen, keine Regierung ging auf die Hilfsangebote aus Moskau ein. Ja gut, Prag wollte, wurde aber dann von London in die Pfanne gehauen. Damals wollte Stalin *zusammen* mit Praha, Paris und London, ja sogar mit Warszawa und Bucureşti gegen diese voraussehbaren Landnahmen vorgehen; unter diesen Umständen hätte Stalin in diesen Ländern wohl kaum den Sozialismus einführen können. Bei jedem einzelnen Land hat London eine gemeinsame Aktion verhindert. Lesen Sie das noch einmal nach, wenn sich gegen diese Sichtweise innerlich alles sträubt. Nehmen Sie notfalls die ideologische Brille ab und setzen sie die machtpolitische oder die militärstrategische Brille auf. Abgesehen davon interessiert sich *unser Väterchen Frost* im Kreml auch gar nicht mehr für Ratschläge aus Ländern, die nicht in der Lage waren, Hitler aus ihrem Bereich herauszuhalten, was zuallererst auf Deutschland zutrifft; jetzt ist ihm *auch* das Hemd näher als der Rock. Alles, was ihm in den Rücken fallen kann, soll von den Karten weg. Am Morgen nach dem Fall von Paris überschritten sowjetische Einheiten den lettischen Grenzposten Masļenki und weitere Grenzposten. Einen Tag später überreicht der Moskauer Außenminister Molotov dem lettischen Gesandten ein Ultimatum. Taufrisch ist die Idee nicht mehr; Moskau hatte schon im Herbst 1939 Ultimaten an Finnland und die baltischen Republiken verteilt, die dankend abgelehnt wurden. Dann sollte die Rote Armee *Tabula rasa* mit den Zwergarmeen machen, biss sich aber bereits beim ersten Land die Zähne aus.[149] Jetzt zeigt sich, dass es überhaupt gar keine gute Idee war, die *Äquidistanz* der Balten zu Hitlers Reich einerseits und Stalins Reich andererseits im Sommer 1939 aufgegeben und Militärs aus Hitlers Wehrmacht in ihre kleinen Länder eingelassen zu haben. Darüber beißt im Sommer 1940 die Unabhängigkeit jener Länder ins Gras. Nachdem sie gesehen haben, was der Widerstand den Finnen gebracht hat, versuchen sie es im Baltikum überhaupt nicht erst, und kapitulieren. Im Westen zeigt sich jetzt, dass die einstige Argumentation Montagu Normans mit der Unabhängigkeit der BIZ, also der Bank für internationalen Zahlungsausgleich in der Schweiz, von den staatlichen Entscheidungen nicht stichhaltig war. Als Moskau 1940 nach dem Einmarsch seiner Roten Armee in Lettland, Estland und in Litauen das Gold der baltischen Republiken haben will, wird dem Ansinnen eine Abfuhr erteilt. Auf einmal lässt man das Argument gelten, dass doch die Zentralbankpräsidenten jener Staaten *bloß unter Druck* den Auftrag zur Überweisung ihrer Goldreserven an die Staatsbank der Sowjetunion gegeben haben. Plötzlich und unerwartet greift Artikel 10 des BIZ-Grundgesetzes, der Zwangsmaßnahmen gegen Einleger untersagt. Hitler hatte man allerdings seinen Zugriff auf das Gold der Österreicher, Tschechen, Polen, Niederländer, Belgier und Franzosen ermöglicht.[150] Unabhängige Entscheidungen sehen anders aus. Andererseits folgen der Annexion der baltischen Republiken weder ein moralisches Embargo noch die Kriegserklärung an die Sowjetunion. Wenn Historiker einst herausbekommen wollen, wer hier was vorhatte, werden sie alle Indizien beachten müssen.

Moskau gibt auch in ganz anderer Hinsicht denen noch die Bestätigung, die vor der kollektiven Eroberung der Welt durch das Deutsche und das Sowjetische Reich warnen, indem Außenminister Molotov mit holdesten Schmeicheleien dem Dritten Reich gegenüber auf den Plan tritt, gerade so, als ob die Zuneigungsbekundungen für die Naziführer nicht schon zu viel des Guten sind, und indem Moskau die Eroberung Dänemarks und Norwegens, der Benelux-Länder und Frankreichs überdies mit weiteren Gesten begleitet, die dem abgebrühtesten Kommunisten die Schamröte ins Gesicht treiben müssen.[151] Zählt man eins und eins zusammen, tarnt der liebe Genosse Stalin so vermutlich seine tatsächlichen Vorhaben mit Blick auf das Deutsche Reich. Wie sich der Einmarsch der Roten Armee in Litauen eigentlich mit dem geheimen Zusatzprotokoll zum Molotov-Ribbentrop-Pakt von 1939 verträgt, hat sich mir noch nicht erschlossen, und von einem Protest aus Berlin ist scheinbar nirgends die Rede. Denkt sich Hitler, das hole ich mir dann eben später?

Das Verhältnis zwischen den westlichen Mächten und Moskau ist schon seit dem Ribbentrop-Molotov-Pakt äußerst gespannt. Zum französisch-englischen Überfall wird es nun nicht mehr kommen, da Hitler die Hand auf Frankreich gelegt hat, aber in London und Washington registrieren sie aufmerksam, wie sich die Lage in Eurasien weiter entwickelt. Bisher hat die Sowjetunion noch gar nicht die Hände frei für eine gemeinsame Aktion mit dem Reich in Westeuropa, weil sie ja gut zu tun hatte mit den japanischen Truppen, die seit Jahren von der Mandschurei aus versucht hatten, Gebiete in Sibirien zu ergattern. Die Rohstoffe, die sozusagen im Fernen Osten der Sowjetunion nur auf eine Ausbeutung durch Japaner warten, lockten offenbar zu sehr. Man könnte wohl einfach auch Handel mit den Sowjets betreiben, aber so viele Samurai-Schwerte kann man in der Sowjetunion als Gegenwert gar nicht gebrauchen. So wird es in den übriggebliebenen Hauptstädten des Westens mit Entsetzen gehört, dass Anfang Juni schon ein Abkommen über die Markierung der sowjetisch-mandschurischen Grenze unterzeichnet worden war.[152] Der Konflikt im Fernen Osten wurde vor nur drei Wochen zugunsten Moskaus beendet, da bestätigen sich die schlimmsten Befürchtungen, als die Rote Armee am 28. Juni 1940 in Rumänien einrückt und Bessarabien besetzt. Diese Ecke Europas war über die Jahrhunderte unter osmanischer und später unter russischer Herrschaft. Als Wladimir Iljitsch Uljanow, alias Lenin, 1917 in St. Petersburg eine Revolution einleitete, mit der er einst Bauern und Arbeiter des Zarenreiches an die Macht bringen wollte, war es zum Bürgerkrieg gekommen, in den sich 14 Staaten eingemischt hatten, und unter ihnen war Rumänien. Wie dort im Einzelnen die Sympathien verteilt waren und ob tatsächlich ein *Landesrat* die Regierung in Bucureşti gebeten hatte, freundlicherweise Truppen zu entsenden, müssen sicher die Historiker herausfinden. Der Dreh mit dem „Gebetenwerden“, ist ja auch nicht mehr brandneu. Wie dem auch gewesen sein mag, nutzen die Sowjets den Pakt mit Hitler, um sich ihr Gebiet zurückzuholen – und sie vervollständigen so den Aufmarschraum gegen Westeuropa so weit wie es möglich ist, ohne das gültige *Nichtangriffsabkommen* mit dem Reich Hitlers am Schwarzen Meer zu verletzen.[153]

Winston Churchill behält das Spiel im Griff

Der Erste, der sich von den Moskauer Handstreichen im Juni erholt, ist Londons frischer Premierminister. Churchill formuliert seine Gedanken in einem Brief, den Londons Botschafter in der Sowjetunion Sir Stafford Cripps am 1. Juli Stalin überreicht. Churchill fordert Moskau darin auf, die Beziehungen zwischen ihren Ländern ungeachtet aller Unterschiede in ihrer geographischen Lage und im politischen Denken zu korrigieren. Es ist doch zu schön, dass man den Bedarf immer bei anderen entdeckt. Er stellt die Frage, wie man auf die Aussicht einer Vormachtstellung des Deutschen Reiches reagieren sollte. Die Lage sei ernst genug, so beendet der Premier sein Schreiben, um der sowjetischen Seite die Meinung der britischen Regierung zur Kenntnis zu geben. Stalin liest sich das Papier sorgfältig durch und grübelt. Das sind neue Töne aus London. Churchill hat offenbar inzwischen die Pläne für den Einmarsch in die Sowjetunion über finnisches Territorium begraben und probiert sich nun ebenfalls in der Rolle des Realpolitikers. Etwas anderes bleibt auch nicht übrig, soll das gewagte *Vabanque*-Spiel nicht dem *Empire* insgesamt und England selbst den Garaus machen. Stalin antwortet Botschafter Cripps: „Ich bin nicht so einfältig, den deutschen Versicherungen zu glauben, sie hätten keinen Wunsch nach Hegemonie.“[154] Der Moskauer Staats- und Parteichef bleibt dem Briten jedoch eine *offizielle* Antwort auf diese Botschaft schuldig. Das muss Spekulationen in London ins Kraut schießen lassen, ob Stalin und Hitler nicht doch Spießgesellen sind und die Vorherrschaft in der Welt anstreben. Dann muss sich *Großbritannien* warm anziehen. Schauen wir uns die Szenerie nun von Berlin aus an. Hitler wartet weiter vergeblich auf ein Zeichen dafür, ob sich London mit dem aktualisierten Ausmaß des Reiches von Bordeaux bis zum Nordpol zufrieden gibt und Frieden schließt. Doch seine Geduld reicht wieder einmal nicht lange. In den ersten Julitagen hat er es sich anders überlegt und lässt nach kurzer Erwägung des Für und Widers doch eine Landung auf der Insel planen. Zuletzt hatte Napoléon solche Tagträume. Doch im Unterschied zu dem forschen Kerl aus Korsika mit dem sehr großen Ehrgeiz möchte es Hitler durch die Erringung der Lufthoheit über Englands Wiesen erzwingen.[155]

Notfalls wird dort alles kurz und klein gebombt. Wieder muss er darüber mit seinen kindischen Militärs verhandeln und wieder wollen sie kurzen Prozess mit ihm machen. Diesmal wird er recht herzlich nach Paris eingeladen, wo sie ihn gerne verhaften lassen würden. Aber Hitler hat doch die Stadt an der Seine schon gesehen – wenn auch bloß klammheimlich, und kommt höchstens, wenn dort eine scheppernde Siegesparade stattfindet. Nichtsdestotrotz wird in der Reichshauptstadt durchaus noch ein Weilchen über einen offiziellen Besuch Hitlers in Paris nachgedacht.[156]

Der nächste Stimmungsumschwung lässt auch jetzt nicht lange auf sich warten. Adolf Hitler versucht es noch einmal und schickt seinen Anwalt Ludwig Weißauer zur Botschaft Großbritanniens in Schweden. Von dort bringt Sir Victor Alexander Louis Mallet den Zettel mit den Vorschlägen am 9. Juli 1940 nach London zum Staatssekretär Sir Alexander Montagu George Cadogan. Wer den Zettel liest, kann sich nur noch wundern. Die vielleicht einzige rationale Erklärung ist, dass Er immer das Bündnis mit Großbritannien (und Italien) angestrebt hat und mit ihnen zusammen in Russland auf Raubzüge gehen wollte. Auf jeden Fall bietet er – nachdem seine Wehrmacht einen großen Teil Europas unter ihre Fittiche gebracht hat – auf einmal den kompletten Rückzug der Truppen an, eine Wiederherstellung aller europäischen Staaten und ihre völlige politische Unabhängigkeit einschließlich Polens und der Tschechoslowakei. Der Angriff auf Polen war 1939 der Auslöser der Kriegserklärungen aus London und Paris. Wird das angenommen, ist der Kriegsgrund gegessen. Der Knaller ist, dass er sogar Reparationen für die Kriegsschäden zahlen will.[157] Das wird seine nächste Rechnung ohne den Wirt, denn die Schachspieler auf der Insel sind ihm natürlich schon längst wieder einen Zug voraus.

Herzog Eduard von Windsor ist seit 3. Juli Gast portugiesischer Freunde in Lissabon und wartet da auf Boten der deutschen Staatsführung. Nach den Gesprächen melden die Deutschen die Ergebnisse an Ribbentrop in Berlin. Eduard von Windsor wiederholt die Empfehlung, England ernsthaft zu bombardieren, um es dazu zu bewegen, sofort einen Friedensvertrag zu unterschreiben. Klasse! Dann hat Deutschland spontan den Hass auch noch *der* Engländer am Hals, die Deutschland bislang immer noch nicht gehasst haben. Für die Londoner Führer geht es darum, dass jetzt Argumente auf den Tisch kommen, die ein schnelles Eingreifen der USA in diesen Krieg der Bevölkerung auf dem anderen Kontinent notwendig erscheinen lassen. Amerikas Botschafter in London Joseph P. Kennedy entgehen einige der Bemühungen nicht und er notiert: „Die Briten werden jede Stunde darauf verwenden um herauszubekommen, wie sie uns hineinziehen können." Unser Clown in Berlin fällt selbstredend prompt auch auf diese Falle herein und ab dem 10. Juli bombardieren deutsche Kampfflugzeuge britische Häfen und Logistikzentren. Das war's dann in Sachen kompletter Rückzug und Wiederherstellung von irgendetwas.[158]

Während es in der Luft liegt, dass es den Briten gelingt, die Amerikaner zur Rettung ihrer lütten Insel in Bewegung zu versetzen, ist das die reine Zukunftsmusik in Bezug auf die Sowjetunion. Die liegt fern vom Kriegsschauplatz geschützt hinter ihrem Nichtangriffsabkommen mit unserem Friedensfürsten– und bereitet in aller Stille, mit Höchstgeschwindigkeit, ihren Krieg gegen den Meister der Blitzkriege vor. Der problematischste Knackpunkt sind wie schon im Weltkrieg von 1914 – 1918 die Truppentransporte an die Front. Immerhin erbringen die Eisenbahnen in Stalins Reich über 85 Prozent aller Transportleistungen. Im Kreml lassen sie da nichts anbrennen. Bereits am 12. Juli lassen sich Stalin, Molotov sowie Woroschilow vom Volkskommissar für Verteidigung Timoschenko den Stand der Vorbereitungen und die Durchlassfähigkeit in den westlichen Gebieten der Grenzmilitärbezirke melden mit dem Ziel, dessen Zustand geschwind zu verbessern.[159]

Hitler appelliert leise an die Vernunft der Briten

Die Weisung für die Operation *Seelöwe* gibt er am 16. Juli heraus. Jetzt sollen deutsche Truppen in England landen und der Führer lässt wieder in der Schwebe, was passieren soll: „Da England, trotz seiner militärisch aussichtslosen Lage, noch keine Anzeichen einer Verständigungsbereitschaft zu erkennen gibt, habe ich mich entschlossen, eine Landungsoperation gegen England vorzubereiten und, wenn nötig, durchzuführen."[160] Welcher der Herren bemerkt zuerst, dass die Zeiträume zwischen „wenn nötig" und „notwendig" immer kürzer werden? Weiter heißt es in Hitlers Weisung, Zweck der Operation sei es, das englische Mutterland als Basis „für die Fortführung des Krieges gegen Deutschland auszuschalten und, wenn es erforderlich werden sollte, in vollem Umfang zu besetzen."[161]

Doch da unser Friedensfürst, gütig, wie er nun einmal ist, Blutvergießen vermeiden möchte, stellt er die Briten gewissermaßen demokratisch vor die Wahl, ob sie es auf das große Armdrücken ankommen lassen wollen. Dafür begibt er sich eigens in den Reichstag in der ehemaligen Krolloper und hält eine große Rede. Der Auslandskorrespondent William L. Shirer sitzt unter den geladenen Gästen und befindet diese Ansprache für eine der besten, die Hitler je gehalten hat. Er meint, Hitler gehe geschickt auf die deutsche Mentalität ein und verstehe es, das Selbstvertrauen des Eroberers mit der Demut zu vermischen, die den Deutschen bei dem Mann an der Spitze stets so gut gefalle. Hitler spreche leiser als sonst, hebe die Stimme selten und breche nicht ein einziges Mal in hysterisches Gebrüll aus, wie Shirer es so oft gehört hat. Erneut bemüht Hitler seinen Appell an die höhere Vernunft, den er seit Jahren so gern anbringt. An diesem 19. Juli äußert er altväterlich: „Und Herr Churchill sollte mir dieses Mal vielleicht ausnahmsweise glauben, wenn ich als Prophet jetzt Folgendes ausspreche: Es wird dadurch ein großes Weltreich zerstört werden, ein Weltreich, das zu vernichten oder auch nur zu schädigen niemals meine Absicht war. Allein, ich bin mir darüber im Klaren, dass die Fortführung dieses Kampfes nur mit der vollständigen Zertrümmerung des einen der beiden Kämpfenden enden wird." Er lässt auch keinen großen Zweifel in der Hinsicht, wen es erwischt: „Mister Churchill mag glauben, dass dies Deutschland ist. Ich weiß, es wird England sein. In dieser Stunde fühle ich mich verpflichtet, vor meinem Gewissen noch einmal den Appell an die Vernunft auch in England zu richten. Ich glaube, dies tun zu können, weil ich ja nicht als Besiegter um etwas bitte, sondern als Sieger nur für die Vernunft spreche."[162] Nach der Reichstagssitzung unterhält sich der Auslandskorrespondent mit einer Anzahl von Beamten und Offizieren, und keiner von ihnen zweifelt daran, dass die Engländer das Friedensangebot annehmen werden. William Shirer ist überrascht, dass es seine Gesprächspartner für fair, ja sogar für großzügig halten. Am selben Tag kommt aus London die Ablehnung. Shirer sieht im Haus des Rundfunks ein paar Offiziere und Ministerialbeamte, die lange Gesichter ziehen, als sie die BBC-Sendung hören. Sie trauen ihren Ohren nicht und einer ruft dem Amerikaner zu: „Begreifen Sie das? Jetzt noch den Frieden zurückweisen? Diese Engländer sind verrückt!" Trauriger noch über das *großzügige* Friedensangebot ist der *Duce* in Rom, der nicht ohne Grund dem Inselreich den Krieg erklärt hat. Im Schatten der Erfolge Hitlers möchte er den Machtfaktor England endgültig ausschalten. Seltsam ist die Szene schon: England hat er vor wenigen Jahren noch dringend gebraucht, um sich die Deutschen vom Hals zu halten.[163] Das ist Politik für Genießer.

Hitler muss weg II

Beim Stab des Oberbefehlshabers West in Paris herrscht helle Aufruhr. Generalfeldmarschall Erwin von Witzleben sowie Major Alexander von Voß und der Hauptmann Graf Schwerin von Schwanenfeld wollen Hitler während der geplanten Parade deutscher Truppen über die so legendäre Champs Élysées durch Scharfschützen aus dem Weg schaffen. Schwerin befindet, es sei wohl sicherer, ihn mit einer Handgranate umzubringen. Wie heißt es doch immer so schön? Paris sehen und dann sterben. Aber Hitler kommt nicht in Witzlebens Hautquartier, und die Parade in Paris wird nach mehreren Verschiebungen des Termins am 20. Juli endgültig abgesagt. Zu den Gründen zählt unter anderem, dass sich Göring außerstande erklärt hat, die Sicherheit vor britischen Luftangriffen zu gewährleisten. Um so eifriger ist der Generalgouverneur von Polen Hans Frank. Über Monate hat er ausgedehnte Massenexekutionen hinausgeschoben wegen der Widerstände in der Wehrmacht, doch nach dem Ende Frankreichs sei „das Interesse der Welt an den Ereignissen im Generalgouvernement erloschen", und ab sofort könne man Polen entvölkern.[164] Wenn ganz Europa außer Deutschland entvölkert werden soll, bedarf es großer Kaliber, darum wird im Juli 1940 auf dem Gelände des Kaiser-Wilhelm-Instituts für Biologie in Berlin-Dahlem ein Labor eingerichtet, wo später der erste Uran-Reaktor der Welt stehen soll. Um denkbare Interessierte fernzuhalten, wird der Bau das „Virus-Haus" getauft.[165] Da hält man sich schon ganz freiwillig fern vom Ort der schrecklichen Gefahr.

Am nächsten Tag fordert Hitler das Oberkommando des Heeres auf, ein paar gedankliche Vorbereitungen für den Feldzug im Osten anzustellen. Zur Einstimmung spricht er erst einmal von der Eroberung der Ukraine. Damit kommt er zurück auf dieses zusammenhängende Siedlungsgebiet für sein auserwähltes Volk, die Deutschen. Und wie oft hatte er in seinen früheren Reden erklärt, dass die Gedanken eines Oppositionspolitikers, wie er sie in *Mein Kampf* dargelegt hatte, natürlich nicht mit den Handlungen eines Regierungschefs übereinstimmen könnten? Er selbst will ja die Sowjetunion schon im August 1940 angreifen, nimmt davon aber unter dem Einfluss führender Generäle auch wieder Abstand, sodass er die Wehrmacht nicht schon jetzt im August in die Spur schickt. Dabei spielt eine Rolle, dass es Hitler trotz fieberhafter Bemühungen bisher nicht gelungen ist, einen Verständigungsfrieden mit Großbritannien zustande zu bringen. Für den 8. und 9. August ist nun eine Verhandlungsmission des Führerstellvertreters Rudolf Heß vorgesehen. Das soll über dessen Vertrauensmann in der Schweiz abgewickelt werden. Mal sehen. Und Hitler darf warten. Nun soll es ein späterer Termin sein, weil er auf keinen Fall einen Zweifrontenkrieg will. Es dauert wieder nicht lange und er hat ein frisches Datum. Im Herbst des Jahres soll es losgehen. Die Lösung sieht so aus: In einem Blitzfeldzug wird die Sowjetunion, die ein Sechstel der Erdoberfläche einnimmt, mit links zerschmettert und danach möchte er alles, was er zur Hand hat, nach England werfen. Der Blick auf die Landkarte macht ihn so wenig nachdenklich wie Napoléons Versuch vor über hundert Jahren, und da hatten die Russen noch lange keinen Panzer, geschweige denn Flugzeuge.[166] Hitler hat auch Flugzeuge, aber nicht genug für die Dimensionen Russlands, und hat Panzer, aber nicht vergleichbar mit denen der Sowjets. Nicht im Jahre des Herrn 1940. Es ist wieder nur eine Frage der Zeit und Hitler schiebt erneut einen der *unabänderlichen Termine* in die Zukunft. Das ist Nervenkrieg pur.

Am 29. Juli 1940 erklärt Hitler in einer Besprechung mit Vertretern des Oberkommandos seiner Wehrmacht, er gedenke, gegen die Sowjetunion im Frühjahr 1941 loszuschlagen. Das müsse auch dann geschehen, wenn Großbritannien noch immer nicht zerschlagen sei. Zwei Tage später verschiebt er die Landung auf den Britischen Inseln. Noch am selben Tage befiehlt der Chef des Wehrmachtführungsstabes im Oberkommando der Wehrmacht Alfred Jodl dem Stellvertretenden Chef des Wehrmachtführungsamtes Walter Warlimont, die Pläne vorzubereiten, weil Hitler sich zum Angriff entschlossen hat.[167] Bevor der Monat Juli zu Ende geht, hat die Führung in Washington erfahren, dass es in Deutschland Planungen gibt, die Sowjetunion zu überfallen.[168]

Noch geheimer als der englische Geheimdienst

Treten zu viele Probleme mit Geheimdienstleuten vom SIS auf, denen es nicht einleuchten will, welchen Sinn manche Dienstanweisung hat, oder warum schafft Winston Churchill Ende Juli parallel zum SIS extra einen eigenen Geheimdienst unter dem Namen *Special Operations Executive*? Die Dienststelle dieser SOE wird Hugh Dalton unterstellt, dem Minister für wirtschaftliche Kriegführung in der Koalitionsregierung, und hat die Aufgabe, „Europa in Flammen zu setzen", wie Churchill sich ungewöhnlich offen ausdrückt. Eigentlich würde es ja auch genügen, noch einmal über den Namen des Ministeriums zu stolpern: Es heißt Ministerium für wirtschaftliche Kriegführung. Dieser Trupp soll offenbar Aufgaben ausführen, die man dem gebildeten Engländer, wir reden hier von den Mitarbeitern des Geheimdienstes, auch beim besten Willen nicht plausibel machen kann. Auf jeden Fall ist der Personalbestand zweckdienlich ausgewählt worden. Henry Kerby nennt sie „eine Sammlung von Schlägern, Aktivisten, Saboteuren und Mördern – ein Abschaum." Vielfach sind die Aktivitäten der SOE sogar denen des SIS gegenüber absolut konträr ausgerichtet. Waffen wie auch Sprengstoff werden durch die SOE überall in Europa verteilt, mit denen letztlich britische Soldaten ermordet werden. Die SOE hat also nur wenig Ähnlichkeit mit der Art und Weise, die man auf der Straße mit der Befreiung Westeuropas von der Naziherrschaft in Europa verbindet. Churchill gibt sich höchst überrascht davon, dass die meisten Europäer in den besetzten Ländern versuchen, aus der jetzigen Lage das Beste zu machen und die meiste Zeit mit den Besatzern kollaborieren. Französische Geschäftsleute verpflichten sich nur einen Monat nach jenem Waffenstillstand vertraglich, deutschen Geschäftsleuten das Mineral Bauxit zu Schleuderpreisen zu liefern, das man zum Herstellen von Aluminium benötigt. Dänische Geschäftsleute bieten den Deutschen Kapital und Arbeitskräfte, sodass die eroberten Territorien in Osteuropa ausgebeutet werden können. Tun sie das jedoch nicht ganz freiwillig und werden Widerstandskämpfer nicht von den Deutschen erwischt und von denen hingerichtet, so erledigen das die Briten. Ja, sie hören da absolut richtig. Agenten des SOE bringen „viele unschuldige Zivilisten, darunter loyale Helfer der Alliierten“ um. Im Auftrag ihrer Zentrale in London.[169]

Ende Juli kommt es zu Gesprächen hochrangiger Vertreter Berlins und Londons, darunter unter anderem auch des Führerstellvertreters Rudolf Heß. Churchill persönlich schafft es, dass die Ergebnisse der Gespräche nicht bekannt werden. Nein, der *Führer in den Irrsinn* bekommt keinen Friedensvertrag; Churchill hat jedoch mit den erfolgten Bombardements noch ein Argument mehr, warum Amerika England beispringen muss.[170]

Was passiert in der großen Politik im Sommer 1940?

Im August erreicht Moskau die Nachricht, dass Hitler die Anweisung erteilt hat, Waffen an Finnland zu liefern. Daraufhin wird Protest in Berlin eingelegt, doch um seine Quelle nicht zu verbrennen, protestiert Moskau lediglich über den angeblichen Transit von deutschen Militärs über das Territorium Finnlands nach Norwegen.[171] Aus jenen Signalen entnimmt man in Washington, dass es mit der Waffenbrüderschaft zwischen dem Russischen und dem Deutschen Reich nicht sonderlich gut bestellt sein könne und versucht nun ebenfalls, einen Keil zwischen beide zu treiben. Im September lassen Finanzminister Henry Morgenthau jr. und Unterstaatssekretär Sumner Welles durch Botschafter Konstantin A. Umanski der Moskauer Führung den Vorschlag für einen Dreierpakt zukommen, bestehend aus den USA, der Sowjetunion und China. Danach würde die Sowjetunion zusätzlich Waffen an China liefern, wofür die USA Kredite zur Verfügung stellen, die später durch einen Import sowjetischer Rohstoffe getilgt werden sollen. Wenn Sie dieser Logik nicht folgen können, sind Sie nicht allein. Die Sowjetunion liefert schon Waffen an China und in Washington wird gewünscht, dass es mehr werden. Dafür muss man bezahlen. Das wird jedoch nicht angeboten. Stattdessen werden Kredite in Aussicht gestellt, für die die Sowjets später den Amerikanern Rohzeug liefern sollen. Dann haben die Amerikaner ein eigenes Handelsgeschäft in die Wege geleitet, die Sowjets aber liefern auf eigene Rechnung. Dies ist nicht die Rechnung eines Geschäftsmannes, sondern eines Mafiosos. Aber nehmen wir an, in Moskau hätten sie das nicht mitgekriegt. Dann könnte Moskau mit breitem Grinsen sagen, dass die Westmächte damit endlich auf die Moskauer Verhandlungsbereitschaft eingingen, die es bis Anfang August '39 noch gab. Alle politischen und militärischen Schritte, die Moskau dann ging, folgten aus der Ablehnung dieser Bereitschaft – egal, wem die nicht geschmeckt haben. Moskau war jedoch vorher schon nicht bereit, auf Churchills Vorstoß im Juli einzugehen, und lehnt dieses *Angebot* aus Amerika ebenfalls ab.[172] Schließlich hat Moskau eigene Vorstellungen, wie es im Text weitergeht. Am 19. August '40 liegt ein erster Entwurf für einen Operationsplan für den Krieg im Westen vor. Hitler in Berlin ist freilich auch keinen Deut besser. Nachdem Churchill auch den nächsten Friedensvorschlag nach dem Muster von Hitlers Vorstellungen „der höheren Vernunft" abgelehnt hatte, werden seit August 1940 einige Luftangriffe gegen *Albion* geflogen. Als *Albion* wird *good old England* in den gleichgeschalteten Medien des Reichspropagandaleiters bezeichnet, aber auch in diesem Fall haben die Nazis das Rad nicht neu erfunden; es stammt aus dem Gedicht *L'Ère des Français* des französischen Dichters und Dramatikers Augustin Louis de Ximénès, aus dem Jahr 1793. Unser Propagandaexperte Goebbels hat wieder ein Stichwort aufgegriffen, das es längst gab. In Frankreich nannte man seinerzeit England – ebenfalls zu Propagandazwecken – *das perfide Albion*. Die Engländer würden es selbst wohl nicht *hinterhältig* nennen, sondern eher *clever*.[173] Es ist aber nicht übertrieben wahrscheinlich, dass Goebbels *L'Ère des Français* gelesen hat. Er hat sicher noch in Erinnerung, dass die Zeitungen im Krieg von 1914 England auch schon als das perfide Albion bezeichnet hatten.

In Berlin verdichten sich unterdessen die Signale für Vorbereitungen auf einen baldigen Überfall auf die Sowjetunion. General Paulus tritt in den deutschen Generalstab ein und wird zum dritthöchsten Soldaten in der Wehrmacht. In dieser Position bereitet er einen militärischen Coup vor, der in seinen Dimensionen alles in den Schatten stellen soll, was bisher für Aufsehen sorgte. Als er am 3. September 1940 in den Generalstab in Berlin eintritt, setzt er die Vorbereitungen für einen Aufmarschplan gen

Osten fort. Der neue Kriegsplan wird auf den Namen Barbarossa getauft und in einem Vierteljahr fertiggestellt sein. Jetzt wäre es zu schön, wenn man wüsste, ob sie in Berlin von diesem Angriffsplan vom 19. August '40 wissen, oder von der Ausbildung von Fallschirmjägern der Roten Armee beispielsweise, Soldaten, die man bloß bei einem Angriff einsetzen kann. Wenn Paulus das weiß, dann ist sein Plan ein Geniestreich. Wenngleich die Deutsche Wehrmacht den Sowjets weder qualitativ noch quantitativ gewachsen ist, kann sie doch eine zum Angriff aufgestellte Sowjetarmee in Kesselschlachten hinter der Demarkationslinie aufreiben. Schon aus dem Feldhandbuch der Roten Armee (PU-39) ergibt sich, dass sie in das Gebiet eines angreifenden Feindes eindringen solle. Davon einmal ganz abgesehen liegen in Moskau ja noch nicht einmal für den Fall des Falles Pläne für die Verteidigung des Territoriums des eigenen Landes vor.[174]

Das Volkskommissariat für Verteidigung der UdSSR legt zusammen mit dem Generalstabschef der Roten Armee am 18. September dem Zentralkomitee der Kommunistischen Partei, vor allem für Stalin und Molotov, eine Vorlage über die Grundlagen für die Aufstellung der Streitkräfte der Sowjetunion im Westen und im Osten für die Jahre 1940 und 1941 vor. Sie ist in einem einzigen Exemplar ausgefertigt und trägt die Vermerke „Besonders wichtig. Streng geheim. Nur persönlich." Unter dem Punkt „I. Unsere wahrscheinlichen Gegner" heißt es: „In der politischen Lage, die in Europa entstanden ist, wächst die Wahrscheinlichkeit eines bewaffneten Zusammenstoßes an unseren Westgrenzen." Das haben Sie ja fein bemerkt. „Dieser bewaffnete Zusammenstoß kann sich möglicherweise nur auf unsere Westgrenzen beschränken, aber es ist nicht ausgeschlossen, dass auch Angriffe auf unsere fernöstlichen Grenzen seitens Japans erfolgen werden."[175] Dazu erläutern die Verantwortlichen in dem Text: „An unseren Westgrenzen wird unser wahrscheinlichster Gegner Deutschland sein; was Italien betrifft, so ist seine Teilnahme am Krieg, genauer gesagt, sein Erscheinen auf dem Balkan, möglich, wodurch eine indirekte Gefahr für uns entsteht. Ein bewaffneter Zusammenstoß zwischen der UdSSR und Deutschland kann für uns den militärischen Konflikt mit Ungarn sowie – wegen Revancheabsichten – mit Finnland und

Rumänien nach sich ziehen.“[176] Was Finnland anlangt, belässt es Stalin nicht bei ominösen Befürchtungen, sondern man baut vor. Er segnet am selben Tag ein operatives Papier ab mit „Überlegungen zum Aufmarsch der bewaffneten Kräfte der Roten Armee für den Fall eines Krieges mit Finnland“. Dieser Plan sieht vor, die sowjetischen Grenzen während der Konzentrierung der Truppen zuverlässig abzuriegeln, in Mittelfinnland einzufallen und den zentralen Teil Finnlands in Besitz zu nehmen, dann Nordfinnland abzuschneiden und die Verbindungen Mittelfinnlands mit Schweden und Norwegen zu unterbrechen, Finnland den Hafen Pečenga beziehungsweise auf Finnisch Petsamo im Äußersten Norden Finnlands abzunehmen sowie die norwegische Landgrenze im Abschnitt Pečenga-Nautsi zu schließen.[177]

Die Überlegungen in der Reichshauptstadt beflügeln die Phantasien der Japaner und lassen sie die Enttäuschung nach dem Nichtangriffspakt im Vorjahr vergessen. Am 27. September wird die Achse Rom-Berlin ausgedehnt auf einen *Dreimächtepakt*.[178] In dem Dokument wird unter anderem ausgeführt: „Die Regierungen von Deutschland, Italien und Japan sehen es als eine Voraussetzung für einen dauerhaften Frieden an, dass jede Nation der Welt den ihr gebührenden Raum erhält.“[179] Das heißt im Kern, dass die drei Mächte erst dann Ruhe geben werden, wenn Führer, Duce und Kaiser zu der Überzeugung gelangt sind, dass der Lebensraum für jedes ihrer Reiche groß genug ist. Deutschlands Denkfabrik Joachim von Ribbentrop hat offenbar in der Zeit der Vorbereitung des Vertrages gerade seinen Jahresurlaub genommen. Als er mit dem Chaos nach dem Abschluss des Pakts konfrontiert wird, möchte er sich verzweifelt rechtfertigen: „Die Grundidee also, die der Führer dabei hatte, und auch ich, nämlich, dass die USA für den Fall eines Eintritts in den Krieg in Europa mit einem Zweifrontenkrieg hätte rechnen und dadurch lieber nicht eintreten sollen, dieser Grund war nicht, trat nicht ein.“ Sagen Sie jetzt nur nicht, dass wohl beim Zitieren Fehler unterlaufen sein müssen. Daneben bleibt es mir auch ein Rätsel, ob ein *Grund eintreten* könnte. Ein Grund kann doch lediglich unter bestimmten Umständen vorliegen. Mit gutem Willen lässt sich das so korrigieren: Diese Wirkung trat nicht ein. Was er vermutlich ausdrücken will, ist, dass ihre Lausbengelrechnung gar nicht aufgehen kann, dass sich die U.S.A. mit einer Fläche von 9.834.000 km² und einem gewissen bereits vorhandenen Industriepotenzial in ihre US-Höschen machen, wenn sie von Japan mit einer Fläche von 377.972 km² ohne eine eigene Rohstoffbasis angegriffen würden. Aber greifen wir der Entwicklung nicht vor und warten ab. Der Verbindungsoffizier der Luftwaffe bei der Operationsabteilung des OKW Major von Falkenstein sieht den dauerhaften Frieden offenbar in weiter Ferne, wenn er im Oktober 1940 in Berlin bei einer Zusammenfassung der militärischen Probleme, die einer Erörterung bedürfen, vom Kriegführen gegen Amerika zu einer späteren Zeit spricht.[180] Das führt uns zurück zum Text des Dokumentes. Wie soll die Rechnung aufgehen, dass jede Nation der Welt genug Raum erhält, wenn sich drei Reiche allein in der Welt breitmachen? Jetzt muss Moskau informiert werden. So gibt Arvid Harnack, der Oberregierungsrat im Reichswirtschaftsministerium, im Oktober 1940 die Information an Alexander M. Korotkow – alias Alexander Erdberg, dass Deutschland Anfang 1941 einen Krieg gegen die Sowjetunion beginnen werde, dessen Ziel die Abspaltung eines Teils des Territoriums der Sowjetunion sei. Es dürfte sich hier wohl wirklich um die Ukraine handeln.[181] Das ist ja nicht mehr die erste Warnung, die Moskau erreicht. Was schlussfolgert Stalin daraus, dass dieser Angriffstermin in Berlin verschoben wird? Bekommt Stalin womöglich den Eindruck, der Chef in Berlin wolle ihn zum Angriff provozieren und er müsste nur die Nerven behalten, um die Wehrmacht selbst anzugreifen, wenn sich die Rote Armee perfekt aufgebaut hat? Die eigenen Pläne sind ja auch nicht mehr taufrisch. Wichtige Festlegungen zum konzentrierten Ausbau des Kriegsschauplatzes, differenziert nach den verschiedenen Operationsrichtungen, werden auf der Grundlage der Präzisierungen des Operationsplans vom 18. September 1940 durch den verehrten Genossen Stalin am 5. Oktober '40 nach den Vorschlägen des Volkskommissars für Verteidigung Semjon K. Timoschenko, getroffen. Für die nördlichen und nordwestlichen Grenzen wird angeordnet, nunmehr unverzüglich Maßnahmen zu einer pioniermäßigen Befestigung zu treffen, um Kräfte zur Verstärkung der Hauptgruppierung Südwest freizusetzen, und „in der Vorbereitung des Kriegsschauplatzes [ist] im Südwesten die Hauptaufmerksamkeit auf die Entwicklung der Eisenbahnen und der Flugplätze zu richten; ...“ Damit legt Jossif Stalin endgültig die Südwestrichtung als Hauptrichtung für den Aufmarsch der Stoßarmeen und die Führung einer Offensive fest. Schaut man sich die Landkarte an, liegt der Schluss nahe, dass zuerst andere Länder von den Okkupationstruppen befreit werden sollen, um internationale Unterstützung für den Kampf gegen das Reich zu bekommen. Im Norden und Nordwesten geht es zunächst nur um defensive Handlungen. Zu den bereits vorhandenen 95 Flugplätzen der ständigen Basierung und 382 operativen Flugplätzen in den westlichen Militärbezirken sollen jetzt auch Flugplätze kommen, die sich im Streifen 120 bis 250 km vor der Demarkationslinie zwischen Sowjetunion und Deutschland befinden, wo es bislang noch fast keinen einzigen Flugplatz gibt. Die entsprechenden Bemühungen haben schon 1939 begonnen. Bis zum I. Quartal 1941 ist die Errichtung von zusätzlich 135 Flugplätzen vorgesehen und nach einiger Grübelei soll eine Gesamtzahl von 755 Flugplätzen erreicht werden. Die überwältigende Mehrzahl der neu zu errichtenden Startbahnen soll maximal an die Grenze heranrücken und einige davon sogar bis auf *einen* Kilometer. Das Gleiche gilt für den Westlichen Besonderen Militärbezirk.[182] Würde Stalin jetzt noch einen Angriff abwarten, wären die Flugzeuge dort eine leichte Beute.

In London bekommen sie es offenbar langsam mit der Angst zu tun und versuchen den Sowjets zu verdeutlichen, dass sie jetzt und immerdar auf jedes Spielchen mit gezinkten Karten zu verzichten gedenken, denn nun gilt es, einen Angriff der Japaner auf Besitzungen der Briten irgendwo in der Ferne genauso zu verhindern wie einen höchst wahrscheinlichen gemeinsamen Angriff der Deutschen und der Italiener auf Großbritannien selbst. Am 22. Oktober übergibt Botschafter Stafford Cripps dem lieben stellvertretenden sowjetischen Außenminister Andrej Wyschinski einen neuerlichen Vorschlag der britischen Regierung. Darin verpflichtet sich London, keinen Separatfrieden mit Deutschland zu schließen ohne eine Konsultation mit Moskau und keine gegen die Sowjetunion gerichteten Verträge mit anderen Ländern zu schließen. Ausdrücklich wird erklärt, dass man nicht mehr vorhat, militärische Maßnahmen gegen Baku und

Batumi zu unternehmen. Man will ein Handelsabkommen mit Moskau unterzeichnen, die sowjetischen Eroberungen im Baltikum, in Ostpolen, in Bessarabien und der Bukowina *de facto* anerkennen. Moskau müsste im Gegenzug tatsächlich neutral bleiben im Krieg des Reiches gegen das britische *Empire*, ebenso bei einem Überfall der Achsenmächte auf die Türkei oder den Iran. Die materielle Unterstützung für China solle auch dann nicht eingestellt werden, wenn ein sowjetisch-japanischer Vertrag erzielt wird, und man solle mit Großbritannien Verhandlungen über den Abschluss eines Nichtangriffsvertrages aufnehmen.[183] In der Not fressen Teufel Fliegen, Kreide, Unmögliches und sie verhökern sogar ihre eigene Großmutter. US-Botschafter Steinhardt wird angewiesen, diese britische Demarche „in unverbindlicher Form zu unterstützen". Der Sowjetunion wird die Möglichkeit einer politischen Kooperation mit den Vereinigten Staaten von Amerika angedeutet, wenn es nicht zudem einen politischen Vertrag mit Tokio abschließt. Das ist wiederum ein Unterschied, was die durchaus verschiedenen Empfindlichkeiten in den Vereinigten Staaten und Großbritannien angeht. Als sie in Moskau auch darauf nicht eingehen, schlägt die Führung in London eine Wirtschaftsblockade gegen die mit Deutschland verbündete Sowjetunion vor. Ein derartiges Ansinnen wird aber in Washington abgelehnt, weil alles auf den Krieg der Achsenmächte gegen die Sowjetunion hinauslaufe. Dann werde man sehen, ob Moskau nicht lieber doch mit dem Westen kooperiert.[184]

Das Ende der österreichisch-spanischen Freundschaft

Den Dreimächtepakt in der Tasche sucht Hitler den Schulterschluss mit Francisco Franco, dem *Caudillo* in Spanien, den er mit dem Geld seiner deutschen Steuerzahler vor Jahren an die Macht gebracht hatte. Am 23. Oktober erreichen die Züge der beiden Diktatoren die Brücke über den Bidasoa-Fluss, der die Grenze zwischen dem Großdeutschen Reich und Spanien bildet, seitdem im Norden Frankreichs viele Deutsch sprechen. Nach einem militärischen Begrüßungszeremoniell beginnen die Unterredungen. Der Führer schildert die Lage der deutschen Truppen in den glänzendsten Farben, wie der Dolmetscher konstatiert. England hält er für endgültig geschlagen, es sei nur noch nicht bereit, diese Tatsache zuzugeben. Auf dieser Grundlage will er Spanien für ein Bündnis gewinnen und bietet jenem *Caudillo* an, Gibraltar von den Engländern zu befreien. Franco wendet ein, dass die Lebensmittelversorgung in Spanien schlecht sei. Als geborener Sieger, der Hitler nun einmal ist, lässt er den *Caudillo* im guten Glauben, in Deutschland sei die Lage besser. Franco hat jedoch sehr praktische Vorstellungen davon, was er vom deutschen Kanzler erwarten könne, wenn dieser schon einmal bei ihm vorbeischaut. So findet er, sein Land brauche in erster Linie Weizen, und davon gleich mehrere 100.000 Tonnen. Hitler erwähnt nicht, dass wir selbst Getreide aus der Sowjetunion beziehen. Dann benötigt Franco modernere Rüstung, denn für ein Unternehmen gegen Gibraltar sei schwere Artillerie nötig. Dabei denkt er an eine große Anzahl von Geschützen, die er aus dem Reich bekommen will. Es sei mit dem spanischen Nationalstolz nicht vereinbar, dass man Gibraltar von fremden Truppen einnehmen lasse und einfach geschenkt bekomme. Er hat wohl verdrängt, dass er ohne englische und deutsche Unterstützung auch nicht an die Macht gekommen wäre. Sein Nationalstolz hinderte ihn nicht das anzunehmen. Die Festung Gibraltar kann jedenfalls seiner Auffassung nach bloß von den Spaniern selbst erobert werden. Darüber hinaus müsse er eine lange Küstenlinie gegen die Angriffe der englischen Marine verteidigen. Die Briten könnten ja sonst den Norden Spaniens von der See aus in Schutt und Asche legen. Franco weist außerdem auf die Gefahr hin, dass England ihm ohne Problem die

Kanarischen Inseln wegnehmen könne. Als sich Österreichs bester Feldherr darum bemüht, Francisco Franco mit militärischem Halbwissen zu kommen, dämpft der Gesprächspartner den Optimismus Hitlers weiter. In Afrika könne man wohl bis an den Rand der Wüste heran. Doch er als alter Afrikakämpfer wisse, dass Zentralafrika durch einen Wüstengürtel geschützt sei wie eine Insel durch das offene Meer. Was England angeht, räumt er ein, dass die Insel wohl erobert werden könne. Die Regierung aber würde dann mit der ganzen englischen Flotte von Kanada aus und mit amerikanischer Unterstützung den Krieg fortführen. Unser Führer wird immer unruhiger. Diese ganze Unterhaltung geht ihm sichtlich auf die Nerven. Einmal steht er sogar auf und erklärt, es habe keinen Zweck, noch weiter zu verhandeln, setzt sich dann aber auf der Stelle wieder hin und erneuert seine Versuche, Franco umzustimmen. Alle seine redliche Mühe bleibt vergebens, so dass sich die zwei Diktatoren nach mehreren Stunden trennen. Jeder steigt wieder in seinen Zug ein, einer fährt nach Spanien und der andere durch Frankreich. Was Hitler nicht erreicht hat, soll dann ausgerechnet Ribbentrop schaffen. Doch der hat noch sehr viel weniger Fingerspitzengefühl und schickt seine Partner „wie Schulbuben zur Anfertigung einer Strafarbeit nach San Sebastian zurück“. Er erteilt ihnen die Auflage, ihm bis früh um acht einen Vertragstext vorzulegen, der genehm sei. Am nächsten Morgen erscheinen seine Schulbuben jedoch nicht mehr. Mag sein, dass sich Hitler die Kooperation ergiebiger vorgestellt hatte, doch das Treffen in Hendaye wird die erste und letzte Begegnung zwischen ihm und Franco in diesem Leben bleiben.[185] Einen Moment wollen wir aber doch noch in Spanien bleiben, da es hier passt. Der noch aus Londoner Zeiten bekannte jetzige britische Botschafter im faschistischen Spanien Sir Samuel Hoare sorgt dafür, dass niemand die guten Beziehungen zwischen London und Madrid trübt. Extra witzig ist die Begründung, mit der der englische Gangster diesmal aufwartet. Der Politiker Hoare hofft angeblich auf die Vermittlung eines Verhandlungsfriedens durch Madrid.[186] Ja sicher, wenn solche Versuche aus jeglichem deutschen politischen Lager der Reihe nach abgeschmettert werden.

Marschall Pétain versucht Frankreich zu retten

Der Führer trifft am 24. Oktober Marschall Henri Philippe Pétain sowie Pierre Laval im feinen Salonwagen seines Führerzuges auf dem Bahnhof von Montoire, um sie zum Krieg – mit ihm gegen die Briten zu bewegen, und hat bei ihnen keinen Erfolg. Am Rande: Marschall Pétain lässt etwa zur gleichen Stunde den Beauftragten Professor Rougier in London mit Premier Winston Churchill verhandeln und ihm namens des Staatschefs versichern, dieser werde den Deutschen nie die französische Flotte überantworten, ihnen keine Stützpunkte einräumen und allgemein England gegenüber nichts Unehrenhaftes unternehmen.[187] Dafür gibt es mindestens zwei denkbare Gründe: Er hat unter Umständen bislang noch keine Hintergedanken, was den Rückzug der Briten aus Dunkerque anbelangt, und viele Länder bleiben ja auch nicht übrig, die *« La Grande Nation »* wieder auf die Landkarte zurückzaubern können.

Denkbar lange soll sich der Krieg hinziehen

Kürzlich wollten englische Politiker ja noch gemeinsam mit dem Führer in Berlin gegen die Sowjetunion auf die Pirsch gehen, wie wir uns nur zu gut erinnern. Davon redet niemand mehr. Im Jahr 1939 haben sie Polen mit einer Garantie auf Unterstützung versehen – und fallen gelassen wie eine heiße Kartoffel, als der Brei am Kochen war. Was davon übrig blieb, war die Kriegserklärung Londons an das Deutsche Reich, dem allerdings viel warme Luft folgte. Von Anfang an ging es sowohl Hitlers Paladinen als auch seinen Gegnern um ein Ende des Kriegszustandes. So hatte zum Beispiel der Leiter der polizeilichen Spionageabwehr, Gruppe IV E beim RSHA Walter Schellenberg strikte Weisung gegeben, in der nachrichtendienstlichen Tätigkeit gegen die Schweiz besondere Vorsicht an den Tag zu legen, um politischen Komplikationen aus dem Weg zu gehen. Gegen die Schweiz soll keineswegs primär aufgeklärt werden. Vielmehr soll die Schweiz das Glacis sein, um Informationen über die Gegner des Reiches zu erlangen. Überdies geht es darum, auf behutsame Weise Kontakte zu den westlichen Kriegsgegnern Deutschlands, besonders zu Amerikanern und Engländern herzustellen, um alle Möglichkeiten zu inoffiziellen Gesprächen oder zu ihrer Vorbereitung zu schaffen. Die Verfolgung dieser Aufgabe steht im Vordergrund der Arbeit. Über Vertreter des britischen Nachrichtendienstes in der Schweiz sind die Herren unterrichtet und sie versuchen, über deren Aktivität ein genaues Bild zu erlangen.[188]

Mit Eierhandgranaten und gelegentlichen größeren Bomben auf die eine oder andere deutsche Stadt haben die Briten bisher nicht die ganz große Sympathie bei den Deutschen erlangt. Werden ihre Chancen tatsächlich steigen, wenn das *Foreign Office* am 24. Oktober '40 seinen Diplomaten in der Schweiz alle weiteren Kontakte verbietet zu einem mit Friedenssondierungen befassten V-Mann des Amtes Ausland/Abwehr? Der erste Betroffene heißt Hans-Eduard Riesser* und ist jetzt 53 Jahre alt. Bevor die Nazis ihn 1933 vor die Tür setzten, war er ein deutscher Diplomat in Versailles, Norwegen, den USA, in Estland und Frankreich. Dann traten gewisse Probleme mit seinem Ariernachweis auf und er verließ das Land in Richtung Frankreich. Ein Jahr danach ging er in die Schweiz, wo der Emigrant anfing für den Geheimdienst von Admiral Canaris zu arbeiten. Genau das ist jetzt die Begründung, warum die Engländer mit ihm nicht reden wollen. Mit den Vertretern des Regimes und damit den Freunden des ewigen Krieges haben sie immer gerne über gemeinsame Raubzüge gesprochen, doch mit den Leuten, die den Krieg beenden wollen, ist, wie es gar nicht anders zu erwarten war, kein Gespräch erwünscht.[189] Hauptsache, Sir Samuel Hoare hat seine Begründung gehabt, warum denn nun die älteste Demokratie der Welt mit der jüngsten Diktatur weiterhin ihre guten Beziehungen pflegen müsste. Bei ihm hieß es ja so inbrünstig, die feinen Beziehungen Englands zum faschistischen Spanien dürften nicht getrübt werden, weil man doch auf die Vermittlung eines Verhandlungsfriedens durch Madrid hoffe. Schade, dass erst die Historiker einmal die ganze Verlogenheit rekonstruieren können. Um deren Erkenntnisse dem interessierten Publikum zugänglich zu machen, müssten dann natürlich auch noch die Journalisten ihren Job erledigen und nicht nur anbieten, was in das von ihren Chefs vorgegebene Geschichtsbild hineinpasst.

Man muss kein Schwein sein in dieser Welt

Während Hans-Eduard das Land verlassen hat, ist Carlo geblieben, eine Entscheidung, die in den Jahren seit 1933 viele Tausende mit dem Tode bezahlt oder aus unterschiedlichsten Gründen schon tausendmal bereut haben. Auch Carlo Schmid* hatte sich die Möglichkeit einer Emigration überlegt und alles Für und Wider durchdacht. Entscheidend dafür, dass er blieb, wurde die Gewissheit, dass es gut sein könnte, wenn auch unter einer totalen Gewaltherrschaft Menschen im Lande aushalten, die durch ihr Tun und Lassen zeigen, dass man sein Leben auch nach menschenwürdigeren Prinzipien führen kann als jenen, die die Nazis propagieren. Damals hoffte er, es würde ja vielleicht Gelegenheiten geben, um Böses zu vereiteln, das die Machthaber im Schilde führten.[190] Aber dass es einmal so schlimm kommen würde, hatte er sich unter den Umständen von damals auch nicht träumen lassen. Sein Vater stammt aus Württemberg und war Privatgelehrter und Dozent an der Universität im französischen Toulouse, die Mutter Anna Erra war eine Französin. So wurde er selbst in Perpignan geboren und verbrachte seine Kindheit in Weil der Stadt in Württemberg. Wo er nun schon so schön Französisch sprechen konnte, setzt ihn die Wehrmacht jetzt auch gleich als Kriegsgerichtsrat der Oberfeldkommandantur im französischen Lille ein. Den Nationalsozialismus betrachtet er als eine Philosophie von Viehzüchtern, angewandt am verkehrten Objekt. Da er dies einmal in der Öffentlichkeit äußert, bedarf es der kraftvollen Unterstützung ausgerechnet durch einen NS-Studentenführer, um ihm richtigen Ärger zu ersparen.[191] Es ist hier nicht so einfach mit offener Kritik. Hoffentlich kommt so ein Regime nicht noch einmal.

In Frankreich kann er zeigen, ob es sich gelohnt hat, nicht zu emigrieren und andere Werte vorzuleben. Carlo Schmid* besucht in Paris öfters den Chef des Generalstabs beim Militärbefehlshaber Hans Speidel*, der den totalitären Staat Hitlers für ein Verhängnis hält und schon in den ersten Monaten der Besetzung Frankreichs über seine Befürchtungen spricht. Speidel war es gelungen, Hauptmann Ernst Jünger* beim Kommandostab unterzubringen, der 1939 durch *Auf den Marmorklippen* mit Kritik hervorgetreten war. Damit entsteht mit der Zeit ein Gesprächskreis, der sich wohltuend vom braunen Eintopf abhebt. Was Schmid in Frankreich besonders auffällt bei den jungen Leuten, ist die Zazou-Mode. Hier entwickelt sich ein neuer jugendlicher Lebensstil.[192] Parallel dazu heißen die jungen Leute, die in Deutschland dieser Mode frönen, die Swings. Es ist allerdings nicht der Stil, der bei den Nazis auf Gegenliebe stößt, weil sie schon von der Kleidung her nichts mit Marschieren und Militär am Hut haben. Aber kommen wir von den Kritikern der jüngsten Revolution im Reich zurück zu den großen Lichtern unserer Zeit.

Der Duce ist von allen guten Geistern verlassen

Männer sind am einfachsten zu verstehen, wenn ihr Verhalten gar nicht mehr nachvollziehbar war. Dann hatten sie sich wieder einmal etwas zu beweisen. In solchen Situationen spielt es überhaupt keine Rolle mehr, wie groß der Schaden sein kann, den sie anrichten können, da sie das im Augenblick der Entscheidung nicht mehr gleichzeitig bedenken können. Diesmal erwischt es Benito Mussolini. Während Franzosen und Spanier Hitler auf seiner Europatournee zur Sicherung des dauerhaften Friedens nach der Versklavung aller Völker in Europa eine Abfuhr erteilten, mag der *Duce* nicht wie ein Waschlappen dastehen und schickt eine nur halb ausgerüstete Armee nach Griechenland. Es war absehbar, dass sie nichts ausrichten würde gegen einen ernsthaften Gegner, was der *Duce* ja auch noch wusste, als er den Führer bis in den September 1939 hinein davon abhalten wollte, mit dem Säbel zu rasseln. Aber dann fiel ein Land nach dem anderen Hitler in den Schoß, am Ende sogar Frankreich, und gegen die französische Armee hatte die Wehrmacht nach Ansicht der Experten nun wirklich keine Chance. Denkt er nur einen Moment lang, dass Hitler eine Falle aufgebaut wurde? So nimmt das Schicksal seinen Lauf und die Italiener sehen gegen die Griechen keinen Stich, was zu einer Reihe von hämischen Witzen von Fanatikern in Überdeutschland führt. Wenn Sie mehr davon lesen wollen, fragen Sie doch einmal freundlich Kurt Hirche nach seiner privaten Sammlung. Wenn Sie nicht wie ein Spitzel wirken, wird er Sie da schon mal reinschauen lassen. Der Fairness halber soll erwähnt werden, dass sich die Griechen wie zuvor zum Beispiel die Belgier auch als Lockvogel für die Bösen angeboten hatten. Wir wollen hier kein Vorurteil schüren und schon wieder auf die Briten eindreschen, deshalb stellen wir einmal ganz wertfrei die Frage in den Raum, wem Griechenland trotz seiner Neutralitätserklärung vor dem italienischen Angriff auf seinen malerischen Inseln militärische Stützpunkte angeboten hatte. Ob Sie es glauben oder nicht, den Briten. Um nun endlich mit dem Vorurteil aufzuräumen, dass die Briten hinter *jedem* verzapften Bockmist stehen, muss daran erinnert werden, dass der Pariser Generalstabschef Gamelin nach der Kriegserklärung an Deutschland nicht Deutschland angriff, um die Polen absprachegemäß zu retten, sondern im September 1939 stattdessen den tollen Plan einer alliierten Landung im griechischen Saloniki genehmigt hatte.[193] Es wird wohl sein Geheimnis bleiben, wie er Polen so helfen wollte und wie lange es dauern sollte, bis seine Armee vor Ort ist. Spätestens seit dem deutschen Durchmarsch bis an die Atlantikküste ist es ja offensichtlich gewesen, dass Frankreichs Soldaten auf Blitzfeldzüge nicht wirklich vorbereitet waren.

Der Moskauer Premier- und Außenminister in Berlin

Die nächste Station von Hitlers Europatournee wird ein Heimspiel. Für den 12. November werden Gespräche des Moskauer Premierministers in Berlin vorbereitet. Als es um Einzelheiten des Protokolls geht, wird auch darüber gesprochen, ob bei dem Empfang auf dem Anhalter Bahnhof die sowjetische Hymne gespielt werden solle. Dr. Paul Schmidt erlaubt sich die spitze Anmerkung, dass es sich dabei um das Lied der Dritten Internationale handele und dass ein großer Teil des Berliner Publikums vielleicht den deutschen Text im Chor mitsingen werde, den viele von ihnen aus noch nicht allzu weit zurückliegenden Zeiten sicherlich noch gut im Gedächtnis haben werden. Immerhin ist das Deutsche Reich ja jetzt mit dem roten Moskau verbandelt. Der Kollege vom Auswärtigen Amt zieht sich in dem Moment nur einen verweisenden Blick Ribbentrops zu.[194]

Mit zunehmender Spannung richtet sich das Augenmerk der Deutschen auf den Verlauf der Besprechungen mit dem Moskauer Regierungschef, der zugleich auch Außenminister seines Landes ist. Die sowjetische und die deutsche Presse waren sich im Vorlauf einig gewesen, dass dieses ein Weltereignis sei. Mit einem unangenehmen Beiklang wird man das auch im Rest der Welt so wahrnehmen. Von Königsberg bis Aachen bewirken die Hoffnungen, die in das Treffen gesetzt werden, einen Auftrieb in der Stimmung der Bevölkerung, wie der SD in Berlin der Staats- und Parteiführung mitteilt: „Unbeschadet der Meinungsäußerungen vieler Bevölkerungsteile, dass die heutige Politik recht seltsame Wege gehe, hat sich der Eindruck von der Dauerhaftigkeit des deutsch-sowjetischen Verhältnisses gefestigt“, heißt es im Bericht über die vergangenen Tage. In der Bevölkerung werde angenommen, dass jetzt umwälzende politische Ereignisse bevorstünden, was aus der Anwesenheit einer großen Zahl von höchsten russischen Regierungsmitgliedern abgeleitet wird und dem als ungewöhnlich stark empfundenen Aufgebot ausländischer Diplomaten bei der Ankunft Molotovs in Berlin. Trotz aller Verschiedenartigkeit der Mutmaßungen über den Zweck des Besuches ist man in der Bevölkerung davon überzeugt, dass vom Führer eine Aktion eingeleitet worden wäre, die England in außenpolitischer, wirtschaftlicher, vor allem aber in strategischer Hinsicht entscheidend treffen werde. Die Führergespräche mit Molotov betrachte man als Abschluss der diplomatischen Offensive der Achsenmächte und als Demonstration gegen England und Amerika.[195]

Am Morgen des 12. November 1940 fährt der Zug mit der Moskauer Delegation auf dem Anhalter Bahnhof in der Stadtmitte von Berlin ein. Die Reisegesellschaft besteht aus zweiunddreißig Mitgliedern, sodass dieses Ereignis protokollarisch dem Moskau-Besuch von 1939 gleichrangig ist. Zur Begrüßung sind Außenminister von Ribbentrop und Feldmarschall Keitel auf dem Bahnsteig erschienen. Der Minister sagt, dass es ihm eine Freude sei, die sowjetische Regierungsdelegation im Namen des Führers und in seinem eigenen Namen in der Hauptstadt des Dritten Reiches begrüßen zu können. Danach begeben sich die Herren gemeinsam in einen Raum, an dessen Wand die sowjetische und die aktuelle deutsche Flagge angebracht sind. Darunter steht ein großer Blumenkorb. Mit einem kleinen Scheinwerfer werden Flaggen und Blumen angestrahlt. Nach einem ersten kurzen Gespräch gehen beide Delegationen auf den Bahnhofsvorplatz, auf dem es inzwischen noch stärker regnet als bei der Einfahrt des Zuges. Das Gebäude ist mit frischem Grün und Blumen geschmückt und mit sowjetischen Fahnen und Hammer-und-Sichel-Emblemen. Schmidt hat Ribbentrop übrigens mit seinem vor Tagen eingeworfenen Hinweis doch ins Grübeln gebracht: Bei dem Empfang wird bloß der Präsentiermarsch gespielt und nicht das Lied der III. Internationale.[196]

Bei den eigentlichen politischen Gesprächen wird keine Zeit mit Phrasen und Freundschaftsbeteuerungen vertan; Dr. Schmidt hat von Anfang an Substantielles zu protokollieren. In den Vorrunden unterhalten sich erst einmal die beiden Außenminister. Ribbentrop zeigt sich jenen „Männern mit den starken Gesichtern“ gegenüber, wie er die Moskauer Staats- und Parteiführung gerne nennt, von der zuvorkommendsten Seite. Der Dolmetscher schmunzelt in sich hinein, dass der italienische Außenminister Graf Ciano sich wahrscheinlich vor Verwunderung seine Augen gerieben hätte, wenn ihn Ribbentrop auch schon einmal so freundlich angelächelt hätte. Molotov erwidert die Freundlichkeit nur mit längeren Zwischenräumen. Dann gleitet ein etwas frostiges Lächeln über sein intelligentes Schauspielergesicht. Den Protokollführer erinnert der mittelgroße, doch etwas untersetzte Russe mit den lebhaften Augen hinter einem altväterlichen Kneifer an seinen Mathematik-Professor, und das auch nicht nur äußerlich. Selbst in seiner Argumentation und Sprechweise hat Molotov etwas mathematisch Präzises und unbeirrbar Logisches. Dabei verzichtet er auf schmückende Floskeln und äußert sich wiederholt, gerade als stehe er vor einer Klasse, mit leichtem Tadel gegen weit ausschweifende und vage Allgemeinheiten des Berliner Amtskollegen. Dessen von Hitler entlehnten Optimismus bezüglich eines sicheren Sieges der Wehrmacht über England quittiert Molotov immer wieder mit dem Zusatz: England, „von dem Sie annehmen, dass Sie es bereits geschlagen haben.“[197]

Als hätte Ribbentrop die Schellackplatte Hitlers verschluckt, pariert der außenpolitische Kalfaktor des Führers: „England ist geschlagen, und es ist nur eine Frage der Zeit, wann es schließlich seine Niederlage zugeben wird.“ Moskauer Nachfragen bezüglich denkbarer Interessenkollisionen in Europa bemühen sich die Wortführer auf deutscher Seite durch eine wiederholte Betonung des „Südmotivs“ zu begegnen, wie es der deutsche Dolmetscher auf den Punkt bringt. Unabhängig von den Sachen, die der Führer in *Mein Kampf* geschrieben hat, sei der Osten gar nicht mehr im Visier. Es gehe Berlin um den Balkan und um Afrika. (Beim Besuch von Sumner Welles aus Amerika hat Hitler ja auch nicht gesagt, es gehe um eine *deutsche Vormachtstellung in Ost-* und Südost*europa.*) Selbst die Japaner seien jetzt neue Menschen und hätten sich doch dem Süden zugewandt. Japan werde „jahrhundertelang zu tun haben, um seine territorialen Gewinne zu konsolidieren.“ Ist von Ribbentrop der Meinung, er habe damit die sowjetischen Bedenken wegen weiterer japanischer Versuche zur Eroberung von Gebieten im Osten der Sowjetunion zerstreut? Wird der Grenzvertrag mit Japan von Anfang Juni ewig Bestand haben? Dann stellt er den Gästen eine wesentliche Frage: „Wird sich nicht auch Russland schließlich nach Süden wenden, um den natürlichen Ausgang an das offene Meer zu gewinnen, an dem ihm so viel liegt?“ Als ahnte er nicht, worauf der Westfale hier anspielt, fragt Molotov mit unschuldiger Miene: „Was für ein Meer haben Sie denn eben gemeint, als Sie vom Zugang zur offenen See sprachen?“ Ribbentrop ist völlig aus seinem Redekonzept geworfen und schlägt große Bögen, um seinen Faden wiederzufinden. Im weiteren Verlauf der Unterredung wird auch die Einbindung der Sowjetunion in jenen Drei-Mächte-Pakt alter Römer, neuer Japaner und junger dynamischer Deutscher angesprochen. Moskau weiß jedoch sehr präzise, was es an diesem Tisch ohnehin nicht bekommt – und, was es umgekehrt eben nur hier bekommen kann. Unmissverständlich sagt der Volkskommissar Molotov, wie das offiziell in Moskau heißt, dass es in erster Linie darum gehe, sich mit Deutschland zu verständigen. Dann erst ginge es eventuell um Japan und Italien, nachdem man erst einmal genau über die Bedeutung, den Charakter und die Zielsetzung des Drei-Mächte-Paktes unterrichtet worden sei, was bisher nicht geschah.[198]

In der anschließenden Gesprächsrunde trifft Molotov auf einen äußerst charmanten Adolf Hitler, einen Mann, der Kommunisten, so betrachtet, immer schon hätte knuddeln können. Und er ist so vernünftig. Das geht bis hin zu der Äußerung, beide Länder hätten doch Regierungssysteme, die nicht den Krieg um des Krieges willen führten, sondern den Frieden nötiger hätten als den Krieg, um ihre inneren Aufgaben durchführen zu können. Momentan geht es freilich in der Tat erst einmal hauptsächlich um Krieg. Was *Sein* Reich angeht, so gebe es momentan vier Gründe. Da ist zuerst seine Raumnot. Aber dieses Problem wurde durch Blitzkriege überraschend flink gelöst. Im Verlaufe des Krieges habe Deutschland so große Gebiete in seine Hand bekommen, dass es 100 Jahre benötige, um sie voll nutzbar zu machen. Zweitens sei, wie er sagt, eine gewisse koloniale *Ergänzung* in Zentralafrika notwendig. Drittens hätte Deutschland gewisse Rohstoffe nötig, deren Bezug es unter allen Umständen sicherstellen müsse. Und viertens könne man nicht zulassen, dass in gewissen Territorien von den Feindmächten Luft- oder Marinestützpunkte eingerichtet würden. In keinem Falle jedoch würden die Interessen Russlands berührt. Daraufhin meint Volkskommissar Molotov, jene Ausführungen des Führers seien recht allgemein gewesen und er könne ihnen auch nur zustimmen. Die Äußerung zeugt von einer strengen Selbstbeherrschung, denn die Ausführungen liefen abermals auf die Behauptung hinaus, dass Großbritannien bereits geschlagen sei und seine endgültige Kapitulation lediglich noch eine Frage der Zeit. Schon jetzt kontrolliere das Deutsche Reich ganz Westeuropa. Deshalb sei es an der Zeit, an das Organisieren der Welt nach dem Sieg zu denken. Nun ergreift der Außenminister das Wort. Ohne auf Hitlers Vorschläge einzugehen, meint er, man solle jetzt konkretere praktische Fragen erörtern. Was habe es denn beispielsweise mit der deutschen Militärmission in Rumänien auf sich, und was wollen die deutschen Truppen konkret in Finnland? Diese Truppen haben nach dem geheimen Zusatzprotokoll zum deutsch-sowjetischen Nichtangriffspakt dort nichts zu suchen, weil Berlin darin anerkannte, dass Finnland eben außerhalb seiner Interessensphäre liegt. Hitler zieht sich an dieser Stelle aus der Affäre, indem er darauf verweist, dass er darüber nicht informiert war, verspricht seinen Gästen aber, sich dafür zu interessieren. Das sollte er tun und das ist notwendig auch in Bezug auf den Text über Rumänien: „Hinsichtlich des Südostens Europas wird von sowjetischer Seite das Interesse an Bessarabien betont. Von deutscher Seite wird das völlige politische *désintéressement* an diesen Gebieten erklärt.“[199]

Der Dolmetscher amüsiert sich, weil Hitler nicht unvermittelt aufspringt oder plötzlich ausruft, es habe ja gar keinen Zweck mehr zu verhandeln, wie er das bei ihm gelegentlich erlebt hatte. In diesem netten Gespräch mit dem Russen ist er die Sanftmut, die Höflichkeit selbst. Sein Dreier-Pakt sei auf keinen Fall gegen die Sowjetunion gerichtet! Umgekehrt sei es sein Wunsch, dass Moskau in die territoriale Neuordnung in Europa einbezogen werde. Interessanterweise spricht Hitler hier und da durchaus auch für die Japaner mit, wissend, dass die Herrschenden dort alles andere wünschen als einen Ausgleich mit der Sowjetunion.[200] Sei es, wie es sei, so rasch haben die Leute nicht vergessen, wie es bis letztes Jahr in Hitlers Reden und in Goebbels' Presse noch klang, wenn es um Moskau ging. Mit Genuss wird auf dieser Heuchelei herumgehackt. Die Berliner schauen sich fragend an und raunen sich zu, unser Führer habe Molotov zum Abschied ein Luxusexemplar seines Buches *Mein Kampf* geschenkt, mit eigenen „Radierungen".[201] Die Anführungsstriche klären, dass damit keine Kunstwerke gemeint sind, sondern die Stellen in seinem Buch, wo sich Hitler einst ganz anders über all das geäußert hatte. Glaubt er denn im Ernst, dass der Text nicht schon seit Jahren in Moskau übersetzt vorliegt? Man kann dem Moskauer doch auch etwas Schönes schenken, das nicht an die Gedanken erinnert, mit denen Adolf Hitler einst ausgezogen ist, um die Welt das Fürchten zu lehren. Jenes Gespräch des Führers mit dem sowjetischen Außenminister zieht sich schon zweieinhalb Stunden hin und beide Seiten beharren auf ihren jeweiligen Gesprächswünschen. Hitler merkt, dass sich nichts bewegt, schaut auf einmal auf die Uhr und meint, es bestehe immerhin die Möglichkeit, dass es einen Fliegeralarm gibt, und verschiebt die weitere Besprechung auf den nächsten Tag.[202]

Am Abend gibt es einen Empfang in Berlins sowjetischer Botschaft, der Hitler fernbleibt, weil er wohl einerseits mit dem bisherigen Verlauf unzufrieden ist, andererseits scheint er jedoch zu denken, Reden sei Silber und Schweigen sei Gold, hat er doch schon im Herbst letzten Jahres vor führenden Offizieren ausgebreitet, dass er einen Überfall auf die Sowjetunion nur verschoben hat und aufgeschoben ist nicht aufgehoben. Dafür erscheinen Hermann Göring und Hitlers Stellvertreter Rudolf Heß. Viel zu sagen hat man sich nicht und es ist gewissermaßen höchst erfreulich, dass nach den ersten Trinksprüchen die Sirenen aufheulen. Ein Fliegeralarm. Der Staatsbesuch ist das erste Treffen hochrangiger Vertreter des Deutschen Reiches und der Sowjetunion seit dem Abschluss ihres Nichtangriffsabkommens im August des vergangenen Jahres und im Westen wird befürchtet, dass die zwei großen Reiche bei dieser Gelegenheit den Schlachtplan für die baldige Neuaufteilung der Welt aushecken könnten. London macht den ersten Tag des Staatsbesuches zu einem Schaulaufen für die *Royal Air Force*, sicher, um in Berlin jede Vorfreude zu dämpfen. Weil es im Botschaftsgebäude keinen Luftschutzraum gibt, drängen sich die hohen Herren eilends zum Ausgang. Ganz besonders peinlich ist das für Hermann Göring, der immer angekündigt hatte, dass die ihm unterstellte Luftwaffe England *ausrrradieren* werde. Außerdem sollte die angeblich kurz bevorstehende Niederlage Großbritanniens ja ursprünglich gerade die Gesprächsgrundlage für die aktuellen Verhandlungen bilden. Es verstärkt jenen peinlichen Eindruck noch, dass viele der Anwesenden Zuflucht suchen müssen im nahegelegenen Tunnel einer unterirdischen Strecke der S-Bahn am Pariser Platz.[203]

Am zweiten Tag des Besuches wird es streckenweise stürmisch. Das war es dann mit der Selbstbeherrschung des Moskauer Außenministers mit dem altväterlichen Kneifer auf der Nase. Die Sowjets haben über Nacht Instruktionen erhalten, in denen sie aufgefordert werden, diese Berliner Ablenkungsmanöver zur spekulativen Neuaufteilung der Welt komplett zu ignorieren und jetzt auf Antworten bezüglich der stärkeren deutschen Truppenpräsenz in Rumänien und Finnland zu beharren. Als die Russen nicht lockerlassen, dreht Hitler den Spieß um und versucht es mit einem Angriff, der ja immer noch die beste Verteidigung ist. Nun stellt er es so dar, dass Finnland von der Sowjetunion bedroht werde. Darauf kriegt er zur Antwort, die Sowjetunion habe gar nicht die Absicht, den Frieden in diesem Raum zu gefährden, und bedrohe Finnland in keiner Weise. Man sei am Frieden sowie an echter Sicherheit in diesem Raume interessiert. In Berlin müssten sie das beachten, wenn sie eine normale Entwicklung wollten.[204] Festzuhalten bleibt an dieser Stelle, dass Hitler einen zweiten sowjetischen Feldzug gegen Finnland kategorisch ablehnt, weil ihn seine wohlwollende Neutralität während des Winterkrieges ja bereits teuer zu stehen gekommen sei.[205] Das hätte er besser stecken lassen sollen, denn er hat seinen Außenminister unterschreiben lassen, dass Deutschland in Finnland den Sowjets freie Hand lässt und gerade nicht bloß für ein paar Quadratkilometer im Vorfeld von Leningrad. Pacta sunt servanda. Allein das deutsche militärische Engagement in Rumänien und Finnland sind Grund genug dafür, dass Moskau das Nichtangriffsabkommen mit dem Deutschen Reich für hinfällig hält und seine eigenen Wege geht.[206] Herr Molotov hat bei den Gesprächen offensichtlich ein gewieftes *Pokerface* – Stalin und *ihm* als Regierungschef war die Vorlage über die Grundlagen für die Aufstellung der Streitkräfte der Sowjetunion im Westen sowie im Osten für die Jahre 1940 und 1941 vom 18. September gezeigt worden.

Jetzt werfen die Sowjets die Frage auf, wie jene Garantien zu verstehen seien, die Deutschland und Italien an Rumänien gegeben hätten, ob sie sich nicht gegen die Sowjetunion richteten. Diese müssten zwingend zurückgenommen werden. Hitler erklärt sofort, dass diese Forderung unerfüllbar sei. Danach stellt Molotov die Frage: „Was würde Deutschland sagen, wenn die Sowjetunion aus Interesse an der Sicherheit ihrer südwestlichen Grenzen Bulgarien Garantien von der Machart der deutsch-italienischen für Rumänien geben würde?" Es ist ohnehin nicht schwer, Hitler aus der Fassung zu bringen, und damit hat es Molotov geschafft. Sein Name leitet sich offenbar doch nicht ganz umsonst von *molot, der Hammer,* ab. Hitler ist jetzt wieder ganz in seinem Element: „Hat etwa Zar Boris Moskau um Garantien gebeten?" kreischt der Führer. „Mir ist nichts davon bekannt. Darüber müsste ich mich überhaupt erst mit dem *Duce* beraten. Italien ist ebenfalls an diesem Teil Europas interessiert. – Würde Deutschland nach einem Vorwand für Reibereien mit Russland suchen, könnte es ihn auch woanders finden", fügt Hitler drohend hinzu. Die *Showeinlage* Hitlers mag effektvoll gewesen sein, inhaltlich war sie jedoch alles andere als richtig. Angesprochen auf *Rumänien,* dem die Sowjetunion gerade Gebiete im Nordosten des Landes abgepresst hatte, verbleibt er jetzt bei Zar Boris III. von Bulgarien. Über die Rechtmäßigkeit der sowjetischen Landnahme in Rumänien kann man genauso lange und trefflich streiten wie über andere territoriale Querelen auf der Welt. Zuletzt hatte Rumänien jenes Gebiet mitgehen lassen, als Russland nach der Revolution von Soldaten aus 14 fremden Staaten und einem Bürgerkrieg ins Chaos gestürzt wurde. 1940 hat sich das neue Russland das Gebiet im Windschatten des geheimen Zusatzprotokolls zum Hitler-Stalin-Pakt zurück geangelt. Das brauchen dritte Parteien sicherlich nicht anzuerkennen, doch Hitler ist Vertragspartner und kann dem betroffenen Rumänien jetzt keine Zusagen entgegen seinem Geheimprotokoll geben. Der Hammer bleibt trotzdem ganz Diplomat und geht auf Zar Boris von Bulgarien ein. Er sagt, es sei die Pflicht eines jeden Staates, sich um die Sicherheit des eigenen Volkes wie auch um die der befreundeten Nachbarländer zu kümmern. Dann verweist der Herr Volkskommissar auf die Rückstände bei der Lieferung wichtiger deutscher Ausrüstungen für die

Sowjetunion, die seit August letzten Jahres vereinbart waren. In Moskau seien sie damit sehr unzufrieden. Das könne ja um so weniger geduldet werden, als die sowjetische Seite Verpflichtungen aus ihren sowjetisch-deutschen Wirtschaftsabkommen exakt erfülle. Ein weiteres Mal möchte sich Hitler herausreden. Das Reich kämpfe gerade gegen England „auf Leben und Tod“ und es biete alle Reserven für diese entscheidende Auseinandersetzung mit den Briten auf. Der Hammer aus Moskau kontert gewitzt: „Aber wir hörten doch soeben, dass England faktisch bereits geschlagen wäre. Welche Seite kämpft denn nun auf Leben und Tod?“ Im Raum tritt eine gespannte Stille ein. Die Finger Ribbentrops fangen an zu zittern, Hilger sitzt hochaufgerichtet und ganz unbeweglich in seinem Sessel, Schmidt hört auf zu schreiben und erstarrt, über seine Blätter gebeugt. Anscheinend warten alle auf einen hysterischen Anfall Hitlers – der beherrscht sich jedoch und antwortet nur gereizt: „Ja, so ist es, England ist geschlagen. Aber es bleibt noch einiges zu tun.“ Er erklärt dieses Thema des Gespräches für erschöpft und lässt– weil er selbst am Abend anderes zu tun habe – den armen Ribbentrop diese „Verhandlungen“ zu Ende führen. Wie Hitlers Treffen mit Franco endet auch dieses hier mit einem Missklang. Im Westen wird befürchtet, in den Gesprächen könnte über territorialen Zuwachs der Sowjets in Richtung Indischer Ozean geredet worden sein. Dies ist bei *dem* rauen Ton zwischen den Gesprächsteilnehmern sehr unwahrscheinlich. Da die Deutschen auch am zweiten Tag nicht bereit sind, über den Zweck der Aufstellung der Truppen westlich der sowjetischen Staatsgrenze Auskunft zu geben, sind die Sowjets nicht bereit, Pseudodebatten über die Neuaufteilung der Welt zu führen. Während es im August 1939 darum ging, den erwarteten Krieg mit dem Deutschen Reich hinauszuzögern und Polen buchstäblich auszuschalten, das sich zuvor große Gebiete der Sowjetunion unter den Nagel gerissen hatte und noch mehr dazu haben wollte, geht es bei den Gesprächen im Herbst 1940 darum, die Positionen der deutschen Regierung abzutasten und weiterführende militärische Pläne der Machthaber in Berlin zu erkunden. Nichts deutet darauf hin, dass mit Hitler gut Kirschen essen sei, aber der sowjetische Dolmetscher Valentin Michailowitsch Bereschkow, der die Unterredungen beobachtet und geschildert hat, weiß nichts von den längst vorhandenen Berliner Plänen für den Überfall auf sein Land. Schon am 18. Oktober '39 hatte General Franz Halder in sein Tagebuch geschrieben, der Führer betrachte die gerade besetzten Gebiete in Polen als Aufmarschgebiet für die Zukunft.[207] Weiß er jedoch und verschweigt oder weiß er ebenso wenig, dass das Sowjetreich auf die Befreiung West- und Mitteleuropas von den braunen Horden jeder Art vorbereitet wird? Immerhin ist der sprachkundige Valentin Bereschkow Botschaftsrat und im Volkskommissariat für Auswärtige Angelegenheiten zuständig für die Fragen der sowjetisch-amerikanischen Beziehungen. Doch wen werden Diktatoren wie Stalin oder Hitler alles in die Karten schauen lassen?

Am Abend des gleichen Tages, an dem die Gespräche mit Hitler beendet werden, kommt es schließlich zu einem Treffen im Auswärtigen Amt in der Wilhelmstraße, dem Sitz Ribbentrops. Der Herr Außenminister, der sich eher im Hintergrund hielt und still und brav gelauscht hat, solange Hitler anwesend war, lebt auf und beginnt auf einmal den Aristokraten zu geben. Der Moskauer Dolmetscher Bereschkow empfindet seinerseits Ribbentrops Manieren eher als salopp denn als vornehm. Ihm fällt auch nichts Kreativeres ein als die Wiederaufnahme der Pseudodebatte über imaginäre Einfluss-Sphären. Immerhin gebe es doch allen Grund zu der Annahme, dass England faktisch bereits geschlagen sei. Wie dumm, das noch einmal anzubringen, wo er damit zuvor bereits kläglich Schiffbruch erlitten hatte. Darauf bekommt er vom Moskauer Hammer auch prompt zur Antwort: „Wenn das so ist, weshalb sitzen wir denn in diesem Bunker? Und wessen Bomben sind es, die so nahe einschlagen, dass man es auch hier noch hören kann?" Ribbentrop wird erneut verlegen und verstummt. Da er aber doch nun für den Führer das Gespräch weiterführen soll, ruft er nach einem Adjutanten und befiehlt, Kaffee zu servieren. Die Peinlichkeit mit diesem Bombardement während des Staatsbesuches ist nicht unbedingt nötig gewesen. Warum hat der Führer nicht früher die Luftangriffe auf die britische Hauptstadt London wieder eingestellt? Als Retoure kommen die Sowjets wieder an mit ihren deutschen Truppen in Nachbarstaaten der Sowjetunion. Ohne aus seiner Verärgerung ein Hehl zu machen, erwidert Ribbentrop, diese „unwesentlichen Fragen" sollten, wenn sich die Sowjetregierung immer noch dafür interessiere, über die üblichen diplomatischen Kanäle erörtert werden. Wieder tritt Stille ein. Es gibt keine Fragen mehr, doch man muss im Bunker bleiben, denn die britischen Bomber setzen ihren massierten Angriff auf Berlin aus Anlass des Staatsbesuches fort.[208]

Am Rande soll nachgereicht werden, dass der *Führer in den Irrsinn* am 12. November, noch vor dem Beginn des ersten Besuchstages der lieben Gäste aus Moskau, Weisung Nr. 18 erlassen hat, alle Vorbereitungen für den Einmarsch in die Sowjetunion fortzuführen, unabhängig vom Ausgang der Gespräche mit Molotov. Wo genau liegt jedoch der Unterschied zwischen Hitler und Stalin? Beginnen wir beim verhinderten Künstler in Berlin. Er hatte die Sowjetunion bereits zwanzig Jahre vorher ins Visier genommen, als das fast völlig entmilitarisierte Deutschland von Bewaffneten aus Frankreich, Belgien und Polen nach Lust und Laune heimgesucht werden konnte. Diese Attitüde wiederholte er im Herbst 1939, also sogar nach dem Abschluss seines Nichtangriffsabkommens mit Moskau, wobei der Rest der Welt fälschlicherweise davon ausging, dort seien sich die zwei Kapitalverbrecher einig geworden, sich zumindest nicht gegenseitig anzugreifen. Das Gleiche tat er jetzt noch einmal kund vor seinem lieben Besuch aus dem roten Moskau. [209] Für militärisch Unerfahrenere sei gesagt, dass unter Fachleuten davon ausgegangen wird, dass Angriffe voraussetzen, dass man eine Überlegenheit von drei zu eins hat. Das hat den Führer von heute und Wahlkämpfer für eine Zwei-Prozent-Partei in den frühen zwanziger Jahren jedoch nicht davon abgehalten, Sprüche zu klopfen über ganz große Nummern beim Verhältnis hundert zu eins. Mit logischen Argumenten kommt man bei ihm nicht weiter. Was wäre denn aus unseren vier Panzern geworden, wenn die Westmächte nach der Besetzung des Rheinlandes oder Österreichs oder der Sudeten oder wegen der Überrumpelung der Tschechei oder Polens Ernst gemacht hätten? In aller Bescheidenheit kann man sagen, dass Hitlers Traum zu einem sehr frühen Zeitpunkt zerplatzt wäre wie eine schillernde Seifenblase.

In der anderen Ecke des Boxrings haben wir Jossif Stalin. In den 1920er und dreißiger Jahren hatte er versucht, innenpolitisch die Idee durchzuboxen, dass man Lenins Vorstellung von einer Weltrevolution vergessen könnte und musste sich den Vorwurf nationaler Beschränktheit gefallen lassen. Bis Mitte des Jahres 1938 war er mit seiner brutalen Innenpolitik beschäftigt und außenpolitisch ging es ihm bis 1933 um die Fortführung der Linie von *Rapallo*, die der Isolation des Landes nach der Revolution durch die Kooperation mit der Weimarer Republik zu entgehen versucht hat. Nach dem Amtsantritt Hitlers änderte er seine Außenpolitik. Angesichts der erklärten Ziele des Führers der Nazis, Antikommunismus und Judenhass, und Stalins Führung bestand aus Kommunisten und Juden, versuchte Außenminister Meir Henoch Mojszewicz Wallach-Finkelstein alias Litvinov einen Umsturz in Deutschland militärisch zu erzwingen – und entsprechend war die Außenpolitik. Über die ganzen 1930er Jahre hinweg ging es um eine gemeinsame Politik mit den Westmächten zum Schutz vor Aggressionen; da muss man nur in den Archiven stöbern. Im August 1939 erst wurde die Richtung geändert und keiner soll sagen, in Paris und London hätte man nicht gesehen, dass sich Moskau mit Berlin verständigen kann, wenn man es nicht selbst in ein Vertragssystem einbindet. Davon war seit dem Münchener Abkommen zwischen Mussolini, Chamberlain, Daladier und Hitler auch schon die Rede. Im August 1939 schloss Moskau also seinen Nichtangriffsvertrag mit Adolf Hitler. Damit begann eine vollständig neue Politik. Die Sowjetunion nahm Länder wie beispielsweise Polen, Finnland, das Baltikum oder Rumänien ins Visier. In erster Linie wurden Länder ausgeschaltet, die eine Bedrohung waren. Noch Mitte April 1940 hatte der Verteidigungsauftrag der Roten Armee von 1937 offiziell Bestand. Am 14. April hielt Stalin die Rede, in der zum Aufbau einer modernen Armee aufgerufen wurde mit allem technischen Schnickschnack bis hin zu massenhaften Fliegerkräften etc., und mit der Verkündung seiner neuen Vorwärtsstrategie.

Alles in allem wird die Anzahl der Soldaten in der Roten Armee bis zum Frühjahr 1941 um mehr als das Doppelte aufgestockt und es wird an der Qualität sowie an der Quantität der Waffentechnik gearbeitet. Jetzt will

Stalin mit einem *outward impulse*, wie es die Amis bezeichnen würden, Aufstände der Arbeiter in den besetzten Ländern auslösen, um auf diese Art doch eine Weltrevolution zu bekommen, von der in Europa sowie in Amerika schon so lange die Rede ist. Jedenfalls werden einerseits Landkarten von den Ländern Europas gedruckt und andererseits Landkarten der Sowjetunion bloß von der Westgrenze bis zur Linie Leningrad, Kiew und Odessa im Süden, und Sprachführer Deutsch für einfache Soldaten zum Einstecken in den Stiefelschaft. Fallschirmspringer, die sich nur für den Angriffskrieg nutzen lassen, stehen schon seit den dreißiger Jahren zur Verfügung, als die Sowjetunion angeboten hatte, die ČSR vor einem Zugriff Hitlers zu bewahren. Bis zum Sommer 1941 werden eine Million Männer insgesamt speziell dafür ausgebildet sein.[210]

Hitler rächt sich für den verhagelten Staatsbesuch

Am 14. November 1940 verabschiedet Reichsaußenminister Ribbentrop seine lieben Staatsgäste aus Moskau – und Hitler schickt *Seine* deutsche Luftwaffe mit Bomben in Richtung Engelland nach dem Motto, was der Brite *hier* kann, das kann ich schon lange. Kurz zuvor waren die Tagesangriffe auf London eingestellt worden. Am Abend um halb acht beginnt der Angriff auf die britische Stadt Coventry. Der Name dieser Stadt wird Ihnen doch bestimmt im Gedächtnis haften geblieben sein; in Coventry und in Birmingham hat England wichtige Teile seiner Flugzeugindustrie aufgebaut. Von dort kamen die Bomber der vergangenen Tage in Berlin. Die Angriffe erstrecken sich auf die gesamte Stadt – auf Rüstungs- und Industriebetriebe am Stadtrand wie auf die gleich angrenzende City von Coventry. Drei Viertel der Rüstungsanlagen wie auch der Flugzeugwerke der Stadt gibt es am nächsten Morgen nicht mehr. Etwa 500 Flugzeuge gehören zum deutschen Verband. Die ganze Nacht lang werden Bomben auf die mittelenglische Stadt abgeworfen – 500 Tonnen Sprengbomben und über 30.000 Brandbomben, vier Dutzend Luftminen, deren enorme Druckwellen massive Schäden selbst noch bei größerer Entfernung von den Detonationsorten anrichten. Über 500 Menschen kommen in dieser

Bombennacht ums Leben und etwa 1.000 werden verletzt. Nie wieder in diesem Krieg wird ein Luftangriff auf die grüne Insel so viele Todesopfer fordern. Ungefähr 4.000 Häuser werden völlig zerstört. Der mittelalterliche Stadtkern wird fast komplett vernichtet. Bis auf die Grundmauern brennt die *St. Michael's Cathedral* ab – keine andere Kathedrale auf der Insel wird dieses Schicksal erleiden. Die Flugzeuge, die ihre Bombenlast abgeworfen haben, fliegen nach Nordfrankreich zurück. Dort werden sie aufgetankt, mit neuen Bomben beladen und fliegen zurück zu ihrer tödlichen Mission nach Coventry. Der Angriff dauert bis 6:15 Uhr morgens. In dieser Nacht vom 14. zum 15. November ist diese Stadt den deutschen Bombern ziemlich schutzlos ausgeliefert.[211] Doch das musste nicht sein.

Schon alleine, weil mit Vergeltung für die Bomben zum Staatsbesuch im guten alten Berlin gerechnet wurde, hat die britische Seite Funksprüche dechiffriert, in denen die Berliner „Operation Mondscheinsonate" angekündigt worden war. Trotzdem warnt die Regierung die Einwohner von Coventry nicht, angeblich deshalb, weil sie nicht preisgeben wollte, dass man die deutschen Funksprüche dechiffrieren konnte. Im Vorfeld hatte man mehrere deutsche Nachrichten abgefangen. Es heißt, dass Geheimdienste anhand ihrer Aufklärung glaubten, dass irgendwo in Südengland ein Luftschlag geplant war. Unter den möglichen Zielen war freilich die Flugzeugindustrie in Coventry. Ein kürzlich gefangen genommener Pilot der Luftwaffe sprach angeblich von einem Angriff am *15*. November, *vor* der Bombennacht! Mit der Begründung, dass man über ihn doch nichts gewusst habe, hätte man ihm nicht vertraut. Eine Begründung für saudumme Menschen. Aber wann hat der Pilot seine Aussage gemacht? Ist das noch *vor* dem Staatsbesuch gewesen? War es doch schon langfristig geplant? So oder so: Wenn meine Flugzeugindustrie gefährdet ist, werde ich doch trotzdem sicherheitshalber die Flugabwehr rund um die Hallen der Flugzeugwerften alarmieren. Als Kollateralnutzen wären Einwohner des Städtchens vor Verletzung und Tod bewahrt worden, oder vielleicht nicht? Eine andere Version der *story* besagt, die Regierung habe erst in letzter Minute von der Auswahl des Ziels Coventry erfahren, und es sind Maßnahmen zum Schutz der Stadt durchaus getroffen worden, aber nur unzureichende. Wie dürfen wir uns das bitteschön praktisch vorstellen? Die britische Regierung habe sich dann am Abend des Angriffs im Endeffekt dagegen entschieden, Coventry zu warnen, aus einer völlig „nüchternen Abwägung heraus zwischen dem möglichen humanitären Erfolg einer Warnung und dem Risiko einer dadurch ausgelösten Panik". Wenn Sie mich fragen, das stinkt zum Himmel. Ein reines Gewissen und echte Betroffenheit über einen Terroranschlag, der einen richtig unvorbereitet trifft, hören sich anders an. Ist diesmal ein anderer Kollege für eine Vertuschungsaktion in London verantwortlich als der, der im November des Jahres 1939 den Oslo-Bericht verschwinden ließ mit technischen Einzelheiten über neuartige Zünder für Bomben und Granaten, Lenktorpedos, Entfernungsmesser für Flugzeuggeschütze, Radar, für die Granaten mit Fernzündung und das Programm für einen neuen Langstreckenbomber Junkers 88 sowie Unterlagen über kleine ferngelenkte Flugkörper, also den ersten Hinweis auf die Arbeit an der Rakete V 1? Und nicht der, der den Agenten der Briten von der Mitarbeiterliste gestrichen hatte, der im Jahre 1938 seine Beobachtung gemeldet hatte, dass in einer ehemaligen Fahrradfabrik in Ostpreußen seit '38 Waffen hergestellt wurden?

Aber bleiben wir doch bei seltsamen Denkmustern. Dass auch Hitler mit gezinkten Karten spielt, wird schon daran deutlich, dass er nach der Abreise des geschätzten Besuches aus Moskau seine Friedensinitiative vom Juli dieses Jahres auffrischt, die den Abzug seiner Wehrmacht aus allen besetzten Ländern vorsieht. Wenn England dann endlich seine Kriegserklärung zurückzieht, bekommt der braune Bruder doch noch die Hände frei für seinen Wunschkrieg. Was sollte dann zuvor der Angriff auf diese englische Stadt Coventry? Mag er nicht oder kann er es nicht verstehen, dass er auf eine Finte von Churchill hereingefallen war, als Unterhändler die Empfehlung übermittelten, England ernsthaft zu bombardieren, um es dazu zu veranlassen, sofort einen Friedensvertrag zu unterschreiben. Diesmal erhofft er sich mehr Erfolg, da er diese Aktion über den Vatikan laufen lässt. Am 17. November überreicht der päpstliche Nuntius Hitlers Friedenspfeife in London. Doch er bekommt darauf weder eine offizielle Antwort aus England noch erfolgt der versprochene Umsturz.[212]

Auch Hitler will mit mehreren Kugeln jonglieren

Am 12. November kümmerte sich Hitler ebenso um den Herrn Kollegen Mussolini, der in Griechenland nicht so richtig voran kommt, mit einem Erlass, in dem er zum weiteren Vorgehen auf dem Balkan sagt, dass das Oberkommando des Heeres Vorbereitungen treffen soll, um im Bedarfsfalle von Bulgarien aus das griechische Festland nördlich des Ägäischen Meeres in Besitz zu nehmen. Da hat Molotov mit Garantien für das Land voll ins Schwarze getroffen. Hitlers Nummer mit dem Bedarfsfall ist nun auch schon ein richtig alter Hut. Wie kommt es nur, dass der aber auch immer wieder in der nächsten Minute eintritt? An Mussolini wendet er sich mit einem Brief und erklärt ihm, dass militärische Operationen auf dem Balkan vor nächstem März nicht stattfinden könnten, und dass deshalb Jugoslawien, falls überhaupt möglich, durch andere Mittel und auf andere Weise gewonnen werden müsse. [213] Was hat dieser Mann früher über die Politiker gehetzt, die sich um alles in der Welt kümmerten aber nicht um die täglichen Sorgen der kleinen Leute. Wann will er sich denn nun mit der Behebung des Mangels in allen Lebensbereichen befassen?

Die nötigen Waren wären längst in Hülle und Fülle vorhanden, wenn er seinen Kriegsschauplatz nicht immer weiter ausdehnen würde. Und am 25. November 1940 wird Friedrich Werner von der Schulenburg, Berlins Botschafter in Moskau, mitgeteilt, dass zur Weiterführung der Verhandlungen folgende Bedingungen zu erfüllen seien: Die deutschen Truppen müssten Finnland unverzüglich verlassen und in den nächsten Monaten müsste die Sicherheit der Sowjetunion durch den Abschluss eines Beistandspaktes zwischen Stalins Sowjetunion und Bulgarien gewährleistet werden. Berlin bleibt die Antwort auf die Note schuldig – und ruft seine Truppen aus Finnland natürlich nicht zurück.[214] So viel zu Ribbentrops Verlagerung auf „übliche diplomatische Kanäle". Das sieht freilich in der Perspektive nicht berauschend aus, weil am selben Tage der sowjetische Volkskommissar für Verteidigung Semjon K. Timoschenko die Weisung an den Oberbefehlshaber des Leningrader Militärbezirks gibt, in der er befiehlt, mit der Erstellung eines Planes für einen operativen Aufmarsch der Truppen der Nordwestfront zu beginnen. Bis 15. Februar 1941 habe der Generalstab der Roten Armee entsprechende Pläne zu erstellen. Am 25. November wird erst einmal nur klar, dass der Kreml in Kürze nachholen will, was im Winterkrieg vor einem Jahr nicht erreicht worden ist. Timoschenkos Weisung nennt als Ziel: „Die Zerschlagung der bewaffneten Kräfte Finnlands, die Erringung der Kontrolle über sein Territorium im Rahmen der festgelegten Abgrenzung sowie den Vorstoß zum Bottnischen Meerbusen am 45. Tag der Operation."[215]

Unterdessen schart der Führer in Berlin weitere Großmächte um seinen Drei-Mächte-Pakt. Gut, es sind vielleicht nicht die ganz großen Länder, aber in der Woche seit dem 20. November 1940 stießen doch immerhin Ungarn, Rumänien und die Slowakei dazu. Es läuft wie am Schnürchen. Von der Slowakei sagte Premier Chamberlain 1938, dass er das *Empire* in keinen Krieg stoßen möchte wegen eines weit entfernten Landes, von dem sie nichts wüssten. Prompt hat Hitler seine Hände auf das Land gelegt. Ungarns Versuch, sich an Großbritannien anzulehnen, ließ London 1939 verenden. Rumänien war 1939 bloß dazu gut, um Polen seine halbseidene Bestandsgarantie aufs Auge zu drücken, durch die London einen Anlass für eine Kriegserklärung gefunden hatte, die konsequenterweise nicht eingelöst wurde, sodass Hitlers Übergrößendeutschland auf Tuchfühlung mit der Sowjetunion gehen konnte. Unser Führer stört sich kein bisschen daran, wie klein und unbedeutend die neuen Partner sind. Im Gegenteil: Er freut sich, dass er nun sogar für einen richtig langen Krieg mit rumänischem Erdöl versorgt ist und dass es über ungarisches Gebiet sicher nach Deutschland befördert werden kann. Dort kann es dann mit der feinen Technologie von Standard Oil of New Jersey zu den entsprechenden Materialien weiterverarbeitet werden. Ganz besonders pikant ist der Hass zwischen den Herrschenden in Rumänien einerseits und in Ungarn andererseits gegeneinander. Gerade hat ein Schiedsspruch alte Wunden aufgerissen, mit dem Siebenbürgen Ungarn angegliedert wird. Die Querelen zwischen seinen neuen *Partnern* würden sicher manchem anderen Kopfzerbrechen bereiten, doch Hitler setzt auch in Deutschland seit Jahren mit Erfolg auf Machtpole, die sich untereinander bekämpfen und damit dauerhaft an seine Gunst gebunden sind, so sie nicht gleichzeitig den Bach hinunter gehen wollen.

Der Deckname *Marita* steht für Hitlers Angriff auf Griechenland. Unser Führer ist, wie wir bereits bemerkt haben, der beflissenste Europäer auf weiter Flur, und am Olymp steht doch so etwas wie die Wiege des alten Kontinents. Außerdem muss er dem *Duce* beispringen, damit der Römer nicht an den griechischen Göttern verzweifelt. Am 13. Dezember erlässt Hitler eine Weisung in der Sache *Marita,* in der er konstatiert, der Ausgang der Kämpfe in Albanien ließe sich noch nicht absehen, deshalb sei es nun doppelt wichtig, dass englische Bestrebungen, unter dem Schutze einer Balkanfront eine vor allem für Italien, daneben für das rumänische Ölgebiet, gefährliche Luftbasis zu schaffen, vereitelt würden. Darum hat er die Absicht, in den nächsten Monaten in Südrumänien so eine Kräftegruppe zu bilden, die sich allmählich verstärkt, und nach dem Eintreten günstiger Witterung, voraussichtlich im März, diese Kräftegruppe durch Bulgarien zur Besitznahme der ägäischen Nordküste einzusetzen. Sicher fehlt wieder nicht der typische Einschub: „und – sollte dies erforderlich sein – des ganzen griechischen Festlandes“.[216]

Doch Europa ist größer als Griechenland und meins bleibt meins, darum gibt der Führer eine Woche vor Heiligabend eine Anweisung heraus, die auch von seinen beiden Händen Keitel und Jodl paraphiert wird, in der die Vollendung der Vorbereitungen für den Fall *Barbarossa* für den 15. Mai 1941 gefordert wird. In diesem Papier steht, die Wehrmacht müsse darauf vorbereitet sein, auch vor Beendigung des Krieges gegen England Sowjetrussland in einem schnellen Feldzug niederzuwerfen. Aber anders als mit einem Blitzkriege hat es die Wehrmacht auch vorher nie schaffen können; sonst reichen die nötigen Ressourcen gar nicht aus. Dabei wäre entscheidender Wert jedoch darauf zu legen, dass die Absicht eines Angriffes nicht erkennbar wird. Das „Endziel der Operationen“ jenes Falles *Barbarossa* ist übrigens die Abschirmung gegen das asiatische Russland auf der allgemeinen Linie Archangelsk-Wolga.[217] So ist das, wenn Kinder zu heiß gebadet wurden oder im schwierigen Alter der Pubertät zu viele Bücher von Karl May und andcrcn phantasiebegabten Männern gelesen haben. Am 29. Dezember '40 unterrichtet der deutsche Diplomat Rudolf von Scheliha den sowjetischen Militärattaché General Wassili Tupikow, dass Hitler vor elf Tagen seine Weisung Nr. 21 zur Vorbereitung auf das Unternehmen *Barbarossa*, den Angriff auf die Sowjetunion, ausgegeben hat, und der Militärattaché berichtet es unverzüglich nach Moskau. Aber plötzlich solle der Krieg im März des nächsten Jahres beginnen, schreibt er in seinem Telegramm. Wann wird Stalin die Verlegerei zu albern und wann wird er in den Agentenmeldungen selbst das Problem sehen? Wo ein um das andere Datum verstreicht, ohne dass was passiert, versucht, wer auch immer, doch bloß, ihn restlos kirre zu machen, dürfte sich der gute Mann im Kreml denken. Doch in der deutschen Hauptstadt spielen andere Ideen eine Rolle. Da hat es die Führung des deutschen Geheimdienstes offenbar noch einmal mit einer Warnung versucht. Mit jedem gelungenen Feldzug des Sohnes der Vorsehung wird es immer schwerer, den Leuten auf der Straße zu verkaufen, warum man den *Gröfaz* endlich entschärfen musste. Aus den höchsten Kreisen der Wehrmachtsführung wird der frühere Reichstagsabgeordnete der Zentrumspartei Dr. Erwin Respondek* beauftragt, die Information über bekannte Details von Plan *Barbarossa* der Botschaft der USA in Berlin zukommen zu lassen. Es ist anzunehmen, dass wahrscheinlich Franz Halder, der Oberbefehlshaber des Heeres, hinter dieser Aktion steht. Dr. Respondek übergibt den Plan dem amerikanischen Handelsattaché Sam Woods.[218]

Auszüge aus *Great Britain and the Fall of France*

A Study in Allied Disunity (1955) von John Campbell Cairns. Er ist 1924 geboren und war Professor für Geschichte an der *University of Toronto*. Vergleichen Sie ruhig meine Darstellung auch einmal mit anderen. Bemerkenswerte Stellen habe ich kursiv markiert.

[...]

Fast zehn Jahre später bezeichnete General Weygand die britischen Divisionen aus irgendeinem Grund als „lächerliche Streitkräfte“. Oder, wie sich [General Edward] Spears an einen Besuch bei [General Alphonse] Georges in La Ferté am 1. November '39 erinnerte: „Niemand sagte das so recht, aber ich hatte das Gefühl, dass die Franzosen [den Befehlshaber des Britischen Expeditionskorps Feldmarschall Lord] *Gort als eine Art freundlichen und fröhlichen Bataillonskommandeur* ansahen.“ Cairns (1955), S. 366f.

[...]

Mit Ausnahme der ersten Tage nach dem deutschen Angriff war die französisch-britische militärische Zusammenarbeit so schlecht umgesetzt worden, wie man es sich nur vorstellen konnte. Von Anfang an hat es wenig gegenseitiges Vertrauen gegeben. Die Franzosen waren zu Recht entmutigt über die geringe Anzahl britischer Divisionen im Feld. Cairns (1955), S. 379

[...]

Offensichtlich wurden die Franzosen durch die Tatsache, dass *Churchill* und Feldmarschall John Greer *Dill* vor dem 24. *keine klare Vorstellung davon hatten, was Gort dachte und tat*, in eine sehr schlechte Position gebracht. Cairns (1955), S. 371

[...]

Lange danach behauptete *Churchill*, dass Großbritannien den Weygand-Plan *„in aller Loyalität“* so lange wie möglich und unter beträchtlichem Risiko verfolgt habe. Aber eine solche Aussage hat einen fragwürdigen Wert. Denn obwohl *Ironside, Dill und der Premierminister selbst* volle Unterstützung versprachen und zu verschiedenen Zeiten entsprechende Befehle erteilten, kann es keinen Zweifel daran geben, dass *Gort* im Feld

(in seinem Pessimismus sowohl von Billotte als auch von Blanchard bestärkt) *sich nie darauf eingelassen hat*. Trotz Spears' Kritik an ihm als *„einfacher, geradliniger, aber nicht sehr kluger Mann"*, als *„überdisziplinierter Soldat"*, der sich *einfallslos an seine Anweisungen hielt*, war Gort, was die Lage der nördlichen Armeen betraf, spätestens seit dem Übergang an Weygand als Oberbefehlshaber der französischen Truppen ein Defätist [einer, der die eigene Sache für aussichtslos hält, und der war der Oberbefehlshaber der Truppe]. Cairns (1955), S. 376f.
[...]
Entscheidend für das Scheitern der anglo-französischen Zusammenarbeit war nun die Tatsache, *dass Gort eine Linie der Unabhängigkeit verfolgte, die nur zu einer völligen Abkehr vom französischen Plan führen konnte*. Bereits am 19. Mai hatte sein Stabschef Pownall das Kriegsministerium angerufen und erklärt, es sähe so aus, als seien die Franzosen nicht in der Lage, die deutsche Bresche zu schließen, so dass Gort gezwungen sei, den Rückzug an die Küste zu erwägen. Ironside weigerte sich, diese Ansicht zu akzeptieren und ging nach Frankreich hinüber. In der Zwischenzeit wurde Gort angewiesen, nicht mehr an einen Rückzug zu denken und sich auf die Zusammenarbeit mit den Franzosen zu konzentrieren. Sein Geisteszustand zu diesem Zeitpunkt wird nie bekannt werden. Montag, der 20. Mai, war für ihn, wie für das gesamte alliierte Kommando, ein kritischer Tag. Bei einem Treffen mit Blanchard, immer noch Kommandeur der Ersten Armee, in Premesques gegen 7 Uhr morgens waren sich Gort und Pownall einig, dass die Sicherheit der Armeen im Norden von „einem erfolgreichen Einsatz aus der gegenwärtigen Position heraus" abhing, „um eine Verbindung mit den alliierten Streitkräften an der Somme herzustellen".
Cairns (1955), S. 369
[...]
Über den Morgen des 20. Mai: Etwas mehr als eine Stunde später traf Ironside mit dem *Befehl* A des Kriegskabinetts ein, in dem Gort angewiesen wurde, nach Amiens zu gehen. Doch Gort überzeugte Ironside [der überdisziplinierte Soldat überzeugte seinen Vorgesetzten] sofort

von der Unmöglichkeit, nach Süden zu ziehen, und von der Notwendigkeit, sich nach Norden zurückzuziehen, um zu verhindern, dass seine linke Flanke gedreht wird! Dieser offensichtliche Sinneswandel innerhalb von etwa einer Stunde ist unerklärlich. Die schlimmste Verwirrung entstand jedoch durch den Befehl an General Franklyn, die Garnison von Arras zu unterstützen und die Straßen südlich der Stadt zu blockieren. Dieser Befehl wurde in der Zeit zwischen den Treffen mit Blanchard und Ironside erteilt. Er sollte für jeden und sogar für den Befehlshaber, der ihn erteilte, unterschiedliche Bedeutung haben. Franklyn war nicht zu verstehen gegeben worden, dass es sich *um so etwas wie* einen Gegenangriff handelte [that anything like a counter-attack was involved] oder dass die Franzosen an der Aktion um Arras beteiligt sein sollten. Seine eigenen Streitkräfte waren viel weniger als zwei volle Divisionen. Dennoch informierten Ironside und Pownall Billotte über diesen Plan, und es wurde vereinbart, dass zwei französische Divisionen sich Franklyns Truppe anschließen und sich in Richtung Cambrai bewegen sollten. So suggerierten die britischen Kommandeure den Franzosen, falls diese nicht von selbst voll und ganz daran glaubten, dass der „Einsatz" von Arras eine Vorstufe zur Schließung der von den Deutschen aufgerissenen Lücke sei. *Franklyn* selbst glaubte nicht daran, *erhielt keine neuen Befehle,* und als er am selben Montag, dem 20. Mai, von Prioux, Blanchard, René Altmayer und Billotte aufgefordert wurde, am 21. Mai in Richtung Bapaume anzugreifen, sagte er, dass er dies nicht tun könne. Er nahm jedoch das Angebot von Prioux an, eine mechanisierte Kavalleriedivision zu bilden, die seine Truppen beim Arras-Einsatz begleiten sollte. Er konnte nicht wissen, dass Dill am selben Tag in Paris Weygand versprach, dass *das BEF* (wie er dem Premierminister berichtete) *„voll und ganz bereit" sei,* sich an einem Schlag von Billottes Gruppe nach Süden zu beteiligen, um sich den Somme-Streitkräften anzuschließen; er hätte vielleicht die Tränen nicht verstanden, mit denen General Robert Altmayer seine Unfähigkeit verkündete, vor Mittwoch, dem 22., vom Somme-Gebiet aus in Richtung Norden zuzuschlagen; und er hätte sicher nicht den Schluss gezogen, *wie es das Hauptquartier von*

Gort tat, dass dies einem Versäumnis bei der Zusammenarbeit gleichkam. Unterstützt durch die Kavalleriedivision von Prioux fand der Angriff auf Arras am Dienstag, dem 21., statt, mit einem Rückzug bei Einbruch der Nacht und der endgültigen Aufgabe der Stellung am Donnerstag, dem 23. Mai. Wie schlecht der ganze Vorfall gehandhabt wurde, zeigt die Tatsache, dass Prioux nie verstanden hat, was Gort im Sinn hatte. Da Prioux, wie er sagte, zusammen mit dem britischen General einen Vorstoß nach Süden plante, wurde ihm befohlen, auf der Linie der Scarpe zu bleiben, wo er sich befand, obwohl er glaubte, dass der Arras-Schlag die einzige Chance bieten würde, den deutschen Keil zu durchbrechen und der Flandernfalle zu entkommen. Dann wurde ihm befohlen, die britischen Divisionen mit seiner Kavallerie zu flankieren. Aber er erfuhr nach eigenem Bekunden erst in der Nacht vom 21. auf den 22. Mai, dass *Franklyns Befehle geändert* wurden, dass die britischen Einheiten zurückgezogen werden sollten und er ihren Rückzug decken sollte. [Die Engländer, die kamen, um Frankreich zu schützen, sollen auf ihrer Flucht vor dem Feind von den Franzosen geschützt werden. Bravo.] Cairns (1955), S. 370

[...]

Dünkirchen, das seinen Platz in der britischen Geschichte als eine glorreich gelungene Evakuierung angesichts einer scheinbar unausweichlichen Katastrophe sicher hat, war der Tiefpunkt der anglo-französischen Militärbeziehungen. Die Pläne der britischen Admiralität zur Evakuierung waren am 19. in die Wege geleitet worden, aber die Franzosen begriffen die Absichten Londons in dieser Richtung nur langsam und folgten ihr noch langsamer. [but the French were slow to comprehend London's intentions in this direction and still slower to follow suit.] Mit dem Fall von Boulogne am 25. Mai (aus dem die Brigade der Britischen Garde zwei Tage zuvor abgezogen worden war, ohne dass die Franzosen darüber informiert wurden) und dem Fall von Calais am 26. schien es, dass die Evakuierung nicht verzögert werden konnte. Um 7 Uhr abends wurde die Operation Dynamo in Gang gesetzt. Cairns (1955), S. 373f.

[...]

So kam der alliierte Feldzug in Flandern zu seinem verzweifelten Ende, wobei sogar der normalerweise freundlich gesinnte französische Premierminister schlecht gelaunt und sarkastisch darauf hinwies, dass es ihm schwer fiel, die französische öffentliche Meinung davon abzuhalten, sich in Wut gegen die Briten zu ergehen; und Spears erwiderte wütend, dass sich die englische öffentliche Meinung ohne die Weisheit Churchills [the wisdom of Churchill] heftig gegen das französische Oberkommando, die französischen Soldaten und Frankreich im Allgemeinen äußern würde. Cairns (1955), S. 376

[...]

Es stimmt, dass Adam und Fagalde noch am 25. Mai einen Gegenangriff planten, aber *Gort* machte sich diesbezüglich keine Illusionen. *Sobald sie erfuhren, was Gort dachte und beabsichtigte, gaben die Männer in London den Plan auf und befahlen den Marsch zum Kanal*, wobei sie die Rettung der BEF über alles andere stellten. [Die Begründung wurde schon in der Instruktion vom September vorgelegt.] Edens telegrafische Zusicherung vom 27. Mai, dass „wir auf jeden Fall die Absicht haben, Seite an Seite mit unseren Verbündeten weiterzukämpfen", mit einer Rekonstituierung der evakuierten Armee auf französischem Boden, war in den Augen der Franzosen ein schlechter Ersatz für den Gegenangriff, den Weygand seit dem 21. Mai angestrebt hatte. Cairns (1955), S. 377 [und den der deutsche General Manstein auch für realistisch hielt.]

[...]

Ende Mai war alles in Bewegung. Kommandoposten wurden ständig verschoben. Gort berichtete tagelang von seiner Unfähigkeit, Blanchard ausfindig zu machen, und in ähnlicher Weise verbrachte General Koeltz, der Weygand in Flandern vertrat, einen guten Teil des 26. Mai mit der Suche nach Gort, bis er ihn am Abend in Dünkirchen fand. [Es geht hier um die Aufenthaltsorte verbündeter Militärs, nicht um den Verbleib von Tante Trudel, und das Telefon gab es da schon seit sechs Jahrzehnten.] Cairns (1955), S. 372

[...]

Doch die Gründe für die Kritik waren allgemein, und wenn London verbittert war über die offensichtliche Unfähigkeit der Franzosen, die Schiffe zu nutzen, die in der gefährlichen Nacht vom 2. auf den 3. Juni vor den Stränden warteten, so konnte die französische Regierung nur schwer vergessen, dass Dill sich geweigert hatte, ein einheitliches Kommando zu akzeptieren. Cairns (1955), S. 377

1 Boberach (Hrsg., 1984), Band 3, S. 630

2 Hirche (1964), S. 147

3 Boberach (Hrsg., 1984), Band 3, S. 636
Steinbach & Tuchel (Hrsg., 1994), S. 398
SD ist die Abkürzung für den Sicherheitsdienst der SS bzw. Sturmstaffel.

4 Boberach (Hrsg., 1984), Band 3, S. 631 und 638
HJ ist 1940 die Hitlerjugend.

5 Ebd., S. 630
Hirche (1964), S. 138
NSV ist 1940 die Nationalsozialistische Volkswohlfahrt. Sie wurde laut Wikipedia am 18. April 1932 durch die Nazis als ein eingetragener Verein gegründet und am 3. Mai 1933 zur Parteiorganisation der NSDAP befördert.

6 Boberach (Hrsg., 1984), Band 3, S. 686f.
Hirche (1964), S. 171

7 Ebd.

8 Boberach (Hrsg., 1984), Band 3, S. 635

9 Ebd., S. 630f. und 638

10 Ebd., S. 637

11 Ebd., S. 644

12 Ebd., S. 665 und 669

13 Hirche (1964), S. 160
Boberach (Hrsg., 1984), Band 3, S. 668f.

14 Fest (1994), S. 121f.

15 Boberach (Hrsg., 1984), Band 3, S. 668

16 Ebd., S. 701

17 Ebd.
Falin (1995), S. 84 und 129
Höhne (1976), S. 273

18 Boberach (Hrsg., 1984), Band 3, S. 668

19 Hirche (1964), S. 144

20 Boberach (Hrsg., 1984), Band 3, S. 677

21 Ebd., S. 700f.

22 Lemo Deutsches Historisches Museum Berlin (2014), Arvid Harnack 1901-1942 [online]. Verfügbar unter https://www.dhm.de/lemo/biografie/arvid-harnack [25.03.2020]
Lemo Deutsches Historisches Museum Berlin (2014), Harro Schulze-Boysen 1909-1942 [online]. Verfügbar unter https://www.dhm.de/lemo/biografie/biografie-harro-schulze-boysen.html [25.03.2020]

23 Steinbach & Tuchel (Hrsg., 1994), S. 468 und 473
Lemo Deutsches Historisches Museum Berlin (2014), Arvid Harnack 1901-1942 [online]. Verfügbar unter https://www.dhm.de/lemo/biografie/arvid-harnack [25.03.2020]
Wikipedia (2020), Arvid Harnack 1901-1942 [online]. Verfügbar unter https://de.wikipedia.org/wiki/Arvid_Harnack [25.03.2020]

24 Steinbach & Tuchel (Hrsg., 1994), S. 471f.
Die Spitzelberichte des Sicherheitsdienstes der SS finden Sie im Literaturverzeichnis unter Boberach (Hrsg., 1984)

25 Rothfels (1960), S. 109
Fest (1994), S. 150-152, 155, 157 und 164
Dulles (1947), S. 22

26 Rothfels (1960), S. 139
Steinbach & Tuchel (Hrsg., 1994), S. 310 und 326f.
IMG (1948), Band XXII, S. 649
Manstein (2009), S. 119
Wikipedia (2020), James Lonsdale-Bryans [online]. Verfügbar unter https://en.wikipedia.org/wiki/James_Lonsdale-Bryans [25.03.2020]
Eugen Gerstenmaier war während des Krieges Mitglied der Bekennenden Kirche und ab 1954 Bundestagspräsident der Bundesrepublik Deutschland. Folgendes Zitat stammt aus der Frankfurter Allgemeinen Zeitung vom 21. März 1975: „Was wir im deutschen Widerstand während des Krieges nicht wirklich begreifen wollten, haben wir nachträglich vollends gelernt: dass der Krieg schließlich nicht gegen Hitler, sondern gegen Deutschland geführt wurde. Das Scheitern aller unserer Verständigungsversuche aus dem Widerstand (...) war deshalb kein Zufall. Es war ein Verhängnis, dem wir vor und nach dem Attentat [von 1944] machtlos gegenüberstanden."
27 Boberach (Hrsg., 1984), Band 3, S. 740f.
SD ist die Abkürzung für den Sicherheitsdienst der SS oder kurz der Nazi-Spitzel.
28 Boberach (Hrsg., 1984), Band 3, S. 759
29 Ebd., S. 760
30 Falin (1995), S 185
Boberach (Hrsg., 1984), Band 3, S. 766
31 Ebd.
32 Ebd.
Hirche (1964), S. 135f.
33 Boberach (Hrsg., 1984), Band 3, S. 766
34 Falin (1995), S. 147f. und 153f.
Rothfels (1960), S. 140
Wikipedia (2020), James Lonsdale-Bryans [online]. Verfügbar unter https://en.wikipedia.org/wiki/James_Lonsdale-Bryans [25.03.2020]
35 Ebd.
Falin (1995), S. 147f. und 153f.
Rothfels (1960), S. 140
36 Jan Behrens, Berlin, 06. Dezember 1940, Telefunken
37 Boberach (Hrsg., 1984), Band 3, S. 796f.
38 Ebd., S. 797
39 Ebd., S. 798
40 Ebd., S. 798f.
41 Kennan (1968), S. 121 und 126
42 Hirche (1964), S. 146
Boberach (Hrsg., 1984), Band 3, S. 867
43 Hirche (1964), S. 140
44 Falin (1995), S. 147f. und 153
Rothfels (1960), S. 140
IMG (1948), Band XXII, S. 508
Fest (1994), S. 144
Steinbach & Tuchel (Hrsg., 1994), S. 310
45 Falin (1995), S. 147
46 Ebd., S. 148
47 Ebd., S. 150
48 Ebd., S. 150f.
Rothfels (1960), S. 140
Falin (1995), S. 146f.

49 IMG (1948), Band XXII, S. 508
50 Falin (1995), S. 153
51 Ebd., S. 153ff.
52 IMG (1948), Band XXII, S. 509
Fest (1994), S. 144
53 Boberach (Hrsg., 1984), Band 4, S. 897f.
Falin (1995), S. 145f.
54 Boberach (Hrsg., 1984), Band 4, S. 898 und 901
55 IMG (1948), Band XXII, S. 508f.
56 Boberach (Hrsg., 1984), Band 4, S. 927
Haisenko (2016), S. 111
57 Boberach (Hrsg., 1984), Band 4, S. 948 und 957
58 Falin (1995), S. 185f.
59 Steinbach & Tuchel (Hrsg., 1994), S. 310
60 Boberach (Hrsg., 1984), Band 4, S. 948
61 Hirche (1964), S. 152
62 Wikipedia (2020), Weiße Blätter [online]. Verfügbar unter https://de.wikipedia.org/wiki/Wei%C3%9Fe_Bl%C3%A4tter [26.03.2020]
63 Sarkowicz (2004), CD 2, Track Nr. 5, Min. 4:20
64 Dulles (1947), S. 20f.
65 Hirche (1964), S. 169f.
66 Boberach (Hrsg., 1984), Band 4, S. 891, 902, 904, 908 und 926
Wikipedia (2029), Fanta (Getränk) [online]. Verfügbar unter https://de.wikipedia.org/wiki/Fanta_(Getr%C3%A4nk) [12.04.2020]
67 Hirche (1964), S. 142
68 Schmidt (1961), S. 481f.
Die Wiedergaben von Schmidt und in Churchill (1954), S. 189 unterscheiden sich leicht. Hier ist die Übersetzung des Originals: „Am 3. April ratifizierte das britische Kabinett den Beschluss des Obersten Kriegsrates und die Admiralität wurde ermächtigt, am 8. April mit der Verminung der norwegischen Gewässer zu beginnen. Ich nannte diese Operation «Wilfred», weil sie an sich so klein und harmlos war. Da unser Vorgehen eine deutsche Reaktion nach sich ziehen konnte, wurde überdies beschlossen, eine britische Brigade und ein französisches Truppenkontingent nach Narvik zu senden, um den Hafen zu besetzen und bis zur schwedischen Grenze vorzurücken. Andere Streitkräfte sollten in Stavanger, Bergen und Trondheim an Land gehen, um dem Feind die Benützung dieser Stützpunkte zu verwehren.“ Als ob seine Formulierung „an sich so klein und harmlos“ nicht schon selbst nach einem gewollten Euphemismus klänge, muss Churchill in einer Fußnote noch nachhelfen und ergänzen, Wilfred sei eine „populäre Schöpfung eines englischen Karikaturisten: naive, von Ungeschick verfolgte sympathische Gestalt.“ Wurde damit die Entschuldigung für diese folgenschwere Aktion schon vor deren Beginn eingereicht, inklusive des Wunsches, dass man den Urheber trotz allem noch als sympathische Gestalt wahrnehmen möge?
69 Schmidt (1961), S. 481
70 Wikipedia (2020), Uranprojekt [online]. Verfügbar unter http://de.wikipedia.org/wiki/Uranprojekt [28.02.2020]
In der Frage der Atomwaffenforschung beschränke ich mich ganz bewusst im Wesentlichen auf die Angaben bei Wikipedia, auch wenn ich mehrere Bücher dazu gelesen habe, die zeigen sollen, dass die deutsche Forschung weiter war, als man es heute gerne hören möchte. Mir geht es hier nur darum, diese Forschungen in den zeitlichen Ablauf des Kriegsgeschehens einzuordnen. Da ich andere Punkte wesentlicher finde, will ich mich an Spekulationen in der Frage nicht beteiligen.

71 Schmidt (1961), S. 482
72 IMG (1948), Band XXII, S. 510f.
73 Boberach (Hrsg., 1984), Band 4, S. 975f.
74 Klöckler (2005), S. 206
Karl-Heinz Gerstner hat dann in der DDR die Sendung Prisma moderiert. Hat er versucht, ein Wort zugunsten von Kurt Georg Kiesinger einzulegen, als sich alle darauf eingeschossen hatten, dass Kiesinger formal auch ein Mitglied der NSDAP war? Er wusste doch, aus welchem Holz Kiesinger geschnitzt war. Er könnte auch gewusst haben, dass Kiesinger in den folgenden Jahren mit Erfolg einige Aktionen der Propagandaabteilung gegen die Juden verhindert hat. Es hätte nachdenklich machen müssen, warum sich Kiesinger gegen die Etikettierung als Nazi in der späteren Bundesrepublik nicht gewehrt hat.
75 Speidel (1977), S. 89
76 Schmidt (1961), S. 561f.
77 Boberach (Hrsg., 1984), Band 4, S. 997
HJ ist 1940 die Hitlerjugend, BDM ist der Bund Deutscher Mädel und KZ bzw. KL wurden mit der Zeit zu Abkürzungen für Konzentrationslager.
78 Boberach (Hrsg., 1984), Band 4, S. 967f. und 997f.
Blume, Doris & Wichmann, Manfred (2015), Lemo Jahreschronik 1940 des Deutschen Historischen Museums [online]. Verfügbar unter https://www.dhm.de/lemo/jahreschronik/1940 [28.01.2019]
79 Boberach (Hrsg., 1984), Band 4, S. 1006
80 Hirche (1964), S. 169
81 Schwipper (2018), S. 73-77
82 Boberach (Hrsg., 1984), Band 4, S. 1020f. und 1033
83 Ebd., S. 1059
84 Falin (1995), S. 147
Szepansky (1983), S. 259
85 Hirche (1964), S. 173
86 Gilbert & Gott (1964), S. 287f.
87 Wikipedia (2020), Uranprojekt [online]. Verfügbar unter http://de.wikipedia.org/wiki/Uranprojekt [28.02.2020]
88 Manstein (2009), S. 58
IMG (1948), Band XXII, S. 546
89 Hirche (1964), S. 144
90 Bruch & Hofmeister (2000), S. 156
IMG (1948), Band XXII, S. 649
91 Wikipedia (2018), Massaker von Katyn [online]. Verfügbar unter https://de.wikipedia.org/wiki/Massaker_von_Katyn [19.10.2018]
92 Knightley (1990), S. 134
Fest (1994), S. 144f.
Steinbach & Tuchel (Hrsg., 1994), S. 310f.
Schmidt (1961), S.482
Speidel (1977), S. 88
93 Fest (1994), S. 169
Torweihe (2020), Frankreichfeldzug. Das Jahr 1940: Januar bis 9. Mai [online]. Verfügbar unter http://www.torweihe.de/fra2.htm [29.03.2020]
94 Steinbach & Tuchel (Hrsg., 1994), S. 330f.
95 Fest (1994), S. 171
96 Knightley (1990), S. 112

97 Knightley (1990), S. 120f., 136, 138, 141f. und 151
Moorhouse (2007), S. 123
Deutsches Spionage Museum (2020), Nazi-Chiffiermaschine Enigma - Die vergessenen Codeknacker [online]. Verfügbar unter https://www.deutsches-spionagemuseum.de/2016/10/03/die-vergessenen-codeknacker/ [12.04.2020]
98 Quigley (2010), S. 38
99 Preparata (2011), S. 341 und 352f.
Knightley (1990), S. 131
100 Cairns (1955), S. 378f.
101 Owen (2016), S. 180
Hughes (1955), S. 189f.
Dort heißt es auf Seite 190: All this is frankly admitted by such authoritative British writers as Air Marshal Sir Arthur Harris, in his Bomber Offensive (1947), by J. M. Spaight, principal secretary of the British Air Ministry, in his Bombing Vindicated (1944), and by Liddell Hart in his The Revolution in Warfare (1946) and in his article „War, Limited“ in Harper's Magazine (March, 1946).
102 Hirche (1964), S. 188
103 Lemo Deutsches Historisches Museum Berlin (2015), Die Bombardierung Rotterdams [online]. Verfügbar unter https://www.dhm.de/lemo/kapitel/zweiter-weltkrieg/ kriegsverlauf/rotterdam/ [29.03.2020]
Wikipedia (2020), Bombardierung von Rotterdam 1940 [online]. Verfügbar unter http://de.wikipedia.org/wiki/Bombardierung_von_Rotterdam_1940 [29.03.2020]
Wikipedia (2020), Überfall auf die Niederlande, Belgien und Luxemburg [online]. Verfügbar unter https://de.wikipedia.org/wiki/%C3%9Cberfall_auf_die_ Niederlande,_ Belgien_und_Luxemburg [29.03.2020]
104 Hirche (1964), S. 98
Das Sprachspiel bezieht sich auf die Komponisten Händel, Liszt, Kreutzer, Schütz, Grieg und Hindemith. 1. Händel ist ein veraltetes Wort für eine Schlägerei. 2. Hitler machte mit List und Tücke Politik. 3. Kreuzer waren früher Münzen im süddeutschen Raum. 4. Ein Schütze kann mit einer Waffe schießen. 5. Grieg meint natürlich Krieg. 6. Hindemith soll klingen nach Hin damit! Es ist verloren.
105 Hirche (1964), S. 144
106 Wikipedia (2020), Westfeldzug [online]. Verfügbar unter https://de.wikipedia.org/wiki/Westfeldzug [29.03.2020]
Torweihe (2020), Frankreichfeldzug. Das Jahr 1940: Januar bis 9. Mai [online]. Verfügbar unter http://www.torweihe.de/fra2.htm [29.03.2020]
107 Wikipedia (2020), Schlacht von Dünkirchen [online]. Verfügbar unter https://de.wikipedia.org/wiki/Schlacht_von_D%C3%BCnkirchen [29.03.2020]
Kleist (1952), S. 278
Owen (2016), S. 157 und 179
Hier ist der vollständige Text bei Owen: „It seemed from all the evidence available that we might have to face a situation in which the French were going to collapse, and that we must do our best to extricate the British Expeditionary Force from northern France. The Prime Minister read to the War Cabinet the conclusions which had been reached at the meeting of Ministers and Chiefs of Staff the previous night. On the basis of these conclusions a telegram had been despatched to Lord Gort, warning him that he might be faced with a situation in which the safety of the British Expeditionary Force would be the predominant consideration, and that every endeavour would be made to provide ships for the evacuation, and aircraft to cover it. Preliminary plans were accordingly to be prepared at once.“
Ins Deutsche übersetzt steht in dem Protokoll: „Nach allem, was uns an Beweisen

zur Verfügung stand, schien es, dass wir mit einer Situation konfrontiert werden könnten, in der die Franzosen zusammenbrechen würden, und dass wir unser Bestes tun müssten, um die britische Expeditionstruppe aus Nordfrankreich zu befreien. Der Premierminister las dem Kriegskabinett die Schlussfolgerungen vor, die auf der Sitzung der Minister und Generalstabschefs am Vorabend erreicht worden waren. Auf der Grundlage dieser Schlussfolgerungen war ein Telegramm an Lord Gort gesandt worden, in dem er gewarnt wurde, dass er sich einer Situation gegenübersehen könnte, in der die Sicherheit der britischen Expeditionsstreitkräfte an erster Stelle stehen würde, und dass alles unternommen werden würde, um Schiffe für die Evakuierung und Flugzeuge für die Evakuierung bereitzustellen. Dementsprechend sollten sofort vorläufige Pläne ausgearbeitet werden.“ Übersetzt mithilfe von www.DeepL.com/Translator (kostenlose Version)

108 Wikipedia (2018), Battle of Dunkirk [online]. Verfügbar unter https://en.wikipedia.org/wiki/Battle_of_Dunkirk [06.09.2018]
Cairns (1955), S. 377
Einige Passagen aus dem Artikel von John Cairns finden Sie im Anschluss an den Text über das Jahr 1940, damit Sie sich selbst einen Eindruck verschaffen können.

109 Preparata (2011), S. 155ff. und 342ff.

110 Hirche (1964), S. 146
Wikipedia (2020), Westfeldzug [online]. Verfügbar unter https://de.wikipedia.org/wiki/Westfeldzug [10.04.2020]
Torweihe (2020), Frankreichfeldzug. Das Jahr 1940: 10. Mai bis 4. Juni [online]. Verfügbar unter http://www.torweihe.de/fra3.htm [29.03.2020]

111 Wikipedia (2020), Uranprojekt [online]. Verfügbar unter http://de.wikipedia.org/wiki/Uranprojekt [28.02.2020]

112 Fest (1994), S. 173

113 IMG (1948), Band XXII, S.511

114 Shirer (1961), S. 685

115 Statista (2020), Armeestärken im Zweiten Weltkrieg nach Ländern in den Jahren 1939 bis 1945 [online]. Verfügbar unter https://de.statista.com/statistik/daten/studie/252298/umfrage/armeestaerken-im-zweiten-weltkrieg-nach-laendern/ [07.06.2020]
Schmidt (1961), S. 259

116 Mackinder (1919), S. 79

117 Owen (2016), S. 220
Knopp (2009), S. 50

118 Cairns (1955), S. 365ff.
Wikipedia (2020), Überfall auf die Niederlande, Belgien und Luxemburg [online]. Verfügbar unter https://de.wikipedia.org/wiki/%C3%9Cberfall_auf_die_Niederlande,_ Belgien_und_Luxemburg [29.03.2020]

119 Preparata (2010), S. 97-112
Manstein (2009), S. 122
Owen (2016), S. 173f.

120 Manstein (2009), S. 122
Cairns (1955), S. 373f.
Am Ende des Jahres 1940 finden Sie bei mir Auszüge aus dieser kanadischen Darstellung über die fragwürdige Kooperation der alliierten Truppen.

121 Owen (2016), S. 180
Cairns (1955), S. 378f.
Wikipedia (2020), Schlacht von Dünkirchen [online]. Verfügbar unter https://de.wikipedia.org/wiki/Schlacht_von_D%C3%BCnkirchen [29.03.2020]

122 Owen (2016), S. 157, 163, 169, 180f., 193 und 198
Cairns (1955), S. 372
BEF ist die British Expeditionary Force, das Britische Expeditionskorps, und somit die Bezeichnung des Truppenkontingents der British Army, das in den zwei Weltkriegen in Frankreich und Belgien eingesetzt war.
123 Owen (2016), S. 205
Hirche (1964), S. 187
Overy (2013), S. 187
124 Harrison (2000), S. 16
Owen (2016), S. 170
125 Knightley (1990), S. 89f.
Vgl. Quigley (2010), S. 74 und 76
126 Wikipedia (2020), Westfeldzug [online]. Verfügbar unter https://de.wikipedia.org/wiki/Westfeldzug [10.04.2020]
Wikipedia (2020), Operation Dynamo [online]. Verfügbar unter https://de.wikipedia.org/wiki/Operation_Dynamo [29.04.2020]
Cairns (1955), S. 376f.
Fest (1994), S. 173
Kleist (1952), S. 278
127 Manstein (2009), S. 56
Cairns (1955), S. 377
128 Owen (2016), S. 166 und 212f.
129 Ebd., S. 219
Campbell (1763), S. 30
Vgl. Pauwels (2003), The myth of the good war. America in World War II.
Die Hälfte der abgeworfenen Bomben ging auf Deutschland nieder, und der Rest? Die andere Hälfte der britischen Bomben ging über Frankreich, den Niederlanden und weiteren Ländern nieder. Im Fall von Royan schreibt Richard Overy, dies sei die übelste Aktion der Amerikaner in Frankreich gewesen. Danach sei kein Stein mehr auf dem anderen geblieben. Alle strategischen Ziele hätte man ebenfalls mit einigen Infanteriedivisionen und kurzem Artilleriefeuer erreichen können. In Caen habe das schwere Bombardement so viel Schutt in der Stadt hinterlassen, dass die Stadt anschließend für die alliierten Truppen so gut wie unpassierbar war. Aus diesem Grund hinterfragt der Autor auch den Zweck der ganzen Maßnahme.
Overy (2013), S. 369
130 Wikipedia (2020), Schlacht von Dünkirchen [online]. Verfügbar unter https://de.wikipedia.org/wiki/Schlacht_von_D%C3%BCnkirchen [07.06.2020]
Nach Manstein (2009), S. 122f. wurden 312.050 britische Soldaten evakuiert.
Mein herzlicher Dank gilt Wikipedia. Während ich dem Portal normalerweise nur recht selektiv etwas abkaufe, habe ich für diesen Zweck die erwähnten Ereignisse als Tatsachen ernst genommen, nur zeitlich sortiert und mit englischen Quellen abgeglichen. Aber selbst der Mitte März 2020 vorzufindende Text liefert ein schönes Beispiel, wie dort mit den Worten zum Zwecke der Meinungsbildung herumjongliert wird. Alles wird so zurechtgedreht, wie es gerade am besten in die jeweiligen Argumentationen passt. An einer Stelle schreiben sie: „Der Haltebefehl vom 24. bis 26. Mai wird von manchen Publizisten als kapitaler taktischer Fehler angesehen, von anderen als militärische Routine. Die Gefangennahme des gesamten britischen Expeditionskorps hätte die Kraft Großbritanniens, den Krieg gegen das Deutsche Reich fortzuführen, wohl entscheidend beeinträchtigt, da der Verlust dieses gut ausgebildeten Berufsheeres zum damaligen Zeitpunkt nicht hätte ersetzt werden können.“ Diese Aussage über das Berufsheer wird auch nicht eingeschränkt. Und in derselben Darstellung heißt es: „Im Osten wurde der Ypern-

Komen-Kanal gegen die anrückende Infanterie der Heeresgruppe B bis zum 28. Mai gehalten. Der Kanal war bereits am 27. Mai erstmals von deutschen Grenadieren überschritten worden, wurde in der darauffolgenden Nacht jedoch zurückerobert; beide Seiten erlitten dabei starke Verluste. Durch diese Maßnahmen wurde es möglich, die schlecht bewaffneten und für den Kampfeinsatz unzureichend ausgebildeten Truppen der britischen 23. und 46. Division aus dem Korridor nach Dünkirchen zu bringen." Hat der Chef des britischen Generalstabs nicht zum französischen Amtskollegen Gamelin gesagt, dass alles getan würde, ohne untrainierte, unausgerüstete Männer zu entsenden? Sprachlich wird ja schon getrickst, wenn bei *gut ausgebildet* vom *Berufsheer* die Rede ist, bei *unzureichend ausgebildet* aber lediglich von *Truppen*. Das Publikum bleibt auf der Frage sitzen, warum am entscheidenden Frontabschnitt schlechte Truppen eingesetzt worden sein sollen, und alternativ, warum dann „der Verlust dieses gut ausgebildeten Berufsheeres zum damaligen Zeitpunkt nicht hätte ersetzt werden können".

131 Falin (1995), S. 192f.
132 Schmidt (1961), S. 484f.
133 Lemo Deutsches Historisches Museum Berlin (2015), Der Waffenstillstand in Compiègne 1940 [online]. Verfügbar unter http://www.dhm.de/lemo/html/wk2/kriegsverlauf/compiegne/index.html [12.04.2020]
134 Lemo Deutsches Historisches Museum Berlin (2014), Henri Philippe Pétain 1856-1951 [online]. Verfügbar unter http://www.dhm.de/lemo/html/biografien/PetainHenriPhilippe/ [29.03.2020]
Schmale (2000), S. 278-281
135 Hirche (1964), S. 137f.
Boberach (Hrsg., 1984), Band 4, S. 1129f.
136 Ebd., S. 1261
137 Kennan (1968), S. 114
Knightley (1990), S. 117
Fest (1994), S. 146
Rothfels (1960), S. 91
138 IMG (1948), Band XXII, S. 477
139 Rothfels (1960), S. 120-123
140 Dönhoff (1976), S. 23-31
141 Steinbach & Tuchel (Hrsg., 1994), S. 324
Rothfels (1960), S. 107 und 148
142 Speidel (1977), S. 96f.
Pauwels (2003), S. 244
143 Speidel (1977), S. 94
144 Ebd., S. 98f.
145 Ebd., S. 98f.
Hirche (1964), S. 137
146 Mayer & Mehner (2001), S. 30
Wikipedia (2020), Uranprojekt [online]. Verfügbar unter http://de.wikipedia.org/wiki/Uranprojekt [28.02.2020]
147 Shirer, S. 685f.
Falin (1995), S. 520
Knightley (1990), S. 100
148 Bereshkow (1975), S. 24
Weremejev (2020), Feldhandbuch der Roten Armee (PU-39) für die Verteidigung [online]. Verfügbar unter http://army.armor.kiev.ua/hist/PU-39.shtml [07.06.20]
149 Wikipedia (2019), Okkupation Lettlands 1940 [online]. Verfügbar unter https://de.wikipedia.org/wiki/Okkupation_Lettlands_1940 [12.04.2020]

150 Trepp (1996), S. 134ff.
LeBor (2014), S. 92, 109 bis 120
151 Falin (1995), S. 170
152 Ebd., S. 172
153 Wikipedia (2020), Bessarabien [online]. Verfügbar unter https://de.wikipedia.org/wiki/Bessarabien [29.03.2020]
154 Falin (1995), S. 513 und 524f.
155 Shirer (1961), S. 686
156 Moorhouse (2007), S. 297
157 Vogt (2011), Prof. Dr. Michael Vogt – Geheimakte Hess [online]. Ab 00:25:05 h. Verfügbar unter https://www.youtube.com/watch?v=ovp88BDzPM4 [07.06.20]
158 Preparata (2011), S. 342ff.
159 Schwipper (2018), S. 44
160 Hofer (1982), S. 242
161 Shirer (1961), S. 688
162 Hofer (1982), S. 241
163 Shirer (1961), S. 688f.
164 Fest (1994), S. 147
165 Wikipedia (2020), Uranprojekt [online]. Verfügbar unter http:/de.wikipedia.org/wiki/Uranprojekt [28.02.2020]
166 Hofer (1982), S. 243
IMG (1948), Band XXII, S. 649
Schultze-Rhonhof (2007), S. 353
Fest (1994), S. 173
Vogt (2011), Prof. Dr. Michael Vogt – Geheimakte Hess. NTV-Doku. Langfassung [online]. Dokumentenfotografie in Minute 00:42:53. Verfügbar unter https://www.youtube.com/watch?v=26Fxm55aqBU [21.04.2020]
167 IMG (1948), Band XXII, S. 649
168 Bereshkow (1975), S. 45
Falin (1995), S. 172
169 Knightley (1990), S. 114, 117f. und 122f.
170 Preparata (2011), S. 342ff.
171 Falin (1995), S. 172 und 527, Endnote 31
172 Ebd., S. 173f.
173 Preparata (2011), S. 344
Jewiki (2019), Albion [online]. Verfügbar unter https://www.jewiki.net/wiki/Albion [02.03.2019]
174 IMG (1948), Band XXII, S. 516
Weremejev (2020), Feldhandbuch der Roten Armee (PU-39) für die Verteidigung [online]. Verfügbar unter http://army.armor.kiev.ua/hist/PU-39.shtml [07.06.20]
Suworow (2000), S. 144
175 Ebd., S. 315f.
Ich habe im ersten Teilsatz das Wort *möglicherweise* eingefügt. Man könnte hier auch sagen: *unter Umständen*. Im Original scheint zu stehen: *может только*. Das wäre jedoch zweideutig. Bei Suworow steht in der deutschen Fassung: *kann sich nur* auf unsere Westgrenzen beschränken. Das kann man auf dem Wort *kann* oder auf dem Wort *nur* betonen. Aus alten wie aus neuen Erfahrungen Russlands und der Sowjetunion mit Japan lässt sich kaum ableiten, dass im Osten nicht zum wiederholten Mal eine kriegerische Verwicklung eintreten könnte, zumal der Text so weitergeht, dass nicht ausgeschlossen werden könne, dass auch Angriffe auf die fernöstlichen Grenzen der Sowjetunion seitens Japans erfolgen würden.

176 Suworow (2000), S. 315f.
177 Schwipper (2018), S. 33f.
178 IMG (1948), Band XXII, S. 519
179 Hofer (1982), S 244
180 IMG (1948), Band X, S. 333 und Band XXII, S. 519
181 Steinbach & Tuchel (Hrsg., 1994), S. 483
182 Schwipper (2018), S. 39 und 41f.
183 Falin (1995), S. 525, Endnote 6
184 Ebd., 172ff.
185 Schmidt (1961), S. 500-503
186 Knightley (1990), S. 113
187 Schmidt (1961), S. 505
Speidel (1977), S. 106
188 Felfe (1988), S. 78
RSHA ist 1940 das Reichssicherheitshauptamt.
189 Steinbach & Tuchel (Hrsg., 1994), S. 330
Wikipedia (2020), Hans Riesser (Diplomat) [online]. Verfügbar unter http://de.wikipedia.org/wiki/Hans_Riesser (Diplomat) [28.01.2019]
190 Schmid (1981), S. 160f.
191 Wikipedia (2020), Carlo Schmid [online]. Verfügbar unter https://de.wikipedia.org/wiki/Carlo_Schmid [07.06.2020]
192 Schmid (1981), S. 193ff.
193 IMG (1948), Band X, S. 327
194 Schmidt (1961), S. 515
195 Boberach (Hrsg., 1984), Band 5, S. 1762
196 Bereshkow (1975), S. 29
Schmidt (1961), S. 515
Gosztony (1966), S. 397
197 Schmidt (1961), S. 517
198 Ebd., S. 517-520
Falin (1995), S. 172
199 Bereshkow (1975), S. 34
Schmidt (1961), S. 521
Falin (1995), S. 192f.
Laupp'sche Buchhandlung (1949), Aufzeichnung über die Unterredung zwischen dem Führer und dem Vorsitzenden des Rats der Volkskommissare der UdSSR und Volkskommissar für Auswärtige Angelegenheiten W. M. Molotow in Anwesenheit des Reichsaußenministers und des stellvertretenden Volkskommissars Dekanosow in Berlin am 12. November 1940. Geheime Reichssache [online]. Verfügbar unter http://www.histdoc.net/history/de/NaSo1940-11-12.html [29.03.2020]
Langowski, Jürgen (2019), NS-Archiv. Dokumente zum Nationalsozialismus. Der deutsch-sowjetische Nichtangriffsvertrag mit geheimem Zusatzprotokoll [online]. Verfügbar unter https://www.ns-archiv.de/krieg/sowjetunion/vertrag/nichtangriffspakt.php [10.05.2019] Nach Jacobsen, Hans-Adolf (1979), Der Weg zur Teilung der Welt. Koblenz, Bonn: Verlag Wehr & Wissen, S. 26f.
200 Ebd.
Bereshkow (1975), S. 34
Schmidt (1961), S. 521
201 Hirche (1964), S. 146
202 Bereshkow (1975), S. 35ff.
203 Ebd., S. 37ff.
204 Ebd., S. 39ff.

205 Schwipper (2018), S. 34
206 Pacta sunt servanda. (Lateinisch, auf Deutsch: Verträge sind einzuhalten.)
207 Bereshkow (1975), S. 43f. und 52
208 Ebd., S. 47ff.
209 Ebd., S. 50
Gosztony (1966), Nr. 7/1966
210 Suworow (2000), S. 204, 234 und 239f.
211 Knightley (1990), S. 84, 86ff. und 132ff.
Deutschlandfunk (2015), Luftangriff auf Coventry 1940. Schutzlos deutschen Bomben ausgeliefert [online]. Verfügbar unter https://www.deutschlandfunk.de/luftangriff-auf-coventry-1940-schutzlos-deutschen-bomben.724.de.html?dram:article_id=337038 [07.06.2020]
Vogt (2011), Prof. Dr. Michael Vogt – Geheimakte Hess [online]. Ab 00:28:30 h. Verfügbar unter https://www.youtube.com/watch?v=ovp88BDzPM4 [21.04.20]
212 siehe Quellen in der vorherigen Endnote
213 IMG (1948), Band XXII, S. 513f.
214 Bereshkow (1975), S. 50f.
215 Schwipper (2018), S. 34f.
216 IMG (1948), Band XXII, S. 514
217 Ebd., S. 404 und 516f.
218 Falin (1995), S. 139, 193 und 520
Wikipedia (2019), Georgi Konstantinowitsch Schukow [online]. Verfügbar unter https://de.wikipedia.org/wiki/Georgi_Konstantinowitsch_Schukow#S%C3%A4uberungen_und_Krieg_gegen_Japan [07.06.2020]

1941

Wenn man Schilder im eigenen Ort nicht lesen kann

Bereits nach der Einverleibung von Böhmen und Mähren in den Staatsverband des Deutschen Reiches und jetzt in halb Europa erweist sich die eigenwillige Schriftsprache der Deutschen als Verständigungshindernis im ehemaligen Ausland. Es ist nicht besonders gut, wenn man ein Schild aufstellt, das kein Ortsansässiger dort lesen kann. Deshalb sollen alle für das Ausland gedruckten Texte ab sofort in Antiqua gesetzt werden. Über diese Veränderung wird bloß die Bevölkerung im Reich nicht informiert, so dass die offizielle Schriftpolitik über längere Zeit unklar bleibt. Dem soll am 3. Januar 1941 ein Erlass abhelfen, in dem Martin Bormann aus der Führungsspitze der NSDAP im Auftrag seines Führers plötzlich die bis dahin gängige Schrift, die der Fraktur ähnliche *Schwabacher* nun als Judenschrift bezeichnet. Von einem auf den anderen Tag wird Antiqua zur Normalschrift erklärt. Schwabacher und Fraktur gelten somit fortan als unerwünscht, so dass NSDAP-treue Zeitungen und Verlage vor allem in der für das Ausland bestimmten Produktion zum durchgehenden Gebrauch der lateinischen Schrift, meist der Antiqua, übergehen. Darüber wird in einer Diktatur nicht diskutiert, das wird angeordnet und ist dann alternativlos. Auch der Duden erscheint 1941 letztmals in Fraktur. Dabei spielt es auch keine Rolle, dass diese Umstellung mitten im Krieg viel zu teuer ist. Andererseits ist der Nutzen dieser Maßnahme auch schwer zu bestreiten: Man hat ja inzwischen auch ausländische Zwangsarbeiter in Deutschland und auch bei ihnen ist es ein Ärgernis, wenn sie nicht lesen können, was sie unbedingt verstehen müssen. Dies behindert vor allem die Kriegsproduktion. Der sprachkundige Joseph Goebbels schreibt sich in sein Tagebüchli: „Der Führer ordnet an, dass die Antiqua künftig nur noch als deutsche Schrift gewertet wird." Gemeint hat er sicherlich, dass künftig nur noch die Antiqua als deutsche Schrift gewertet wird. Weiter schreibt der Propagandaspezialist: „Sehr gut. Dann brauchen die Kinder wenigstens keine 8 Alphabete mehr zu lernen. Und unsere Sprache kann wirklich Weltsprache werden." Unter den acht Alphabeten versteht man Fraktur, die deutsche Schreibschrift (Sütterlin), Antiqua plus lateinische Schreibschrift und das alles in Klein- und Großbuchstaben. Er betont in seinen Notizen weitere Vorteile der Antiqua: Sie dient der wirksameren Verbreitung deutscher Propaganda-Schriften im Ausland, daneben auch verbesserte Möglichkeiten, eroberte Gebiete zu verwalten, drittens eine Absicherung der militärisch-politischen Herrschaft Deutschlands durch eine schriftlich-kulturelle Dominanz, viertens eine Abgrenzung gegenüber der Sowjetunion und Anpassung an Westeuropa mit einer einheitlichen europäischen Schrift und fünftens wirtschaftliche Vorteile durch die Verbesserung des Absatzes deutscher Bücher im Ausland.[1] Na schön, dann verdanken wir also die Schrift, die wir hier lesen, unserem Führer. Wissen Sie, was auf jeden Fall brüllend komisch wäre? Wenn Nazis einst auf den verrückten Dreh kommen würden, ausgerechnet nochmal diese Frakturbuchstaben für ihre *messages* zu verwenden.

Washington grübelt

Die Wahrsager sind auch nicht mehr, was sie einmal waren. Wie oft hieß es schon, der Krieg wäre dann und dann zu Ende, und jetzt fängt wieder ein neues Jahr mit Lageberichten von der Front an. Geht es nach Hitlers Vorstellungen, gibt es im Frühjahr deutsche Truppen nicht nur nördlich, östlich und westlich seines Reiches, nein, auch südlich davon. Wenn das dann kein Vier-Fronten-Krieg ist, weiß ich auch nicht mehr Bescheid. In westlicher Richtung wartet hinter der Front sogar noch mehr Ärger. Wer sagt denn, dass die Amerikaner nicht schon in den Krieg eingreifen, ehe Hitler die erste Atombombe in die Finger bekommt? Um der Gefahr aus dem Wege zu gehen ist für den 10. Januar 1941 ein Flug des Führerstellvertreters Rudolf Heß nach Großbritannien vorgesehen. Gespräche mit den Briten sollen erreichen, dass sie ihre Kriegserklärung zurückziehen, doch die Wetterlage vereitelt auch diesen Vermittlungsversuch. Es ist ja das zweite Mal nach Heß' Anlauf im letzten August. Vorerst darf aber in Berlin aufgeatmet werden, weil Präsident Roosevelt am 16. Januar eine Direktive in Kraft gesetzt hat, nach der die Armee keine Verpflichtungen übernehmen darf, die Angriffshandlungen vorsehen, solange noch nicht die Vorbereitungen dafür abgeschlossen sind.[2]

Inzwischen hörten führende Kreise im Washingtoner State Departement durch den Handelsattaché in Berlin, Sam E. Woods, er habe aus zuverlässigen deutschen Quellen erfahren, dass kein gemeinsamer Krieg von Deutschland und der Sowjetunion zu erwarten sei, sondern umgekehrt, dass in Berlin vielmehr Vorbereitungen für einen eigenen Angriff auf die Sowjetunion im Frühjahr getroffen würden. In seinem langen und recht detaillierten Bericht gibt Woods eine völlig zutreffende Darstellung des vom deutschen Generalstab ausgearbeiteten Angriffsplans und von den Vorkehrungen für die wirtschaftliche Ausbeutung der Sowjetunion. Der Außenminister Cordell Hull glaubt im ersten Moment, Sam Woods wäre auf eine deutsche Finte hereingefallen. Doch Hull weiß, was er tun muss, und zieht den FBI-Chef J. Edgar Hoover zu Rate, der den Report durchliest und die Informationen für authentisch hält. Woods hat ihm einige seiner Quellen in verschiedenen Berliner Ministerien und im deutschen Generalstab namentlich genannt, und nach deren Überprüfung gelangt man zu der Auffassung, dass die genannten Personen vermutlich wissen müssen, was im Gange ist, und auch genügend anti-nationalsozialistisch eingestellt sind, um zu vertraulichen Informationen bereit zu sein. Nach und nach ändert sich die Stimmung in der Außenpolitik der Vereinigten Staaten. Zwar warten sie noch auf ein Zeichen aus Moskau, doch Außenminister Cordell Hull setzt jetzt auf gute Beziehungen zur Sowjetunion. Der Präsident selbst zögert noch und will sich nicht zu früh festlegen.[3]

Gladiatoren in der Arena

Höchst motiviert durch die militärischen Anfangserfolge in dem Dreieck zwischen Bucureşti, Bordeaux und dem Nordpol erlässt Adolf I. noch im Januar den entsprechenden Befehl, in Albanien einzugreifen. Die Hand Jodl paraphiert auch seinen nächsten Streich. Aber hatte er dem Signore Mussolini nicht erläutert, dass militärische Operationen auf dem Balkan vor nächstem März nicht stattfinden können? Am 20. Januar treffen die beiden Diktatoren Hitler und Mussolini zusammen. Bei den Gesprächen sind Ribbentrop, Keitel und Jodl zugegen. Hitler erläutert, dass sich der Aufmarsch in Rumänien gegen Griechenland richte und dass Bulgarien sowohl gegen Russland als auch die Türkei geschützt werden müsse. Auf diese Art soll auch eine Garantie für Rumänien sichergestellt werden. Es geht wieder darum, „die Karten so spät als möglich aufzudecken", damit der deutsche Aufmarsch „ohne feindliche Einwirkung zu Ende geführt" wird.[4] Premier Churchill bestätigt, dass die Londoner Reaktion auf alle offiziellen wie auch die inoffiziellen Friedensfühler aus Berlin „absolutes Schweigen" zu sein habe.[5] Hitler legt unterdessen schon mal intern den nächsten Termin wie immer unwiderruflich fest: Die Operation *Marita* zur Besetzung Griechenlands soll nun am 28. Februar steigen.[6]

Im Süden des Kontinents geht es wohl vorrangig darum, auf dem Balkan eine Südflanke für den Überfall auf die Sowjetunion aufzubauen und abzusichern. Bis zur dritten Februarwoche stellt die Deutsche Wehrmacht eine gewaltige, 680.000 Mann starke Armee in Rumänien bereit, an der Grenze zur Ukraine. Schritt für Schritt werden so die Truppen herangeführt, die von Ostpreußen über Polen und bis zum Balkan den nächsten Erfolg des Herrschers über das Großdeutsche Reich sicherstellen sollen. Andererseits setzen sich die Italiener ja immer noch verzweifelt mit den Griechen auseinander, und Hitler nimmt an, dass dort unter Umständen bald englische Truppen aus Libyen landen würden. Er fürchtet nämlich das Entstehen einer alliierten Front um Saloniki, die für die Wehrmacht bedrohlicher sein würde als die des ersten Weltkrieges, da die Engländer Stützpunkte zur Bombardierung der Erdölfelder von Rumänien erhalten könnten. Darüber hinaus muss das den Plan *Barbarossa* gefährden. Die Gefahr hatte man freilich schon im Dezember 1940 gesehen und deshalb die Weisung für *Marita* erlassen. Um sich mit den Griechen befassen zu können, muss die Wehrmacht erst durch Bulgarien ziehen. So wird dem Land am Schwarzen Meer ein Stück von Griechenland versprochen und es stimmt prompt zu. Pünktlich in der Nacht zum 28. Februar setzen die deutschen Heeresverbände von Rumänien aus über die Donau über und besetzen strategische Positionen Bulgariens, das am nächsten Tag auch dem Drei-Mächte-Pakt beitritt.[7] Nach Ungarn und Rumänien ist damit auch Bulgarien gegen die Sowjetunion in Stellung gegangen. Wer glaubt denn, dass es Stalin mit ihnen nicht gern wie mit früheren Widersachern machen würde? Wir erinnern uns an Polen, Finnland, Estland, Lettland und Litauen. Wie gut hat sich das die Führung in Bulgarien überlegt?

Die nächsten Warnungen werden übergangen

Der Oberleutnant der Luftwaffe Harro Schulze-Boysen beschließt dieser Tage, sein Wissen über die Vorbereitungen für den deutschen Einfall in die Sowjetunion zur Warnung dorthin weiterzugeben. Das wollen eventuell auch andere, doch er kennt den Oberregierungsrat im Wirtschaftsministerium Arvid Harnack, der wiederum Kontakte zu *seinem* Agenten der Sowjets pflegt. Auf diesem Weg erfährt die sowjetische Botschaft in Berlin Anfang März von laufenden Operationen der deutschen Luftwaffe zur Durchführung von Luftbildaufnahmen über dem Grenzgebiet. Wenn das kleine Holland in Anbetracht der heimlichen Warnungen nicht seine Mobilmachung anordnete, mag das in der Relation zu größeren Staaten verständlich scheinen, doch wie darf man es verstehen, dass Diplomaten und Militärs wie Botschafter Dekanosow oder Militärattaché Tupikow, die die Einschätzungen verschiedener deutscher Widerstandskreise und Erkenntnisse der Nachrichtendienste nicht als böswillige Provokationen einstufen, sondern diese Informationen an ihre Auftraggeber in Moskau weitergeben, gemaßregelt oder auch direkt Opfer des bolschewistischen Repressionsapparates werden?[8]

Trotz der angespannten Beziehungen zwischen den Vereinigten Staaten und der Sowjetunion wird letztlich in Amerika beschlossen, die Sowjets über die ihnen drohende Gefahr zu informieren. Das geschieht sogar auf zwei Wegen. Der Botschafter der USA in Moskau Steinhardt wird beauftragt, um eine Unterredung im Außenministerium bei Molotov zu bitten und ihm vertraulich mitzuteilen, dass nach zuverlässigen Informationen in allernächster Zukunft ein Überfall Deutschlands auf die Sowjetunion zu erwarten sei. Drei Wochen später erhält Unterstaatssekretär Sumner Welles den Auftrag, Moskaus Botschafter in der amerikanischen Hauptstadt Konstantin Umanski die wesentlichen Fakten des Berichtes mitzuteilen, was am 20. März auch geschieht. In diesen Tagen wird ein *Lend-Lease*-Gesetz in Amerika verabschiedet, das unter anderem dazu dienen soll, die Sowjetunion bei einem Krieg mit Deutschland zu unterstützen. Das ist durchaus eine zielführende Ergänzung zur Hilfe amerikanischer und englischer Unternehmen für Hitlers Reich.[9]

Hitler muss weg III

War in Deutschland schon die Kraftprobe mit den Franzosen ein Grund, um den *Führer ins Verderben* – so oder so – von den Schalthebeln wegzunehmen, so sind die Vorbereitungen auf eine Auseinandersetzung mit den Sowjets nur noch beängstigender. Doch der Schutz Hitlers ist schon seit dem Attentat im Bürgerbräukeller eine Angelegenheit von höchster Priorität und weil Hitler um die Furcht vor dem Zweifrontenkrieg weiß, führt er nun endgültig das Leben eines Einsiedlers und lässt kaum überhaupt noch jemanden in seine Nähe. Der Sicherheitskordon wird immer undurchdringbarer. Er lässt die Nahrung vorkosten, sodass er nicht vergiftet werden kann. Ein Pistolenschuss ist wenig ratsam, da er selbst wie auch seine Diener Waffen tragen, und wer zu ihm will, muss Waffen und Koppel im Vorraum ablegen. Außerdem heißt es, Hitler trage eine kugelsichere Weste, einen Hut mit Stahleinlage und in den Hauptquartieren seien Röntgengeräte installiert. So kommt wohl nur noch in Frage, eine Zeitbombe zur rechten Zeit am rechten Ort zu installieren.[10]

Im Frühjahr des Jahres 1941 tauchen in Deutschland Gerüchte auf, dass aus Heil- und Pflegeanstalten geistig und körperlich Behinderte abtransportiert würden und bald an anderen Orten verstürben. Manche Familie holt deswegen Angehörige aus den Anstalten zurück; Pflegepersonal und Ärzte einiger Einrichtungen versuchen die *Verlegungen* hinauszuzögern oder durch positive Diagnosen abzuwenden. Solche Findigkeiten retten einigen zehntausend Menschen das Leben.[11] Es ist gut, wenn man noch selbst entscheiden kann und darf, ob das Leben lebenswert ist. Langsam wird es ernstlich Zeit, dass dem *Vabanque*-Spieler in der Neuen Reichskanzlei selbst das Lebensrecht entzogen wird. So kann es vielen anderen Leuten erhalten bleiben. Aber merken Sie jetzt selbst, wie sich etwas im Inneren sträubt, solch einen Gedanken auszusprechen? Auch das hat bis jetzt Akteure, die es könnten, davon abgehalten, ihn zu ermorden.

Spiele mit doppeltem Boden

Doch auch jene, die Hitler für gesund hält, haben nur dann eine Chance, wenn sie im Kampf gegen die Einwohner anderer Länder bestehen. Wer nicht kriegstüchtig ist, hat nach seinen Vorstellungen auch kein Lebensrecht. Je schneller sich die Todesspirale dreht, desto verlogener klingen im Nachhinein seine früheren Reden. Heute spricht er nicht mehr voller Inbrunst von einem Selbstbestimmungsrecht der Völker oder davon, wie notwendig eine Revision des Schanddiktats von Versailles wäre. Immer offensichtlicher wird, dass er vielmehr eine Revision der Ergebnisse des Weltkrieges erzwingen will – koste es, was es wolle. Wenn sich nunmehr die anderen Staaten gegen die feindliche Übernahme durch die deutsche Wehrmacht zu schützen versuchen, liefert ihm das die Argumente gegen die dortigen Staatsführungen. So kann er am 3. März mit einem langen Finger auf die Briten zeigen, als sie tatsächlich mit Truppen in Griechenland ankommen, um die Griechen gegen die Invasoren zu unterstützen. Sehen Sie, so stellt man sich das landläufig vor. Churchill schickt jedoch nicht nur die offiziellen britischen Truppen; wofür hatte der denn seinen Extra-Geheimdienst SOE ins Leben gerufen?

Das seltsame Tun seiner *Special Operations Executive* geht putzmunter weiter. In ganz Europa werden Waffen und auch Sprengstoff ausgeteilt, die zum Beispiel auf der Insel Zypern auch gegen britische Soldaten eingesetzt werden. Davon abgesehen würde die Wehrmacht ohne die sogar noch andauernde wirtschaftliche Unterstützung aus *America* keinen Ort auf der Welt bombardieren können und müsste auf den Sprit für Panzer usw. verzichten. Außerdem würden unsere LKWs und andere Fahrzeuge auf ihren nackten Felgen durch Europa holpern, hätte die Standard Oil aus den Staaten die deutsche Kriegswirtschaft nicht zur Herstellung von synthetischem Gummi befähigt. Sie dachten ja '38 bereits an den Winter und die Wüste. Streng genommen hätten wir ohne ihre Hilfe noch nicht einmal Felgen. Deutschland war, ist und bleibt ein rohstoffarmes Land, und ohne die nötigen materiellen Grundlagen würde der Führer keinen Krieg führen. Bei Fronten, die sich über tausende Kilometer quer durch Europa ziehen, ist es natürlich auch ein feiner Zug der amerikanischen Firma ITT, dass sie Telefonanlagen zur Ausstattung *unserer* Wehrmacht liefert, oder etwa nicht?[12] Aber da wir nun schon bei Spielen mit doppeltem Boden sind, darf eine ganz krasse Nummer nicht fehlen. Im Januar 1941 wird der *Royal Air Force* der Wunsch angetragen, die Zufahrten zu Auschwitz zu bombardieren, zu einem der neueren Konzentrationslager, in dem man zur Zeit Polen gefangen hält. Darüber wundern sich jedoch nur diejenigen, die nicht wissen können, dass die späteren Häftlinge des KZ als Arbeitskräfte im unternehmenseigenen KZ Auschwitz-Monowitz des Kartells IG Farben vorgesehen sind, das von den USA aus aufgebaut wurde und dessen Gewinn an die Bank of England in London abgeführt werden soll. Obwohl oder besser gerade weil in Großbritannien bekannt ist, was im Lager Auschwitz geschieht, wird bemerkenswerterweise kein Befehl dieser Art an die Königliche Luftwaffe erteilt. Wird das überhaupt irgendwann einmal geschehen?[13]

Überall verschwinden die Warnungen im Tresor

Der US-Botschafter in Tokio Joseph Grew hatte am 27. Januar 1941 eine Warnung an die Regierung in Washington geschickt, dass das *Land der aufgehenden Sonne* einen Überraschungsangriff auf Pearl Harbor plant, mit aller Kraft und allen zu Gebote stehenden Mitteln. Im März hat der deutsche Geheimdienst über Johann Jebsen und den Jugoslawen Dušan *Duško* Popov Amerika wissen lassen, dass Japans Kriegsmarine Einzelheiten über den Torpedoangriff der *Royal Navy* von 1940 auf Schiffe im süditalienischen Taranto in Erfahrung zu bringen versucht, weil Japaner eine ähnliche Aktion gegen die USA vorhaben. Japans Botschafter in der US-Hauptstadt Nomura begibt sich am 14. März zu Präsident Roosevelt und sagt über seinen eigenen Außenminister in Tokio, dieser gebe doch nur deshalb so große Töne von sich, weil es innenpolitisch besser wirke und er von persönlichem Ehrgeiz angetrieben sei. Auf kriegerische Pläne könne sich Japan jedoch nicht einlassen. Die Worte des Außenministers Matsuoka dürften nicht zu ernst genommen werden. In Europa, sagt er, wird die Lage immer verheerender, deshalb müssten Japan und die Vereinigten Staaten „zur Erhaltung des Friedens" zusammenarbeiten.[14] Das bedeutet, dass die Führer in Washington informiert sind, dass eventuell Unbill auch aus *der* Richtung droht und sie werden sich doch bestimmt bestmöglich vorbereiten.

Werden aus drei Mächten acht?

Hitler ist unbeirrbar und was hat er denn bisher mit seinem Dickschädel nicht erreicht? Ungarn, Rumänien, die Slowakei und Bulgarien wurden inzwischen auch in den *Dreimächtepakt* aufgenommen. Österreich, die Tschechei und Polen hat er schon lange in der Westentasche. Was er in Südosteuropa noch benötigt, ist Jugoslawien. Doch die Diplomaten der Wilhelmstraße warnen ihn, man solle den Druck nicht übertreiben, weil die jugoslawische Regierung angesichts der Stimmung im Lande so eine Belastung nicht überstehen werde. Vor allem der deutsche Gesandte von

Heeren spricht sich gegen eine sofortige Beitrittserklärung Jugoslawiens aus. Aber wie so häufig wird der Rat der „schwächlichen Diplomaten“ in den Wind geschlagen und der Druck auf die Regierung des Landes verstärkt. Hitler will es ganz besonders geschickt anstellen, deshalb werden die Vertreter des Landes für den 25. März 1941 an jenen Ort eingeladen, der früher das Zentrum der Habsburger-Monarchie darstellte, nämlich Wien. Unter dem Eindruck der Einkreisung seines Landes unterzeichnet Ministerpräsident Cvetković jenes Dokument. In Wien bestätigt Reichsaußenminister Ribbentrop namens der deutschen Regierung den festen Entschluss, die Souveränität und die territoriale Unantastbarkeit Jugoslawiens „zu allen Zeiten zu respektieren“[15]

Wenn das alles nicht so furchtbar ernst wäre, könnte man sich über den ganzen feierlichen Psalm totlachen. Welchen Wert soll das Versprechen denn haben, das er namens einer Regierung abgibt, die sich noch nicht einmal treffen darf? Wann wird „zu allen Zeiten“ enden, wenn weder ein Nichtangriffspakt noch Neutralitätserklärungen souveräner Staaten auf dem alten Kontinent von einem Energiebündel wie Adolf Hitler geachtet werden? Doch diesmal kommt alles anders. Der Mordsaufwand mit dem eigens organisierten Festakt an der schönen blauen Donau hat sich nicht wirklich gelohnt, denn die jugoslawischen Minister, die in Wien bei der Unterzeichnung zugegen waren, werden nach der Rückkehr durch einen Staatsstreich in Belgrad gestürzt, wie es die Diplomaten vorausgesehen hatten. Die neue Regierung kündigt selbstverständlich den Pakt.[16] Jetzt wird Hitler ein neuer Mensch. Fortan hört er aufmerksam zu, wenn ihm die Fachleute sagen, worauf man in der Außenpolitik achten muss. Nein, das dürfen Sie nicht glauben. Dann wäre Hitler ja nicht jener Hitler, der über Deutschland herrscht und über angegliederte Gebiete, die den angestammten Siedlungsraum der Deutschen inzwischen bei weitem übertreffen. Der Staatsstreich versetzt Hitler in einen der ärgsten Wutanfälle seines Lebens. Er fasst ihn als persönlichen Affront auf und beordert die militärischen Führer für den 27. März in die Reichskanzlei. Wen sonst?

Contenance – Staatsbesuch aus Tokio in Berlin

Am 27. März '41 steht für unseren Berliner Staatschef erst einmal große Weltpolitik auf der Tagesordnung. Da beginnen nämlich die Gespräche mit Japans Außenminister Matsuoka. Bei der ersten Begegnung sind die Herren Matsuoka, Hitler, Ribbentrop, der deutsche Botschafter in Tokio Eugen Ott* und der japanische Botschafter in Berlin Ōshima Hiroshi zugegen. Dolmetscher Dr. Schmidt rollt innerlich mit den Augen über „die alte Grammophonplatte" einer riesigen militärischen Überlegenheit des Reiches und vermerkt, dass Hitler nicht mehr und nicht weniger in den Raum stellt, als dass dieser Krieg bereits gewonnen sei. Es beeindruckt ihn überhaupt nicht, dass ihm das noch keiner seiner Gesprächspartner abgekauft hat. Schon seit dem Besuch Molotovs in Berlin äußert er jetzt immer, sein Reich werde jeglichen Versuch Englands zunichte machen, auf dem Kontinent zu landen und sich festzusetzen. In diesem Gespräch mit dem Japaner schimmert immer wieder durch, dass die Beziehungen des Reiches zur Sowjetunion nicht gar so friedlich sind, wie es scheinen könnte, und ebenso der Wunsch, die Japaner mögen die Briten bitte in Ostasien angreifen, zum Beispiel in Singapore. So will man in Berlin die Möglichkeiten der Briten in Europa beschränken. Der Gesprächspartner Matsuoka sitzt „mit asiatisch undurchdringlichem Gesicht" da und lässt nicht durchblicken, was er bei den seltsamen Anspielungen denkt. Dem folgt ein Satz, der nicht mehr unbekannt klingt: „Wenn die Sowjetunion eines Tages eine Haltung annehmen sollte, die Deutschland als Drohung ansieht, dann wird der Führer Russland zerschlagen!"[17] Auch in diesem Fall darf angenommen werden, dass Hitler die Unterstützung der Wehrmacht in Anspruch nehmen muss. Die tönenden Worte allein werden es sicher kaum richten. Bei diesem Satz blinzelt der ansonsten so undurchdringliche Matsuoka mit seinen Augen – doch kurz danach macht er ein bedenkliches Gesicht, als Ribbentrop sagt: „Deutschland ist sich absolut sicher, dass ein Krieg gegen die Sowjetunion mit einem völligen Sieg der deutschen Waffen und einer totalen Vernichtung der russischen Armee und des russischen Staates enden würde!"[18]

Schluss, aus, Ende. Da hat der Chefdiplomat des Deutschen Reiches die falsche Platte erwischt. Wie konnte er bloß zu dem Japaner sagen, dass vom riesigen Kuchen nichts mehr übrig bleibt, wenn die Deutschen erst einmal in die Sowjetunion einziehen? Als Ribbentrop den erschrockenen Blick von Matsuoka sieht, möchte er hurtig noch die Kurve kriegen: „Ich glaube aber nicht, dass Stalin eine unkluge Politik verfolgen wird."[19] Die Herrschenden in Japan wollen aber nicht, dass Stalin eine kluge Politik betreibt und den Krieg verhindert. Sie wollen einen großen Brocken vom russischen Kuchen haben. Ein Diplomat hätte sich mit dem gegenübersitzenden Diplomaten über die entsprechende Ausdehnung der Gebietsansprüche beider Partner verständigt. So bleibt es bei der missglückten Ankündigung des Weinhändlers aus Westfalen.

An der Stelle wird die Besprechung unterbrochen und ein Bote holt von Ribbentrop zu der für heute anberaumten Konferenz mit Hitler, bei der über den Krieg gegen Jugoslawien beraten wird. Vor den Versammelten schwört der Führer, er werde an den Jugoslawen Rache nehmen. Dieser Staatsstreich gefährde *Marita*, den Einfall in Griechenland, so sehr wie *Barbarossa*, den Überfall auf die Sowjetunion. Gegen Jugoslawien solle „mit unerbittlicher Härte" vorgegangen werden. Göring befiehlt er, aus Ungarn heraus „Belgrad in rollenden Angriffen zu zerstören". Mit Ausnahme eines kleinen Vasallenstaates in Kroatien solle Jugoslawien aufgeteilt werden. Wie die Menschen nun einmal sind, werden die Kroaten sich vermutlich gebauchpinselt fühlen – und selbst beginnen, Serben zu massakrieren. Das Spiel *divide et impera* lässt sich auch außenpolitisch ausschöpfen. Danach verkündet *Er* einen Beschluss, den er auf alle Fälle fünfzehnmal überdenken sollte: „Der Beginn von Operation *Barbarossa* ist um vier Wochen zu verschieben." Am 18. Dezember war noch vom 15. Mai die Rede. Vertut er an diesem Nachmittag in seiner Wut die Chance, den vielleicht verrücktesten Krieg der Geschichte eventuell doch noch zu gewinnen? Sind es am Ende die wenigen Wochen, die ihm dann fehlen, wenn tiefer Schnee und klirrender Frost in Russland herrschen und weit und breit kein Dorf ist, in dem man sich aufwärmen könnte? Die Russen wissen, wie ihnen in Karelien ihre Körperteile abgefroren sind.[20]

Am Nachmittag kommt es doch noch zu dem ausführlichen Zusammentreffen Hitlers mit Japans Außenminister. Er gibt sich sehr siegessicher und lädt den verehrten Matsuoka Yōsuke dazu ein, „sich einmal hier in Berlin die geringen Schäden anzusehen, die durch die englischen Luftangriffe entstanden sind, und sie mit den Verwüstungen zu vergleichen, die wir in London angerichtet haben". Dann werde er sich einen Begriff „von unserer Überlegenheit in der Luft machen können".[21] Warum weiß der Chef der Luftwaffe Göring davon eigentlich gar nichts? Es ist schwer bedauerlich, dass er nicht mehr beachtet, dass er hier kein Militärobjekt mit Bomben zerstört, sondern eine Stadt, in der die Opfer Zivilisten sind und die den Engländern als Zentrum ihrer Monarchie am Herzen liegt – da hilft es inhaltlich nicht weiter, wer damit angefangen hat. Es ist auch egal, welcher Schauspieler aus dem Arsenal der englischen Oberschicht vom Schlag eines Herzog Eduard von Windsor unseren Clown zu jenem kriminellen Tun verleitet hat. Davon werden die Bombardierten sowieso nie etwas erfahren und Die Überlebenden Werden Uns hassen. Was das Fass zum Überlaufen bringt, ist der Umstand, dass Unser Führer nur die Schäden in Berlin zeigen will, nicht aber die an der Nordseeküste, wo die Briten bereits richtig zugeschlagen haben. Das sind die ersten Vorboten dessen, was sie auch im schönen alten Berlin anrichten könnten.

Im Unterschied zu Ribbentrop ist Hitler weiter der Auffassung, England habe den Krieg bereits verloren; amerikanische Hilfe für England werde „wenn sie überhaupt nach England hinein gelangt, zu spät kommen und zu gering sein". Die zweite Hoffnung Englands wäre die Sowjetunion. So ist Hitler bei einem anderen der Lieblingsthemen angelangt – behandelt es mit derselben Tendenz wie Ribbentrop, fällt aber weniger mit der Tür ins Haus als sein dilettantischer *diplomatischer* Berater. Dann folgt der Süden, Singapore. Der Japaner antwortet schließlich ausweichend, er sei zwar von der Richtigkeit der Argumentation überzeugt, könne aber jetzt keinerlei festes Versprechen im Namen Japans abgeben. Er sieht Hitlers enttäuschtes Gesicht und reagiert mit den Worten, er selbst sei auch für schnelles Handeln, aber er könne sich in Japan noch nicht durchsetzen. Das ist kein Wunder, wenn man sich an das Gespräch erinnert, das vor wenigen Tagen der japanische Botschafter in Washington geführt hatte. Letzten Endes kann sich Hitler mit seinem Drängen auf einen Kriegseintritt Japans hier so wenig durchsetzen wie bei den Franzosen oder auch bei den Spaniern. Vielleicht überlegt er sich das Ganze doch nochmal.[22]

Vor dem Ende des ersten Jahrzehnts nationalsozialistischen Fortschritts ist Hermann Görings Schloss Karinhall nördlich von Berlin noch prachtvoller ausstaffiert, so dass man sich nicht genieren muss, Herrn Minister Matsuoka Yōsuke dort im prunkvollen Speisesaal zu bewirten. In einem Moment, in dem sich der Außenminister des Kaisers von Japan unbeobachtet wähnt, sagt er nach einer Gesprächssequenz, in der es um Hitler ging, leise zu dem Dolmetscher: „Wissen Sie eigentlich, dass im Ausland über ihn erzählt wird, er sei verrückt?“ Paul Schmidt weiß davon, macht jedoch „das im diplomatischen Protokoll für eine solche Situation vorgeschriebene erstaunte Gesicht“ und denkt bei sich, in einer Karikatur hat man in solchen Fällen über dem Kopf des Betreffenden meistens einige Fragezeichen. Da rückt der Außenminister noch näher zu ihm heran und sagt ganz leise: „Ja, ja, das stimmt schon, es werden sogar Zeugnisse aus Heilanstalten mit seinem Namen herumgezeigt.“ Dr. Schmidt glaubt die Geste deuten zu können, die die Worte begleiten: Zur Bekräftigung der Feststellung klopft sich Matsuoka dabei mit zwei Fingern in seine linke Hand. Schmidt vermutet, das sei bei besonders schwierigen Argumentationen so üblich, und schweigt betreten, weil er Mühe hat, bei der ungewollten Komik dieser Situation ernst zu bleiben. Er meint, ein derartiger Text, gesprochen von dem Ehrengast in dieser festlichen Umgebung, angesichts eines direkt gegenüber an der Tafel sitzenden Hausherrn, kann eigentlich nur von Walt Disney in einem der Mickymaus-Filme mit einer entsprechenden Saxophon-Untermalung richtig dargestellt werden und ist heilfroh, dass die Tafel außergewöhnlich breit ist, so dass hoffentlich niemand ihrem Gespräch folgen kann, selbst dann nicht, wenn derjenige Englisch verstehen würde. Ein Matsuoka hat in Amerika studiert und ist der Sprache von daher sehr wohl mächtig. Doch nicht genug damit, dass sich der Dolmetscher schon bis dahin zusammenreißen muss, um nicht laut aufzulachen. Es kommt zu einem Moment der Ruhe an der Tafel, in dem gerade niemandem etwas zum Reden einfällt, und ausgerechnet in die Stille fallen Matsuokas Worte: „Darauf braucht man aber gar nichts zu geben, denn von mir behaupten manche Leute in Japan dasselbe. Sie sagen: Matsuoka ist verrückt, Matsuoka is crazy!“[23] Damit bestätigt sich, was der japanische Botschafter in Washington Nomura am 14. März des Jahres zu Präsident Roosevelt gesagt hat, aber das nur am Rande.

Sofort wird Paul Schmidt von mehreren Anwesenden bestürmt, was der Japaner wohl Lustiges gesagt habe, und er erklärt den Anwesenden mit einem Lächeln, sie hätten sich über den Auszug der japanischen Delegation damals 1933 aus dem Völkerbundsaal von Genf unterhalten. Damit hat er endlich einen Grund zum Lachen, der ihm nicht seinen verehrten Kopf kosten würde. Dabei ist es für Matsuoka in Japan nicht besonders schwer, abfällige Äußerungen über seine Person aufzuschnappen. Selbst in den höchsten Kreisen sind sie allgegenwärtig. Während des offiziellen Gesprächs mit Hitler hatte der Außenminister auch bereits eingeräumt, die Widerstände, die er mit seiner draufgängerischen Politik in Japan zu überwinden habe, gingen von Intellektuellen aus, von den Japanern, die in England und Amerika erzogen worden sind und deren reine Tradition durch die Berührung mit der westlichen Welt verdorben sei. Hofkreise, die Wirtschaft, alles hatte sich anscheinend verschworen, um Matsuoka in den Arm zu fallen. Dr. Schmidt, der sich Notizen macht, kommt es so vor, als hörte er einen Leitartikel von Goebbels über die innerdeutschen Verhältnisse in englischer Sprache.[24]

In den folgenden Tagen weist der Japaner den deutschen Außenminister noch mehrmals darauf hin, dass bei einem Angriff Japans auf englische Besitzungen die Gefahr bestünde, dass Amerika in diesen Krieg hineingezogen werden würde. So sieht sich Ribbentrop genötigt, dem Achsenpartner zu erklären: „Wir haben nicht das geringste Interesse an einem Krieg gegen die Vereinigten Staaten.“[25] Aber Matsuoka hört immer nur, man solle die Briten angreifen – und wendet mehrfach ein, man müsse mit den Angelsachsen als einem einzigen Machtfaktor rechnen. Amerika und England würden auf jeden Fall an einem Strang ziehen. Beobachter fragen sich bloß, ob Tokio nicht schon im Januar einen Angriff auf Pearl Harbor plante mit aller Kraft und allen Mitteln. Wer weiß. Richtig genau scheint Matsuoka ja nicht zu wissen, was er eigentlich will. Nach seinem Aufenthalt in Rom kommt Matsuoka Yōsuke auf der Rückreise noch einmal kurz nach Berlin, wo ihn der Führer mit den Worten verabschiedet: „Wenn Sie nach Japan zurückkehren, so können Sie Ihrem Kaiser nicht berichten, dass ein Konflikt zwischen Deutschland und der Sowjetunion ausgeschlossen ist."[26] Dr. Schmidt versteht sehr gut, was er eben gerade aus erster Hand erfahren hat, und wiederholt die Worte betont langsam zweimal, um ganz sicher zu sein, dass sie der Außenminister unbedingt richtig verstanden hat. Dieser sieht ihn sehr ernst und forschend an und der Dolmetscher meint, der Außenminister habe begriffen, was für eine Botschaft ihm Hitler auf den langen Weg nach Hause mitgeben will.[27]

Japan stellt sich in Bezug auf die Sowjetunion tot

Matsuoka unterschreibt übrigens auf einem weiteren Zwischenstopp in Moskau einen Neutralitätsvertrag mit der Sowjetunion. Mögen sich die Historiker später einmal über die Hintergründe ihre Köpfe zerbrechen, mögen sie rätseln, ob Matsuoka diesen Vertrag selbst wünschte oder ob er von anderen Kräften in der japanischen Führung initiiert worden ist. Zwei Ereignisse dürften jedenfalls Einfluss gehabt haben, die zeitgleich mit Matsuokas Aufenthalt in Moskau geschehen. Der britische Premierminister lässt ihm einen Brief überreichen, in welchem er Japan warnt, auf Seiten der Achsenmächte in den Krieg einzutreten; Großbritannien und die USA würden auf jeden Fall gemeinsam vorgehen. Der letztliche Sieg der Angelsachsen sei absolut sicher. Sie produzierten 90 Millionen Tonnen Stahl jährlich, die Achse nur weniger als die Hälfte, Japan kaum 10 Prozent davon. Und die Amerikaner erklären sich gegenüber Japans Außenminister bereit, zwischen seinem Land und China zu vermitteln – ja sogar die Unabhängigkeit von Mandschukuo anzuerkennen. 1931 war die Mandschurei überhaupt erst der Anlass gewesen, weshalb Matsuoka mit dem Ruf „Anarchy in China" den Völkerbund demonstrativ verließ.[28]

Stalin umarmt Deutschland

Augenscheinlich steht Hitler mit den Gedankenspielen für einen Angriff auf England und die Sowjetunion alleine auf weiter Flur da. Aufhorchen lässt die Szene, die sich bei der Abreise des japanischen Außenministers aus Moskau abspielt. Entgegen seiner Gewohnheit erscheint dieses Mal Stalin persönlich am Bahnhof, auf dem sich unter anderem ebenfalls der deutsche Botschafter eingefunden hat. Demonstrativ legt Moskaus Chef Jossif Wissarjonowitsch Stalin dem Grafen Friedrich von der Schulenburg seinen Arm auf dessen Schulter und erklärt: „Wir müssen Freunde bleiben, und Sie müssen jetzt alles dafür tun!“ Mehrere Minuten später wendet sich Stalin an den Gehilfen des Militärattachés Oberst Krebs und sagt auch zu ihm: „Wir werden mit Ihrem Land befreundet bleiben – auf jeden Fall!“[29] Was man von so viel überschäumender Herzlichkeit halten darf, wissen die alten Kampfgenossen am besten, die er zu Tausenden so lange foltern ließ, bis sie in ihrem eigenen Blute liegen geblieben waren. Im Hinterkopf denkt er sich vermutlich: nach dem Sieg und ohne Hitler. Es gibt ganz bestimmt keinen Grund, Stalin mehr zu vertrauen als Hitler oder irgendeinem anderen Alleinherrscher. Aber man muss sich ja auch nur noch einmal die verlogenen Verhandlungen der Westmächte 1939 in Erinnerung rufen und die Blitzsiege Hitlers, die ihn bis nach Norwegen, an die spanische Grenze und in den Süden Europas führten, um sich zu fragen, ob man selbst an seiner Stelle nicht ebenfalls doppelzüngig wäre. Der Genosse Stalin weiß, was die Botschaftsmitarbeiter sicherlich nicht wissen: Die Vorbereitungen für einen Präventivkrieg gegen Deutschland laufen seit 20 Monaten. Schon die Ausbildung der Fallschirmspringer in den Luftlandekorps ist ein langfristiges Vorhaben und der Bau von Flugplätzen bis in die nächste Nähe zur Westgrenze der Sowjetunion flößt ja auch nicht eben gerade Vertrauen ein, wenn man davon erfährt. Und die Rede Jossif Stalins vom 14. April 1940 vor höheren Kommandeuren hat die Umkehr in seiner Außenpolitik manifestiert.[30]

Der nächste Vertrag steht zur Disposition

Deutsche Außenpolitik wird freilich nicht in der Moskauer Botschaft des Reiches gemacht, sondern in Berlin, und da hält Hitler am 30. März eine Rede vor 250 Generälen, nach der Halder in sein Tagebuch schreibt, der Führer habe eine Ausrottung des „jüdischen Bolschewismus" gefordert, und darüber hinaus die Dezimierung der slawischen Bevölkerung sowie die Ausplünderung und Kolonisierung der eroberten Gebiete. Langsam kommt er folglich auf einen Hauptpunkt des Werkes *Mein Kampf* offen zu sprechen: Man kann bloß Land germanisieren. Zum Teufel mit jenen Menschen, die im Moment auf dem Boden wohnen. Er führt aus, dass es kein *Blumenkrieg* werde wie bisher; es handele sich um einen Krieg der Weltanschauungen. Deshalb müsse auch endgültig vom Standpunkt des Kameradentums hinsichtlich der Soldaten auf der feindlichen Seite abgegangen werden. Im Osten sei Härte noch zu mild für die Zukunft und die Armeeführer müssten von sich das Opfer verlangen, ihre Bedenken an dieser Stelle zu überwinden, besonders im Hinblick auf die Soldaten mit politischen Aufgaben. Zweieinhalb Stunden lang dauert Hitlers Einweisung in den *Vernichtungskampf* in Osteuropa. Als die Rede vorüber ist, herrscht noch einen Moment große Bestürzung und keiner sagt ein Wort. Kaum hat der Führer jedoch den Raum verlassen, umdrängen die Marschälle den Oberbefehlshaber und reden gestikulierend auf ihn ein. Doch von Brauchitsch ist längst nur noch die Hülle eines Mannes. Zuvor versuchte er wohl mehrmals, Hitler umzustimmen; angeblich kam es zu neuerlichen äußerst erregten Auseinandersetzungen. Doch was soll dies alles, wenn die Hülle letztlich wieder einmal weggepustet wird?[31] Ist es feige, wenn er jetzt endlich seinen Posten räumt, oder muss er jetzt sehr schnell gehen, um jemandem Platz zu machen, der noch nicht so kaputtgespielt ist wie er?

London und Washington im Wildwasserpaddeln

Am 3. April bittet der Londoner Premier den Botschafter in Moskau, Sir Stafford Cripps, Stalin eine persönliche Note zu überreichen, in der auf die für die Sowjetunion bedeutsame Truppenbewegung der Wehrmacht in Südpolen hingewiesen wird, über die ihn ein britischer Agent unterrichtet habe. Daraufhin versetzt Stalin am 10. April *seine* Rote Armee in den Alarmzustand und die Grenzbezirke werden durch neue Divisionen verstärkt. Noch vor dem Ende des Monats kennt Cripps auch den neuen für den deutschen Angriff festgesetzten Termin, es ist der 22. Juni. Hier ist interessant, dass der Agent diese Information aus erster Hand erhielt von Paul Thümmel, Mitglied der Nationalsozialistischen Arbeiterpartei, Duzfreund des Massenmörders Heinrich Himmler, Träger des goldenen Parteiabzeichens der NSDAP sowie Hauptvertrauensmann des früheren Präsidenten der Tschechoslowakei in der Gestapodienststelle in Prag. Er arbeitet als Agent „A-54“ für die tschechische Abwehr.[32] Was hatte den Mann einst in die Partei gebracht? Waren es Adolfs Worte vom Frieden? Und was hat ihn der Partei entfremdet? Fing das an, als 1938 alle Leute ihre Luft angehalten hatten wegen eines Krieges um die Sudeten? Was die neuerliche Vertagung des „Termins“ für den Angriff der Wehrmacht angeht, sagt Stalin gelassen: „Lasst sie kommen, wir sind darauf vorbereitet!“ Erst hieß es, im Oktober 1939 habe Hitler in Berlin einen Befehl erteilt, das Territorium Polens für einen Überfall vorzubereiten; weitere Warnungen kamen im Laufe der Jahre 39/40 und jetzt kommen immer neue Termine und Ankündigungen. In Belgien und Holland wollte man von einer solchen Panikmache bereits nach ganz wenigen Monaten kein Wort mehr hören. Was die vielen Warnungen angeht, ist hier eine kleine und feine Wiederholung angebracht: Seit Mitte der 30er Jahre bot man von Moskau aus England und Frankreich den gemeinsamen Präventivkrieg gegen Deutschland an. Wer aber angreifen kann, ist dreimal besser in der Lage, sich zu verteidigen. Wenn sich Stalin jetzt auf *Verteidigung* vorbereitet, ist alles gut. Zuerst müssten die Stalin- und die Molotovlinie in Schuss gebracht werden. Betrachten sie es in Moskau als erstrangiges Anliegen, sich nicht verrückt machen zu lassen? Außerdem widmet sich die Wehrmacht letztlich ganz anderen Zielen: Ihre Truppen marschieren am 6. April in Griechenland und in Jugoslawien ein. Die Hauptstadt von Jugoslawien, Belgrad, wird von der Luftwaffe bombardiert. Vor dem Angriff gibt man sich in Berlin diesmal noch nicht einmal mehr die Mühe, irgendeinen Zwischenfall zu konstruieren. Hitler verkündet einfach über die Volksempfänger, dass dies notwendig sei, um Großbritannien davon abzuhalten, den Krieg auf den Balkan auszudehnen – gewissermaßen ist es *eine friedensstiftende Mission.* Wenn die Wehrmacht weder '39 noch 1940 den Nichtangriffspakt mit der Sowjetunion verletzte, warum sollte sie es dann ausgerechnet jetzt tun?[33] Lasse die Wehrmacht mal die Verteidigung aufbauen, mag sich Väterchen Frost in seinem Kreml denken; die werden noch früh genug staunen mit ihren Terminverschiebungen. Beängstigend wirkt der Neutralitätsvertrag zwischen Tokio und Moskau auf die Administration in Washington. Während sich Japan nach jenem Besuch des Außenministers in Berlin von der Rundumschlag-Politik im verrückt gewordenen Berlin distanziert, *verstehen* die Amerikaner diese Einigung wie eine Erweiterung des Drei-Mächte-Paktes um den riesigen Sowjetstaat. Nichtangriffspakt mit Deutschland plus Neutralität Japans, keine Fragen. Präsident Roosevelt, der bisher über den stellvertretenden Außenminister einen Gesprächskontakt zum sowjetischen Botschafter in Washington Konstantin Umanski pflegen ließ, veranlasst die Einstellung dieser Verbindung. Der Präsident lässt sich in seiner Einschätzung auch nicht beirren, als sein Botschafter in Tokio Joseph C. Grew nach Hause kabelt, die Neutralitätsabsprache vom 13. April könnte nicht mit jenem Nichtangriffspakt zwischen Berlin und Moskau vom 23. August 1939 in einen Topf geworfen werden. Grew ist immerhin in Tokio vor Ort. Dort kann er die Entwicklung der Stimmung gegenüber der Berliner Führung verfolgen und registriert Argumente, die ihm zu Ohren kommen. Ohne diese Kenntnis von Land und Leuten kann Präsident Roosevelt lediglich mit dem Blick auf eine Weltkarte im Weißen Haus sein Urteil fällen. Die missglückte Interpretation des Vertrages bei den Gesprächen „vor Ort" in Washington bewirkt eine Rückkehr der USA zur restriktiven Praxis in den Wirtschaftsbeziehungen zur Sowjetunion.[34] Die Sowjetunion kann daraufhin keine Lizenzen mehr für Waren erhalten, die für das Verteidigungsprogramm der USA oder zur Unterstützung von Regierungen gebraucht werden, die nach dem *Lend-Lease*-Gesetz amerikanische Hilfe erhalten. Ein Anlass für die Verweigerung der Lizenzen ist auch der Verdacht, die betreffenden Waren könnten nach Deutschland re-exportiert oder in der Sowjetunion dafür genutzt werden, Werke zur Erfüllung von deutschen Aufträgen aufzubauen. Schon gewährte Lizenzen werden mit sofortiger Wirkung annulliert.[35]

Ein Ablenkungsmanöver schlägt Wellen: Die Panik in *Great Britain* vor einem baldigen deutschen Angriff auf ihre grüne Insel wird durch einen Täuschungsakt unseres *Gröfaz* heraufbeschworen – London weiß nicht, was die Einberufung der Englandexperten in Berlin am 22. April 1941 zu bedeuten haben könnte. Rätselraten löst es auch aus, dass die Gewässer der Nordsee zum Sperrgebiet erklärt und dass Schiffe in den Kanalhäfen zusammengezogen werden.[36] Bei passender Gelegenheit werden es die professionellen Historiker sicher herausfinden, inwieweit der englische Botschafter in Moskau jetzt noch inniger um eine Entlastung durch den Bruch des Nichtangriffspaktes und den Angriff auf Deutschland bettelt.

Den Genossen Stalin drängt es weiter nach Westen

Die Zeitung Roter Stern schreibt am 18. April, dass die Militärpolitik der Roten Armee besagt, dass der Feind auf seinem eigenen Territorium zu schlagen sei. Es ist somit kein Wunder, dass Marschall Schukow erklärt, schon der Charakter der möglichen Kampfhandlungen mache eine deutliche Verstärkung der Luftlandetruppen erforderlich. Im April 1941 wird folgerichtig mit der Aufstellung von fünf Luftlandekorps begonnen. Laut Felddienstordnung der Roten Armee aus dem Jahre 1936 ist der Einsatz von Luftlandetruppen ausschließlich bei Angriffsoperationen sowie nur im Zusammenwirken mit den von der Front aus angreifenden Truppen möglich (Artikel 7). Welche Kampfhandlungen meint er? Doch Deutschlands Botschafter von der Schulenburg glaubt noch Ende April in einem Gespräch mit Hitler nicht an einen sowjetischen Angriff.[37]

Hitler und „seine" Diplomaten

Um zu erkunden, was Hitler bezüglich der Sowjetunion weiter plant, begab sich der deutsche Botschafter in Moskau Graf von der Schulenburg Mitte April nach Berlin. Er muss sich zwar gedulden, bekommt aber am 28. April eine Audienz gewährt und kann den Führer persönlich vor den Gefahren eines Feldzuges weiter nach Osten warnen. Als er eintritt, liegt auf Hitlers Arbeitstisch das Memorandum, das er in Moskau für ihn anfertigen ließ. Es wird jedoch nicht deutlich, ob es gelesen worden ist. Der Führer ergeht sich in allgemeinen politischen Ausführungen, woraufhin der Botschafter darauf hinweist, dass er nicht glauben könne, dass Russland jemals Deutschland angreifen würde. Als Antwort bekommt er eine nichtssagende Bemerkung. Erst als er bereits an der Tür steht, bekommt er doch noch eine Entgegnung: „Und noch eins, Graf Schulenburg, einen Krieg gegen Russland beabsichtige ich nicht." Der Botschafter kommt in Moskau an und äußert gegenüber Botschaftsrat Gustav Hilger, dass eine militärische Auseinandersetzung bevorstehe. Wörtlich sagt er: „Nun, der Kerl hat mich ja mit Absicht angelogen."[38]

Des Botschafters persönliche Überzeugung bezüglich der Absichten des Kreml und seine Zweifel an der Lauterkeit des Führers in allen Ehren – aber hat er denn tatsächlich den Überblick, was im Kreml gehauen und gestochen ist? Es handelt sich bei Stalins Reich ebenfalls um eine völlig skrupellose Diktatur, die schon längst mit horrenden Opferzahlen in der Weltpresse reüssiert, gegen die selbst Hitler bisher ein Waisenknabe ist. Vielleicht weiß nur der Teufel, womit man bei *dem* noch rechnen muss. Am 2. Mai schreibt der Botschafter noch einen Bericht an das AA in der Hauptstadt und informiert seine Diplomatenkollegen nun in aller Form darüber, dass die Moskauer Luft von Gerüchten voll ist, die den baldigen Überfall der Wehrmacht auf die Sowjetunion vorhersagen. Überdies gibt es genügend Reisende aus Deutschland, die über Beobachtungen auf der Fahrt berichten, die darauf hindeuten. Vom Aufmarsch der Wehrmacht an den Ostgrenzen Polens, Rumäniens und Ungarns ist inzwischen auch schon in der Weltpresse zu lesen.[39] Subjektiv wird jeder einzelne Erdenbürger solche Pressemeldungen unterschiedlich aufnehmen. Karelische Fischer werden hoffen, dass die Deutschen die Sowjets niederwerfen, so dass ihr Land bald wieder frei und mit Finnland wiedervereinigt ist. Die Hoffnung auf ein Ende des Bolschewismus wird sicher auch so mancher Sowjetbürger teilen, der sich noch an Freiheiten erinnern kann, die man selbst unter dem Zaren hatte und die man schon ganz gern zurückhätte. Die postulierte Herrschaft von Bauern und Arbeitern ist in den Städten und dörflichen Gemeinden Russlands wie im Deutschen Reich längst zu einem Schreckensregime ausgeartet. Andererseits darf man nicht unterschätzen, dass Kampagnen wie die zur Alphabetisierung und der rasche Aufstieg der Sowjetunion zu einem der größeren Industriestaaten in der Welt auch Bewunderung ausgelöst haben und etwas wie Verständnis für „Maßnahmen" der Führung des Landes, die vielleicht sein mussten. Wer hier Parallelen zu einer geläufigen Denkschiene in Deutschland erkennt, liegt vermutlich nicht ganz falsch. Wie jede Medaille hat aber auch diese ihre Kehrseite. In Frankreich, Spanien, Italien und Deutschland denken viele Millionen Menschen sozialdemokratisch bis kommunistisch. Selbst in Polen, das übel unter der deutschen Besatzung leidet, würden Stalins Armeen garantiert im ersten Moment sogar als Befreier gefeiert. Danach müssten sich die Polen nur noch vom Wahn befreien, sie könnten ihren mittelalterlichen Staat bis hinunter ans Schwarze Meer wiederhaben.

Wer hat die Nase vorn?

Nachdem der Genosse Stalin vor ein paar Jahren die Militärführung des ersten Arbeiter- und Bauernstaates in der Welt weitestgehend töten ließ, wurden in den vergangenen Jahren junge Männer auf die Schulbank gesetzt, um die erfahrenen Kader von damals zu ersetzen. Wie gut das nun gelungen ist, sei erst einmal dahingestellt. Auf jeden Fall kommt rascher als gedacht die Stunde der Bewährung. Frische Absolventen der Militärakademien der Sowjetunion bekommen am 5. Mai den Genossen Stalin persönlich zu Gesicht. Was er über den Zustand der Landesverteidigung zu sagen hat, ist wenig schmeichelhaft. Wie der Hase in Diktaturen läuft, ist aus anderen Ländern hinlänglich bekannt, sodass es nicht erstaunen wird, dass auch anwesende führende Militärs des Landes sowohl Angst davor haben, sich zu Stalins Kritik zu äußern, als auch davor, eventuelle vorwitzige Vorschläge zu unterbreiten, die ihnen – unter den gegebenen Umständen – ebenfalls ihre Köpfe kosten können.[40] Folgerichtig bringt eine Weile nach Stalins Rede ein Generalmajor der Panzertruppen einen Toast auf die Außenpolitik Stalins aus. Doch da erlebt er eine regelrechte Überraschung. Väterchen Stalin entgegnet ihm: „Erlauben Sie mir bitte eine Richtigstellung vorzunehmen. Die Friedenspolitik gewährleistete unserem Land den Frieden. Die Friedenspolitik ist eine gute Sache. Wir haben zeitweilig eine Linie der Verteidigung verfolgt – solange wir unsere Armee noch nicht umgerüstet, sie noch nicht mit modernen Kampfmitteln ausgestattet hatten. Aber jetzt, nachdem wir unsere Armee reorganisiert, ausreichend mit Mitteln für einen modernen Krieg ausgerüstet haben, nachdem wir stark geworden sind, jetzt müssen wir von der Verteidigung zum Angriff übergehen. Bei der Verteidigung unseres Landes sind wir verpflichtet, offensiv zu handeln. Wir müssen von der Verteidigung zu einer offensiven Militärpolitik übergehen. Wir müssen unsere Erziehung, unsere Propaganda, unsere Agitation, unser Pressewesen im Geist der Offensive umgestalten. Die Rote Armee ist eine moderne Armee, und eine moderne Armee ist eine Angriffsarmee."[41] Da ist das Motiv von vor einem Jahr wieder, vor größerem Publikum: Wir müssen von der Verteidigung zum Angriff übergehen. Was hier Verteidigung ist, definiere immer noch *Ich*, und jetzt ist die Verteidigung in der Offensive zu organisieren. Addiert man die Erläuterungen zu der anfangs von ihm geäußerten Kritik am Zustand der sowjetischen Streitkräfte, erhält man das ungefähre Datum seines Angriffs.

Der Erfolg seiner Strategie hängt nun vollkommen davon ab, dass er die Absichten Hitlers richtig einschätzt. Hat das Hin- und Herschieben der Termine wirklich zum Ziel, ihn verrückt zu machen, oder gibt es andere Gründe dafür? Baut die Wehrmacht Verteidigungslinien gegen die Rote Armee auf und was hat es denn nun mit dem Aufmarsch der Wehrmacht in Wirklichkeit auf sich? Weil der deutsche Überfall für den 22. Juni gemeldet ist, müssten die Truppen vor diesem Tag zur Verteidigung aufgestellt sein. In Moskau plant die Führungsspitze jedoch ihren eigenen Angriff für Anfang Juli 1941 und will bis dahin alles für diesen Zweck an die Grenze gebracht haben. Dann steigen die sowjetischen Jagdflieger über den Panzern von Hitlers Wehrmacht auf und machen erst einmal dessen Kriegsmaschinen kaputt. Die zweite Staffel steigt danach auf zusammen mit den ersten von einer Million Fallschirmspringern und kämpft dann im Hinterland um die Vorherrschaft im Deutschen Reich. Da brauchen sie bloß das nächstbeste Konzentrationslager am Wegesrand zu befreien und sie können Tausende Gegner des Regimes mehr mit den geeigneten Waffen ausrüsten. Doch das wird höchstwahrscheinlich nichts werden – Stalin belässt es bei seinem Angriff *und* bei dem festgelegten Termin. In der Roten Armee ist allerdings auch nie Verteidigung geübt worden und es wurde keine zweite oder dritte Verteidigungslinie ausgebaut und auch in Schuss gehalten. Es liegen nicht einmal Pläne für solch einen Fall vor. Gemäß der Militärdoktrin wurde der Angriff in allen Variationen geübt. Allein diese Umstände beenden ohne weitere Rückfragen alle Debatten, ob sich die Sowjetunion auf einen Einmarsch fremder Truppen vielleicht vorbereitet haben könnte. Als erste Verteidigungslinie sind bestimmt die Grenzposten anzusehen. Angriff ist die beste Verteidigung und auf kein anderes Ziel laufen die Vorbereitungen hinaus. Die Sowjetunion ist doch wohl groß genug für wenigstens eine zweite Verteidigungslinie, oder? Es werden nach einer deutschen Schätzung 2,9 Millionen Soldaten hin zur

Westgrenze gefahren. Seit dem Abschluss des Nichtangriffspaktes hatte die Rote Armee ihren Personalbestand um die zweieinhalbfache Stärke erhöht. Alles in allem hat Stalins Armee etwa 5 Millionen Soldaten unter Waffen. Im Mai werden Truppen in den Westen der Sowjetunion an die Grenze zum deutsch besetzten Teil Polens verlegt. Das geschieht nachts, um keinen Verdacht zu wecken. Aber doppelt hält besser: Die Nummer wird als Prüfung der Leistungsfähigkeit des Eisenbahnnetzes deklariert. Das soll gar nichts mit Hitlers Reich zu tun haben. Parallel dazu werden die bereits dort befindlichen *Verteidigungstruppen* umverteilt und auch in einen Streifen zwanzig bis achtzig Kilometer von der Grenze gebracht. Was näher an der Grenze vorhanden ist, wird nicht bewegt, um nicht die Pferde scheu zu machen. Will man nicht einen Teil der vorliegenden Beobachtungen in Europa unterschlagen, bleibt im Endeffekt wirklich bloß ein Schluss: Natürlich weiß Jossif Stalin, dass die Deutsche Wehrmacht seit Monaten an seinen Grenzen ihre Truppen massiert. Darauf hat sein Premierminister Molotov die Berliner Führung ja auch schon bei seinen Unterredungen im November 1940 angesprochen. Aber die Wehrmacht marschiert einfach nicht los. Erst hieß es, die deutschen Truppen kämen 1940. Dann hieß es, dass sie im Frühjahr '41 kommen. Das konnte auch noch sein. Da hatten sie noch den ganzen Sommer vor sich. Doch wenn sie bis zum Sommer weiter abwarten wollen, bleibt ihnen nicht viel Zeit, bis Russland zuschneit und vereist. Solch einen Feldzug nimmt sich kein Mensch vor. Mindestens zweimal haben sie den „Termin" jetzt schon in die Zukunft verschoben. Der strapaziöse Nervenkrieg dauert bereits ein Dreivierteljahr. Offenbar sieht er in den ständigen Ankündigungen eines Überfalls nichts als Provokationen. Vollkommen unbeeindruckt hält der Genosse an der Spitze des Staates an seinem eigenen Plan weiter fest.[42]

Es werden Rohre zur Versorgung der Militärfahrzeuge mit Treibstoff bis an die Grenze heran verlegt; in den grenznahen Gebieten werden Lederstiefel in rauen Mengen bereitgestellt – in der Ukraine, in Weißrussland, Litauen, Moldawien und in Karelien. Das sind Lederstiefel für Millionen Soldaten, die aus dem Landesinneren nach dem Westen verlegt werden sollen, was für Mitte Juni geplant ist. Solches Schuhwerk für einen Auslandseinsatz anstelle der üblichen Segeltuchstiefel entspricht jedenfalls der Doktrin, dass der Krieg auf feindlichem Boden ausgetragen werden soll. Die Segeltuchstiefel sind auch ungeeignet für lange Märsche und es sähe lächerlich aus. Dazu werden viele Panzer im Gebiet nahe der Westgrenze der Sowjetunion aufgestellt. Warum stehen Flugplätze in Grenznähe voller Flugzeuge? Wenn die Deutschen eben doch angreifen, haben die sowjetischen Maschinen im Prinzip keine Überlebenschance. So ein dicker Bomber der Luftwaffe hat eine Durchschnittsgeschwindigkeit von 400 km/h. Im Endeffekt heißt das, dass er eine Anflugzeit von 1,5 bis 6 Minuten zu den grenznah gelegenen Flugplätzen der Luftstreitkräfte der Roten Armee hat, und ein paar Bomber hat die Wehrmacht ja doch. Bis zu einer Entfernung der Flugplätze von 14 Kilometern ist sogar ein Beschuss mit weitreichender Artillerie möglich. Wenn die Wehrmacht bloß kleinste Anfangserfolge erzielt, müssen die dortigen Flugzeuge und alle Vorräte verlorengehen. Warum lässt man Hunderttausende Tonnen von Treibstoff, zehntausende Waggons voller Granaten dorthin schaffen und warum lässt die Militärführung nicht die Brücken verminen?[43] Wenn die Rote Armee darüber nach Westen kommt, kann die Wehrmacht über die Brücken genauso gut nach Osten gelangen.

Wenn es zu einem Angriff kommt, gehen all die Güter verloren. Werden die grenznahen Gebiete überrollt, so muss man die verlorenen Fabriken im Hinterland frisch aus dem Boden stampfen. Es bleibt dabei: Will der Genosse Stalin mit alledem immer noch Deutschland angreifen, muss er sich beeilen, denn für den 22. Juni 1941 wurde ihm Adolf Hitlers Aktion angekündigt. Aber Stalin weiß, dass Hitlers Armee seiner Arbeiter- und Bauern-Armee weder qualitativ noch quantitativ gewachsen ist. Deshalb glaubt er allen Warnungen eher noch weniger. Witzigerweise glaubt der Knilch aus dem österreichischen Wald ebenso wenig an einen etwaigen Angriff der Roten Armee auf seine geliebte Wehrmacht, denn die Russen hatten sich doch schon so ewig mit dem kleinen Finnland herumbalgen müssen. Was weiß Adolf Hitler denn vom Frost in Nordeuropa und von der irren Leistung der Männer, die die zu 100 Prozent sichere *Mannerheim-Linie* überwunden hatten? Seine führenden Militärs hatten es aus gutem Grund noch nicht einmal versucht, Frankreichs *Maginot-Linie* zu überwinden, weil es nicht ging... Er befindet im Gespräch mit Goebbels dieser Tage: „Stalin zittert vor den nahenden Ereignissen.“[44] Im Übrigen sagte bereits Generalmajor Erich Marcks bei der Vorstellung der Studie über Hitlers eingeplanten Ostfeldzug: „Die Russen werden uns nicht den Liebesdienst eines Angriffs erweisen.“[45] Hier sind *zwei* Strategen auf der Pirsch und derjenige, der zuerst zuschlägt, wird die Armeen des anderen auf dem linkem Fuß erwischen.

Vom Februar ’41 an fuhren immer mehr Truppentransporte nach Osten. Die verlegten Divisionen ahnen nicht, was sie erwartet. Mit *dem Russen* ist man letztlich seit August 1939 verbündet. So reden die Leute, obwohl es ziemlich viele Russen gibt. Mehr als Deutsche. Noch im April, Mai, ja sogar bis in den Juni hinein meint das Gros der deutschen Soldaten, es gehe nach Indien, um die Engländer auf Umwegen zu schlagen. Moskau werde zu gegebener Zeit die Grenzen öffnen und den Durchmarsch nach Süden mit allen Mitteln fördern. Aber nicht nur die Soldaten denken so. Otto Dietrich, der Pressechef der Reichsregierung, hält anderslautende, bei Kriegsberichterstattern seit März umlaufende Gerüchte für völlig unsinnig, nach denen etwas gegen Russland in der Luft liege.[46]

Der Führerstellvertreter fliegt nach Großbritannien

Was die Franzosen vor Monaten *drôle de guerre*, einen seltsamen Krieg genannt hatten, die Engländer *phoney war*, einen Scheinkrieg, und die Deutschen den *Sitzkrieg*, ist längst ausgeartet zu einem richtigen Krieg. Da Hitler unbedingt die Wiederholung des Zweifrontenkrieges von 1914 vermeiden will, muss er nach der Ausschaltung Frankreichs fraglos mit England Frieden schließen, wenn er seinen nächsten Siegeszug in Szene setzen will. Doch keines seiner bisherigen Friedensangebote wurde von der Führung in London eines Blickes gewürdigt. Der voluminöse *Mann von Welt* Hermann Göring hat mehrfach seine Kontakte spielen lassen. Der Stellvertreter Rudolf Heß hat sein Glück probiert; er führt schon ein Weilchen seine Korrespondenz mit dem Duke of Hamilton, einem jener unerhört deutschfreundlichen Menschen in Großbritannien, mit dem er die Leidenschaft fürs Fliegen teilt. Und sie sind sicher nicht die einzigen Mächtigen im Dritten Reich, die ihr Glück unverdrossen bei den Größen des *British Empire* versuchen. Rudolf Heß wundert es natürlich ebenso wenig wie andere, dass sich ein Adeliger wie Douglas Douglas-Hamilton, 14. Duke of Hamilton und 11. Duke of Brandon nun ausgerechnet für ihn interessiert. Es ist zu verlockend, gemocht zu werden, zumal wenn man ein Nazi ist. Hitler hatte sich auch selbst an Geheimdiplomatie versucht über seinen Anwalt Ludwig Weißauer. Den hatte er zur Botschaft Großbritanniens in Schweden entsandt und von dort hat Sir Victor Alexander Louis Mallet einen Zettel mit Hitlers Vorschlägen schon am 9. Juli 1940 nach London zu Staatssekretär Sir Alexander Montagu George Cadogan gebracht. Sie werden sich vielleicht noch daran erinnern. Unklar bleibt, ob dieser Zettel gleich oder sofort in den Müll gewandert war, und ob er jetzt in einem der verriegelten Archive Englands vergammelt. Dann am 17. November hatte der päpstliche Nuntius einen Friedensvorschlag des Kanzlers für London unterbreitet. Auch davon wollte keiner was wissen. Jetzt soll nicht mehr irgendein Unterhändler die richtigen oder falschen Worte finden, nein, Rudolf Heß soll als bekanntes Gesicht des nationalsozialistischen Reiches persönlich ausloten, unter welchen Bedingungen England seine Kriegserklärung zurückzieht. In Briefen an seinen lieben

Duke of Hamilton war alles vorbereitet worden. Es wurde der Eindruck erweckt, am 10. Mai käme irgendein Unterhändler, eventuell könnte es sich um seinen Mitarbeiter Ernst Bohle handeln. Doch wie das Leben so spielt, arbeitet sein lieber Freund für einen der geheimen Geheimdienste Winston Churchills, SO 1. Es wird schwer sein, mich noch vom Gegenteil zu überzeugen. Würde der SO 1 ohne Wissen des Dukes den Namen verwenden, wird das spätestens bei der Landung vor dem Schloss des guten Mannes auffliegen. Die Vorbereitungen werden vom Stargeografen Karl Haushofer geleitet. Für diesen Zweck wird eine Messerschmitt Bf 110 so umgebaut, dass der nötige Treibstoff in einem übergroßen Tank gelagert werden kann, so dass er bis zum Landeplatz vor dem Schloss des lieben Dukes von Hamilton reicht. Als alle Vorbereitungen abgeschlossen sind, bespricht Hitler die Lage am 9. Mai '41 mit drei alten Kämpfern: mit der Nummer 2 im Staat Rudolf Heß, mit seinem Reichspropagandaleiter Dr. Joseph Goebbels und mit Ernst Wilhelm Bohle. Nun werden Sie selbstredend fragen, Bowle, Bowle, welche Bowle? Der heute 37-jährige Bohle spielt jedoch auch keine besondere Rolle im Reich; er ist der Führer der Auslandsorganisation der NSDAP und damit für diesen Zweck geradezu prädestiniert, geboren in Bradford in der Grafschaft West Yorkshire und naturgemäß mit diesem und jenem Engländer auch persönlich bekannt. Im Moment scheint Rudolf Heß mit seinem Duke of Hamilton das beste Eisen im Feuer zu haben. In einem der Briefe hatte er den Besuch eines Unterhändlers für den 10. Mai angekündigt. Was für ein Zufall das aber auch ist: Für den 10. ist der letzte Luftangriff auf England geplant. Nach dieser Unterredung geht Bohle zu seinem Mitarbeiter Heinrich Schiller, der dadurch erfährt, dass sich die vier Größen getroffen haben, dass vereinbart wurde, dass Parteigenosse Heß in der nächsten Nacht nach England fliegen wird, um dort mit ihm vertrauten Persönlichkeiten zu reden „und sie zu beschwören, Churchill zu bewegen mit uns Frieden zu halten und mit uns sich zu verbünden, denn wir sind ein Brudervolk!" Falls die Aktion schiefgeht, erklärt sich Rudolf Heß bereit, sich für „irre" erklären zu lassen und es soll heißen, er habe auf eigene Faust gehandelt. Gesagt, getan. Der Führer sollte jetzt auch seinen lieben *Duce* in Roma über die geplante Friedensmission unterrichten, doch den lieben *Duce* informiert

Hitler über alles, was er vorhat, entweder zu spät oder zu knapp. In dem Fall ist es schon zu spät. Er begibt sich auf den Obersalzberg und schickt von dort aus Reichsaußenminister Ribbentrop in die Spur. Da dieser im schönen Rom einen Dolmetscher benötigt, kommt er in Begleitung von Dr. Paul Schmidt, der so zum Zaungast einer Komödie wird. Der Führer weilt also am 10. Mai 1941 auf seinem Berghof, als ihn die vermeintliche Neuigkeit erreicht, dass sein Stellvertreter Rudolf Heß in Augsburg ein Messerschmitt-Flugzeug bestiegen habe und auf dem Flug nach Schottland sei. Das Letzte, was er an dem Tag vom Führer hört, ist der Ausruf: „Hoffentlich stürzt er ins Meer!“[47] Dann hat Schmidt den Minister nach Rom zu begleiten, wo er dem *Duce* Heß' Verhalten erklären soll. Dort in der italienischen Hauptstadt sagt Ribbentrop weisungsgemäß, dass Heß verrückt sei.[48] Das wird dann auch die offizielle Leseart. Nach der Rückkehr nach Berlin, hört Dr. Schmidt eine „Auswertung“ von einem älteren lästernden Arbeiter: „Haben Sie schon gewusst, dass wir von Verrückten regiert werden?“[49] Das ist die berühmte Berliner Schnauze.

Da fliegt also Rudolf Heß mitten im Luftkrieg zwischen der Heimat und England in der Nacht über den Ärmelkanal und dann quer über England und wird nicht von der Luftabwehr vom Himmel geholt. Er erreicht das Ziel und sieht schon die Fackeln am Boden, die ihm den Landeplatz anzeigen. Doch dann werden plötzlich die Feuer ausgemacht und er fliegt, bis ihm der Sprit ausgeht. Dann springt er mit seinem Fallschirm in die Tiefe und sein Flugzeug kracht irgendwo auf ein Feld. Der Sergeant der Fernmeldetruppe Daniel McBride findet Rudolf Heß sowie seine Me 110 und bringt ihn in das Haus des Bauern McLean. Anschließend wird ihm ein Maulkorb verpasst. Das hat durchaus einen handfesten Grund. Was er gerne hinausschreien würde, ist: „Ich behaupte, dass hochrangige Regierungsmitglieder sein Kommen erwartet hatten. In jener Nacht wurde weder Luftalarm gegeben, noch wurde das Flugzeug vom Radarkontrollraum erfasst.“ Erst kurz vor seinem Tod hält er sich nicht mehr an jenes Redeverbot. Weil der Zweck dieser Reise durch die vorherigen Briefe in London klar war und er auch unbehelligt über England wegfliegen kann, obwohl er in einem Flieger sitzt, der normalerweise bei Luftangriffen benutzt wird, hatte man in London doch erst einmal nichts dagegen, dass noch ein Unterhändler kommt. Da drängt sich die Frage auf, warum am Ende der *Crash* mit dem möglichen Tod des Piloten in Kauf genommen wurde. Führte womöglich nur eine technische Panne zum Lichtausfall?[50]

Manch einer sieht im Geisterflug von Rudolf Heß den Anfang vom Ende. Das drückt man im Reich unter der Hand so aus: Einige Tage nach dem Heß-Flug meldete der englische Rundfunk: „Heute fanden keine weiteren Einflüge deutscher Minister auf englisches Gebiet statt!“[51] Ähnliche Ableitungen tuscheln die Leute auf der Straße auch in der Form herum: Auf der Messerschmitt steht auf den Tragflächen links NSV und rechts DAF. Das bedeutet: „Nicht schießen, Verrückter! Die anderen folgen!“[52] Mit diesem lästerlichen Spruch werden die Nationalsozialistische Volkswohlfahrt wie auch die Deutsche Arbeitsfront durch den Kakao gezogen. Ein anderer zieht die Parallele zur Propaganda: Man spielt und singt im ganzen Land: „Wir fahren gegen Engelland!“ Doch wenn dann wirklich einer fährt, dann wird er für verrückt erklärt.[53] Aber da selbst das Wort „verrückt“ ziemlich relativ ist, heißt es: Rudolf Heß wird auch Churchill vorgestellt, der ihn fragt: „Also Sie sind der Verrückte!“ Darauf erwidert Heß: „Nein, ich bin nur der Stellvertreter!“[54]

Wer ebenfalls gern rauskäme aus dem Hexenkessel Deutschland, erzählt *den* Spruch weiter: „Wie geht es?“ – „Ach, heß-lich!“[55] Um das zu sagen, findet sich beispielsweise auch folgende Form: Heß ist wirklich verrückt. Wieso? Er will wieder nach Deutschland zurück.[56] Was man so vor dem Flug des Stellvertreters ungestraft sagen durfte und was man jetzt sagen soll, wird so thematisiert: Im Konzentrationslager treffen sich zwei gute Bekannte. „Warum bist du hier?“ – „Ich habe vor dem zehnten Mai gesagt, Heß ist verrückt. Und du?“ – „Ich habe nach dem zehnten Mai gesagt, Heß ist *nicht* verrückt.“[57] Und dementsprechend wurde einer auch vor dem und einer nach dem Flug in den dunklen Wald geschickt.

Doch auch in diesem Fall liegt die Sache nicht ganz so einfach. Heß weiß oder glaubt zu wissen, dass es in England noch immer Kreise gibt, die es mit den Beziehungen zu Deutschland wohl gut meinen. Das bedeutet im Endeffekt, dass er nicht verrückt ist, sondern dass er auf den Mummenschanz der letzten zwei Jahrzehnte voll hereingefallen ist. Das böse Erwachen ließ dann nicht mehr lange auf sich warten. Als Rudolf Heß angerauscht kam, hatte er eine ganze Liste von ihm bekannten Anhängern der Beschwichtungspolitik im Gepäck. Wie groß muss das Erstaunen gewesen sein, als sich nach der Ankunft die Schauspieler des Appeasement flugs hinter ihren Premier Churchill gestellt haben? Logisch, der hatte ja auch diese Nummer eingefädelt. Einer der Gauner, die plötzlich von nix mehr wussten, war *sein* Duke. So viel zur Frage, ob er für einen Geheimdienst gearbeitet hat oder nicht.[58]

Übertrieben verrückt wird Heß schon nicht sein, wenn es vor der Aktion Mitte Mai schon mehrere Anläufe mit demselben Ziel gab. Deutschlands Geschäftsträger in der US-amerikanischen Hauptstadt hatte ja schon im Juni '40 eine Unterredung mit dem dortigen Botschafter aus London gewünscht, woraufhin dieser die Weisung vom Premierminister Churchill erhielt, dass er auf keinen Fall auf Annäherungsversuche eingehen solle. Mag sein, dass Heß davon nichts erfahren hatte, aber er war doch Ende Juli 1940 selbst unter den Gesprächsteilnehmern, als die Führung dann mit hochrangigen Vertretern aus London sprach. Gab es ihm denn nicht zu denken, dass dieser *Talk* keine Schlagzeilen machte in England?[59]

Im August sollte ein Vertrauensmann in der Schweiz verhandeln. Dann Ende Dezember meldete der sowjetische Militärattaché bereits an seine Moskauer Zentrale, dass Hitler den Befehl gegeben hat, den Krieg gegen die Sowjetunion vorzubereiten. Damit war der Termin auf den März gelegt worden und am 10. Januar wollte oder sollte Heß schon einmal auf der Reise nach Großbritannien sein. Damals hatte die Wetterlage seinen Vermittlungsversuch vereitelt. Als kein Frieden zustande gebracht war, wurde dieser Plan verschoben. Hitler will ja auf Biegen und Brechen verhindern, dass ihm die Engländer in den Rücken fallen, wenn er endlich den Befehl zum Einmarsch in die Sowjetunion gibt. Das war schon 1939 seine Überlegung, als er Polen ausknipsen wollte. Da meinte er auch, die

Isolierung des Landes sei entscheidend und es sei die Sache geschickter Politik, England und Frankreich von einer Kriegserklärung an das Reich abzuhalten. Dass Hitler weiß, was abläuft, zeigt sich auch darin, dass die Verbindung in London als HHHH lief: Halifax-Hoare-Hess-Hitler, über Hoare, der sagte, dass man gute Kontakte nach Spanien benötige wegen der Friedensverhandlungen mit Deutschland.[60] Geht es jetzt tatsächlich um ein Ende der Bombardierung Englands, dann wird London dies geheimzuhalten versuchen. Wie wird man es der englischen Öffentlichkeit in Anbetracht aufgetretener Bombenschäden in englischen Städten verkaufen, dass man ein Friedensangebot nur ausgeschlagen hat, um weiter die deutschen Städte in Schutt und Asche legen zu können?[61] Ob Heß in Schottland gelandet ist, um den Vernichtungskrieg zwischen dem Reich und dem *Empire* zu verhindern, wird man daran ablesen können, ob die einschlägigen Akten in zehn, in sechzig oder in hundert Jahren für einen Forscher freigegeben werden, wenn wirklich alle Beteiligten tot sind.

Schon jetzt gibt es allerdings den Indikator, der anzeigt, wie *wichtig* für die Führungsriege in London die Wiederherstellung des Friedens für die Insel ist. Im vergangenen Jahr hat England durch Angriffe deutscher U-Boote allein 1.056 Handelsschiffe verloren und in der ersten Hälfte 1941 sinken 760 weitere Schiffe auf den Meeresgrund – von den ertrinkenden Matrosen einmal ganz zu schweigen. England verlor damit 1939 täglich zwei, 1940 drei und 1941 vier *Handelsschiffe*. Allein Anfang 1941 gehen den Briten zwölf U-Boote verloren. Wäre das Ziel dieser Übung, anderen Staaten eine Besatzung durch deutsche Armeen zu ersparen, durfte man Frankreich bei Dünkirchen nicht den Deutschen überlassen – trotz der eigenen militärischen Überlegenheit. Wie will man denn erklären, dass man seine Bomber abgezogen hatte? Diese Zirkusnummer ist allerdings ein Pokern auf allerhöchstem Niveau, denn der U-Boot-Bau in Deutschland läuft unterdessen auf Hochtouren – und Großbritannien als Ganzes wie auch England im Besonderen stehen 1941 vor einer Kapitulation vor Deutschland. Jetzt muss es endlich gelingen, Stalins Sowjetunion in den Krieg zu ziehen, ob es diesen Nicht-Angriffs-Pakt nun gibt oder nicht.[62]

Die Georgs-Runde

Einen ansehnlichen Kreis kritischer deutscher Geister hat Oberst Hans Speidel* in Paris um sich herum versammelt. Diese Männer nennen sich Georgs-Runde, einmal nach dem Hotel George V, in dem Speidel untergebracht ist, und nach dem Ritter St. Georg. Zu der Runde zählen neben Ernst Jünger* auch sein Begleitoffizier Rolf Pauls* und der Frankreichkenner Friedrich Sieburg*, Dolf Sternberger* und Gerhard Nebel*. Das ist eine gute Mischung für den kritischen Gedankenaustausch unter den gegebenen Bedingungen. Wenn die Männer über den alltäglichen Missbrauch der Macht und Hitler sprechen, so verwenden sie Ernst Jüngers Deckbezeichnung für Hitler: Kniébolo.[63] Wenn sich Repräsentanten der Deutschen Wehrmacht in den besetzten Gebieten ritterlich zu verhalten gedenken, löst das wohl zuerst die Assoziation aus, dies wäre lächerlich. Nimmt man diesen Anspruch ernst, dann muss das ein gefährliches Ansinnen sein, und Carlo Schmid* erlebt bei seiner Tätigkeit in Lille, dass ihm dies nicht zum Verhängnis wird, weil andere dieses Credo ebenfalls hochhalten und sich die Männer so gegenseitig vor der Aufdeckung ihrer offiziell wenig erwünschten Aktivitäten schützen. Schmid entgeht nicht, dass zu seinen Schutzengeln selbst Männer aus dem SD zählen, undichte Stellen, die auf seltsame Weise Warnungen an ihn weitergeben, die nur von dieser Seite kommen können. Manchmal stecken sie in einem Briefumschlag, der der Ordonnanz an der Pforte übergeben wird, verbunden mit dem Auftrag, ihn sofort Schmid zu überbringen. Auch Pastor Pasche bringt ihm gelegentlich eine Warnung aus dem Kreise der Bevölkerung oder aus der Abteilung I der Präfektur, bei der alles Wissen der Polizei konzentriert ist.[64] Dort lernt Schmid auch den Oberkriegsverwaltungsrat Wolf Freiherr von Wrangel* kennen und schätzen. Im Zivilberuf ist der Eingezogene ein Landrat und bleibt auch innerhalb des neuen Aufgabenbereichs der typische deutsche Landrat – energisch und vom Gedanken der Fürsorge für die anvertraute Bevölkerung erfüllt. Wenn das reguläre Verhalten nicht zur Behebung eines Notstandes führt, scheut er sich nicht, Nebenwege einzuschlagen.[65] Vor Ernst Jünger wurde Speidel übrigens gewarnt, noch bevor er ihn leibhaftig gesehen hatte. Der Chef des Heerespersonalamtes hatte ihm für den Fall der Versetzung Jüngers in seinen Stab bereits Schwierigkeiten vorausgesagt; das OKW gibt ihm auch den Tipp: „Ernst Jünger ist ein gefährlicher Mann. Sie werden sich mit einer Versetzung in Ihren Stab schaden“, so Speidel. Doch er findet für den prominenten 46-Jährigen ganz schnell Verwendung. Er betraut ihn mit der riskanten Aufgabe, den unterirdischen Kampf zwischen der Partei und der Wehrmacht zu untersuchen.[66]

Bedauerlicherweise sind nicht alle Einwohner Deutschlands hochrangig angesiedelte Militärs, Diplomaten oder anderweitig erwähnenswert, sodass es kaum erstaunt, dass man von normalen Leuten wenig hört. Will man mehr über sie wissen, muss man ganz einfach andere Wege gehen. Kritiker, die überraschenderweise immer noch nicht im Konzentrationslager sind, drücken ihre Sicht *auch* im Witz aus: Eines Tages fällt es der Gestapo im besetzten Holland auf, dass sich die Niederländer mit „Heil Rembrandt!“ begrüßen. „Was soll der Unfug?“, fragt ein Gestapo-Mann einen bekannten Holländer. Der Niederländer erwidert darauf: „Ist doch klar, auch wir haben unsern großen Maler!“[67] Der nächste Punkt ist das Elend der Juden genauso wie das am Kriegsschauplatz: Hitler steht am Kanal und blickt nach England hinüber. Er sinnt darüber nach, wie er es wohl anstellen könne, um eine erfolgreiche Invasion zu starten. Endlich fällt ihm etwas ein. Er lässt den Oberrabbiner von Amsterdam kommen und sagt: „Moses hat doch einen Stab gehabt, mit dem er die Wogen des Roten Meeres zerteilte, so dass die Juden trocken hindurch marschieren konnten. Wenn Sie mir diesen Stab beschaffen, werde ich die Lage der Juden erleichtern. Wo befindet sich dieser Stab?“ Darauf entgegnet der Rabbiner: „Im Britischen Museum!“[68] Richtig, da muss man erst einmal hinkommen, wenn man ihn benutzen will. Aber auch in die Sowjetunion muss man erst einmal hineinkommen, bevor man sich Gedanken macht, wie man sich das riesige Land dienstbar machen kann, deshalb tritt am 22. Mai 1941 der Zeitplan für die Massierung der deutschen Truppen im Osten und für ihren Aufmarsch gegen die Sowjetunion inkraft.[69]

Sieg oder Niederlage, Krieg oder Frieden?

Gerade so, als wäre nicht vor drei Wochen der Stellvertreter des Führers mit seiner phänomenalen Friedensmission an London gescheitert, wird am 30. Mai 1941 durch einen Herrn Schloßstein aus der Firma Bosch ein Brief Carl F. Goerdelers an Premierminister Churchill in die Hände des Erzbischofs von York übergeben. Der Brief enthält ein Angebot, mit den Nachfolgern Hitlers Frieden zu schließen; bei den Bedingungen beachtet Goerdeler, dass diese unglückseligen Gebietsabspaltungen des Versailler Vertrages später nicht Zankapfel bleiben: Elsaß-Lothringen, Österreich, das Sudetenland und die polnischen Westgebiete sollen an Deutschland fallen. Damit bleibt dieses Angebot in der Logik der letzten Jahre: Wenn die deutsche Bevölkerung in der Breite eine Abkehr von Hitler begrüßen soll, dürfen nur wirklich von anderen Völkern besiedelte Gebiete aus der Hand gegeben werden. Sonst folgt aus dem Friedensschluss unter Umständen wirklich ein Bürgerkrieg in Deutschland. Um eine Abkehr vom Vertrag mit Moskau glaubhaft zu machen, wird die Wehrmacht als Kern europäischer militärischer Streitkräfte eines Bündnisses von Staaten angeboten, das antibolschewistische Mächte vereinigen soll. Feldmarschall von Brauchitsch hat dieses Papier abgezeichnet, damit es die Adressaten überzeugen kann.[70] Daran lassen sich zugleich Stärken und Schwächen von Brauchitschs zeigen: Auseinandersetzungen mit dem hysterisch im Raum herumbrüllenden Hitler tut er sich äußerst ungern an, aber wenn man auf diese Art und Weise dem Regime ein Ende bereiten kann, ist er selbstverständlich dafür zu haben.

Die Briten, die deutsche Nachrichten lesen können, da sie den Code der deutschen Verschlüsselung kennen, melden auch den neuen Termin der sowjetischen Botschaft in London. Um sicher zu gehen, schickt Premier Churchill auch selbst entsprechende Nachrichten nach Moskau; letztlich ist Churchill Pokerspieler und kein Selbstmörder. Sollte die Wehrmacht die Truppen der Roten Armee ernstlich besiegen, blieben bloß noch die Amerikaner übrig, um dem arg bedrängten England zur Seite zu stehen, und wer weiß, ob die nicht England vergessen und sein *Empire* nehmen.

Der Moskauer Dienst NKWD warnt Stalin freilich auch mehrfach selbst. Insgesamt gingen seit dem Juli 1940 von eigenen politischen Aufklärern ca. 120 Berichte darüber ein, dass Hitler Krieg gegen das Land plant.[71]

Die Berichte bewährter Zuarbeiter von sowjetischen Sicherheitsorganen stimmen Ende Mai allesamt in einem Punkt überein: Der Krieg beginnt am Sonntag, dem 22. Juni, im Morgengrauen. Das wiederholt auch der Botschafter der USA in Moskau Steinhardt und zu allem Überflusse geht am 1. Juni noch eine Warnung Dr. Richard Sorges ein, der in Tokio gute Kontakte zur deutschen Botschaft unterhält und diese Information, wie schon andere vom Botschafter Eugen Ott bekam. Was er weiterreicht, ist die Bestätigung für alles Bisherige und er benennt auch die vorgesehene Truppenstärke und die Richtungen des Angriffs. Angeblich um den Zorn Stalins nicht herauszufordern, wird diese Meldung schon gar nicht mehr vorgelegt, und es wird nichts unternommen. Dies wollen zumindest gut informierte Eingeweihte aus seiner Umgebung erfahren haben.[72]

An dieser Stelle sind ein paar Gedanken zur Entschlüsselung des Codes der Enigma angebracht. Deutsche Soldaten haben *in sehr großem Maße* dazu beigetragen, dass ihre Kriegsgegner den Code entschlüsseln konnten. Aus unerfindlichen Gründen wird der Funkverkehr der U-Bootflotte im Atlantik auf zwei Arten übertragen. Zum einen sind die Nachrichten verschlüsselt, zum anderen werden sie auch im Klartext übertragen. Das ist für die Codeknacker der Gegner eine große Hilfe, da sie deshalb diese Nachrichten im Klartext wie auch in Geheimschrift zur Auswertung benutzen können. Dadurch waren sie in der Lage einige Eigenschaften, die bei der Wahl der Schlüssel berücksichtigt werden, festzustellen. Wer das möchte, kann jetzt formulieren, die Deutschen seien ihren Gegnern *eher ungewollt* zu Hilfe gekommen, vielleicht weil sie exorbitant dumm sind. Welchen Sinn hat denn die Verschlüsselung, wenn man diese geheimen Botschaften dann doch unverschlüsselt durchgibt? Es soll in jener Flotte zum Beispiel einen Funker gegeben haben, der so gelangweilt war, dass er immer auf denselben Buchstaben getippt hat. Die Engländer wussten, dass diese Enigma einen einzelnen Buchstaben nicht mit sich selber verschlüsselt und sie wussten ebenso, dass sich die Rotoren nach jeder Eingabe ändern. Wenn es also vorkommt, dass einer immer wieder auf den gleichen Buchstaben tippt, bekommt man eine sehr lange Kette von verschiedenen Buchstaben, die alle Buchstaben enthält bis auf den, welcher getippt wurde. Genau dieses Detail ist einer Kollegin der englischen Einheit aufgefallen. Dieser Fall tritt eben lediglich dann ein, wenn der entsprechende Funkspruch bloß aus einem Buchstaben besteht, der immer wieder gedrückt wird. Man wird darauf nur aufmerksam, weil der „Text" an sich keinen Sinn ergibt. So konnten die Spezialisten leicht erkennen, wie die Rotoren der Enigma jeweils eingestellt waren. An einigen Tagen ist sogar der Fall eingetreten, dass die gleichen Grundeinstellungen beibehalten wurden. Das hatte den Kryptologen die Arbeit noch erleichtert. Bei der Lösung eines Rätsels wird ein Kriminologe unter anderem nach der Wahrscheinlichkeit gehen, und wie wahrscheinlich ist es denn, dass die beteiligten deutschen Funker obendrein noch in so gut wie jeden der Funksprüche die Worte „Kaiserreich" beziehungsweise „Vaterland" eingebaut haben? Wer diese beiden Worte erkannt hat, kann 13 Buchstaben identifizieren. Wer einem Matrosen, der als Funker eingesetzt wird, das als *weiteren Fehler* auslegt, der begreift nicht, dass solche Handlungen, die der Feindbegünstigung dienen, schnell vor ein Kriegsgericht bringen können. Die Engländer setzten dann deutsche Muttersprachler ein, die die verschlüsselten Funksprüche nach diesen Worten absuchten, und so wurde es überhaupt möglich, relativ schnell den passenden Schlüssel zu den kriegswichtigen Funksprüchen herauszufinden.[73] Gewann vielleicht wenigstens *eine* Spürnase in *good old England* den Eindruck, dass mehr als ein Deutscher ihnen zugearbeitet hat, damit sich Hitler nicht den gesamten europäischen Kontinent unter den Nagel reißen kann?

Tête-à-tête auf offener Strecke

Sind sich zwei Menschen wirklich wichtig, dann ist ihnen der Rest dieser Welt egal, dann lassen sie auch für ein paar Stunden den Eisenbahnverkehr am Brenner zum Erliegen kommen, um sich einmal wieder in Ruhe über Gott und die Welt zu unterhalten. So bleiben auch am 2. Juni 1941 erneut der Führer und der *Duce* entspannt im Zug sitzen, um den Draht zueinander zu pflegen, anstatt sich in einem Gästehaus in der Nähe des Brenners zu treffen. Was der *Duce* nur diese wenigen Stunden zu hören bekommt, ist für den Dolmetscher nicht mehr als die aktuell immerfort gespielte Schellackplatte Hitlers: „Die deutschen Unterseeboote werden England zur Kapitulation zwingen.“ Mussolini dürfte hoffen, dass dieser Schlüsselmoment des Krieges nicht mehr zu lange auf sich warten lässt, denn es ist die britische Marine, die die langen Küsten Italiens bedroht. Doch eine andere Angelegenheit müsste ja auch angesprochen werden. Wenn inzwischen schon in der Weltpresse von den deutschen Absichten zum Überfall auf die Sowjetunion die Rede ist, dürfte auch Mussolini in Rom längst davon erfahren haben, doch als sich die beiden am Brenner treffen, schneidet Hitler das Thema gar nicht an. Der Dolmetscher kann es nicht fassen, zumal er selbst inzwischen zwangsläufig zur Genüge eingeweiht ist.[74] Wer sich immer schon gefragt hat, welche Aura eigentlich diesen sagenumwobenen Hitler umgibt, dass sich kaum jemand so recht traut, ihm ordentlich die Leviten zu lesen, findet im Schweigen des *Duce* neue Anregungen.

Ein Umstand lässt mich freilich nicht ruhig schlafen: Wird das Protokoll des jüngsten Treffens Hitlers mit einem ausländischen Staatsmann auch bearbeitet nach dem Motto: *„Was nicht passt, wird passend gemacht“* ? Nach dem Gespräch Hitlers mit Mussolini vom 18. März 1940 beklagten die Italiener zumindest: „Mackensen bringt aus Berlin die Brenner-Aufzeichnung mit. Sie ist nicht in dem stenographischen Stil der sonstigen Aufzeichnungen von Schmidt gehalten: Es handelt sich um eine ziemlich starke Kürzung.“ Für den Chefdolmetscher ist dies keine Überraschung. Er weiß, dass es die Protokolle der Gespräche Hitlers einmal in echt gibt, einmal in einer von Hitler persönlich gekürzten Darstellung für den Gesprächspartner und einmal in der von Reichsaußenminister Ribbentrop korrigierten Reinschrift für die deutschen Akten, die so auch auf Mikrofilm aufgenommen werden. Erstere gibt es lediglich beim Dolmetscher. Dabei ändert Hitler an den Ausführungen der Ausländer nie etwas. Aber bei seinen eigenen nimmt er durchaus Streichungen vor, sodass das, was als Endprodukt von Schmidts Mitschriften übrigbleibt, sicherlich nichts Falsches enthält, das Ganze aber in der gewünschten Kurzform, speziell was die wesentlichen Punkte angeht.[75]

Hitler drängt es weiter nach Osten

Am aktuell gültigen Termin für den Angriff in Richtung Osten wird noch immer nicht gerüttelt und langsam wird es Zeit für die Einbeziehung der nächsten militärischen Führungsebene. So wird Oberst Hans Speidel für den 4. Juni zu einer Besprechung ins Hauptquartier des Oberkommandos der Wehrmacht nach Zossen gerufen, wo Generaloberst Halder die Chefs der Generalstäbe der Heeresgruppen, Armeen und Korps über die nächste Verrücktheit informiert. Dabei macht Halder aus seiner eigenen ablehnenden Haltung kein Hehl und sagt, dass Hitler alle Einwände der Heeresführung in den Wind geschlagen habe. Offenkundig hofft er, dass irgendwer etwas tut, was dazu führt, dass irgendetwas die Durchführung der Aktion verhindert. Dieser Angriff ist nach Halders Worten politisch, moralisch wie auch militärisch die schwerstwiegende Entscheidung des laufenden Krieges. Franz Halder, der Hitler immer wieder einen Wahnsinnigen, einen Verbrecher, einen Täuschungskünstler, vor allem einen militärischen Dilettanten genannt hat, vermeidet es, den üblichen sowie befohlenen Optimismus auszustrahlen, und bestärkt die deprimierende Wirkung auf die Chefs der Generalstäbe bis zur Korpsebene.[76]

Gute Nerven: Befehlsverweigerung im Krieg

Nach dem Ende der Konferenz vom 4. Juni überbringen Kuriere den Befehlshabern in mündlicher Form den Befehl, politische Kommissare der Sowjetarmee seien von der Truppe abzusondern und ohne Urteil hinzurichten, damit sie die Kameraden in der deutschen Gefangenschaft nicht weiter beeinflussen könnten. Aber in Gefangenschaft? Dies widerspricht massiv dem gültigen Kriegsrecht, wie es sich über die letzten vier Jahrzehnte etabliert hat. Hans Speidel stellt fest, dass der kommandierende General des V. Armeekorps, es handelt sich dort um den General der Infanterie Richard Ruoff, die Weitergabe des Befehls verbietet und genauso mündlich die Divisionskommandeure anweist, diesem Befehl nicht zu folgen.[77] Handeln andere Militärs womöglich ebenfalls in dieser Weise? Hans Speidel berichtet letzten Endes bloß aus seinem eigenen Sichtfeld. Schauen wir uns weiter um.

Als der Erlass über die Kriegsgerichtsbarkeit und der Kommissarbefehl, die beide im Mai ausgearbeitet waren, bei der Heeresgruppe eintreffen, lässt Major Henning von Tresckow unverzüglich das Flugzeug des Oberbefehlshabers startklar machen und begibt sich zusammen mit Rudolph von Gersdorff zu Feldmarschall Fedor von Bock. Als die zwei durch den schmalen Park gehen, in dem die Villa des Feldmarschalls liegt, hält von Tresckow auf einmal inne und sagt zu seinem Kameraden: „Wenn es uns nicht gelingt, den Feldmarschall dazu zu bewegen, umgehend zu Hitler zu fliegen und die Aufhebung dieser Befehle durchzusetzen, dann wird dem deutschen Volk eine Schuld aufgeladen, die die Welt in Hunderten von Jahren nicht vergessen wird.“ Und präzisiert das: „Diese Schuld betrifft nicht nur Hitler, Himmler, Göring und Genossen, sondern ebenso Sie und mich, Ihre Frau und meine Frau, Ihre Kinder und meine Kinder. ... Denken Sie an das, was ich gesagt habe.“ Als die beiden ihr Anliegen dann im Haus vorgetragen haben, ist der Oberbefehlshaber beeindruckt. Aber den Vorschlag, zusammen mit den Oberbefehlshabern der Heeresgruppen Nord und Süd, Rundstedt und Leeb, sofort zu Adolf Hitler ins Führerhauptquartier zu fliegen und ihm den Gehorsam aufzukündigen, lehnt er ab. Hitler werde ihn rausschmeißen, meint er, und womöglich Himmler als Nachfolger einsetzen. Tresckow erwidert kühl, damit werde er fertig. Sie können Ihrer Phantasie freien Lauf darüber lassen, was der Major hier meint. Fakt ist, dass er schon früh als besonderes Kaliber im Gedächtnis blieb. Der Kommandeur des Ersten Garderegiments zu Fuß hatte über den jungen Offizier Tresckow prophezeit, er werde entweder als Chef des Generalstabs oder als Rebell auf dem Schafott enden.[78]

Nach einigem Nachdenken entschließt sich der Feldmarschall Fedor von Bock, Gersdorff zum OKH nach Berlin zu entsenden und da erklären zu lassen, dass der Feldmarschall von Bock schärfsten Protest gegen die ergangenen Befehle einlege und deren umgehende Aufhebung verlange. In der Reichshauptstadt trifft Gersdorff auf den General Eugen Müller, der sagt, dass das Oberkommando das nicht anders sieht. Brauchitsch habe bereits mehrfach versucht, die Annullierung oder wenigstens Änderung der Befehle zu bewirken. Hitler sei jedoch jedes Mal außer sich vor Zorn geraten, und der Oberbefehlshaber habe sich bei seinem letzten Besuch gar ein Tintenfass nachwerfen lassen. Desillusioniert meint er: „Der geht nicht mehr zum Führer." Als Gersdorff am Abend des Tages zur Heeresgruppe zurückkehrt, wo Fedor von Bock zusammen mit seinem Generalstabschef Hans von Greiffenberg, mit Tresckow, Hardenberg und Lehndorff beim Essen ist, und den Misserfolg seiner Mission meldet, herrscht einen Augenblick lang tiefe Stille. Danach fasst sich Bock als erster und sagt beinahe triumphierend in die Runde: „Meine Herren, ich stelle fest, der Feldmarschall von Bock hat protestiert." Die Wirkung dieser Worte bleibt nicht aus: In Fedor Bocks Heeresgruppe wenden sich alle höheren Truppenführer gegen die Befehle und verhindern ihre Befolgung, wo sie das können.[79]

Der intellektuelle wie auch organisatorische Kopf der Abteilung Fremde Heere Ost Reinhard Gehlen hält fest, dass sowohl der Oberbefehlshaber des Heeres Generalfeldmarschall von Brauchitsch als auch sein Stabschef Franz Halder und weitere Stellen des Generalstabes, insbesondere seine Abteilung Fremde Heere Ost verzweifelt gegen den Kommissarbefehl ankämpfen, und das aus mehreren Gründen. Einmal wehrt sich der gesunde Sinn der Truppe gegen eine Anordnung, die gegen menschliche Gefühle wie auch gegen die Haager Landkriegsordnung verstößt, und es verhindert im Laufe der Zeit das Überlaufen sowjetischer Soldaten, die zwar sehen, dass der Widerstand gegen den deutschen Vormarsch sinnlos ist, aber mehr Angst vor dem Kommissarbefehl haben. Tausende von Kommissaren geraten in Gefangenschaft und viele von ihnen werden zu überzeugten und wertvollen Mitglieder der Wlassow-Bewegung, die sich gegen die Zustände in Russland unter dem ideologisch verbohrten Stalin zur Wehr setzen wollen. Es würden vermutlich viel mehr ohne den nicht weniger verbohrten Befehl Hitlers. Die Welt ist nicht nur schwarz-weiß. Diese Männer sind nicht *für Hitler*, weil sie gegen Stalin sind.[80] Werden es Gehlen, Bock, Gersdorff und Tresckow noch erleben, dass der grauenhafte Kommisarbefehl doch wieder aufgehoben werden muss? Auf jeden Fall sieht Gehlen jetzt schon, dass der Befehl selbst da, wo er tatsächlich bekanntgegeben wurde, meist nicht befolgt wird, und dass die Nichtbefolgung die Unehrlichkeit in der Meldungserstattung sowie Ungehorsam gegenüber der höheren Führung zur Folge hat.[81]

General Erich von Manstein betrachtet die Entwicklung nüchtern unter militärischen Gesichtspunkten. Er sieht, dass Hitler glaubt, die Sowjetunion könne man rein militärisch besiegen und alles andere sei nicht so wichtig. Manstein ist der Auffassung, man müsste das Sowjetsystem von innen heraus zum Einsturz bringen. Die Politik, die Hitler jedoch in den besetzten Ostgebieten entgegen den Bestrebungen der Militärs über die Reichskommissare und den SD betreiben lässt, könne nur das Gegenteil bewirken. Er meint, während Hitler strategisch vorhat, die Sowjetmacht schnell zu zertrümmern, handele er politisch dieser Strategie diametral entgegen. In anderen Kriegen hätten sich oftmals Differenzen zwischen den Zielen der politischen und der militärischen Führung ergeben. Hier jedoch seien beide in der Hand Hitlers vereinigt mit dem Ergebnis, dass die von ihm geführte Ostpolitik den Erfordernissen seiner eigenen Strategie strikt zuwider laufe und sie der vielleicht gegebenen Chance eines schnellen Sieges beraubt.[82] Ist anzunehmen, dass dieser General Hitlers

Buch nie gelesen hat und sich über ein Jahrzehnt nicht mit der Rassenhetze außerhalb der Wehrmacht auseinandergesetzt hat? Vermutlich ist das der Grund, warum er nicht ansatzweise versteht, dass Hitler sich aus seinem verqueren Rassismus heraus nicht vom Vernichtungswillen verabschieden kann, den Kommunismus nicht beseitigen kann, weil dieser Verbrecher die Slawen unabhängig von ihren politischen Systemen vom Erdboden verschwinden lassen will.

Hitler muss weg IV

Mit der Verlegung nach Posen und den einsetzenden Vorbereitungen für den Krieg gegen die Sowjetunion begann Henning von Tresckow eigene Umsturzpläne zu schmieden. Ganz systematisch zieht er eine Anzahl zuverlässiger Offiziere in den Stab der Heeresgruppe und besetzt nach und nach alle Schlüsselstellungen mit Männern seines Vertrauens. Als ersten holt er den Leutnant der Reserve Fabian von Schlabrendorff und macht ihn zum engsten Ratgeber. Aus einer Infanteriedivision lässt er sich den Major i.G. Rudolph von Gersdorff überstellen und dann die Majore Carl-Hans Graf Hardenberg und Berndt von Kleist sowie Leutnant Heinrich Graf Lehndorff. Im Laufe der Zeit stoßen noch die zwei Oberstleutnante Georg Schulze-Büttger und Alexander von Voß hinzu wie auch der Oberleutnant Eberhard von Breitenbuch. Tresckow gelingt es, in der Heeresgruppe Mitte eine der stärksten oppositionellen Gruppen zu bilden, die es in der Wehrmacht gibt. Hier ist bei aller Liebe nicht ausschlaggebend, ob irgendwelche kleinen Landser zu etwas eine kritische Meinung haben oder nicht. Entscheidend sind die hohen Offiziere und viele konservative Offiziere in der Führungsabteilung der Heeresgruppe Mitte treten unter dem Einflusse Henning von Tresckows zum Widerstand über. Zu seinen Männern gehören Schach von Wittenau, Graf von Berg, Philipp Freiherr von Boeselager, Graf von Matuschka, Pretzell sowie Georg Freiherr von Boeselager, der den Kavallerieverband Mitte aufstellt, der in Attentatspläne eingebaut ist. Es erweist es sich hierbei als günstig, dass Tresckow mit Hitlers Chefadjutanten Rudolf Schmundt befreundet ist. Ohne es zu ahnen, dass er Attentatsplänen Vorschub leistet, hilft Schmundt ihm dabei, diese Männer in seinen Stab zu holen. Tresckows Ordonnanzoffizier Fabian von Schlabrendorff stellt die Verbindung zu der Führungsgruppe des Geheimdienstes um Hans Oster her. Wer es so betrachten will, kann gerade die erfolgreiche Heeresgruppe Mitte als „Nest der Intrige und des Verrats“ ansehen, in dem Soldaten über Wege zu Sturz oder Tod Hitlers beraten. Dazu zählen die SS-Panzerdivision „Das Reich“ sowie die Elitedivision „Großdeutschland“. Im Sommer 1941 beklagt Georg von Boeselager, wie verheerend Hitler Deutschland und die Wehrmacht führt. Mit Kameraden spricht er darüber, dass er diese Nazis für eine Verbrecherclique hält, und meint: „Nach dem Krieg wird es an Leuten wie uns sein, etwas dagegen zu tun.“ Auch ein Claus Schenk Graf von Stauffenberg hat zunehmend Zweifel, nachdem ihm Greueltaten an Zivilisten – vor allem an Juden – in den besetzten Gebieten bekannt werden. Er lernt Henning von Tresckow kennen und bezeichnet die Täter als eine braune Pest. Mit dem Nazismus müsse abgerechnet werden.[83]

Stalin drängt es weiter nach Westen

Die Druckgenehmigung für den Sprachführer Russisch-Deutsch für die Soldaten der Roten Armee wird am 5. Juni ’41 erteilt. Gedruckt wird das Büchli in der 2. Druckerei des Militärverlags des Volkskommissariats für Verteidigung der Sowjetunion in Leningrad, Herzenstraße 1. In Moskau hat der Druck sogar schon eine Woche früher begonnen, am 29. Mai des Jahres 1941. Wann wurde denn dafür die Genehmigung gegeben? Sehen wir doch einfach einmal hinein und verschaffen uns einen Eindruck von den Anwendungsmöglichkeiten für die Formulierungen. Dort steht zum Beispiel auf Seite 60: „Wie heißt diese Station?“ oder „Wo ist der Fernsprecher?“ Wenn man sich im Heimatland danach erkundigen will, wird man das auf Russisch erfragen. Auf Seite 61 steht: „Wo ist der Stationsvorsteher?“ und „Führen Sie mich zu ihm!“ Auf der Seite 67 steht: „Wo ist der Flugplatz oder der Landeplatz?“ oder zum Beispiel auch: „Wo ist der Gemeindevorsteher? (Schulze?)“ Was wollen sie zu Hause mit: „Wie viel Brunnen?“ Zu dem Zeitpunkt ist die Invasion in Mitteleuropa schon auf den 6. Juli vorgezogen worden. Offenkundig hält man in Moskau die Information über einen deutschen Angriff immer noch für Quatsch und bereitet konzentriert seinen eigenen Angriff auf Deutschland vor. Ob es nun Fragen aufwirft oder nicht, Tatsache ist, dass einige Vorbereitungen wirklich noch nicht abgeschlossen sind – so sind einige Eisenbahnlinien beziehungsweise zweite Gleise noch nicht ganz fertig.[84]

Wer kann England noch retten?

Von Jahr zu Jahr verstärkt sich der Eindruck, dass sich Washington und London seit dem Nichtangriffsabkommen zwischen dem Deutschen und dem Russischen Reich vom 23. August 1939 im politischen Wildwasserpaddeln üben. Da hat sich London etwas ganz Feines eingebrockt – aber vielleicht wussten sie ja zumindest selbst, worauf ihre Zirkelei bei Ihren eigenen Verhandlungen 1939 in Moskau eigentlich hinauslaufen sollte. Nach allem Hin und Her steht jedenfalls ihr Inselreich – eigentlich Kopf und Bauch eines Empires – selbst vor der Kapitulation. Das notiert zum Beispiel Captain M. Caswell, der Militärattaché der britischen Botschaft in Moskau. Ein Separatfrieden zwischen England und Deutschland aber ist nicht akzeptabel; man will keiner Gnade ausgeliefert sein. Nach echt hochwertigen Analyseergebnissen sieht es aber leider auch in den USA nicht aus. Am 7. Juni 1941 rückt Washington völlig von Moskau ab. Bei einigen verfügten Repressalien wird darauf verwiesen, dass Moskau den Vertrag mit Japan abgeschlossen hat, als ob aus der Achse so ein Bogen geworden wäre: Italien – Deutschland – Russland – Japan. Doch für die Führung in Moskau war dieser Vertrag die Rückversicherung dafür, dass Japan und Deutschland nicht von zwei Seiten gegen die Sowjetunion in den Krieg ziehen. Zugleich drängt die US-Administration am 7. Juno ’41 auch London energisch zur Konfrontation mit der UdSSR. Man rät den Briten davon ab, einen Dialog mit Moskau anzufangen, den Britanniens Außenminister Eden nach amerikanischen Informationen anstrebt. Die Rollen sind jetzt vertauscht – während Ende 1940 und Anfang 1941 die

Briten auf die Geißelung der Sowjetunion gedrängt und die Amerikaner sie zu beruhigen versucht hatten, ist es nun die britische Regierung, die zur Mäßigung aufruft. Das Wasser am Hals beeindruckt sie.[85]

Am 12. Juni 1941 bringt ein britisches Schiff Waffen nach Murmansk im Norden der Sowjetunion – und das, bevor es eine förmliche Einigung in dieser Frage mit Moskau gibt. Wozu die Lieferung, wo die Sowjetunion glücklicherweise gar nicht in diesen Krieg involviert ist, mit Deutschland einen Nichtangriffspakt abgeschlossen hat und es Großbritannien selbst an Waffen mangelt? Man fragt sich, welchen Zweck die Lieferung an ein neutrales Land erfüllen soll. Doch der Londoner Botschafter in Moskau Stafford Cripps bleibt hartnäckig am Ball und ist fieberhaft bemüht, die Sowjetunion zu einem Angriff auf Deutschland zu bewegen. Das wird in London von einer Pressekampagne begleitet. Dass sie nun allerdings um die Aktion bitteln und betteln müssen, deutet wohl darauf hin, dass sich Stalin bei seiner Planung nicht voranschubsen lassen will und dass man in Moskau hoch pokert, um genug Vorteile herauszuholen. Was auf der anderen Seite Amerika anlangt, so wissen dortzulande vier (!) Personen inklusive Präsident Roosevelt dem Guten, dass die demokratischste USA auf der Welt und die absolut stalinistisch verseuchte Sowjetunion schon seit Anfang des Jahres '39 durch ein Geheimabkommen verbündet sind. An dieser Stelle bleibt einem die Sprache weg, denn damals war Hitlers Armee noch nicht einmal über die Tschechoslowakei hergefallen. Wie ist das zu deuten? Auf demokratische Verfahrensweisen deutet es auf jeden Fall nicht hin. Sind in der Sowjetunion womöglich *noch weniger* Leute in dieses pikante kleine Geheimnis eingeweiht? Im März 1939 folgte ein Vertrag über die Teilnahme der USA am Bau sowjetischer U-Boote. Seitdem werden ohne Unterlass amerikanische strategische Güter mit oder ohne moralisches Embargo an die Sowjetunion geliefert und es ist doch nur schwer vorstellbar, dass es wirklich noch mehr Güter würden, wenn sich Stalin zum Eingreifen in diesen europäischen Krieg überreden lässt. Zum Verständnis der Strategie einiger reicher Knöpfe in Amerika muss man auf dem Schirm behalten, dass amerikanische Firmen nach wie vor Deutschland bei der Ausrüstung seiner Armee unter die Arme fassen.[86]

Seit langem versucht die Londoner Führung heimlich, Moskau zu einem Bruch seines Nicht-Angriffs-Paktes mit Deutschland zu bewegen und so lange ziert sich die Führung in Moskau auch schon, weil sie nach ihrem eigenen Bekunden doch außerordentlich friedliche Absichten bezüglich der Welt hat. Erst Anfang Juni 1941, als den Briten das viele Wasser um die Insel herum schon bis zu ihrer Halskrause steht, lässt sich Väterchen Frost erweichen und lenkt rhetorisch ein. Auf einmal signalisiert Andrei Januarjewitsch Wyschinski, Moskaus stellvertretender Volkskommissar für Auswärtige Angelegenheiten, na schön, meinetwegen, wir denken da vielleicht einmal darüber nach, um zu der Frage vorzudringen, was man wohl von England dafür bekommen werde. Daraufhin ertönt ein reines Freudengeheul aus London: Alles, was ihr wollt! *Cool* und mit britischer diplomatischer *nonchalance* wird Folgendes festgehalten: „Der Außenminister Englands, Anthony Eden, rief am 13. Juni den sowjetischen Bevollmächtigten I. Maiski zu sich und erklärte im Auftrag des Premierministers, dass die englische Regierung für den Fall, dass in naher Zukunft ein Krieg zwischen der UdSSR und Deutschland ausbricht, bereit ist, der Sowjetunion vollen Beistand zu leisten.“ Dabei ist logisch, dass er schon in naher Zukunft ausbrechen muss, da es die freieste Monarchie auf der Welt sonst zu Beginn des Notarzteingriffes schon nicht mehr gibt.[87] Wie edel hätte es Stalin noch anstellen können? Jetzt bekommt er geschenkt und geradezu freiwillig die Einladung zu einem Angriff auf Westeuropa, und das ausgerechnet aus der Höhle des Löwen des Imperialismus. Die Vorbereitung auf den Angriff ist bis auf Feinheiten der konkreten Verteilung seiner Truppen abgeschlossen und danach kann es losgehen. Lässig fertigt er die Angsthasen ab, die ihm erzählen wollen, dass die Truppen Hitlers an seiner Westgrenze mehr werden. Ihm ist das völlig klar, dass diese schon längst bemerkt haben, dass sich über ihnen das Gewitter zusammenbraut. Sollen sie doch noch ein Weilchen in ihren Unterkünften warten und zittern, bis die Jagdflieger seiner Roten Armee über ihre altmodischen Tanks hinwegziehen und eine Million Fallschirmspringer im Rücken des vermeintlichen Verteidigungsgürtels die Volksmassen in der westlichen Hemisphäre von der kapitalistischen Knechtschaft befreien...

Warum soll Stalin denn vermuten, dass Hitler einen Angriff plant, wenn weder Flugzeuge noch Panzer oder der Rest seiner Technik mit jener der sowjetischen Streitkräfte vergleichbar sind? Hitler ist ja sicher kein vollkommener Psychopath. Noch im Frühjahr 1941 hatte Stalin Fachleuten aus dem Reich sowjetische Flugzeugwerke zeigen lassen und jene haben Kulleräuglein gemacht. Die Wehrmacht wird versuchen, sich unten am Boden irgendwie mit ihren Panzerchen zu wehren. Aber selbst dort gibt es kein Entrinnen. Wenige Kilometer hinter der Staatsgrenze warten die sowjetischen Panzer auf den Einsatzbefehl, und den rund 3400 Panzern der Deutschen plus minus x stehen ca. 24.000 russische Panzer gegenüber. Stalin hat schon genug Ankündigungen gehört, wann diese Fritzen angeblich angreifen wollen. Zuletzt hieß es immer am 22. Juni. Aber er lässt sich davon nicht aus der Ruhe bringen. Die Vorbereitungen für den Angriff seiner Soldaten gegen die Fritzen werden im Juli abgeschlossen sein. Dann erleben die Deutschen ihr blaues Wunder. Jetzt braucht man nur noch auf die nächste Verschiebung ihres „Termins“ zu warten.[88]

Nach dem britischen Bemühen um militärische Unterstützung aus dem Reich der Sowjets versucht Premierminister Churchill nunmehr ebenso, die Amerikaner in den Krieg zu ziehen. Am 14. Juni schickt er dem US-Präsidenten Roosevelt eine Botschaft, in der er die Frage stellt, ob man Russland nicht zum *Widerstand gegen den Aggressor* „ermuntern“ und ihm dabei Hilfe anbieten könnte. Wozu jedoch Widerstand, solange der Führer dort gar nix gemacht hat? Zu diesem Zeitpunkt ist das Schiff mit den Hilfslieferungen für die ersten Tage des Krieges schon längst unterwegs auf dem Weg nach Murmansk.[89] Eins ist jedenfalls sicher: Kommt es zu einem Überfall der Wehrmacht auf die Sowjetunion, dann braucht Churchill dort keinen mehr zur Verteidigung gegen den Aggressor zu ermuntern; er will den Präventivschlag. Übrigens dementiert Ribbentrop, Hitlers Außenamtschef, am 14. Juni gegenüber seinem römischen Amtskollegen Graf Ciano feindliche Absichten gegen die Sowjetunion: „Lieber Ciano, ich kann noch nichts sagen. Jeder Entscheid ist verschlossen in der undurchdringlichen Brust des Führers. Nur eines ist gewiss: Wenn wir angreifen, wird das Russland Stalins in acht Wochen von der Landkarte ausgelöscht sein."[90] Mag sein, dass noch kein Land irrsinnig lange gegen die Wehrmacht durchgehalten hat, aber wird das in der Tiefe des mächtig-gewaltigen Sowjetlandes wieder so kurz und schmerzlos durchzuziehen sein?

Gerüchte geistern auch weiterhin durch die internationale Presse, nach denen nun auch zwischen Deutschland und der Sowjetunion Krieg ausbrechen könnte. Was Moskau besonders zu schaffen macht, sind solche Gerüchte, die besagen, die Sowjetunion habe damit begonnen, sich verstärkt auf einen Krieg mit Deutschland vorzubereiten und konzentriere die Truppen an der Grenze zu Deutschland. Es ist nicht völlig schlüssig, warum sie das in Moskau nun unbedingt mit einer Stippvisite von Botschafter Stafford Cripps zu Hause in London in Verbindung bringen, da die Gerüchte schon vor der Ankunft im Umlauf waren, und es ist naturgemäß mehr als eine Person beteiligt, bis eine Äußerung den Weg in die großen Medien findet.[91]

In diesen Tagen, in denen die Aufstellung von deutschen Truppen in der Nähe der sowjetischen Grenzen bereits offen stattfindet, hat das sowjetische Kommando zumindest Gelegenheit, den Einsatz von Truppen der ersten strategischen Staffel abzuschließen. Die Entscheidung bleibt aber in Kraft, nichts direkt im Grenzgebiet zu tun, was die Wehrmacht provozieren oder ihre Aktionen irgendwie beschleunigen könnte. Der Aufbau der sowjetischen Truppen ist weiter im Gange und soll noch bis Anfang Juli dauern. In Moskau sind sie der Meinung, sie müssten noch weitere Aktivitäten zur Stärkung der Verteidigung des Landes durchführen. Der gute Genosse Stalin stimmt darum immer noch nicht dem Befehl zu, die Grenzbezirke der Sowjetunion in volle Kampfbereitschaft zu bringen, da er meint, dieser Schritt könne als Vorwand für einen Angriff dienen.[92]

Es dürfte dem Wissen um die noch nicht abgeschlossene Aufstellung der Truppen in Grenznähe geschuldet sein, dass die Moskauer Nachrichtenagentur TASS am 14. Juni 1941 eine Erklärung veröffentlicht, in der man besorgt feststellt: „Die Gerüchte über einen kommenden Krieg zwischen der Sowjetunion und Deutschland haben immer mehr zugenommen. Es heißt, Deutschland habe territoriale und wirtschaftliche Forderungen an die Sowjetunion gestellt." Der Volkskommissar für die Auswärtigen Angelegenheiten überreicht diese Erklärung noch am selben Tag dem Botschafter Deutschlands; an diesem Abend wird sie im Rundfunk verlesen und am nächsten Morgen wird sie in der Presse veröffentlicht. Die aufgekommenen Gerüchte werden dementiert und es wird erklärt, dass sich die Sowjetunion wie auch das Deutsche Reich gewissenhaft an den Vertrag aus dem Jahre 1939 halten. Nach Ansicht sowjetischer Kreise seien die Gerüchte über eine Absicht des Deutschen Reiches, einen Angriff auf die Sowjetunion zu beabsichtigen, völlig grundlos. Selbst die gerade erfolgte Verlegung deutscher Truppen vom Balkan an die Ostgrenze stehe in keinem Zusammenhang mit den sowjetisch-deutschen Beziehungen. Es ist die Rede von der offensichtlichen Sinnlosigkeit solcher Gerüchte, die eine plump zusammengebraute Propaganda von Kräften sei, die der Sowjetunion und Deutschland gegenüber feindlich eingestellt seien. Sie seien erlogen und provokatorisch. In der TASS-Erklärung wird übrigens der britische Botschafter Cripps persönlich für die Gerüchte verantwortlich gemacht, was höchst ungewöhnlich ist und brisant, denn man geht davon aus, dass der Text von Stalin selbst geschrieben wurde und Mister Botschafter Cripps wird als Lügner und Provokateur dargestellt. Warum schießt die Erklärung offen gegen London? Cripps hat genügend Bitten um Unterstützung, Aufforderungen zur Beendigung der Neutralität der Sowjetunion in diesem Konflikt bis hin zu Drohungen hinterlassen, dass England sonst einen Separatfrieden mit Deutschland abschließen kann. Oder ist gerade diese Drohung der Grund? Befürchtet Stalin, dass Hitler doch noch zusammen mit den Engländern gegen die Rote Armee in den Krieg zieht?[93]

Wird Großbritannien jetzt die diplomatischen Beziehungen in Richtung Moskau auf Eis legen? Wird der sowjetische Botschafter in London nun geteert und gefedert? Nein, man wartet ab und trinkt Tee, denn man will endlich wieder Krieg zwischen Deutschen und Russen. Und Moskau ist ja gar nicht so untätig, wie es nach der Agenturmeldung scheinen muss.

Im Windschatten des Schlagabtausches wird an diesem Tag unter anderem das 7. mechanisierte Korps des Moskauer Militärbezirks heimlich in den Westen an die Grenze zu Deutschland verlegt. Alles soll am 25. Juni im westlichen Teil Weißrusslands vor Ort sein, 36.080 Soldaten, Unteroffiziere, Generäle, Dutzende von Korps sowie 1031 Panzer, zudem auch 358 Zugmaschinen und 5165 Autos.[94] So viel zum Thema einer Prüfung der Leistungsfähigkeit des Eisenbahnnetzes und vergleichen Sie ebenso die 1031 Panzer, die nur an diesem Tag nach Westen verlegt werden, mit den 3400 Panzern der Wehrmacht unseres Psychopathen in Berlin. Man kann sich mit einem Drittel des Stärke des Gegners locker verteidigen.

Wie sieht eigentlich die Deutsche Botschaft am *Deneschni Pereulok* die Dinge? Der stellvertretende Militärattaché Krebs meint, Russland werde „vieles tun, um den Konflikt mit Deutschland zu vermeiden." Im Militärtagebuch des Oberkommandos der Marine schreibt man sogar, Stalin sei bestrebt, „alles zu tun, um den Konflikt mit Deutschland zu vermeiden." Will man damit sich selbst oder unseren Oberindianer beruhigen?[95]

Der Botschafter in Moskau berichtet seiner Regierung in Berlin, dass die Sowjetunion nur dann zum Krieg schreiten werde, wenn sie angegriffen werde.[96] Ist es ungerecht, wenn man sich an Deutschlands Botschafter in London vor dem ersten Weltkriege Lichnowsky erinnert fühlt? Der hatte sich dort auch wohlgefühlt wie ein Fisch im Wasser und hatte an seinem Dienstherrn mehr auszusetzen als an seinen Gastgebern. Bei Hitler mag das eher berechtigt sein als seinerzeit bei Wilhelm, aber vielleicht äußert sich in den Berichten auch bloß die Warnung, sich nicht mit Russen anzulegen. Wer angreifen will, muss eben eine Übermacht auf seiner Seite wissen, sonst schickt der Angreifer nämlich seine Soldaten ohne Sinn in den Tod. Neben Botschafter Schulenburg tritt auch der Militärattaché in Moskau, General Köstring, einer der besten deutschen Russlandkenner, Hitler gegenüber gegen einen Krieg gegen die Sowjetunion ein.[97] Hans Viktor von Salviati, der Adjutant Rundstedts meint kurz vor Beginn des Russlandfeldzugs, die Marschälle sähen fast alle klar, was los sei, damit sei es aber auch aus.[98]

Kommt ein weiterer Krieg in Osteuropa?

Am 15. Juni tritt der nächste Kraftprotz Hitlers Dreierpakt bei. Feierlich wird im Dogenpalast zu Venedig der mächtige Zwergstaat Kroatien aufgenommen. Aber wenn die Großen ablehnen, an Hitlers Feldzügen teilzunehmen, muss er eben mit den kleinen Fischen vorlieb nehmen. Doch Goebbels kann in seinen Zeitungen den nächsten bombastischen Erfolg seines Führers verkünden. In Moskau liegen hingegen die Nerven blank. Der Volkskommissar für Staatssicherheit Wsewolod Merkulow lässt am 16. Juni seinen Genossen Stalin wissen, dass ein Agent aus dem Stab der Luftwaffe gemeldet habe, ein Überfall der Deutschen Wehrmacht auf die Sowjetunion sei vorbereitet und könne jeden Tag beginnen. Nach dieser Meldung trifft J. Stalin eine Anordnung, die vorsieht, welche Strafe man Übermittlern weiterer derartiger Meldungen verpassen solle. Ein armer Kerl, den es auch prompt erwischt ist der Soldat Alfred Liskow. Er ist als deutscher Soldat in Rumänien stationiert und will die Sowjets vor einem Angriff in den nächsten Tagen warnen und schwimmt deshalb über den Pruth. Sein Schicksal ist tatsächlich mehr als tragisch. Er wird nicht festgehalten, um abzuwarten, was die folgenden Stunden in der Tat bringen, nein, der mutige deutsche Held wird erschossen.[99] Allein diese Vorgänge sind hinreichende Belege dafür, dass Stalin an einen Angriff seitens der Wehrmacht nicht glauben will. Seine militärischen Vorbereitungen sind folglich eindeutig auf seinen Angriff auf Hitlers Truppen ausgerichtet.

Die britischen Stabschefs erhalten am 17. Juni von Außenminister Eden die Empfehlung, keine Andeutungen zu machen, dass jetzt ein Bündnis mit der Sowjetunion wünschenswert sei. Man sollte besser von dem „gemeinsamen Feind" und dem „gemeinsamen Ziel" reden, das darin bestehe, „Deutschland maximalen Schaden zuzufügen". Als britischen Beitrag zum Kampf gegen den gemeinsamen Feind definiert der Mister Minister Anthony Eden sehr vage „wohlwollende Beziehungen in naher Zukunft" mit der Sowjetunion. So sollen acht Wochen gewonnen werden, um sich auf einen möglichen direkten Angriff der Wehrmacht auf die Britischen Inseln vorzubereiten.[100]

Gebt den Pferden die Sporen nach Osten

Der amerikanische Botschafter John Winant überbringt am 20. Juni in London die Antwort auf eine Anfrage von Premier Churchill vom 14. des Monats an US-Präsident Roosevelt, ob man Russland nicht zum Widerstand gegen den Aggressor „ermuntern" und ihm dabei auch seine Hilfe anbieten sollte. Roosevelt bestärkt den Premier in der Bereitschaft, die Sowjetunion zu unterstützen. Er verspricht ihm sogar, sich jeglicher Erklärung Churchills anzuschließen, in der dieser die Sowjetunion seinen Verbündeten nennt.[101] Das Ganze wird von einem öffentlichen Hin und Her begleitet, doch schon am 21. Juni wird in Washington auch offiziell die Entschlossenheit geäußert, den Moskauer Chef im Krieg gegen Adolf Hitler zu unterstützen, und das, bevor ein Schuss an der Grenze gefallen ist. Somit ist ja alles klar und die Amerikaner kommen der Sowjetunion im Ernstfall unverzüglich zu Hilfe. Dann muss man Hitler lediglich den Krieg erklären, denn die USA beliefern Europa mit Kriegsmaterial, was auch Hitler bekannt ist. Wie lässt sich das mit der offiziellen Neutralität der Vereinigten Staaten vereinbaren? Aber mit dem Isolationismus war es seit den ersten Kolonien an der Ostküste Nordamerikas so eine Sache. Ihre Geschichte begann mit der Vertreibung der früheren Einwohner in Amerika und ging mit der andauernden Ausdehnung des Lebensraumes der englischen Siedler bis an die Westküste munter weiter. Der Rest der Welt wurde dann anderthalb Jahrhunderte später auch unter Beschuss genommen. Adolf Hitler schreibt an diesem 21. Juni dem kriegsscheuen Element Mussolini: „Es ist gleichgültig, ob Amerika in den Krieg eintritt oder nicht, da es auch so unsere Gegner in vollem Umfang unterstützt." Das wird durchaus spezifiziert: „Hinter alledem verbergen sich massive Lieferungen von Kriegsmaterial aus Amerika ..."[102]

Am Nachmittag des 21. Juni verfasst Hitler diesen Brief, in welchem der Führer den *Duce* endlich offiziell darüber informiert, dass er für morgen in aller Herrgottsfrühe den Einmarsch in die riesige Sowjetunion plane. Er erklärt, der Aufmarsch der russischen Kräfte sei ungeheuer. „Es sind eigentlich alle verfügbaren russischen Kräfte an unseren Grenzen." Nach

Gedanken über andere Staaten in der Welt schreibt er, er hat sich „unter diesen Umständen entschlossen, dem heuchlerischen Theater des Kreml ein Ende zu bereiten.“ Man muss ihm zugute halten, dass er das Gleiche ebenso über sich selbst schreibt: „Ich fühle mich, seit ich mich zu diesem Entschluss durchgerungen habe, innerlich wieder frei. Das Zusammengehen mit der Sowjetunion hat mich bei aller Aufrichtigkeit des Bestrebens, eine endgültige Entspannung herbeizuführen, doch oft schwer belastet; denn irgendwie schien es mir doch ein Bruch mit meiner ganzen Herkunft, meinen Auffassungen und meinen früheren Verpflichtungen zu sein. Ich bin glücklich, dass ich diese Seelenqualen nun los bin.“ Aber er bindet ihm auch einen Bären auf: „Wenn ich Ihnen, Duce, erst in diesem Augenblick diese Mitteilung zugehen lasse, dann geschieht es, weil die endgültige Entscheidung selbst erst heute um 7 Uhr abends fällt.“[103]

Richtig ist vielmehr, dass der Termin sogar bereits mehrfach in Moskau angekommen war und dass er ihn heute um sieben nur noch einmal bestätigen will. Schon um 13 Uhr ging beim Generalkommando der Befehl ein, dass die Offensive am Morgen um drei zu beginnen habe. Es ist also eine Lüge. Um drei soll der formelle Angriffsbefehl gegeben werden und halb vier geht's los. Hitler konnte Mussolini demzufolge längst über den vorgesehenen Termin informieren, vorbehaltlich notwendig werdender Änderungen. So geht man nicht mit Bündnispartnern um und stellt sie vor vollendete Tatsachen, zumal Mussolini diesen Angriff ablehnt. Aber gerade deshalb erfuhr er ja bislang nichts. Wäre Mussolini nicht ein derartiger Hasenfuß, so wäre er informiert worden: Im Unterschied zu dem Herangehen bei Mussolini weihte der Führer den rumänischen Diktator Antonescu in seine Pläne zum Überfall auf die Sowjetunion ein, als sich die beiden am 12. Juni im Münchener Führerbau trafen. Antonescu war eben keiner der Zweifler am nächsten Sieg Hitlers in Folge und sagte sogleich Unterstützung zu: „Ich werde selbstverständlich vom ersten Tage an dabei sein. Wenn es gegen die Slawen geht, können sie auf Rumänien immer rechnen.“ Im Gegenzug hatte Hitler dem Chef in Bucureşti gleich Bessarabien und andere Gebiete in der Sowjetunion zugesagt.[104]

Als Hitler jenen Brief schreibt, stehen deutsche Truppen und ihre Gerätschaften schon in feinster Ordnung an den vorgesehenen Orten. Auf der sowjetischen Seite kann man das nicht sagen. Es scheint so, als ob Stalin weiterhin glaubt, Hitlers Truppen warteten auch noch ein weiteres Dreivierteljahr auf einen Angriff der Roten Armee. Gut, die aus zehn Armeen bestehende Zweite Strategische Staffel der Roten Armee hat sich heimlich in die westlicheren Grenzgebiete des Landes begeben. Auf den Flugplätzen in den sowjetischen Grenzregionen stehen viele Flugzeuge dicht bei dicht. In den Wäldern werden haufenweise Fallschirme bereitgelegt. Soldaten werden in großer Anzahl herangefahren, legen Schürstiefel und Wickelgamaschen ab und ziehen schöne Stiefel aus Leder an. Es werden sogar Strafgefangene aus den berüchtigten GULags zur Grenze gebracht und bewaffnet. Die Versetzungstiefe der Roten Armee erreicht da 50 bis 100 Kilometer und die 63 Divisionen, die die Reserve der militärischen Grenzbezirke bilden, befinden sich tiefer im Land. Von etwa 5 Millionen Sowjetsoldaten sind zum jetzigen Zeitpunkt 2,9 Millionen in 2 Brigaden und insgesamt 170 Divisionen (!) in den Grenzbezirken und den Flottenstreitkräften. Dort stehen Panzer, Geschütze, Mörser und anderes mehr auf den Feldern und Wiesen herum. Die Sache hat aber auch wieder drei Haken. Erstens ist der Aufbau noch nicht abgeschlossen, weil Stalin von einem Angriff der Wehrmacht nicht ausgehen will und gegen den guten Rat seiner Militärs an seinem Angriffstermin festhält, zweitens sind die militärischen Gerätschaften nicht für die Verteidigung, sondern für den Angriff konzipiert, und drittens gibt es nach wie vor keinen Plan für die Verteidigung, weil Stalin diesen Fall für unrealistisch hält.[105]

Dieser Tag klingt mit einem schönen Sommerabend in Moskau aus und um 21.30 empfängt Regierungschef und Volkskommissar für Auswärtige Angelegenheiten Wjatscheslav Michailowitsch Molotov in seinem Amtszimmer den deutschen Botschafter Friedrich Werner von der Schulenburg. Molotov erklärt, dass es wieder Grenzverletzungen durch deutsche Flugzeuge gegeben habe und dass er den Genossen Botschafter in Berlin gebeten habe, deshalb bei Ribbentrop vorzusprechen. Danach wendet er sich anderen Themen der beiderseitigen Zusammenarbeit zu. Nachdem die Unterredung beendet ist, telegrafiert Schulenburg nach Berlin, eine Reihe von Anzeichen erweckten in Moskau den Eindruck, die deutsche Regierung sei mit der Sowjetregierung unzufrieden. Es seien dort sogar Gerüchte im Umlauf, dass sich ein Krieg zwischen Deutschland und der Sowjetunion vorbereite. Die Sowjetregierung könne sich jedoch die Unzufriedenheit der deutschen Regierung nicht erklären. Schulenburg gibt weiter, dass Molotov dankbar wäre, wenn er ihm sagen könnte, welche Gründe die aktuelle Lage des beiderseitigen Verhältnisses hervorgerufen hätten. Sich selbst gibt er so wieder, dass er die Frage nicht beantworten konnte, da ihm diesbezügliche Informationen fehlten.[106]

Moskauer Nächte sind lang und während von der Schulenburg sitzt und seinen Bericht für das Auswärtige Amt in Berlin abfasst, schlagen in der sowjetischen Führung die Wogen hoch. Wem gelingt es nach viel gutem Zureden, Jossif Stalin zur Vernunft zu bringen? Was soll werden, wenn Hitlers Truppen doch angreifen und die sowjetischen Streitkräfte haben nicht die geeignete Aufstellung zur Verteidigung eingenommen? Morgen in der Frühe soll es ja angeblich losgehen. Mitternacht vergeht und erst um 0:30 Uhr kann man Stalins Zustimmung zu der Direktive erreichen, die die Truppen in Kampfbereitschaft versetzen soll. Es ist Sonntag, der 22. Juni 1941. Das Datum für den deutschen Angriff war schon lange bekannt und seit Mitte Juni trifft das Gleiche auch für die Stunde des Angriffes zu. Nunmehr müssen die Befehle an Hunderte oder wohl eher an Tausende Befehlsstellen telefonisch weitergegeben werden. Aber es gibt weder genug Mitarbeiter für diesen Zweck noch genug Telefonanlagen. Es ist immerhin die Nacht vom Samstag auf den arbeitsfreien Sonntag... Um die Direktive den Stäben und Truppen zu übermitteln, werden unter den aktuellen Gegebenheiten im günstigsten Falle etwa vier Stunden gebraucht. Das bedeutet, dass nicht einmal die Grenztruppen zu dem vorgegebenen Zeitpunkt ihre Stellungen einnehmen können. Sie müssten ja erst einmal geweckt werden und aus ihren Betten springen.[107]

Außenminister Graf Ciano erhält das Schreiben Hitlers um 3 Uhr in der Nacht aus den Händen des Botschafters von Bismarck und klingelt dann

Mussolini aus dem Bett, der obendrein auch noch im Urlaub ist auf dem Sommersitz in Riccione. Der Duce wacht auf und kommt zu sich. Seine Wut bekommt der Graf Ciano ab: „Ich belästige nicht mal meine Dienstboten in der Nacht, aber die Deutschen jagen mich ohne Weiteres jederzeit aus dem Bett heraus." Trotz allem gibt Mussolini dem Grafen doch Anweisung, der Sowjetunion sofort den Krieg zu erklären. Es ist schade, dass er nicht abwartet, bis er seine Gedanken wieder beieinander hat.[108]

Um halb vier in der Frühe an diesem 22. Juni, noch bevor diplomatische Formalitäten in Berlin oder in Moskau erledigt worden sind, überqueren Truppen der Deutschen Wehrmacht auf einer sehr langen Frontlinie die Grenze zur Sowjetunion. Damit beginnt das „Unternehmen Barbarossa", mit dem nunmehr auch die Sowjetunion zum Teil von Hitlers Großreich gemacht werden soll. Selbstredend handelt es sich um eine Verteidigung vor einem eventuellen sowjetischen Überfall, ist aber zweifellos ein Erstschlag, denn die Wehrmacht wurde für den Angriff in Position gebracht und nicht für eine Verteidigung. Im Süden beteiligen sich auch etwa eine Million rumänische Soldaten der *Armata Română* an dem Feldzug. Also hat das Nichtangriffsabkommen zwischen Berlin und Moskau bloß noch 22 Monate gehalten. Die Halbwertszeit dieser Verträge wird allmählich immer kürzer. Witzigerweise gibt es eine Parallele zu einem berühmt gewordenen Mann von der Insel Korsika in diesem Zusammenhang: Auch Napoléon war wild entschlossen, Russland *schnell noch* vor der Invasion in Großbritannien niederzuringen.

In der Nacht geht ein chiffriertes Funktelegramm J. von Ribbentrops für Schulenburg ein. Darin steht: „Mit Eingang dieses Telegramms ist sofort das gesamte, dort noch vorhandene Chiffriermaterial zu vernichten. Der Funkapparat ist unbrauchbar zu machen. Ich bitte Sie, sofort Herrn Molotov zu unterrichten, dass Sie ihm eine dringliche Mitteilung zu machen hätten." Es handelt sich um eine Erklärung, mit welcher der Einmarsch von Truppen der Wehrmacht gerechtfertigt wird. Während Deutschland den Pakt mit der Sowjetunion treu eingehalten habe, habe Moskau nicht nur einmal dagegen verstoßen. Die Sowjetunion habe Sabotage, Terror und kriegsvorbereitende Spionage gegen das Deutsche Reich betrieben. Sie habe gegen den deutschen Versuch, eine stabile Ordnung in Europa aufzurichten, gearbeitet. Sie habe zusammen mit Großbritannien einen Plan zum Angriff gegen die deutschen Truppen in Rumänien wie auch in Bulgarien gefasst. Durch eine Konzentrierung der gesamten verfügbaren sowjetischen Streitkräfte auf einer langen Front von der Ostsee bis zum Schwarzen Meer habe sie das Reich bedroht. Die Nachrichten allein aus den letzten Tagen hätten die letzten Zweifel an der Aggressivität dieses Aufmarsches beseitigt. Wie schon beim Westfeldzug muss man da keine Begründungen erfinden. Hinzu kämen aus England eingegangene Nachrichten über die Verhandlungen des Botschafters Cripps zum Zweck der noch engeren politischen und militärischen Zusammenarbeit Englands und Sowjetrusslands. Mit dem Telegramm in der Tasche geht der Herr Botschafter im Morgengrauen erneut in den Kreml und verliest Molotov den Text. Der Regierungschef hört ihm bis zu Ende zu und sagt dann zu Friedrich Werner von der Schulenburg: „Es ist Krieg. Glauben Sie, dass wir das verdient haben?“[109] Die Vorlage über die Grundlagen für die Aufstellung der sowjetischen Streitkräfte im Westen sowie im Osten für die Jahre ’40 und ’41 des Volkskommissariats für Verteidigung der UdSSR, das am 18. September ’40 vorgelegt worden war, zählt zu den Papieren, die Molotov in der Hand hatte. Er ist demzufolge auch so ein begnadeter Schauspieler wie Edward Grey 1914.

Vor um vier warten in Berlin Reichsaußenminister Joachim von Ribbentrop und der Chefdolmetscher der Auswärtigen Amtes Dr. Paul Schmidt auf die Ankunft des sowjetischen Botschafters. Der Dolmetscher für alle möglichen westlichen Sprachen, aber nicht für die russische, hat unsern RAM, wie Reichsaußenminister Ribbentrop im Parteijargon bezeichnet wird, noch nie so aufgeregt gesehen wie in den fünf Minuten vor der Ankunft Dekanosows. Mit großen Schritten geht er in seinem Amtszimmer auf und ab und sagt mehr zu sich selbst: „Der Führer hat absolut Recht, wenn er jetzt Russland angreift. Die Russen würden uns bestimmt ihrerseits angreifen, wenn wir es jetzt nicht täten.“ Noch mehrmals läuft er in dem großen Raum hin und her, in äußerster Aufregung, mit flackernden

Augen, und wiederholt diese Worte, als ob er sich davon selbst zu überzeugen hätte. Dekanosow hatte schon vor Stunden um einen dringenden Termin beim Außenminister ersucht. Zur vorgegebenen Zeit betritt der Botschafter dieses Zimmer, reicht Ribbentrop seine Hand und setzt sich wie der Moskauer Dolmetscher Pawlow und unser Protokollant Schmidt an einen Tisch. Dekanosow möchte im Namen der Sowjetregierung eine Reihe von Fragen an Ribbentrop richten, die der Aufklärung bedürften, weiter kommt er nicht. Der RAM, Fachleute sprechen auch vom Rammbock, fällt ihm ins Wort: „Darum handelt es sich jetzt nicht", erklärt der Minister mit steinernem Gesicht. „Die feindselige Haltung der Sowjetregierung gegenüber Deutschland und die schwere Bedrohung, die das Reich in den russischen Truppenkonzentrationen an der deutschen Ostgrenze erblickt, hat das Reich gezwungen, militärische Gegenmaßnahmen zu ergreifen." Die Worte Krieg oder Kriegserklärung tauchen nicht auf. „Seit heute morgen sind die entsprechenden Gegenmaßnahmen auf militärischem Gebiet getroffen worden." Der RAM, ich liebe den Jargon überaus ambitionierter Parteien, insbesondere die Attribute mit Bindestrichen, und wie hier wieder die unendliche Fülle an Abkürzungen, hält dem Botschafter eine kurze, aber doch gepfefferte Sündenliste vor, wobei er besonders auf jenen Pakt verweist, den die Sowjetunion mit Jugoslawien geschlossen hat, kurz bevor der Konflikt zwischen Deutschland und diesem Land ausgebrochen ist. Der Reichsaußenminister beschließt die Rede mit den Worten: „Ich bedauere, dem nichts weiter hinzufügen zu können, besonders da ich selbst zu dem Schluss gekommen bin, dass es mir trotz ernsten Bemühens nicht gelungen ist, zwischen unseren beiden Ländern vernünftige Beziehungen herzustellen." Der Moskauer hat sich schnell gefasst und bedauert außerordentlich, dass die Entwicklung diesen Lauf genommen hat: „Das liegt an der vollständig abwegigen Auffassung, welche die deutsche Regierung vertritt. Angesichts dieser Lage bleibt mir nichts weiter übrig, als mit dem Protokollchef des Auswärtigen Amtes die nötigen Maßnahmen zum Abtransport meiner Botschaft zu treffen." Mit einer kurzen Verbeugung, ohne jedoch Ribbentrop noch einmal die Hand zu geben, verlässt der Botschafter das Zimmer.[110]

In London setzt sich Churchill am Abend des 22. Juni an ein Rundfunkmikrophon und verkündet tönende Worte: „Wir haben nur ein Ziel, eine einzige unwiderrufliche Aufgabe. Wir sind entschlossen, Hitler und jede Spur des Naziregimes zu vertilgen." Wie soll er nun die Sowjetunion mit einbeziehen, die er schon seit zwanzig Jahren mit allerschwerster Kritik belegt hat? „Wer, Mensch oder Staat, gegen den Nazismus kämpft, wird unseren Beistand haben. Wer, Mensch oder Staat, mit Hitler marschiert, ist unser Feind." Sehen Sie, so wird das gemacht. „Das ist unsere Politik, und das ist unsere Proklamation." Er erklärt, daraus folge, dass England Russland sowie dem russischen Volk jedwede Hilfe gewähren werde, die jenes Königreich gewähren könne, und: „Wir werden an unsere Freunde und Bundesgenossen in aller Welt appellieren, den gleichen Kurs einzuschlagen und daran festzuhalten, wie wir dies getreu und ohne Schwanken bis zum Ende tun werden." In der größten Not frisst der Teufel, was gerade da ist. „Das ist kein Krieg der Klassen; es ist ein Krieg des ganzen Britischen Reiches und der britischen Völkergemeinschaft ohne Unterschied der Rasse, des Glaubens und der Partei." Im Moment der Gefahr ist das unwichtig. „Diese Invasion in Russland ist nichts anderes als ein Auftakt zur Invasion der Britischen Inseln. Zweifellos hofft er, dass ihm all dies noch vor Einbruch des Winters gelingen wird, und dass er Großbritannien überwältigen kann, noch ehe Flotte und Luftmacht der Vereinigten Staaten auf dem Schauplatz erscheinen." Mit *er* ist logischerweise Hitler gemeint. „Er hofft, dass er in größerem Umfang als je zuvor seine Taktik fortsetzen kann, die ihm bis jetzt Erfolg über Erfolg eingebracht hat, nämlich seine Feinde einen nach dem anderen zu vernichten und so alles für den Schlussakt vorzubereiten, ohne den alle seine Eroberungen vergeblich blieben – die Unterwerfung der westlichen Hemisphäre unter seinen Willen und sein System ... Lassen Sie uns unsere Anstrengungen verdoppeln und mit vereinter Macht zuschlagen, solange uns Leben und Kraft verbleiben."[111] In solchen Momenten könnte man ganz vergessen, dass der Politiker Churchill im rechten Moment auch noch ganz andere Sachen sagte. Als man 1936 noch die Sowjetunion und Deutschland aufgerüstet und für einen zweiten großen Krieg fit gemacht hatte, sagte der Politiker gegenüber General Robert Elkington Wood: „Deutschland wird zu stark; wir müssen es vernichten!“[112] Das hatte Arthur Balfour, der am Anfang des Jahrhunderts Premierminister in London war, im Jahr 1910 schon gesagt: „Wahrscheinlich sind wir Narren, dass wir keinen Grund finden, um Deutschland den Krieg zu erklären, bevor es zu viele Schiffe baut und uns unseren Handel wegnimmt.“ Dass es London nicht allein hinbekommt, war 1904 schon Halford John Mackinder klar, und darum sollte ja Deutschland mit Russland in Konflikt gebracht werden. Da war es kein Wunder, dass sie aus allen Wolken gefallen waren nach dem Abschluss eines Nichtangriffabkommens zwischen diesen beiden Ländern. Gott bewahre! Ende März 1936 hat derselbe Winston Churchill vor dem Auswärtigen Ausschuss der konservativen Parlamentsfraktion im Unterhaus formuliert: „Bitte beachten Sie, dass die Politik Englands keinerlei Rücksicht darauf nimmt, welche Nation gerade die Herrschaft über Europa erstrebt. Es kommt nicht darauf an, ob es Spanien, die französische Monarchie, das Deutsche Reich oder das Hitler-Regime ist; es hat nichts zu tun mit Herrschern oder Nationen: Das Prinzip betrifft ausschließlich die Frage, wer der stärkste und möglicherweise beherrschende Tyrann ist.“[113] So und genau so ist Churchills tagespolitisch motivierter Duktus zu verstehen. Wenn sich nun die zwei bevölkerungsstärksten Staaten in Europa möglichst lange dezimieren, hat alles wieder seine Ordnung. Es ist ja andererseits auch mit den Tyrannen nur an *den* Orten in der Welt problematisch, wo es sich nicht um die britischen Tyrannen handelt. Ob man Schwarzafrikaner, Buren oder Inder massakriert, spielt keine Rolle, solange die englischen Medien in den richtigen Händen sind. Dort wird festgelegt, wer die Guten in der Welt sind und wer die Bösen, was Terror ist und welcher Terror keiner ist. Dass dieses Muster so lange erfolgreich war und nicht aus den Angeln zu heben ist, liegt daran, dass es elastisch aufgezogen ist mit Meinungsfreiheit und Raum für Kritik. Eine Diktatur ist so starr, dass sich irgendwann immer genug Leute finden werden, die aus ganz unterschiedlichen Motiven heraus versuchen, das Regime abzuschaffen. In einer Demokratie kann man alles kritisieren und wenn es Not tut, dann tritt einfach der eine Schauspieler zurück und lässt einem anderen den Vortritt. Das macht Demokratie gut.

Warum läuft die Rote Armee rückwärts?

Was die Sowjetunion teuer zu stehen kommt, ist die wohl vollkommene Verkennung des Zweckes des deutschen Aufmarsches an der Ostgrenze und das unsinnige Festhalten am eigenen Angriffstermin zwei Wochen nach einer zugegebenermaßen mehrmaligen Verlegung des diesbezüglichen Termins in Berlin. Der General der Infanterie Erich von Lewinsky, genannt Manstein aus jener alten preußischen Familie, hat genau diesen Eindruck: Nach der Zahl der in den Westgebieten der Sowjetunion versammelten Kräfte und durch die starke Massierung von Panzerkräften, konnte man durchaus mit einem früheren oder späteren Offensivwerden der Roten Armee rechnen. Doch am ersten Tag spreche ihre Aufstellung eben noch nicht dafür; die sowjetische Führung sei noch nicht zu einem einheitlichen Einsatz ihrer *starken zurückgehaltenen* Kräfte gekommen. Sie waren in Aufstellung. Vom 14. bis zum 19. Juni war das Kommando der Grenzbezirke im Westen der Sowjetunion angewiesen worden, seine Frontdirektoren auf Feldkommandoposten abzuziehen. Zeitgleich hatte ein verstärkter Vormarsch der Truppen zur Grenze begonnen; allerdings hatte dessen Tempo nicht der tatsächlichen Situation entsprochen. Von allen Verbänden der Grenzbezirke, die am 15. Juni begannen, bis zu der Grenze vorzustoßen, haben am 22. Juni nur wenige ihre ausgewiesenen Gebiete erreicht. In diesen Tagen besetzten die Wehrmachtstruppen auf der gesamten Front bereits ihre Ausgangspositionen. Zum Zeitpunkt des deutschen Angriffs befanden sich insgesamt zwei Drittel der Streitkräfte der sowjetischen Militärdistrikte an der Westgrenze. Sie standen an der ganzen Front auf einem schmalen, etwa 4000 Kilometer langen Streifen vom Weißen Meer im Norden bis zum Schwarzen Meer im Süden. Der Rest der Divisionen befand sich in Lagern in einer Entfernung von acht bis zwölf Kilometern von der Grenze.[114] Am 22. Juni brach pünktlich wie vorgesehen in aller Herrgottsfrühe die Hölle über diese Männer herein.

Was sich in diesen Stunden hinter der deutsch-sowjetischen Grenze abspielt, ist ein einziger Horror. Die Zahl der gefangenen Soldaten sprengt alle bisherigen Vorstellungen. Aber das ist auch kein Wunder. Während die Truppenstärke der Roten Armee im August '39 noch zwei Millionen betrug, erreichte diese zum 1. Januar 1941 schon 4.207.000 Mann – und inzwischen hat Stalins Armee schon 5.500.000 Soldaten. Dazu kommen die Grenztruppen, Bewachungstruppen, Konvoitruppen sowie operative Kräfte des NKWD. 2,9 Millionen davon befinden sich in nächster Nähe zur Grenze – was allein schon zeigt, dass Stalin einen Angriff plante und es nicht glauben wollte, dass Hitler mit seinem Schrott angreifen wollte. Obendrein sind viele der Soldaten noch nicht mal an ihrem Militärgerät. Ihnen fällt der Starrsinn Jossif Stalins auf ihre Füße. Sie sollten Anfang Juli vor Ort sein und Gewehr bei Fuß stehen. Der vorgezogene Befehl für die Kampfbereitschaft um halb eins kam wenigstens einige Stunden zu spät. Jetzt werden mindestens eine Million der sowjetischen Soldaten in den ersten Tagen gefangen genommen, ohne dass sie am Krieg auch teilgenommen hätten, und es gibt weitere Hinweise auf eine Angriffsabsicht auch auf der sowjetischen Seite: Hohe Befehlshaber und viele der obersten Stäbe geraten in deutsche Gefangenschaft, weil sich jene in nächster Nähe zur Grenze aufhielten. Man wird sie sicher schmerzlich vermissen; sie wurden neu ausgebildet, nachdem Stalin die frühere Militärführung geschrotet und beerdigt hat. Ja sicher sollten sie den Angriff in Richtung Westen befehligen. Keine Ahnung, wie sich das Kriegsgeschehen weiter entwickelt. Aber gesetzt den Fall, die Rote Armee setzt sich nach langem Hängen und Würgen gegen die Wehrmacht durch, dann wird man diese Militärs, die wissen, warum sie zur Westgrenze gebracht wurden, später aus dem Weg räumen müssen, damit sich ihr Wissen nicht in Form von Gerüchten herumspricht. Da sich die Kämpfe jetzt samt und sonders auf sowjetischem Territorium ereignen, müsste sofort auf Verteidigung umgestellt werden. Doch Stalin befiehlt den Angriff und tagelang kann ihn nichts und niemand davon abbringen. Unendlich viele Männer fallen in diesen ersten Tagen nach dem deutschen Überfall.[115]

Dazu kommen die horrenden Verluste an Material. Am allerersten Tage werden 1200 sowjetische Flugzeuge zerstört, die meisten von ihnen gar schon am Boden. Hermann Göring – seines Zeichens Oberbefehlshaber der Deutschen Luftwaffe – liest die Berichte und hält sie für übertrieben.

Doch die Überprüfung der gemachten Angaben ergibt, dass diese ersten Meldungen immer noch zu niedrig sind.[116] Zu welcher Verteidigung sind sie vielleicht auf Flugplätze an der Grenze gestellt worden? Ob Soldaten oder Flugzeuge oder Panzer, es bedarf einer vernünftigen Erklärung für das Totalversagen von *Superman*. Jetzt muss vor allem die Propaganda zeigen, was sie kann – und was sie zu allen Zeiten auf dem Kasten haben muss: Menschen, Zahlen, Daten und Fakten muss sie bei Bedarf herbeizaubern, verzaubern oder auch hinwegzaubern. Wenn sie das hingegen nicht kann, bleibt Journalismus das Geschäft von Wahrheitsfetischisten, mit denen kein Staat zu machen ist. Wie sieht es denn zum Beispiel mit der materiellen Ausgangsbasis beim aktuellen Bestand an Panzern aus?

Wie elegant tänzelt die sowjetische Propaganda um die Anzahl der verfügbaren Kampfmaschinen herum? In der Roten Armee gibt es in deren Lesart dieser Tage 1861 neueste Panzer vom Typ T-34 und KW, benannt nach Volkskommissar Kliment Jefremowitsch Woroschilow, sowie viele veraltete und leichte Panzer. Dieser Satz hat allein schon vier Haken. In der Roten Armee gibt es außer dem T-34 und den Panzern vom Typ KW weitere neueste Panzer der Typen T-40 und T-50. Jene kann man in der Statistik nicht einfach unter den Tisch rutschen lassen, um schwächlich und recht wehrlos dazustehen. Zweitens ist die Zahl 1861 neueste Panzer auch deshalb falsch, weil das die Angabe vom 30. Mai dieses Jahres ist. Mitte Juni gibt es längst 2040 Panzer allein der Typen T-34 und KW – und wie viele T-40 und T-50 sind inzwischen dazugekommen? Schade, dass ihre Zahl unter die Geheimhaltung fällt. Kommen wir zum dritten Haken an diesem Satz, der dem Interessierten eine beträchtliche Unterlegenheit der Roten Armee suggerieren soll. Wie viele Panzer werden in der Propaganda – zugegebenermaßen in ferner Zukunft – mit durchaus britischem *understatement* als veraltete und leichte Panzer zu vernachlässigbaren Größen erklärt? Zählt man alle Panzer, die die Rote Armee besitzt, so kommt man alles in allem auf etwa 24.000 Panzer. Das reicht natürlich hochgradig aus, um sich zu verteidigen, wenn man nicht Fallschirmspringer in Panzer stecken muss und die Panzer an der richtigen Stelle bereitstehen. Fakt ist, dass viele der später umfunktionierten Fallschirmspringer bloß über eine anderthalb- bis zwei*stündige* Fahrpraxis verfügen. Sie haben nur *zwei Stunden* geübt, wie man so ein Ungeheuer durch den Matsch oder auch den Schnee steuert oder den Geschützturm so einrichtet, dass man ein Ziel zerstören kann. Dazu kommt, dass nicht alle Kommandanten die Kunst erlernt haben, Panzer- sowie motorisierte Verbände zusammen zu führen.[117]

Kommen wir an dieser Stelle zu dem vierten Haken an dem kurzen Satz. Ob es sich im jeweiligen Falle um einen Panzer neuester Bauart handelt, wird aktuell nach folgenden fünf Parametern bestimmt: Er muss erstens eine großkalibrige Langrohrkanone mit dem Kaliber 75 Millimeter oder darüber haben, zweitens eine granatensichere Panzerung, die einem Beschuss der Panzerabwehrartillerie widersteht, drittens obendrein breite Panzerketten, die es dem Panzer ermöglichen, praktisch in jedem, auch in weglosem Gelände bei beliebigem Wetter zu operieren, viertens muss er einen Dieselmotor haben, der leicht ist und sparsam im Treibstoffverbrauch und vor allem nicht rasch in Brand gerät, und fünftens muss die Anordnung von Motor und Getriebe hintereinander sein, sodass er ohne eine Kardanwelle auskommt. Was in einem LKW völlig in Ordnung ist, stört einfach in einem Panzer. Dort befindet sich in älteren Modellen der Drehturm über der Kardanwelle, und dieser Drehturm dreht sich im Bedarfsfall, wie es der Name schon sagt. Wenn er das aber tut, kommt die Kardanwelle der Mechanik des Turmes oder den Füßen der Panzerleute in die Quere. Die Idee dieser Zusammenlegung von Motor und Getriebe stammt übrigens von dem amerikanischen Konstrukteur Walter Christie und das ist nach den Hinweisen auf das bewusste Bevorzugen deutscher Firmen im Rüstungssektor in den dreißiger Jahren diesmal ein Hinweis auf die bewusste Bevorzugung sowjetischer Rüstungsbetriebe gegenüber der heimischen Industrie durch amerikanische Firmen.[118] Auch deshalb gibt es in der Welt keine besseren Panzer als die T-34 und die KW – von den Fließbändern Henry Fords, die auch bei Köln gute Dienste tun.

Vergleichen wir nun die sowjetischen mit den deutschen Panzern. Nein, nicht jeder Panzer kann der beste auf der Welt sein, und diese deutschen

Panzer erfüllen nicht alle fünf Parameter für Panzer neuester Bauart. Es gibt leider auch keinen deutschen Panzer, der vier Kriterien von Panzern neuester Bauart erfüllt. Es ist ganz unschön, dass auch kein Panzer drei erforderliche Qualitätsmerkmale aufweist. Bedauerlicherweise hat auch keiner der deutschen Panzer zwei dieser Parameter. Aber wirklich ganz unschön ist, dass kein einziger deutscher Panzer ein mickriges Merkmal eines Panzers der neuesten Bauart hat. Es mag ja sein, dass es in ferner Zukunft tolle Weiterentwicklungen *Made in Germany* geben wird – die stehen aber zum Zeitpunkt des Angriffs noch lange nicht zur Verfügung. Das dürfte der Hauptgrund sein, warum Jossif Wissarjonowitsch Stalin keinen der hin- und hergeschobenen Angriffstermine abgekauft hat. Und jetzt staunt er, dass die Wehrmacht mit ihren 3410 Panzern in sein Land vorstößt und nicht aufzuhalten ist. Dagegen hilft die Propaganda freilich auch nicht. Praktisch heißt das, die Rote Armee hat viele neueste Panzer sowie viele veraltete und leichte Panzer, und die Wehrmacht hat keinen neuesten Panzer sowie ein paar veraltete und leichte Panzer. Damit sind 24.000 sowjetische Panzer plus minus x gegen ungefähr 3400 Panzer in Hitlers Wehrmacht gegeneinander angetreten.[119] Aber man muss ja auch bloß zurückzublicken. In den Verhandlungen mit den Westmächten um den gemeinsamen Kampf gegen die Ausdehnung Deutschlands vor zwei Jahren im Sommer 1939 hatte Boris Schaposchnikov erklärt, sein Land sei bereit, 136 Divisionen inklusive 5000 schwere Geschütze und bis zu 10.000 Panzer sowie 5000 bis 5500 Flugzeuge einzusetzen. Hat Stalins Armee nach zwei Jahren weiterer Aufrüstung auf einmal weniger Panzer als 1939? Da hieß es, Moskau habe im Kriegsfalle „nicht die Absicht, die defensive Taktik einzuschlagen“, sondern wünschte sich umgekehrt mit Angriffsoperationen am Krieg zu beteiligen, wohlgemerkt noch ohne die Panzer neuester Bauart im Verständnis von 1941.[120] Die gute sowjetische Propaganda legt den Fritzen dann noch weitere Panzer drauf, doch auch wenn die Wehrmacht zusammen mit den Bündnispartnern letztlich 4171 Panzer oder noch einige mehr zu ihrer Verfügung hätte, verfügt die Rote Armee allein mit den Möglichkeiten vom August 1939 über viel mehr als die Achsenmächte. Und das hektische Wettrüsten begann erst nach dem Sommer 1939.[121]

Sehen Sie, so funktioniert kreative Buchführung im Kommunismus. Die Methode dürfte Churchill gemeint haben, als er lästerte, er vertraue nur der Statistik, die er selbst gefälscht habe. Und er weiß, wovon er spricht. Bei einer späteren Geschichtsaufarbeitung schreibt der Ex-Premier ohne dabei rot anzulaufen: „Es ist wahrscheinlich, dass Deutschland im letzten Jahr vor dem Ausbruch des Krieges mindestens doppelt so viel und wahrscheinlich dreimal so viel Kriegsmaterial wie Großbritannien und Frankreich zusammen hergestellt hat, und auch dass seine großen Werke zur Panzerproduktion ihre volle Kapazität erreicht haben." In diesem Sinn sind die Sowjets gute Schüler. Bei anderen Gerätschaften geht man analog vor. Es heißt, man habe 34.695 Geschütze und Mörser (ohne 50 mm) – und ist ein solches Gerät von 37 bis 50 Millimeter nicht tödlich? Wie viele davon haben sie und wozu haben sie diese überhaupt gebaut? Nach demselben Schema rechnen sie ihre Luftstreitkräfte herunter: Sie haben 1540 Flugzeuge neuer Typen und außerdem noch eine große Anzahl veralteter Flugzeuge. Aber die Luftstreitkräfte haben allein seit dem Jahre 1938 23.245 Kriegsflugzeuge erhalten und die Rote Armee hat zur Zeit 148.000 Geschütze und Granatwerfer aller Gattungen und Systeme. Zur Ausstattung der Roten Seekriegsflotte gehören neben einer Vielzahl anderer Schiffstypen allein 291, nach sowjetischen Angaben jedoch mindestens 213 U-Boote. Die Sowjetunion gebietet damit über eine größere U-Bootflotte als alle anderen Länder der Erde, und sie übertrifft die führende Seemacht England in der Zahl der U-Boote um mehr als das Vier- bis Sechsfache. Auf dem Wasser haben sie 269 Schiffe. Übrigens gibt es auch bei Flugzeugen ein Beispiel für die Bevorzugung der Sowjets durch amerikanische Firmen: *Vor* Kriegsbeginn erhielt Stalins Armee aus den Vereinigten Staaten das beste Transportflugzeug der Welt für Luftlandeoperationen – Oops! Da erinnert man sich an die Felddienstordnung der Roten Armee von 1936, in der der Einsatz von Luftlandetruppen nur bei Angriffsoperationen und lediglich im Zusammenwirken mit den von der Front aus angreifenden Truppen vorgesehen ist. Das ist ja gleich noch so ein Hinweis auf den vorgesehenen Angriff. Bei dem Flugzeug handelt es sich um die Douglas DS-3 und es wurde auch gleich die Produktion des nämlichen Typs in der Sowjetunion angekurbelt.[122] Das wirft uns wieder auf die Frage zurück, wie sich das mit der Neutralität der USA in diesem Krieg vereinbaren lässt. Aber an diesen völkerrechtlichen Klimbim hielt man sich ja schon im Weltkrieg zuvor nicht. Wie erklärt es sich, dass das immer dann als Problem gewertet wird, wenn Adolf Hitler alles egal ist? Wenn Imperialisten seit Jahrzehnten und Jahrhunderten in der großen weiten Welt das Gleiche in Grün machen, wird herausgestellt, dass dort in den Zeitungen steht, dass sie im Inland Demokratie haben. Was dann im Ausland verzapft wird, müssen die kommerziell betriebenen Medien dem dortigen Publikum bloß irgendwie plausibel darstellen. Wenn auch diesmal wieder fremde Staaten durch anglo-amerikanische Firmen zum möglichst umfang- und verlustreichen Krieg gegeneinander aufgerüstet werden, bleibt der Krieg erneut das Problem dieser Staaten. Das nennen sie am Feuer der Kamine der Kriegsgewinnler die feine englische Art.

Kommen wir mitten in dieser übergroßen menschlichen Tragödie zu der Sache mit den fehlenden Karten. Weil man im Kreml nicht einkalkuliert hat, dass man womöglich das eigene Territorium verteidigen muss, sind viel zu wenige brauchbare Karten davon vorhanden. Wofür sind Karten im modernen Krieg notwendig? Früher haben die Soldaten ihre Gegner gesehen und auf dem Feld geschlachtet. Von daher rühren ja die Worte *im Felde* und *Schlacht*. Sehen und gesehen werden ist inzwischen längst veraltet. Wenn sich eine Batterie im Jahr 1941 aber verbergen will, dann sieht sie die Gegner nicht mehr. Die Richtkanoniere sehen die jeweiligen Ziele also nicht. Das ist nicht gut und darum entwickelte man eine kluge Lösung: Der Batteriechef ist bei der Bekämpfung verdeckter Ziele nicht bei seiner Batterie, sondern dort, von wo aus er den Gegner sehen kann. Das ist phantastisch. So kann er die Befehle geben, wohin und wie man zu schießen hat. Nun kennen Sie sicher alle das Spiel *Schiffe versenken*. Die Blätter der Teilnehmer werden mit einem Koordinatennetz versehen und jeder markiert sich, wo man welches Schiff vielleicht haben möchte, und dann sagt man zum Beispiel G8 und der andere teilt mit, ob er wohl auf dem Feld G8 eines seiner Schiffe hatte. Ist dem so, dann ist es somit versenkt. Jetzt probieren Sie dieses Spiel einmal ohne Koordinatennetz. Nun hat der Batteriechef eine Karte und der Führungszugführer hat eine

Karte. Ohne diese beiden Karten kann die Artillerie nicht arbeiten. Man muss dann wie früher den Gegner sehen, doch wird im Gegenzug selbst auch gesehen und unter Umständen „versenkt“, um im Bilde zu bleiben. Also benötigt jede Batterie zwei komplette Sätze topographischer Karten für ihren Einsatz. Mindestens. Eigentlich braucht sie noch mehr und das Ganze bis hinauf zum Divisionskommandeur. Sonst wird es so schwierig im Zusammenspiel wie bei einem Orchester, in dem weder die Musiker noch ihr Dirigent Notenblätter zur Verfügung haben. Zu den Leidtragenden zählt nun ausgerechnet auch noch Stalins Sohn Oberleutnant Jakow Iossifowitsch Dshugaschwili, Chef der fünften Haubitzenbatterie des 14. Haubitzenregiments des siebten mechanisierten Korps. Als Gefangener der Wehrmacht sagt er: „Die Karten ließen die Rote Armee im Stich, da der Krieg entgegen den Erwartungen weiter östlich von der Staatsgrenze entbrannte.“ Ja, die Soldaten sind für den Angriff ausgebildet und eben auch nur für den Angriff. Generalmajor N. I. Birjukov befehligt die 186. Schützendivision des 62. Schützenkorps der 22. Armee. Er berichtet, die einzige topographische Karte, die er sich selbst schon vom Stabschef des 21. mechanisierten Korps erbettelt hatte, wurde ihm letzten Endes vom Befehlshaber seines Korps Generalmajor Karmanov abgenommen. Die Division umfasst 13.000 Soldaten und viel technisches Zeugs, aber *nicht einen* kompletten Kartensatz der Gegend, die sie verteidigen müssten.[123]

Jetzt wird man sagen, dass Hitler mit seinem Angriffsbefehl bloß einem Überfall der Roten Armee auf unser friedliebendes Drittes Reich zuvorgekommen sei. Aber man darf das Leben auch nicht bloß schwarz-weiß zu sehen versuchen: Täter, Opfer, Schlägerei. Denn da gibt es viel mehr Kombinationen als man glauben möchte. Manchmal ist es angezeigt, das Leben einmal schwarz-schwarz zu betrachten, um der Realität ein wenig näher zu kommen. Erstens stehen die Truppen des Führers nicht völlig zufällig jetzt schon in Ländern von der Westküste Frankreichs bis in den Norden von Norwegen und in den Süden Europas. Zweitens braucht der Angreifer eine klare Überlegenheit über den potenziellen Gegner. Diese qualitative wie auch quantitative haushohe Überlegenheit hat der Mann aus Georgien auf seiner Seite. Wie hätte *Er* bei *Seinem* schwarz-weißen

Weltbild vermuten können, dass der Steppke ihn ernstlich angreift? Der weise Stalin hat auf den gesunden Menschenverstand (beim Gegner) gehofft. Aus diesem Grund ließ er weder einen Verteidigungsplan erstellen noch wichtige Brücken über seine Grenzflüsse sprengen. Noch vier Tage nach dem Angriff kann die 8. Panzer-Division zwei große Brücken über die Düna vor ihrer Sprengung unversehrt übernehmen.[124] Ein Blick nach Norden genügt: Die winzige Armee der Finnen hatte über einige Monate dem Ansturm der Roten Armee standgehalten, eben weil sie sich auf die Verteidigung und den Aufbau der *Mannerheim-Linie* konzentriert hatte. Die Rote Armee muss sich nach wenigen Stunden bereits weiter zurückziehen als die finnische Armee nach Wochen. Aber in der Konstellation, in der zwei feindliche Armeen zu einem Angriff gegeneinander antreten, ist es offenkundig wichtiger, wer zuerst losschlägt, als die Frage, welche Qualität die militärische Ausstattung des überraschten Gegners hat. Wer die Nase vorn hat, bringt die Planung seines Gegenübers derartig durcheinander, dass er weit durchstoßen kann und alles einsammeln, was die anderen zurückgelassen haben. Hätte die Rote Armee selbst angegriffen, wäre sie schnell in Paris gewesen. Das sind von Białystok aus gerade mal 1526 Kilometer. Nun greift die Wehrmacht an, da kann man sich locker ausrechnen, dass sie auch nicht länger braucht bis Stalingrad. Das sind auch nicht mehr als 1570 Kilometer. Nur würde die Rote Armee in Paris erst mal als Befreier bejubelt und die Wehrmacht sollte mit Gegenwehr aus den Tiefen Russlands rechnen. Russland ist einfach etwas größer als sich das unser Steppke vorstellen kann. Abschotten will er *Sein Reich* an der Wolga gegen einen russischen *Rumpfstaat* im riesigen Sibirien...

Ohne Pläne für die Verteidigung der vielen Städte und ohne Landkarten des Territoriums, das um ein Vielfaches größer als das Deutschlands ist, hätte es jede Armee der Welt schwer. Überdies lässt sich Adolf Hitler ja auch nicht lumpen und setzt alles in allem 4,6 Millionen Soldaten an der Ostfront ein. Doch seine Planung ist genau so löchrig wie die des lieben Genossen Stalin. Auch er forderte keine ausgearbeiteten Alternativen zu einem kurzzeitigen Feldzug und ließ keinerlei Reserven für unvorhergesehene Situationen anlegen. Die Treibstoffvorräte sind bloß für 700 bis

800 Kilometer Fahrt berechnet. Was dann noch fehlt, soll durch „Selbstversorgung“ beschafft werden. Er denkt auch nicht anders als die Tante im Kino: „Das ist egal, Sieg ist Sieg!“ Munition und Lebensmittel reichen für 20 Tage. Dann muss der Blitzkrieg in dem Flächenland schneller vor sich gehen als im putzigen kleinen Belgien. Was soll es werden, wenn in Russland der Plan für den Siegeszug diesmal nicht aufgeht? Aber letzten Endes ist alles halb so schlimm und die eklatanten Fehler und Versäumnisse des einen Alleinherrschers finden ihren Ausgleich im Abenteurertum des anderen. Schade nur um die vielen zerstörten Leben der vielen Menschen zwischen zwei Vollpfosten und reichen Strippenziehern.[125]

Also, wenn Sie mich fragen, ich möchte von dem einen Verbrecher nicht einkassiert werden und von dem anderen Verbrecher auch nicht befreit. Warum muss Stalin ein besserer Mensch sein als Hitler, und warum soll Hitler ein besserer Mensch sein als Stalin? Ist es nicht hilfreicher, wenn man unvoreingenommen das Polizeiregister eines Menschen betrachtet und erst anschließend zur Schlussfolgerung gelangt, dass der Delinquent in mehr als einem Fall böse daneben trat? Fabian von Schlabrendorff ist zum Beispiel Zeuge dieser Worte geworden: „Als ich noch nicht Reichskanzler war, habe ich geglaubt, der Generalstab gleiche einem Fleischerhund, den man fest am Halsband halten müsse, weil er sonst jeden anderen Menschen anzufallen drohe.“ Doch später: „Nachdem ich Reichskanzler wurde, habe ich feststellen müssen, dass der deutsche Generalstab alles andere als ein Fleischerhund ist. Dieser Generalstab hat mich immer hindern wollen, das zu tun, was ich für nötig hielt.“ Es kann nicht erstaunen, dass er mit Spezialisten kollidierte. „Der Generalstab hat der Aufrüstung, der Rheinlandbesetzung, dem Einmarsch in Österreich, der Besetzung der Tschechei und schließlich dem Krieg gegen Polen widersprochen. Der Generalstab hat mir abgeraten, gegen Frankreich offensiv vorzugehen und gegen Russland Krieg zu führen. Ich bin es, der diesen Fleischerhund immer erst antreiben muss.“[126] Mag sein, dass man Hitler nicht jedes Wort abkaufen muss. Er hat früher auch immer vom Frieden schwadroniert und plötzlich war Krieg. Aber wenn er von Stalins Union spricht, kann man dem Meister der vielen großen Worte vielleicht doch einmal glauben, denn jetzt haben wir den Salat. Am 11. August 1939 ließ er den Hochkommissar des Völkerbundes Carl Burckhardt die folgende Info nach London schicken: „Alles, was ich unternehme, ist gegen Russland gerichtet; wenn der Westen zu dumm und zu blind ist, um dies zu begreifen, werde ich gezwungen sein, mich mit den Russen zu verständigen, den Westen zu schlagen, und dann nach seiner Niederlage mich mit meinen versammelten Kräften gegen die Sowjetunion zu wenden."[127] Es mag sein, dass die Worte schon so ziemlich zwei Jahre zurückliegen; sie zeigen nichtsdestotrotz seine Verlogenheit schon beim Abschluss seines Nichtangriffspaktes mit dem roten Weltenbeglücker und Massenmörder im revolutionierten Moskau. Wer unter Entscheidungen wie Fehlgriffen Stalins leiden musste oder leidet, kann darüber aber *auch* Bücher füllen.

Glücklicherweise lassen Genossen Stalin seine *friends of communism in America and in good old England* nicht im Stich. In der nordrussischen Stadt Murmansk kommen Geleitzüge aus Schiffen an und liefern kriegswichtiges Material: Konserven, Mehl, Getreide und fertiges Kriegsgerät, Panzerkampfwagen, Flugzeugteile (wie schon nach Deutschland), Flugzeugmotoren, Geschütze und Munition, solche kriegswichtige Rohstoffe wie Kupfer, Stahl und Phosphor, und außerdem Treibstoffe, damit nicht alle Räder still stehen. Und jedes der Schiffe hat bis zu fünfzehn Panzer auf dem Deck mitzunehmen. Auch das lässt sich wohl eher nicht mit der Neutralität der USA in diesem Krieg vereinbaren.[128] Das führt dann auch gleich das Argument ad absurdum, es ginge bloß um Geschäftemacherei auf zwei Seiten und sei nicht politisch motiviert. Dafür passen die Handgriffe der Politiker umgekehrt viel zu gut zu den Exporten der Firmen.

Bei der ganzen Planung hat sich Stalin auf den Angriff kapriziert. Hitler hat genauso wenige Zweifel, dass sein neuer Feldzug ein großartiger Erfolg wird, wobei er auf die Dauer des zähen Ringens der Roten Armee im Winterkrieg mit dem kleinen Finnland verweist. Witzigerweise schätzen auch amerikanische Militärs die Lage nicht anders ein und Kriegsminister Henry Stimson legte Präsident Franklin Roosevelt ein Memorandum vor, das die Sicht des Generalstabes auf den Punkt bringt: „Deutschland wird mindestens einen Monat und, möglicherweise, allerhöchstens drei Monate vollauf damit beschäftigt sein, Russland zu schlagen."[129] Das ist noch nicht einmal absolut unmöglich: Dänemark hat sich nur 6 Stunden gegen die Wehrmacht halten können, die Niederlande haben es lediglich 5 Tage durchgehalten, Jugoslawien brachte es auf 11 Tage, Belgien auch nur auf 18 Tage, Griechenland war nach 24 Tagen platt gemacht, Polen steht mit seinen 27 Tagen im Endeffekt sogar relativ gut da, Frankreich hat sich 1 Monat und 12 Tage verteidigen können und in Norwegen war der Widerstand schließlich nach 2 Monaten und 1 Tag gebrochen. In den USA herrscht gespannte Ruhe. Man hat vor einem Sieg der Wehrmacht genauso viel Angst wie vor einem Sieg der Sowjets, da der Sieger dann in der Lage wäre, mit den eroberten Ressourcen die Weltherrschaft zu erobern. Wünschenswert wäre ein langes zähes Ringen zwischen dem gebräunten Deutschland und dem geröteten Russland, bei dem sich beide gegenseitig maximal schädigen, was ihre menschlichen und materiellen Ressourcen anlangt. Washington reagiert mit der Freigabe von eingefrorenen Verträgen und Guthaben der Sowjetunion. Außerdem werden der Sowjetunion günstige Bedingungen zum Kauf von notwendigen Gütern gewährt, damit sie nicht vor ihrer Zeit aufgeben muss. Darunter ist auch Kriegsmaterial. Trotz aller Unsicherheit sieht Präsidentenberater Harry Hopkins in dem Überfall der Wehrmacht auf die Sowjetunion einen Erfolg der amerikanischen Unterstützung für England: „Hitler ist nach der anderen Seite abgeschwenkt."[130]

Genau so war es ursprünglich auch gedacht. Vielleicht erinnern Sie sich ja noch an das Jahr 1924. Damals begannen Briten und Amerikaner 150 langfristige Devisendarlehen an deutsche Firmen zu vergeben, die in der Lage waren, Militärgerät herzustellen. Nutznießer der ersten Stunde war der Konzern IG Farbenindustrie Aktiengesellschaft. Aus dieser Firmengruppe wurde das größte Kartell im Bereich der chemischen Industrie in der Welt aufgebaut. Diese Firmen stellen jetzt die Bomben und anderen Dreck her, mit denen Hitler Europa militärisch dominieren kann. In den USA entstand eine Tochterfirma der IG Farben, in deren Aufbau einige *Wall Street Banker* 30 Millionen Dollar investiert hatten. Dabei sind das bitteschön Millionen zum Zeitwert der zwanziger Jahre! Direktoren von der IG Farben sind neben prominenten amerikanischen Financiers auch Deutsche. Im Vorstand der amerikanischen Filiale sind drei Direktoren aus der Federal Reserve Bank of New York. Diese Firma ist auch mit der Standard Oil of New Jersey, mit der Ford Motor Company, mit der Bank of Manhattan und der Firma AEG, also der deutschen Tochter der Firma General Electric verbunden. Äußerst hilfreich war damals, dass deutsche Ingenieure nach Detroit geholt wurden, wo sie modernste Techniken vor Ort kennenlernen konnten.[131] Bereits 1926 fing die Zusammenarbeit der Standard Oil Company of New Jersey mit der IG Farben an. Dabei ging es unter anderem um die Entwicklung eines Verfahrens zur Herstellung von Öl aus Kohle, was man in Amerika nicht nötig hat; da kann man das Öl aus dem Boden pumpen. Um Debatten um die Lieferung von kriegswichtigen Stoffen wie Atrabin, Magnesium sowie synthetischem Gummi durch die amerikanische Tochterfirma der Farben zu vermeiden, wurde sie schon im Jahre 1939 umbenannt in General Aniline & Film. Ist man erst im Krieg mit Deutschland, stellen unbelehrbare Kritiker in den USA sonst womöglich dumme Fragen.[132]

Ja, und dann noch die Sache mit den Finanzen. Vergessen wir nicht die Bank für Internationalen Zahlungsausgleich, an deren Spitze schon seit 1939 der Amerikaner Thomas McKittrick steht, ohne deren freundlichen *support* Hitler nicht seit fast zwei Jahren bereits Europa mit Krieg überziehen könnte und ohne die er sich jetzt nicht in die abgefahrenste Großinvestition der Geschichte stürzen könnte. Wenn das abgewickelte Reich der Zaren dabei nicht ins Hintertreffen kommen sollte, musste auch die Industrie in der Sowjetunion auf Vordermann gebracht werden, wenn es passte, gleich durch dieselben Banken und Firmen, die auch dem armen *Alleinschuldigen* am ersten Weltkrieg unter die abgemagerten Ärmchen gefasst haben. General Electric lieferte seinerzeit die Technologie, damit die Sowjetunion ein eigenes Stromnetz bekam. Bei Lenin war es bloß ein frommes Wunschdenken, dass Kommunismus seiner Meinung nach zu erreichen wäre über Sowjetmacht plus Elektrifizierung. Freilich hatte er so viel Verstand, um seine Genossen darauf vorzubereiten, dass sie den

Kommunismus mit der Hilfe ihrer Feinde aufbauen müssten. Er wusste, dass man den Kommunismus nicht allein mit Hilfe stundenlanger roter Berieselungsveranstaltungen erreichen würde. Auch das Geld für Lenins Talsperren am Fluss Dnjepr kam von seinen reichen Onkels in Amerika und die nötige Technik kam aus dem schönen grünen England.[133]

Die IG Farben wiederum stellt den überwiegenden Anteil des *deutschen* Kriegsmaterials her, *deutschen* synthetischen Brennstoff für Fahrzeuge, *deutschen* hochwertigen Oktan-Brennstoff für Flugzeuge, das *deutsche* Schießpulver, die *deutschen* Sprengstoffe, das *deutsche* Magnesium, das *deutsche* Plastik und den *deutschen* Synthetikgummi. Nichts davon gäbe es ohne den *support* aus dem Westen, denn auch Nationalsozialismus in seiner ganzen Pracht ist nicht mit stundenlangen braunen Berieselungsveranstaltungen zu erreichen und ohne Geld eben auch nicht. IG Farben wurde über die Jahre ein Erfolgsmodell. Nachdem Österreich in Hitlers Reich *heimgekehrt* war, waren die Reichswerke AG für Erzbergbau und Eisenhütten „Hermann Göring" gegründet worden. Es kamen die Eisenwerke Oberdonau GmbH zu Linz dazu sowie die Automobil-, Waggon- und Maschinenbaufabriken. Nachdem man die Tschechen heimgesucht hatte, wurden die Škoda-Werke von der IG Farben geschluckt genau wie auch Československá zbrojovka Brno, die fortan Waffenwerke Brünn genannt wurden. 1939 kamen auch die polnischen Rüstungsbetriebe heim ins Reich oder so ähnlich. Dann wurde die jüdische Petschek-Gruppe in Mitteldeutschland und Nordböhmen enteignet und mitgenommen, ach so, ja, das heißt ja jetzt arisiert. Das ist George Orwells *„Newspeak"* vom Feinsten. Himmel Gott, dann kam noch dies und das und jenes dazu wie beispielsweise die größten und leistungsfähigsten Montanwerke Hagendingen und Hayingen. Ob in Luxemburg, Belgien oder Frankreich, alles schon egal; das wurde alles heimgeholt in Adolf Hitlers Traumschloss.[134] Hitler verdankt seinen *friends* in *Great Britain* sowie *America* auf jeden Fall mehr als Doktor Goebbels im Radio je zugeben würde. Da kannst du als deutscher Kriegsgegner ins KZ gehen oder unter Umständen auch in den Puff und machst so oder so nichts gegen den laufenden Krieg. Sehen Sie mich nicht so gezirkelt an; denken Sie bei Gelegenheit darüber nach.

Wie lange hält die Sowjetunion dem Blitzkrieg stand?

Für Jossif Stalin werden das die vermutlich arbeitsreichsten Tage seines bisherigen Lebens. Tag für Tag füllt sich jenes Heft, in dem sein Sekretär die Besucher bei ihm registriert. Am 21. Juni 1941 steht da: „Die letzten gingen um 23:00 Uhr.“ Damit war sein Arbeitstag, wie Sie wissen, noch nicht beendet. Am 22. Juni empfing Stalin schon ab 5:45 Uhr Besucher. So ging das ohne Pause weiter bis 11:00 Uhr. Werfen wir nur einen Blick hinein – Molotov, Berija, Timoschenko, Mechlis, Schukow, Wyschinski, Malenkow, Mikojan, Kaganowitsch, Woroschilow, Kusnezow, Dimitroff, Manuilski, Schaposchnikov, Watutin, Kulik. Und jeden Tag wieder. Der Empfang von Besuchern beginnt am 23. Juni um 3:20 Uhr in der Nacht, am 24. Juni auch bereits 1:00 Uhr nachts, dann zwei Tage etwas später, am 27. Juni wieder um 2:40 Uhr, am 28. Juni sogar schon um 0:50 Uhr. Die Gespräche mit dem Chef dauern mal fünf, mal sechs und gerne auch mal zwölf Stunden. Bisweilen dauert der Arbeitstag Stalins 24 Stunden. In der ganzen ersten Woche lässt Stalin die Truppen selbstmörderische Angriffe durchführen, statt ihnen den Befehl zur Verteidigung zu geben. Sie müssen angreifen, angreifen, angreifen. Die sowjetischen Flugzeuge verbrennen auf den Flugplätzen. Ohne Unterstützung aus der Luft anzugreifen ist jedoch Selbstmord. Doch Stalin bleibt bei seinem Befehl vom 22. Juni um halb eins in der Nacht. Am 28. Juni ’41 wird gemeldet: „Die Westfront ist eingekesselt, die 4. Armee ist zerschlagen, die 3., 10., und 13. sind eingeschlossen.“ Nach dieser Woche bleibt in dem Heft, in dem die Besucher registriert werden, ein Tag leer: der 29. Juni.[135]

Erst am 30. Juni 1941 betreten Berija, Molotov, Malenkow und eine Anzahl weiterer *Schischki* das Zimmer. In Deutschland werden Männer der Art *Bonzen* genannt. Sie treten schweigend ein wie Henker in die Todeszelle. Stalins Augen ist der Schreck anzumerken. In seinem Kummer hat er nicht an *sich* gedacht. Er hatte vergessen, dass er *sich* retten muss. Sie haben ihn überrascht. Er ist nicht bereit zu sterben. Aber diese Schischki sind nicht deswegen gekommen. Jetzt geht es nicht darum, über Schuld und Sühne zu sinnieren. Sie müssen schlicht und ergreifend ihre eigene

Haut und ihren Kopf auf den Schultern retten, und darum haben sie das Land zu retten. Jossif Stalin ist möglicherweise derjenige, der am besten versteht, dass er schrecklichen Bockmist angerichtet hat. Den Staat, den Lenin als Zentrum der Weltrevolution hinterlassen hatte, hat er als der Nachfolger des großen Meisters leichtfertig aufs Spiel gesetzt.[136]

Wenn man im Süden sieht, dass es sogar die rumänische Armee schafft, die sowjetischen Truppen aus dem Tempel zu vertreiben, stellt sich doch ernstlich die Frage, ob die Finnen nicht Karelien behalten und dann bis zur mongolischen Grenze hätten durchstoßen können, wenn sie die Rote Armee einfach selbst angegriffen hätten. Allerdings mit Karten von den Landschaften Russlands ausgestattet. Auf dem Rückzug hinterlassen die Rotarmisten in Bessarabien verbrannte Erde und transportieren alle beweglichen Güter in Eisenbahnwaggons nach Russland. Wenige Wochen später steht das Gebiet wieder unter rumänischer Verwaltung. Doch in diesem Land zeigt sich auch, dass im Kommunismus nicht alles schlecht war. Die Juden sahen die 1940 angekommenen Rotarmisten als ihre Befreier an. Jetzt wird ihnen dies als Paktieren mit den Sowjets ausgelegt. Schon während der Rückeroberung Bessarabiens begehen Soldaten aus Rumänien unter Beteiligung der Bevölkerung Pogrome gegen die Juden mit Tausenden von Toten. Auch die SS-Einsatzgruppe D bleibt da nicht apathisch in ihren Unterkünften hocken, sondern bringt möglichst viele der etwa 200.000 Juden in dem Landstrich um. Sie kommen in Ghettos und werden dann auf Märsche in Lager wie beispielsweise Bogdanowka geschickt. Wer dort nicht ankommt, ist unterwegs umgekommen und es sind viele. Besser als den Juden geht es den Roma dort auch nicht. Wie vergiftet muss jemand sein, der andere Menschen für nichts und wieder nichts einfach so umbringt?[137]

Manchmal hat man im Leben aber auch Glück und die Wünsche erfüllen sich schneller als gedacht. Wollte Stalin nicht vor zwei Jahren noch eine Vereinbarung mit London und Paris über die Eindämmung von Hitlers Hefekuchenreich erzielen, das sich sukzessive ausbreitete wie Teig ohne eine Schüssel? Schon zwei Jahre und mehrere überwältigte größere und kleinere Staaten später schließt das inzwischen selbst in die Schusslinie geratene London am 12. Juli mit dem neuesten Opfer von Hitlers Megalomanie und Rassenwahn ein Beistandsabkommen ab, in dem man vereinbart, dass man jetzt nur noch bei gegenseitigem Einvernehmen Verhandlungen über einen Waffenstillstand mit dem bösen Führer in Berlin führen werde. Paris steht für diese Gespräche nicht mehr zur Verfügung, da es selbst schon im Bauch des Teetrinkers in Berlin gelandet ist.

Mag es nun ein Teil des demokratischen Pingpongs in London sein oder eine ernstzunehmende Kritik an den Aussagen des Premiers Churchill – der Abgeordnete Baron Noel-Baker erklärt nach dem Abschluss des Beistandsabkommens zwischen London und Moskau in einer Debatte über Englands Informationsministerium: „Der schwerwiegendste Fehler ist, dass wir den Massen der Menschen, mit denen wir sprechen, bisher keine Botschaft der Hoffnung und des Wiederaufbaus gegeben haben. Ein belgischer Staatsbürger, der kein Politiker ist, sondern ein Offizier, der neulich aus Brüssel hierher gekommen ist, erklärte, dass in Belgien alle zwei Dinge sagten. Sie meinen erstens, das NS-Regime sei unerträglich und müsste beendet werden, und zweitens würden sie nicht zu den Bedingungen zurückkehren, die vor dem Krieg herrschten. In Frankreich, Polen und Italien ist es dasselbe. Überall wollen die Menschen ein Bild von der Welt, die wir errichten wollen. Nirgends trifft das mehr zu als in Deutschland heute, insbesondere seit Hitlers Angriff auf Russland. Ich glaube, dass ein Großteil unserer Propaganda für Deutschland absolut steril ist, weil sie keinerlei konstruktive Hoffnung birgt. Bis wir so eine Botschaft haben, können wir ihnen mehr schaden als nützen." Dies und nichts anderes wollen die inoffiziellen Boten aus Deutschland schon seit dem Ausbruch des Kriegs. Sie brauchen zu Hause eine positive Aussicht, wenn sie Hitlers Regime beseitigen und Frieden schließen. Ihnen ist nur zu gut der Betrug nach der einseitigen Entwaffnung am Ende des ersten Weltkrieges in Erinnerung. Das gebrannte Kind scheut das Feuer. Doch Winston Churchill denkt noch nicht einmal im Traum daran, von seiner vorgezeichneten Linie abzuweichen.[138]

Verteilt das Fell des Bären nicht, bevor er erlegt ist.

Manch alter Kämpfer der nationalsozialistischen Bewegung kann sich ja noch daran erinnern, wie klein es alles einst in Münchener Kneipen angefangen hatte. Da ging es noch um eine Abänderung des Schanddiktats von Versailles und um die Friedenssehnsucht des deutschen Volkes. Da stand es noch in den Sternen geschrieben, dass den Nazis später einmal Deutschland gehören würde sowie gleich noch alle umliegenden Länder als Appetitmacher für Tibet und Feuerland und den Rest der Welt. Kein Mensch konnte damals ahnen, dass Hitler, sein persönlicher Keitel, der zwischen Lebensmittelmarken noch breiter gewordene Göring, Rassenspezialist Rosenberg und der Verantwortliche für Ernennungen und Beförderungen in der Partei Bormann am 16. Juli 1941 am Tisch sitzen und darüber beraten würden, wie sie nach dem Sieg über die Rote Armee an der Wolga wohl weiter zu verfahren gedenken: „Die Bildung einer militärischen Macht westlich des Ural darf nie wieder in Frage kommen und wenn wir hundert Jahre darüber Krieg führen müssten." Das ist aber ein langfristiges Projekt, das noch viele Vier-Jahr-Pläne umfasst. Im letzten Krieg hatte man schon nach drei, vier Jahren nichts mehr zu essen. Vom Baltenland an der Ostsee ist die Rede. Das müsste Reichsgebiet werden. Ebenso müsse die Krim mit einem erheblichen Hinterland nördlich der Halbinsel Reichsgebiet werden, genauso wie die deutsche Kolonie an der Wolga und das Erdölgebiet um Baku. Aus dem Süden gleitet die Debatte in den Norden. Die Finnen wollen zum Westen Kareliens den Osten des Gebiets zurück. Doch die Halbinsel Kola solle wegen der großen Nickel-Vorkommen zu Deutschland kommen. Da hat man sich wohl eine recht große Aufgabe vorgenommen.[139] Wer von den braunen Bonzen hat eine Ahnung davon, in welchem Umfang die Rüstungsproduktion im Reiche von der wirtschaftlichen Unterstützung aus *America* abhängt? Wenn sie ausbleibt, stehen so ziemlich alle Räder still. Glaubt die Naziführung im Ernst, dasselbe *America* lasse solche Eroberungen vielleicht wirklich zu? Manchem steigt offenbar von Jahr zu Jahr der Erfolg von Hitlers Draufgängertum zu Kopfe und offenbar denkt sich keiner von ihnen, dass ihre *Unterstützer* in den USA sie in ein offenes Messer rennen lassen.

Zurück zum Blitzkrieg

Der Chef des Oberkommandos der Wehrmacht Wilhelm Keitel gibt am 23. Juli 1941 einen Befehl heraus, dessen Entwurf vom Chef des Wehrmachtsführungsstabes im OKW Alfred Jodl stammt. Mit Kriegsrecht ist er inkompatibel: „Im Hinblick auf die weite Ausdehnung der besetzten Gebiete im Osten werden die für Sicherheitszwecke vorhandenen Kräfte in diesen Gebieten nur dann genügen, wenn jeder Widerstand bestraft wird, nicht durch gesetzliche Verfolgung der Schuldigen, sondern durch Verbreitung eines solchen Terrors durch die Wehrmacht, der geeignet ist, jede Neigung zum Widerstand unter der Bevölkerung auszumerzen." Weiter heißt es da, die Kommandeure müssten die Mittel finden, um die Ordnung durch drakonische Maßnahmen aufrechtzuerhalten.[140]

In Anbetracht des Zurückweichens der sowjetischen Truppen stellt sich immer drängender die Frage, wie die Rote Armee mit Munition und so weiter versorgt werden soll, wenn weitere Rüstungsbetriebe im Westen der Sowjetunion in die Hände der Deutschen fallen und von denen sogar selbst genutzt werden. Irgendwie müssen die Betriebe, die in Reichweite der Deutschen Wehrmacht liegen, abgebaut, in den Osten transportiert, und in Sibirien wieder aufgebaut werden. Für diese Spezialaufgabe muss einer den Hut aufhaben, der von Infrastruktur etc. Ahnung hat. Da wird Boris Lvovich Wannikow ins Gespräch gebracht. Seit Januar 1939 war er Volkskommissar für die Rüstungsindustrie, doch wenige Tage vor Ausbruch des Krieges war er am 7. Juni '41 verhaftet worden. Die Vorwürfe, die gegen ihn erhoben worden waren, sind von einem Moment auf den anderen vergessen. Er wird direkt aus der Todeszelle im KGB-Knast an der Lubjanka in Jossif W. Stalins Arbeitszimmer gebracht, unrasiert und verdreckt, die Schuhe ohne Schnürsenkel, alle Haken und Knöpfe an der Hose abgeschnitten, damit er nicht auf die Idee kommt zu flüchten. Der Genosse Stalin stellt Wannikow die Frage, ob er auf der Stelle einen Plan zur Evakuierung der Rüstungsbetriebe aus den bedrohten Gebieten gen Osten entwerfen könne. Wannikow antwortet, das sei möglich, zunächst aber wolle er Klarheit darüber haben, ob man die gegen ihn vorgebrachten Beschuldigungen zurücknehme, nämlich Spionage für Deutschland und Pläne zur Flucht ins Dritte Reich, wo angeblich ein Ministerposten auf ihn warte. Wannikow weist darauf hin, dass die Deutschen ganz bestimmt keinen Juden bei sich einstellen würden. Stalin erwidert gereizt, jetzt sei keine Zeit, sich mit derartigen alten Geschichten zu befassen, es gehe darum, das Vaterland zu retten. Dann sagt Stalin: „Setzen Sie sich in mein Vorzimmer und stellen Sie, ohne eine Minute zu verlieren, einen Plan auf, wie die wertvollsten Ausrüstungen demontiert und nach Osten gebracht werden können." Wannikow wurde übrigens nicht von einem x-beliebigen Geheimpolizisten aus der Lubjanka in den Kreml gebracht, sondern vom Berufsverbrecher Lawrenti Berija persönlich.[141] Vergessen Sie einfach Ihre kommunistischen, nationalsozialistischen und alle ihre anderen ideologischen Vorlieben und denkbare damit wohl verbundene Inhalte. Menschen, die zusehen können, wie man andere Menschen bis zum Verrecken quält, sind alle gleich scheußlich und ideologiefrei. Diese Kreaturen haben keine Inhalte und die wechseln ihre Sprechblasen wie die Unterwäsche. Leidtragende sind am Ende völlig normale Menschen, Menschen, die an etwas glauben. Die Berijas und Himmlers in der Welt sind Verbrecher, und Regime, die solche Leute zu Chefs machen, sollten Sie rechtzeitig als verbrecherische Regime verstehen und nicht nach den propagierten Inhalten in der realen Realität suchen.

Letzten Endes hat Stalin aber auch mit dem Ausland nicht mehr Geduld als mit Wannikow, denn die Deutsche Wehrmacht besetzt ein Dorf nach dem anderen. Schon zwei Wochen nach dem Abschluss des Abkommens mit London fordert Stalin am 26. Juli 1941 die Westmächte erstmals zu einem sofortigen Eingreifen in den Konflikt zwischen Deutschem Reich und der Sowjetunion auf.[142] Aber in London mag kein Verantwortlicher wirklich etwas tun. Letzten Endes ist das ja der Moment, auf den schon seit zwei langen Jahrzehnten hingearbeitet worden ist. Hitlers Truppen sind von England abgelenkt und ausschließlich darum ist es bei der Unterzeichnung des Vertrages gegangen. Zerfleischen sollen sich Deutsche und Russen und das Zerstörungswerk von 1914 bis 1918 weiterführen. In letzter Instanz ist Churchill nicht menschlicher als Himmler oder Berija.

Die tote Frau ist quicklebendig

Mitarbeiter von psychiatrischen Einrichtungen und Altenheimen wissen schon lange, dass die Geheime Staatspolizei, oder auch einfach kurz und knapp Gestapo genannt, Pflegebedürftige *abholt*. Es ist jedoch unwahrscheinlich, dass ein Mensch, der sich beruflich der Pflege von Alten und Kranken gewidmet hat, vielleicht zustimmen könnte, dass die Menschen von Verbrechern umgebracht werden. Es ist fraglich, ob und wie sie das verhindern können und wie oft es wirklich verhindert wird. Eines ist jedoch so sicher wie das Amen in der Kirche: Keinem wird es gelingen, in die Zeitungen oder in den Rundfunk zu kommen, um die Verbrechen an die große Glocke zu hängen. Du hast keine Chance, nutze sie. In diesem absolut ausweglosen Dilemma kommt eine freie Stimme der freien Welt zu Hilfe. Der deutschsprachige Dienst der BBC in London prangert das Euthanasieprogramm der Nazi-Führung an. Es sei nur zu gut bekannt, wie sich die Gestapo „der Patienten von Irrenanstalten“ entledige. Dieser „Massenmord an hilflosen Geschöpfen“ sei eines der grauenvollsten Kapitel in den Annalen der Gestapoverbrechen. In diesem Radiobeitrag wird auch eine groteske Szene wiedergegeben, die das belegen kann. Als die Gestapo eine derartige Aktion in Wiener Altenheimen „durchführen“ will, kommt es zu einer Panne, die von der BBC bekannt gemacht wird.

Die Tochter einer älteren Dame in solch einem Heim erhält eines Tages die Aufforderung, am nächsten Tag um 17 Uhr in der Kanzlei des Altenheims zu erscheinen – wegen des Ablebens ihrer Mutter. Vor Aufregung geht sie jedoch schon am Morgen dorthin. Sie hat ihre Mutter am Vortag bei bester Gesundheit gesehen und kann nicht verstehen, warum sie so plötzlich gestorben sein soll. Als sie im Altersheim ankommt, findet sie ihre Mutter vollkommen gesund vor; sie sitzt im Bett und strickt. Dann will sie in die Kanzlei gehen, um sich zu erkundigen, weshalb sie diesen Brief erhalten habe, und auf dem Weg dorthin wird sie von einer Angestellten angesprochen, die ihr zuflüstert, sie habe diese Todesanzeige 24 Stunden zu früh abgeschickt. Wie viel Mut gehört dazu, dieses *Insider*-wissen gegen alle Vorschriften auszuplaudern? Sie konnte doch genauso gut erzählen, es sei eine Verwechslung gewesen. Der Radiosprecher fragt abschließend, ob hier noch eine Frage offen bleibe, und stellt fest: In den Irrenanstalten Mord, in den Konzentrationslagern Mord, in den Altersheimen Mord und wiederum ebenso Mord an der deutschen Jugend auf den Schlachtfeldern von Russland. Um das klar zu sagen: Zwischen dem Londoner Radiosprecher und der Pflegerin in Wien gibt es einen großen Unterschied. Er hat die Aufgabe, diese Nachricht vorzulesen, und sie hat die Vorschrift gebrochen, dass sie schweigen muss. Wessen Verhaltensweise ist somit als mutig einzuschätzen? Als der katholische Bischof von Münster Clemens August Graf von Galen in seiner Predigt am 3. August 1941 den Mord an Kranken förmlich anzeigt, erfahren durch die Wiedergabe der Predigten an anderen Orten, auch über ihre Verbreitung durch Kommunisten in Berlin, Hamburg und München, viele davon. Zu ihnen gehört der Christ Hans Scholl, den der Protest jenes Bischofs zu eigenen Schriften anregt. Die Enthüllung der Mordtaten bleibt nicht wirkungslos und Adolf Hitler ordnet am 24. August '41 das Ende des Programms fast schon freiwillig an. Auch kleine Erfolge sind Erfolge oder steter Tropfen höhlt den Stein. Es sieht nämlich so aus: Schon 12 Monate zuvor hatten auch der Erzbischof von Freiburg Conrad Gröber sowie der Generalvikar der Diözese Rottenburg Max Kottmann im Auftrag von Joannes Baptista Sproll, des katholischen Bischofs der Diözese Rottenburg-Stuttgart, am 1. August '40 in Berlin wegen des Euthanasieprogramms in der Tötungsanstalt Grafeneck protestiert. Dies taten auch andere geistliche Würdenträger: der Bischof von Berlin Konrad Graf von Preysing, der Domprobst in der Stadt Berlin Bernhard Lichtenberg, der Kapitularvikar von Paderborn Weihbischof Augustinus Philipp Baumann und nicht zu vergessen der Bischof von Limburg Antonius Hilfrich. Auf evangelischer Seite hat wohl bloß der Landesbischof in Württemberg Theophil Heinrich Wurm seinen Mund aufbekommen. Vielleicht erinnern Sie sich ja daran, dass der *Führer ins Jenseits* im Windschatten des Kriegsbeginnes bereits am 1. September '39 die Ermordung von unheilbar Kranken angeordnet hat. Es gibt streng genommen schon zu denken, dass er an diesem Tag nichts anderes zu tun hatte.[143]

The Atlantic Charter

Beginnen wir mit dem amüsanten Teil der Geschichte. Es gibt gar keine Atlantik Charta, weil die USA als neutrales Land keine Kriegsteilnehmer sind. Im Unterschied zu Großbritannien. So wird der Text am 14. August 1941 als *gemeinsame Erklärung* nach dem ersten Treffen von Englands Premierminister Churchill und US-Präsident Roosevelt in diesem Krieg veröffentlicht. Nach den Waffenlieferungen an kriegführende Staaten ist der Text somit der nächste Verstoß gegen die Neutralität der Vereinigten Staaten. Es ist uninteressant, in welchem *Think Tank* der Text entstand; er wird auf jeden Fall auf einem Schiff vor einem im Jahre 1940 erst neu gebauten US-Marinestützpunkt vor Kanadas Küste zum Dokument. Die beiden Politiker waren heimlich, still und leise aufgebrochen – Franklin Delano Roosevelt hatte sich vorgeblich auf einen Angelausflug begeben. Am 9. August 1941 fuhr Winston Churchill auf dem Schlachtschiff HMS Prince of Wales zur Placentia Bay. Letztlich kam er auf den Kreuzer USS Augusta. Als sich die beiden Romantiker gesehen haben, sollen sie einen Moment geschwiegen haben, bis Churchill sanft hauchte: „Endlich Herr Präsident“, woraufhin dieser ihm entgegnete: „Ich bin froh, Sie an Bord zu haben, Mister Churchill.“ Wie auch immer, Roosevelt bekommt dann seinen Brief von König George VI., kann aber keine offizielle Erklärung abgeben. Die Begründung lautet, dass die *Film-Soundcrew* sie nicht aufnehmen kann, obwohl sie es zweimal versucht habe. Doch viel wichtiger ist wohl, was in dem Text steht, der dann rund um die Welt geht.[144] Muss man, kann man, darf man schöne Worte eigentlich auch hinterfragen?

Im ersten Punkt steht, ihre Länder streben keine Bereicherung an, nicht in territorialer und auch nicht in irgendeiner anderen Hinsicht. (Sie sind ja keine *Empire*ialisten.) Der zweite Punkt besagt, dass sie keine Veränderung wünschen, die nicht im Einklang mit den in voller Freiheit ausgedrückten Wünschen der betroffenen Völker stehen. (Deshalb werden alle Länder, die England und die USA bislang einkassiert haben, wieder in die Freiheit entlassen. Ach so, nein. Das hat damit gar nichts zu tun.) Unter dem dritten Punkt soll das Recht aller Völker respektiert werden, sich die Regierungsform zu geben, unter der sie leben wollen. Die souveränen Rechte und autonomen Regierungen aller Völker, die ihrer durch Gewalt beraubt wurden, sollen wiederhergestellt werden. (Da fragt man sich in Indien, ob all das Schöne dort ebenso zutrifft; Jawaharlal Nehru und Tausende von anderen, die um die Selbstbestimmung für Indien gebeten hatten, waren zuvor ins Gefängnis gesteckt worden.) Dem dritten Punkt folgt mehr oder weniger unmittelbar der vierte, in dem man sich dazu verpflichtet, für den freien Zutritt aller Staaten, der großen wie der kleinen, der Sieger wie auch der Besiegten, zum Welthandel und zu den Rohstoffen einzutreten – ohne ihre eigenen Verpflichtungen außer Acht zu lassen. (Haha, was haben Sie denn gedacht? Die Hintertür für eigene Interessen lassen sie sich offen.) Punkt Numero fünf besagt, dass sie die engste Zusammenarbeit aller Nationen auf wirtschaftlichem Gebiet anstreben, eine Zusammenarbeit, mit dem erklärten Ziel besserer Arbeitsbedingungen, eines wirtschaftlichen Ausgleichs wie auch eines Schutzes der Arbeitenden. (Wird das für alle Menschen, die in Asien, Mittel- und Südamerika und sonst überall für Großkonzerne schuften, Wirklichkeit, ist die Welt dem Paradies ein Stück näher gerückt. Und was diese engste Zusammenarbeit auf wirtschaftlichem Gebiet angeht, so ist damit schon die Saat ins Frühlingsfeld gelegt für die Hegemonie der US-Konzerne in Europa. Der bereits so lange propagierte Freihandel kommt bekanntermaßen den wirtschaftlich stärkeren Teilnehmern eines erstrebten freien Marktes zugute. Vor dem Kriege konnten sich die europäischen Staaten die Konkurrenz der amerikanischen Konzerne noch mithilfe von Zöllen vom Hals halten.) Einen moralischen Brüller enthält der sechste Punkt. Das *Empire* und sein Nachfolger hoffen, dass nach der endgültigen Vernichtung der Nazi-Tyrannei (Wer hatte Adolf Hitler anfangs finanziert?) ein Frieden geschaffen werde, der allen Völkern erlaubt, innerhalb ihrer Grenzen in vollkommener Sicherheit zu leben, ein Frieden, der es allen Menschen in allen Ländern dieser wunderschönen Welt ermöglicht, ihr Leben frei von Furcht und von Not zu verbringen. (Wenn die Leute, die unter elenden Bedingungen für Großkonzerne schuften... Außerdem gibt es von Stund' an keine Aggressionen von deren Seite her mehr.) Haben Sie den Kanal schon voll und wollen Sie die letzten beiden Punkte nicht mehr ertragen? Sie sind hart im Nehmen? Wohlan. Im siebenten Punkt soll allen Völkern die freie Schifffahrt auf allen Meeren und Ozeanen der Erde ermöglicht werden und im achten Punkt zeigen sich die Pazifisten Churchill und Roosevelt davon überzeugt, dass aus praktischen wie aus sittlichen Gründen alle Völker der Welt auf den Gebrauch der Waffengewalt verzichten müssen. Da der Friede in Zukunft nicht aufrechterhalten werden kann, solange die Land-, See- und Luftwaffen von Nationen, die mit Angriff auf fremdes Gebiet gedroht haben oder drohen können, zum Angriff benutzt werden können, halten sie bis zur Erschaffung eines umfassenden und dauerhaften Systems allgemeiner Sicherheit die Entwaffnung dieser Nationen für notwendig. Darüber hinaus wollen die beiden Pazifisten die schwächlichen Staaten bei Maßnahmen unterstützen, die geeignet sind, die, so wörtlich, erdrückenden Rüstungslasten der friedliebenden Völker zu erleichtern.[145]

Als die deutsche Verhandlungsdelegation anno 1933 bei der Abrüstungskonferenz in der Luftkommission forderte, die militärische Luftfahrt, im Besonderen die Bombenflugzeuge abzuschaffen, hatten die Vertreter aus London dies mit der Begründung abgelehnt, England benötige Bomber zu *Polizeizwecken* in Übersee. Der jüdische Professor Hans Rothfels aus Kassel moniert, dass zwar die Rede sei *von allen Völkern und Nationen*, doch das Konstrukt schließe die, die als Feindstaaten eingestuft werden, von vornherein aus. Er hält das daher für einen ganz schlechten Ansatz und fragt, auf wen sich denn eigentlich die Zusagen der *Atlantic Charter* bezögen, wenn die Feindländer ausgeschlossen würden, und sieht dieses Dokument so seines Hauptinhalts beraubt.[146] Rothfels, 50, ist an einem positiven Effekt dieses Papiers sehr stark interessiert. Nachdem sie ihn als Juden 1938 kurz verhaftet hatten, verließ er 1939 das Reich und will unter besseren Vorzeichen irgendwann zurück. Inhaltlich deckt sich die Kritik von Hans Rothfels mit der des englischen Parlamentariers Noel-Baker, der vor ein paar Wochen meinte: „Der schwerwiegendste Fehler ist, dass wir den Massen der Menschen, mit denen wir sprechen, bisher keine Botschaft der Hoffnung und des Wiederaufbaus gegeben haben." Er glaube, dass ein Großteil der englischen Propaganda für Deutschland absolut steril sei, weil sie keinerlei konstruktive Hoffnung berge. Bis sie so eine Botschaft hätten, könnten sie den Deutschen, die Hitlers Kriege beenden wollen, mehr schaden als nützen.[147] Suchen Sie gerne in diesen acht Punkten auf den Wellen vor Neufundland einmal das Land, in dem Großbritannien und die USA selbst die hier formulierten Träume einmal wahr werden ließen. Darüber hinaus hören sich die einzelnen Punkte in der gemeinsamen Erklärung so seltsam vertraut an.

Und – klingelt es bei Ihnen? Haben Sie diese salbungvollen Versprechen nicht schon einmal gehört? Nein? Doch? Erinnert Sie das auch an diese verlogenen 14 Punkte, mit denen vor etwas mehr als zwanzig Jahren der US-Präsident Woodrow Wilson die Österreicher und die Deutschen aufs Glatteis geführt und niedergestreckt hat? Während des Weltkrieges von 1914? Ja, doch, natürlich. Nein, nicht den Punkt eins. Offene und öffentlich abgeschlossene Friedensverträge werden nach den Geheimverhandlungen, die zu Versailles und Saint-Germain führten, nicht mehr in den Abendwind gehaucht. Dass Diplomatie stets aufrichtig vor aller Welt getrieben werden soll, trauen sie sich auch nicht noch mal zu formulieren. Aber schon der zweite Punkt von der Freiheit der Meere für alle wird auf diesem Narrenschiff im Ernst wiederholt. Das wird nunmehr zu Punkt 7. Der dritte Punkt findet sich in den Punkten vier und fünf wieder. Was in Wilsons Plan der vierte Punkt war, ist jetzt der achte, nur in verschärfter Form: Damals hieß es, die Rüstungen aller Staaten müssten beschränkt werden; nun sollen die Feindstaaten absolut entwaffnet werden. Das hat aber auch bloß dann Sinn und Zweck, wenn England und Amerika nicht wieder die geheime Wiederaufrüstung unterstützen, was den laufenden Krieg gerade erst ermöglicht hat. Der fünfte Punkt von damals fällt ganz unter den Tisch; der Ausgleich aller kolonialen Ansprüche kommt nicht wieder auf die Tagesordnung. Der sechste Punkt bei Wilson wird in der Atlantik Charta im dritten Punkt auf alle Völker ausgedehnt. Die Punkte neun, zehn, elf, zwölf und dreizehn finden sich jetzt in dem neuen Punkt Nummer zwei wieder. Den Inhalt des vierzehnten Punktes kann man in den Punkten zwei und sechs der Atlantik Charta wiederfinden. Wenn Sie das wissen, können Sie sich den Knalleffekt der Nummer ausrechnen.

Wie das alte Rom: Ein Imperium lässt sich angreifen

Wie man 1898 das Schlachtschiff USS Maine zum *Freundschaftsbesuch* auf die Insel Kuba geschickt hatte sowie 1915 den Hilfskreuzer Lusitania mit Waffen und Munition an Bord ins Kriegsgebiet im Nordatlantik, hat Washington auch jetzt wieder gestichelt, bis der Arzt kommt, um Hitler zu einem noch größeren Unfug zu treiben. Die neutralsten USA auf der Welt verhängen Embargos wie bei Erdöl, das Japan tatsächlich braucht, schicken aber seit Monaten Schiffe mit Kriegsgerät, Panzerkampfwagen, Flugzeugteilen, Geschützen, Munition, und kriegswichtige Rohstoffe wie Kupfer, Stahl, Phosphor und Treibstoffe in kriegführende Staaten. Sogar noch vor dem Überfall der Wehrmacht auf die Sowjetunion war Stalins Armee mit dem besten Transportflugzeug der Welt *für Luftlandeoperationen* ausstaffiert worden. Nur ein Umstand stört Hitler nicht, nämlich die Hilfen für Deutschland. Außerdem schützen bereits seit August 1941 Kriegsschiffe der Vereinigten Staaten viele britische Geleitzüge über den Nordatlantik. Richtig neutral. Im Nordatlantik wiederholt sich somit das Katz-und-Maus-Spiel des letzten großen Krieges. Im laufenden Krieg ist der Zerstörer USS Greer (DD-145) der Lieferant für eine Initialzündung, die glaubhaft machen soll, dass das Imperium wieder einmal von bösen Menschen angegriffen wurde und nun verteidigt werden müsste. Das ist auch bitter nötig, denn laut Umfragen lehnen rund 85 Prozent der Leute in den Vereinigten Staaten die Einmischung in den europäischen Krieg ab und Roosevelt hatte sich überdies seine dritte Amtszeit ab 1940 auch mit dem Wahlversprechen ergaunert, die USA aus diesem Krieg herauszuhalten. Mit dem sogenannten Greer-Vorfall wird die Verteidigung der Vereinigten Staaten neu definiert. Ab sofort gilt es als Verteidigung, dass ein US-Schiff ein fremdes U-Boot beschießt.[148]

Um hier nicht vollends durcheinanderzukommen, schauen wir uns doch erst einmal den Tatort an. Wir sind im nördlichen Atlantik. Dort tobt ein Krieg, den Großbritannien dem Deutschen Reich erklärt hat. Wegen der Kampfhandlungen halten sich britische und deutsche Wasserfahrzeuge sowohl in der Nordsee als auch im Atlantik auf. So weit so gut. Eines der

Fahrzeuge ist das deutsche U-Boot U 652. Ab jetzt wird diese Geschichte ein Krimi: Im Rahmen der völkerrechtswidrigen Unterstützung für eine Kriegspartei hält sich dort auch die USS Greer auf, die da freilich nichts zu suchen hat. Da beißt die Maus keinen Faden ab. Wenn die menschenrechtsfreundlichen Herrscher über die USA der Überzeugung sind, dass sie gegen den Verbrecher Adolf Hitler vorgehen sollten, dann müssen sie dem Dritten Reich schon den Krieg erklären. Bereits im Juli 1941 wurde Island im Nordatlantik durch die USA besetzt; am 4. September ist jetzt die USS Greer auf einer Versorgungsfahrt nach Island. Der Unterschied zu Hitlers vorsorglichen Besetzungen erschließt sich schwer beziehungsweise überhaupt nicht. In ihrer Nähe macht ein britisches Flugzeug das deutsche U-Boot Nr. 652 an der Wasseroberfläche aus. Das U-Boot aber taucht sofort ab. Die Besatzung des britischen Flugzeuges warnt die USS Greer, dass in der Nähe ein deutsches U-Boot getaucht sei und wirft nun vier Wasserbomben über dem U-Boot ab. Damit beziehen die Briten die Amerikaner unmittelbar in ihre Kampfhandlungen ein. Auf jenem Schiff gehen alle *Marines* auf Gefechtsstation und der Zerstörer fährt rasch auf das U-Boot zu. Er kann das U-Boot orten und stellt sich so auf, das jenes Boot nicht mehr auftauchen kann. In dieser Bedrängnis schießt das Boot zwei Torpedos in Richtung Zerstörer, allerdings so, dass sie nicht treffen können. Wer soll denn die Mär abkaufen, dass dieses Elefantenbaby den Schüssen ausweichen kann? Dafür ist das Baby zu fett und der Schuss zu schnell. Auf jeden Fall wirft nun auch das Baby Wasserbomben auf jenes U-Boot. Da sie das Boot nicht erwischen, muss wohl der Fairness halber davon ausgegangen werden, dass es nur spielen wollte. Es dauert einige Stunden und dann kann sich U 652 in Sicherheit bringen – wohlgemerkt lässt man die Amis in Frieden, nachdem man der misslichen Lage noch einmal entkommen konnte. Immerhin sollen die USA ja nicht offiziell in den Krieg gezogen werden. Aber ob Sie es glauben oder nicht: Präsident Roosevelt ist nur einen kurzen Moment irritiert, dass die Deutschen auf diese Provokation nicht hereingefallen sind, und erklärt nun seinerseits am 11. September 1941, amerikanische Schiffe haben von Stund an einen Angriff vonseiten der deutschen Schiffe nicht mehr abzuwarten, sondern sofort selbst anzugreifen, wenn sie gegnerische Schiffe sehen. Das Ganze wird als *„shoot on sight order"* publik gemacht. Worin besteht denn nun im Kern der Unterschied zwischen Hitler, der seine Truppen auch ohne Kriegserklärung auf fremde Soldaten loslässt und dem neuesten Befehl in Washington? Wenn Roosevelts Soldaten jetzt selbst angreifen sollen, sobald sie deutsche Schiffe sichten, schickt er sie in den Krieg. Wer das bei Hitler kritisiert, gerät da unter Zugzwang. Hitler wird so kein Opfer; andere kommen bloß neben ihn auf die Anklagebank. Aus einer Untersuchung des US-Senats geht dann hervor, dass die ganze Wahrheit sogar noch perfider ist. Admiral Harold R. Stark gibt dort an, dass die Männer auf der USS Greer ursprünglich erst dem britischen Flugzeug mehrfach gemeldet hatten, wo sich das U-Boot aufhielt. Damit unterstützten also die friedliebenden Amerikaner vom ersten Moment an die Kampfhandlungen der Kriegspartei Großbritannien. Welches infame Spiel dabei getrieben wird, lässt sich problemlos verstehen, wenn man jetzt nicht aus den Augen verliert, dass zeitgleich amerikanische Firmen Hitler weiterhin kriegstüchtig halten.[149]

Die Bigotterie der herrschenden Kreise Amerikas, die Doppelzüngigkeit und Heuchelei, die Scheinheiligkeit und Verlogenheit der Außenpolitik des von ihnen an die Macht gebrachten US-Präsidenten Franklin Delano Roosevelt hinterließ ihre matschigen Spuren schon im Urschleim. Jener Mann, der von den gleichen Leuten im Wahlkampf finanziert wurde wie der deutsche Diktator *in spe* Adolf Hitler, jener Mann, der in den ersten Momenten seiner Amtszeit die Politik Hitlers hochjubelte und nach der langjährigen Quarantäne aus heiterem Himmel die röteste Sowjetunion auf der Welt diplomatisch anerkannte, hat auch in den dreißiger Jahren schon gewusst, wie man die Fäden zu spinnen hat, um die superreichen Sponsoren mit dem nächsten Massengemetzel noch reicher zu machen, auf Kosten der amerikanischen Mittelschicht und der breiten arbeitenden Massen. Anders funktioniert das Spiel nicht; Waffen müssen immer zuerst finanziert und dann produziert werden und die Reichen gehen da nicht in Vorkasse. Es wird endlos Propaganda betrieben, damit nicht zu viele Leute zu der Frage durchdringen, warum nun eigentlich ein reicher Mann, der von reichen Männern finanziert wird, die Interessen irgendwelcher anderer Leute vertreten sollte. Arme Leute kämpfen auch nicht dafür, dass die reichen Leute nicht verhungern. Nach viel Kritik über die Profitmacherei während des Weltkrieges von 1914 wurden Neutralitätsgesetze verabschiedet. Das passte den Kriegsgewinnlern nicht, da es sie daran hinderte, am Zweiten Japanisch-Chinesischen Krieg ebenso schön weiterzuverdienen. Ihr Präsident war jedoch nicht auf den Kopf gefallen und unterlief diese Gesetze, sodass man, wie von Roosevelt erwartet, im gleichen Stiefel fortsetzen konnte. Das schwächelnde China wurde wohl wegen der Menschenrechte und nicht wegen der Profite unterstützt. Das Neutralitätsding lief am 1. Mai 1939 aus, wurde aber nach der Kriegserklärung Londons an Deutschland am 5. September 1939 mit Enterhaken wieder in Betrieb genommen; im November 1939 änderte dann der US-Kongress die Neutralitätsgesetze und genehmigte plötzlich den Verkauf von Kriegsmaterial. Sachdienliche Hinweise, was das unter Umständen mit Neutralität zu tun hat, werden dringend erbeten. Zwei Bedingungen gab es: Bezahlt werden musste sofort und der Transport der Ladung war durch nichtamerikanische Schiffe zu realisieren; darum wurde jenes Gesetz auch als *Cash-and-carry Act* bekannt. Theoretisch können bloß die Westmächte Lieferungen erhalten – Handelsschiffe der „Achsenmächte" kamen normalerweise nicht an der britischen Blockade im Atlantik vorbei. Die Entwicklung jener Handelsbeziehungen werden wir beobachten müssen. Die US-Marine setzt dann ihre eigene Neutralitätspatrouille im westlichen Atlantik in Szene. Mag sein, dass unser Weinhändler, der es im Rahmen der revolutionären Umwälzungen in Berlin bis zum Außenminister gebracht hat, nicht so irre scharfsinnig ist, aber das Plätschern der Wellen auf dem Wasser sieht er schon. So fällt ihm nach dem *Cash-and-carry Act* auch auf, dass Amerika England Zerstörer zur Verfügung stellt. Ich darf hier meine Bitte um zweckdienliche Hinweise auffrischen. 1941 kommen der *Lend-lease Act* und die amerikanische Besetzung von Island, Grönland und die Einrichtung von Stützpunkten in Afrika – fragt sich bloß für welchen Zweck, wenn die Neutralität Volkes Wille ist. Jetzt kann man die Sinnhaftigkeit von Mehrheitsbeschlüssen anzweifeln, man muss jedoch im nächsten Atemzug aufhören, Demokratie hochzujubeln und den Leuten zu erklären, wenn sie nicht zur Wahl gingen, gehe alles den Bach hinunter. Übrigens wissen sie nirgends besser als in Amerika, warum man langsam eigene Stützpunkte in Afrika zum Kampf mit dem Führer in Berlin einrichten musste. Es war Standard Oil of New Jersey, die Hitlers Wehrmacht mit dem Treibstoff ausgerüstet hatte, mit der die Panzer unter anderem auch in der Hitze der Sahara fahren können. Der scharfsinnige Ribbentrop schiebt, zu Recht, noch nach, dass es auch die Unterstützung für die Sowjetunion nicht geben dürfte, wenn es die USA mit der Neutralität ernst meinen würden. Der Vorfall um dieses Kriegsschiff USS-Greer ist nur die Krönung der Bigotterie.[150]

Rassenwahn live und in Farbe

Der Chef des deutschen Geheimdienstes Admiral Canaris protestiert am 15. September gegen die Anweisungen für die Behandlung sowjetischer Kriegsgefangener, die von General Reinecke am 8. September '41 unterzeichnet wurde. Er hält fest: „Das Genfer Kriegsgefangenenabkommen gilt zwischen Deutschland und der UdSSR nicht, daher gelten lediglich die Grundsätze des allgemeinen Völkerrechts über die Behandlung von Kriegsgefangenen. Diese haben sich seit dem 18. Jahrhundert dahin gefestigt, dass die Kriegsgefangenschaft weder Rache noch Strafe ist, sondern lediglich Sicherheitshaft, deren einziger Zweck es ist, die Kriegsgefangenen an der weiteren Teilnahme am Kampf zu verhindern."[151]

Als ob es den in Deutschland lebenden Juden nicht schon schwer genug gemacht würde, sich sowie ihre Familien überhaupt über die Runden zu bringen, wird im September die Verordnung in Kraft gesetzt, dass Juden auf ihrer Kleidung und für jeden sichtbar von nun an einen gelben Stern tragen müssen. Der betroffene Victor Klemperer schreibt in Dresden ins Tagebuch: „Die Judenbinde, als Davidstern wahr geworden, tritt am 19. 9. in Kraft. Dazu das Verbot, das Weichbild der Stadt zu verlassen. Frau Kreidl sen. war in Tränen, Frau Voß hatte Herzanfall. Friedhelm sagte, dies sei der bisher schlimmste Schlag, schlimmer als die Vermögensabgabe. Ich selber fühle mich zerschlagen, finde keine Fassung. Eva, jetzt gut zu Fuß, will mir alle Besorgungen abnehmen, ich will das Haus nur bei Dunkelheit auf ein paar Minuten verlassen." Im Tagebuch notiert er auch, wie das in seiner Zeitung begründet wird: „Nachdem das Heer die Grausamkeit etc. des Juden am Bolschewismus kennen gelernt, müsse den Juden hier jede Tarnungsmöglichkeit genommen werden, um den Volksgenossen jede Berührung mit ihnen zu ersparen." Er hat auch eine Idee, wovon dieser Stern ablenken soll: „Angst vor jüdischer Kritik, weil es im Osten schlecht steht oder mindestens stockt. – Und: Regiment der Terrorleute, Himmlers, weil es im Osten schlecht steht. Wilde Gerüchte: Göring sitze gefangen nach Zwist mit Hitler. – Hitler sei von einem General in den Bauch geschossen. Er habe den General beschimpft, er habe tobend auf dem Teppich gelegen und die Fransen gefressen."[152]

Kardinal Bertram als Sprachrohr der Fuldaer Bischofskonferenz äußerte schon am 17. September '41 im Namen der Katholischen Kirche nach der Bekanntmachung über jene Anordnung zum Tragen eines gelben Sterns in einem Rundschreiben an seine Pfarrer: „Zu vermeiden sind übereilte Anweisungen, die für jüdische Katholiken als verletzend angesehen werden können, z. B. die Einführung sogenannter Judenbänke, Trennung bei Spendung der Heiligen Sakramente, Einführung von Sondergottesdiensten. Die Anordnung einer Absonderung der Nichtarier ist gegen die christliche Liebe." Eine Stadtvikarin im schlesischen Breslau verfasst ein Flugblatt, das, nach SD-Geheimbericht, in mehreren Teilen des Reiches verbreitet wird. Darin gibt sie eindeutige Empfehlungen und stellt ohne Umschweife fest, dass die mit so einem Stern markierten Gemeindemitglieder das gleiche Heimatrecht in der Kirche haben wie die anderen Gemeindeglieder und des Trostes aus Gottes Wort besonders bedürfen. Da hat sie mehr als recht. Haben Sie die *Einzelfälle* an Widerstand bei uns eigentlich mitgezählt? Man sieht nach diesem neuen Versuch, die Juden unmöglich zu machen, immer wieder Deutsche, die ihre Abscheu gegen diese Maßnahme der Obrigkeit und ihre Sympathie mit den Betroffenen dadurch kundtun, dass sie diesen gelben Klecks demonstrativ übersehen oder die eingegelbten Leute jetzt gerade freundlich grüßen. Hätten Sie in dieser beklemmenden Situation die Nerven, um so zu reagieren?[153]

Zusammen mit den deutschen Armeen rücken auch die Einsatzgruppen vor. Über den Ausrottungsfeldzug sagt General Hellmuth Stieff in einem Brief: „Polen war nichts dagegen", und er fühle sich „als Werkzeug eines despotischen Vernichtungswillens, der alle Regeln der Menschlichkeit und des einfachsten Anstandes außer Acht lässt." In der Heeresgruppe Nord bestürmen Offiziere ihre Vorgesetzten, gegen die Massaker einzuschreiten. Was war passiert? Ein Generalstabsoffizier hat alles gesehen: In Kaunas bzw. Kowno haben SS-Mannschaften bestehend aus Litauern „eine große Zahl Juden zusammengetrieben, mit Stangen totgeschlagen und dann bei Musik auf den toten Leibern getanzt. Alsdann wurden die Toten weggeschafft, neue Juden herbeigetrieben und das Spiel wiederholte sich!" Ebenso drängen die Mitglieder des Stabs der nach Smolensk verlegten Heeresgruppe Mitte ihren Feldmarschall von Bock mit Tränen in den Augen, die, so wörtlich, Hinrichtungsorgie eines SS-Kommandos zu beenden, die sich, wie Graf Lehndorff vom Flugzeug aus beobachtete, bei Borissow abspielte. Die Hilfsbemühungen laufen zwar schnell an, sie kommen jedoch zu spät. Fedor von Bock fordert den zuständigen Zivilkommissar Wilhelm Kube auf, sich umgehend bei ihm zu melden sowie ihm den verantwortlichen SS-Führer zur Aburteilung vor einem Kriegsgericht zu überstellen. Letzten Endes ist es der Heeresgruppe noch nicht einmal möglich, den Namen des Verantwortlichen festzustellen. Daraufhin macht die Heeresgruppe ihrerseits dem Kommandanten des Städtchens Baryssau beziehungsweise Borissow den Vorwurf, dass er das Vernichtungswerk nicht verhindert hat. Diesem Mann geht das derartig an die Leber, dass er sich das Leben nimmt.[154]

Wie geht eigentlich ein Mann am Abend in Ruhe schlafen, wenn er tagsüber davon lebt, andere Leute ins Jenseits zu befördern? Hören wir hier einmal Otto Ohlendorf, den Chef des Amtes III des RSHA, der die vierte Gruppe dieses RSHA anführt: „Als die deutsche Armee in Russland einmarschierte, war ich Führer der Einsatzgruppe D im südlichen Sektor, und im Laufe des Jahres, währenddessen ich Führer der Einsatzgruppe D war, liquidierte sie ungefähr 90.000 Männer, Frauen und Kinder. Die Mehrzahl der Liquidierten waren Juden, aber es waren unter ihnen auch einige kommunistische Funktionäre."[155] Dass selbst ideologisch absolut zugepflasterte Menschen trotzdem so eine Art von Wertesystem haben, das eben bloß von den christlichen Grundlagen des Abendlandes relativ weit weggerutscht ist, wird deutlich, wenn genau der eben zitierte Mann, der SS-Chefideologe Otto Ohlendorf von sich gibt, dass selbst ihn Hitlers auf Krawall gebürstete Staatsführung zur Verzweiflung treibt. Er stöhnt ernsthaft darüber, dass an die Stelle des Staates „die pluralistische Willkür der obersten Hierarchen" gerückt sei.[156]

Viel warme Luft aus dem Westen

Als wenig hilfreich erweist sich ein schöner Besuch aus London am Ufer des Flusses Moskwa. Eigentlich der Richtige, der englische Minister für Flugzeugproduktion Lord Beaverbrook kommt im Oktober 1941 einmal vorbei und macht sündhaft freundliche Angebote: große Waffen und viel davon, sowie hinreichend Munition, jedoch keine Zusage für eine zweite Front. Pah. Stalin ist bedient von dem gerade frisch in Churchills Kriegskabinett geholten Lord Beaverbrook. Aber weiß er, dass er es mit einem absoluten *insider* der Szene in London zu tun hat? Er war es, der 1918 in London Chef des neu geschaffenen Informationsministeriums geworden war. Das ist das Amt, das auch jetzt im zweiten Teil des Großen Krieges gegen Kontinentaleuropa die Wirklichkeit so lange bearbeiten muss, bis sie den Untertanen Seiner Majestät völlig plausibel erscheint. Ein Mann wie Beaverbrook hat ganz bestimmt keine Berührungsangst im Umgang mit fragwürdigen Zeitgenossen. Er zählte zu den Gastgebern für Hitlers großen Rassenexperten Alfred Rosenberg bei dessen Besuch in der City 1931 und der böse Artikel „Judea declares War on Germany" aus seinem Daily Express vom 24. März 1933 hatte seinerzeit den Boykott jüdischer Läden im Dritten Reich ausgelöst. Ich habe bis jetzt keine Quelle finden können, aus der hervorgeht, ob es im Frühjahr 1933 tatsächlich Aufrufe zum Boykott deutscher Läden von irgendeinem Juden irgendwo auf der Welt gegeben hat. Was es aber nachweislich gab, ist der Artikel im Daily Express jenes Lord Beaverbrook... Kein Wunder, dass dieser Mann auch dem x-fachen Massenmörder Jossif Wissarjonowitsch Stalin seine Hand gibt. Alles zum Wohl Seiner Majestät König George VI. sowie Englands. Wer die Weltherrschaft behalten will, darf nicht extrem pingelig sein bei der Auswahl seiner Gesprächspartner.[157]

Unterirdische Volksaufklärung

Die Sowjetunion ist jenes Land, das schon in den dreißiger Jahren seine militärische Hilfe anderen Ländern angeboten hatte, die sich von Hitlers Wehrmacht bedroht sahen. Daraus wie auch aus der Qualität der Roten Armee darf entnommen werden, dass Väterchen Stalin damals die Rote Armee durchaus noch für gut gerüstet gehalten hat. Nach dem Blitzkrieg der Wehrmacht durch sein Reich und ihrem Vordringen fast bis vor die Tore der Hauptstadt Moskau, sieht sich der *Maestro* zu einer Erklärung für das Desaster genötigt. Zum Schutz der Zuhörer und natürlich seiner selbst spricht er am 6. November 1941 nicht auf dem Rötesten Platz der Welt, sondern unten in der Metrostation Majakowskaja zu seinen Untertanen und erklärt ihnen feierlich, dass seine Sowjetunion *nicht* auf einen Krieg vorbereitet gewesen sei. Aber er kann jetzt auch schwerlich damit herausplatzen, dass er selbst einen Angriff auf Deutschland geplant hat, und dass man zwar Angriffe in allen Variationen trainiert hat, dass man aber leider nicht auf die Verteidigung des eigenen Landes eingestellt war und den Soldaten noch nicht einmal genug Karten der geliebten Heimat in die Hand gedrückt hat, umgekehrt den Soldaten hingegen die Sprachführer Russisch-Deutsch gab und Karten der Länder hinter der Grenze. Der weise Stalin macht keine Fehler, deshalb ist es gar keine Frage, dass jetzt nicht mehr erwähnt wird, dass *Er* einen großen Teil der Armee seit einem Jahr in die westlichen Militärbezirke beordert hatte. Sonst hätten gar nicht so viele Gefangene in den ersten Stunden nach dem Einmarsch der Wehrmacht gemacht werden können. Nach seiner Rede geht es den Leuten auf der Straße wie den Zuhörern einer Rede Hitlers: Jeder kann sich seinen Teil denken, solange man darüber nicht laut spricht.[158]

Wie können sich Regimegegner verständigen?

Die 31 Jahre alte Marion Hedda Ilse Gräfin Dönhoff hat sich von Anfang an nicht mit der Diskriminierung jener Professoren, die links oder/und jüdisch waren, abgefunden. Als sie als Studentin zu Frankfurt am Main in ihrer Uni ein Plakat sah, mit dem entsprechende Dozenten gebrandmarkt werden sollten, riss sie es ab. Aktionen dieser Machart trugen ihr den Namen *die rote Gräfin* ein. Das ist jetzt alles acht Jahre her und sie hat es miterlebt, wie sich das Schweigen über Deutschland ausgebreitet hat, Schweigen bis hinein in die eigene Familie, um die Liebsten nicht zu gefährden und trotzdem Flugblätter für die SPD, die KPD oder für sonst einen anderen illegalen Zweck zu verteilen. Die hübsche zwanzigjährige Inge Lehmann in Berlin wundert sich zum Beispiel, warum die Gestapo über die Jahre dreimal die Wohnung ihrer Eltern auf den Kopf stellt, hat jedoch keine Ahnung davon, dass ihr sozialdemokratischer Vater in der Wohnung Propagandamaterial seiner verbotenen Partei aufbewahrt hat. Jeder schweigt, so gut er kann. Doch auch Inges Vater tut etwas, um die Mitmenschen zum Widerstand zu ermutigen. Gräfin Dönhoff beschreibt die Kopfstände, wie man es herausfindet, mit wem man trotzdem etwas wie ein Netzwerk für die Zeit nach Hitler auf die Beine stellen kann. Zuallererst, sagt sie, wird abgetastet, wes Geistes Kind der andere ist. Das Bedürfnis, Gesinnungsfreunde zu finden, ist so stark, dass man mit der Zeit einen sechsten Sinn für diese Kunst entwickelt und natürlich auch für die Gefahren, die damit verbunden sind. Häufig erkennt sie im Laufe eines kurzen Sachgespräches in einer gleichgültigen Behörde auf einmal an irgendeinem Wort, oft nur an einem Attribut: Dieser da ist einer, den man brauchen könnte. Oder sie spürt bei einer beliebigen Versammlung plötzlich, da drüben in der Ecke steht einer, der denkt wie du. Sie meint, dieser Urinstinkt zur Solidarität gedeihe vielleicht nur unter äußerstem Druck. Das kann der Beginn einer langen Freundschaft werden, die mit der Feststellung beginnt, dass das moralisch-politische Koordinatensystem übereinstimmt, die weiter um Gleichgesinnte wirbt und sich durch Erarbeitung der Grundlagen für ein nachhitlersches Deutschland festigt. Gräfin Dönhoff* ist davon überzeugt, dass alle Freundschaften politisch engagierter Menschen in diesen Jahren so anfangen. Diese Atmosphäre, in der man nicht so einfach mal andere Leute auf ein politisches Thema anspricht, werden sich Leute nicht so wirklich vorstellen können, die in einer freien und offenen Gesellschaft aufgewachsen sind.[159]

Im Herbst 1941 veranstaltet die Akademie für Deutsches Recht in deren Räumen zu Berlin eine Tagung, auf der in erster Linie das in den besetzten Gebieten anzuwendende Recht behandelt werden soll. Carlo Schmid wird zum Chef der Militärverwaltung dorthin abkommandiert mit dem Auftrag, über das in Frankreich und Belgien geschaffene eigene und von den Regierungen der besetzten Länder erlassene Wirtschaftsrecht zu berichten. Er arbeitet den Bericht so sachgemäß wie möglich aus und fährt nach Berlin. Nach seinem Referat kommt während der Mittagspause ein Herr in Zivil auf ihn zu, der ihm schon während seines Vortrages aufgefallen war: ein hochgewachsener, schlanker Mann, dessen schmales Angesicht Noblesse und Geist ausdrückt. Er stellt sich mit dem Namen vor, er heiße Helmuth Moltke. Dann fragt er: „Wollen Sie mit mir nach Hause kommen? Wir können dort essen und ein wenig plaudern. Ich meine, dass wir einander einiges zu sagen haben könnten." Sie fahren in dessen Wagen zu einem nicht allzu großen Haus in einem schönen, mit Bäumen bestandenen Garten. Bei Tisch fängt er an, sich Schmid zu eröffnen. Er wisse einiges von ihm, denn er gehöre zum Stab des Admirals Canaris in der Abteilung „Abwehr Ausland". In dieser Eigenschaft sei ihm manches bekannt geworden, was in Frankreich geschehe, und daraus ergebe sich zwangsläufig eine gewisse Personalkenntnis. Was er über Carlo Schmid* erfahren habe, und auch sein Vortrag, hätten ihn die Bekanntschaft mit ihm suchen lassen. Damit beginnt ein Gespräch, dem noch mehr folgen werden. Schmid kritisiert unter anderem die Geiselnahmen; sie würden nicht eben dazu beitragen, den Deutschen etwas wie Sympathie der Bevölkerung einzutragen. Für die Leute dort sind eben auch Kommunisten Franzosen und sie zeigen sich mit deren Schicksal durchaus solidarisch. Schmid berichtet Helmuth von Moltke von seinen Erfahrungen in Nordfrankreich, insbesondere vom schlechten Eindruck, den das Festhalten an der Abtrennung der beiden Norddepartements auf die Bevölkerung macht. Moltke weiß aus eigenen Quellen, was es darüber zu wissen gibt, aber ihm scheint die Unterhaltung mit Schmid wichtig zu sein. Als diese beiden Männer auseinandergehen, verspricht ihm Moltke, ihn auf einer Dienstreise in Lille zu besuchen.[160]

In diesen Monaten werden weitere Kontakte ehemaliger Gewerkschafter zum ehemaligen Oberbürgermeister der Messestadt Leipzig Carl Friedrich Goerdeler hergestellt, der selbst wie auch sie seine Verbindungen zu hohen Militärs und zu Widerstandsgruppen pflegt. Auch der ehemalige Landesgeschäftsführer der Christlichen Gewerkschaften für das Rheinland und Westfalen Jakob Kaiser oder das legendäre katholische Kölner „Kettelerhaus“ unterhalten Beziehungen zu regimefeindlichen Gruppen an anderen Orten. So gibt es zum Beispiel Kontakte zu einer Gruppe um den Düsseldorfer Stadtsyndikus Walther Hensel, der zum Beispiel auch der Sekretär der christlichen Gewerkschaften Karl Arnold* angehört. In Bad Godesberg/Rhein treffen sich beim ehemaligen Reichsernährungs- und Finanzminister Andreas Hermes* unter anderem Heinrich Körner, ein enger Mitarbeiter Jakob Kaisers*, der einstige Redakteur der Westdeutschen Arbeiterzeitung Wilhelm Elfes, der von 1927 bis 1933 gar der Polizeipräsident von Krefeld war, der ehemalige Sekretär des Holzarbeiterverbandes Bernhard Deutz und andere. Ebenso versammeln der ehemalige Landesgeschäftsführer der christlichen Gewerkschaften in Sachsen Reimer Mager in Dresden und Heinrich Strunk vom einstigen Verband christlicher Metallarbeiter in Essen Gleichgesinnte um sich. In der Stadt Breslau sucht der Sekretär des christlichen Bauarbeiterverbandes Franz Leuninger vor Ort Oppositionelle für den Umsturz.[161] Auch an der Stelle lässt sich wieder sehr gut zeigen, wie ungerecht das Leben ist. Es wird kein Mensch großartig vermerken, wenn sich Lisa und Emma oder Franz und sein Schwager treffen und regimekritische Gespräche führen, wenn die vor der Wende von '33 kein Mensch kannte. Gut, die Behörden registrieren das und es ist bestimmt kein Zufall, dass die Zahl der Häftlinge seit dem Kriegsbeginn rapide in die Höhe geschnellt ist.

Manche Deutsche sind nicht nur mutig, sondern auch findig bei der notwendigen Suche nach Unterstützung ihres Anliegens. Dabei hat man in Berlin aber auch exklusive Möglichkeiten, die es woanders in der Form schlicht und ergreifend nicht gibt. In Dörfern geht das nicht wie in einer Stadt. Im November '41 wollen Dissidenten einen Kontakt nach Amerika herstellen, der möglichst auf Dauer angelegt sein soll. Sie denken dabei an den Journalisten Louis P. Lochner, der schon lange das Berliner Büro von Associated Press leitet. Louis Lochner war bereits mehrfach bei Besprechungen kritischer Leute und wird eines Nachts zu einem weiteren Treffen von diesmal 12 bis 15 idealistischen Leuten – wie er sie nennt – eingeladen. Im Haus von Dr. Joseph Wirmer haben sich Vertreter vom freien Gewerkschaftsbund und der christlichen Gewerkschaften, der Bekennenden Kirche, der Zentrumspartei, der Demokratischen, der Sozialdemokratischen und der Deutschen Volkspartei versammelt. Man muss sicher nicht jedesmal dazusagen, dass diese Parteien alle schon vor einer Ewigkeit abgewickelt worden waren. Unter den Anwesenden sind auch ein Vertrauensmann von Admiral Canaris und von Generaloberst Beck. Damit sitzen der Geheimdienst und die Militärführung beziehungsweise ihre Verbindungsleute mit am Tisch. Man kann fraglos davon ausgehen, dass die Gestapo hier und da ihre Spitzel hingestellt hat, und es wäre ein gefundenes Fressen, wenn Canaris und Beck in denselben Hauseingang gehen würden wie die Regimegegner. Mister Lochner bekommt den Eindruck, Jakob Kaiser* sei die führende Person in der Runde im Haus des ehemaligen Zentrumsabgeordneten Dr. Joseph Wirmer. Im Lauf dieses Gespräches zeigt sich Übereinstimmung in der Hinsicht, dass hier jeder glaubt, die USA und das Reich würden in Kürze im Kriegszustand sein. Während einer Erörterung über die Regierung, die das totalitäre Regime ersetzen soll, wird Mr. Lochner gebeten, nach der Rückkehr in die USA jede mögliche Anstrengung zu unternehmen, um den Präsidenten ganz persönlich von der innerdeutschen Bewegung zum Sturz der Nazi-Herrschaft in Kenntnis zu setzen und ihn zur Antwort auf die Frage zu bewegen, welche Art von politischem System in Deutschland annehmbar erschiene. Es wird sogar eine direkte Funkverbindung mit dem Präsidenten vorgeschlagen. Zu diesem Zweck übergibt man diesem Journalisten einen Geheimcode. So wildromantisch konspirativ das alles auch ausgeheckt wird, muss das hier nicht vertieft werden, denn die amerikanische Führung lehnt dieses Ansinnen sang- und klanglos ab.[162] In Amerika wie in Großbritannien spielen sich nämlich Politik und Wirtschaft oder eher in der umgekehrten Reihenfolge Wirtschaft und Politik die Bälle zu. Das muss auch nicht als unbewiesene Floskel stehenbleiben. Die Puzzleteile passen verdammt gut zusammen.

Der Krieg wird nicht zum Spaß geführt

Offiziell gilt ja eine Blockade für das Reich, aber anders als im Krieg von 1914 wird sie diesmal eher locker gehandhabt. Unternehmen in den USA treiben weiterhin einen florierenden Handel „mit dem Feind". Übrigens verstoßen auch Aktionen dieser Couleur gegen die Neutralität. Der Einfluss des ausländischen Kapitals ist wirksam und er erfolgt weit mehr in Form von Investitionen als von Krediten. Ende 1941 werden die Beträge an amerikanischen Investitionen in Deutschland auf etwa 475 Millionen Dollar geschätzt. Mag sein, dass man später erst bei den Milliarden von viel Knete spricht, aber 1941 ist das irrsinnig viel Geld. Von Standard Oil of New Jersey stammen davon zum Beispiel 120 Millionen, von General Motors 35 Millionen, von ITT, die „unserer" Wehrmacht Telefonanlagen zur Verfügung stellt, 30 Millionen, und die Firma Ford trägt wenigstens noch 17,5 Millionen Dollar bei. Zwischen 1940 und dem Jahre '42 weitet Henry Ford die Geschäfte im besetzten Europa bedeutend aus. Ford und General Motors fertigen 220.000 LKWs für den Krieg.[163] Aber Hitler hat natürlich die freie Wahl der Mittel. Er kann *Seine* Soldaten jederzeit auf Gäule setzen oder sie zu Fuß auf die Pirsch durch Europa schicken.

Dafür wird in Frankreich die PKW-Produktion während des Kriegs vollständig durch die von Militärfahrzeugen abgelöst und zu diesem Zwecke wurden der Fabrik in Poissy drei zusätzliche große Gebäude neu gebaut. Im Hauptgebäude gibt es ungefähr 500 Werkzeugmaschinen, samt und sonders aus den Vereinigten Staaten importiert, inklusive eines großen

Teils komplizierter Typen wie Zahnradfräser von Gleason, Bullard-Automatikgetriebe oder auch Ingersoll-Bohrer. Diese Firma Ford weitet ihre Aktivitäten während dieses Krieges nach Nordafrika aus. Ende '41 wird dann in Frankreich eine neue Firma, die Ford-Afrique, eingetragen und erhält alle Rechte der ehemaligen Ford Motor Company Ltd. in England für Algerien, Tunesien, Französisch-Marokko, Französisch-Äquator und Französisch-Westafrika. Die britische Ford hat übrigens keinen Zugang zu Nordafrika. Deshalb wird diese neue Firma, die im von Deutschland besetzten Frankreich eingetragen ist, zur Füllung der Lücke organisiert. Die Direktoren sind *unseren* Nazis freundlich gesinnt; darunter sind der Korrespondent von Edsel Ford, Maurice Dollfus, und Roger Messis, der vom US-Generalkonsul in Algerien „als diesem Büro bekannt als im Ruf der Skrupellosigkeit stehend und hundertprozentig deutschfreundlich" beschrieben wird. Es gibt Dokumente, die belegen, dass die Ford Motor Company auf beiden Seiten verdient. Und vergessen wir nicht: Die sowjetischen Molotovs werden natürlich weiter in den von Ford errichteten Werken in Gorki, hergestellt. Wenn irgendwann einmal deutsche Verbrecherfirmen vor Gericht kommen, wird das hoffentlich ebenso für ihre Kollaborateure in der Familie Ford, Edsel und Henry Ford, gelten. Aber das wird schwierig werden, denn die Geschichte der Fords wird von der Regierung in Washington vernebelt — anscheinend wie fast alles andere, das auch die Reputation der *Wall Street* antasten könnte.[164]

Aus der Sicht der Anteilseigner und der großen und kleinen Nutznießer solcher ekelerregender Hintergrundaktivitäten mag es gewiss ein wenig traurig sein, aber mit der Zeit sickert von Ford Frankreich aus die Nachricht von den Aktivitäten zugunsten der deutschen Kriegsanstrengungen in Europa nach Washington durch. Derartige belastende Informationen verschwinden umgehend. Der amerikanische Generalkonsul in Algerien ist beispielsweise im Besitz eines Briefes jenes Maurice Dollfus von der französischen Ford, der laut eigener Angabe nach dem Fall Frankreichs der erste Franzose war, der nach Berlin ging. Der Brief ist an Edsel Ford adressiert und beinhaltet seine Idee, wie die Ford Motor Company ihren Beitrag zu Hitlers Kampf leisten kann. Die französische Ford ist selbst in der Lage, für die Wehrmacht 20 Lastwagen pro Tag zu produzieren, was nach Maurice Dollfus' Dafürhalten besser wäre als das, was die „weniger glückseligen französischen Wettbewerber leisten". Er schreibt, das liege darin begründet, dass die Nachfrage für Fords Lastwagen vonseiten der deutschen Behörden sehr groß sei, und er denke, dass alles, was sie hier produzierten, solange dieser Krieg fortgesetzt wird, mindestens für eine gewisse Zeit von den deutschen Stellen abgenommen werden würde. Er schreibt weiter, er möchte Edsel Ford mit aller Zufriedenheit mitteilen, dass die von ihm und seinem Vater eingenommene Haltung der strikten Neutralität für die Produktion in Ihren Firmen in Europa eine unschätzbare Hilfe gewesen sei. Sehen Sie, man muss Neutralität immer auch so ein bisschen geschmeidig kontextualisieren. Nach Dollfus' eigenem Bekunden belaufen sich die Gewinne aus diesem Geschäft mit Deutschland bereits auf 1,6 Millionen Franc und die Nettogewinne für das Jahr 1941 machten nicht weniger als 58 Millionen Franc aus — weil die Deutschen pünktlich für die Leistung Fords zahlen. Auf diese Nachrichten hin entgegnet Edsel Ford per Telegramm: „Freue mich zu hören, dass Sie Fortschritte machen. Ihre Briefe sehr interessant. Handikap, unter dem Sie arbeiten, sonnenklar. Hoffe, Ihnen und Ihrer Familie geht es gut. Gruß. u/Edsel Ford"[165]

Singer – bekannt für Nähmaschinen – liefert Hitler beste Maschinengewehre. US-amerikanische Industrielle tragen so zur Kriegsverlängerung bei, indem sie die Achsenmächte mit Militärgütern versorgen. Aus dem Bankensektor gibt es in dieser Hinsicht ebenso hässliche Nachrichten zu vermelden. Ein hochnotpeinliches Beispiel für die Unterstützung für die Nazis bietet das Bankhaus J. P. Morgan. Hochgradig bemerkenswert ist, dass sich Morgan and Company nicht darauf beruft, ein amerikanisches Haus zu sein. Umgekehrt verstehen sie sich aus freien Stücken als eine französische Firma, die unter Besatzungsrecht stehe. Auf der deutschen Seite wird die Hoffnung ausgesprochen, dass sich mit den wichtigen US-Banken „eine Freundschaft" entwickelt, sodass „diese Banken nach dem Krieg ein nützliches Instrument für die deutsche Politik in den Vereinigten Staaten sein könnten". Jetzt im Krieg setzen sie die Beziehungen mit den großen französischen Industrie- und Handelskonzernen fort, wobei die Konzerne nun für die Deutschen arbeiten. Dazu zählen die Renault-Werke, Peugeot, Citroën und viele andere. Die Deutsche Wehrmacht ist der dankbare Abnehmer der dort hergestellten Fahrzeuge. Im Osten des Kontinents läuft seit einem halben Jahr der Krieg gegen die Sowjetunion und in den Weiten dieses Landes werden sie dringend benötigt.[166]

US-Ölkonzerne decken 1941 über 90 Prozent des von Deutschland benötigten Motoröls. 553 US-Konzerne haben Filialen oder Beteiligungen im Reich Hitlers, und sie sind „judenrein". Im Klartext heißt das, dass kein Jude einen normalen Vertrag hat. Keine Firma wird enteignet. Gewinne werden über Holdings in der Schweiz und Spanien und über US-Banken wie die Chase Bank im besetzten Paris zurückgeführt. Die Ausdehnung des Reiches auf fast ganz Europa erweitert lediglich deren Geschäftsfeld. Extra makaber ist, dass der Leiter der Pariser Filiale der Chase Bank von Nelson Aldrich Rockefeller „bei der Durchsetzung der Beschränkungen gegen jüdisches Eigentum eine sehr rigorose Haltung an den Tag" legt — das geht so weit, dass die Freigabe von Geldern, die Juden gehören, verweigert wird. Die Begründung ist ein Traum: Es könnte doch immerhin vonseiten der Nazi-Behörden ein Erlass mit rückwirkenden Regelungen kommen, der letzten Endes die Freigabe der Gelder der Juden verbietet. Das wiederum bedeutet, dass die Banken diese Gelder für sich behalten. Tochterfirmen im besetzten Frankreich unterhalten außer Chase ebenso J. P. Morgan & Co., die National City Bank und der Guaranty Trust. Der Bankers Trust sowie American Express und stellen ihre Arbeit nicht ein. US-Unternehmen setzen auf der anderen Seite aber jüdische und andere *Zwangsarbeiter* ein und profitieren so von Arbeitszeitverlängerung und Lohnsenkung. Dabei hofft man, dass sich der laufende Krieg noch recht lange streckt, und die Regierung tut alles dafür. Die Vereinigten Staaten verkaufen Rüstung und Nahrungsmittel an ihren engsten Verbündeten Großbritannien, verzögern aber die militärische Hilfe bis zum letztmöglichen Zeitpunkt. So viel zur Differenz zwischen Theorie und Praxis.[167]

Folgerichtig werden die Gewinner dieses Gemetzels von biblischen Ausmaßen, die sich dabei kein blaues Auge holen, nicht in Europa zu finden sein. Unter ihnen findet man auch Prescott Sheldon Bush, den Direktor und Anteilseigner von Unternehmen, die von den Geschäftsbeziehungen mit den Geldgebern für Nazi-Deutschland profitieren. Wenigstens eine Firma, deren Vorsitzender Mister Prescott Bush ist, gehört selbst zu den Financiers des Nationalsozialismus. Handelt es sich um die Wall-Street-Bank Brown Brothers Harriman oder geht es da um ein anderes Unternehmen? Wie kommt es, dass Sie bei Bank gleich wieder an die jüdische Weltverschwörung denken? Prescott Bush ist zum Beispiel alles andere als ein Jude. Glauben Sie es oder glauben Sie etwas Alternatives, aber es sind die Banken, die unsere Wirtschaft und die Gesellschaft gut im Griff haben, um sie aussaugen zu können, und es ist sehr primitiv, jede Kritik an den Banken abzubügeln, weil in einigen Banken Juden Chefs sind. Es ist geradezu erfreulich, dass P. Bush die Gelegenheit erhält, seine unternehmerischen Interessen als US-Senator zu vertreten. Oder glauben Sie an den Weihnachtsmann? Er vertritt doch im Leben nicht die Interessen der Mehrheit der Einwohner *Seines* Staates Connecticut. Wie man es in den USA zu etwas bringt, um dann unbegrenzte Möglichkeiten zu haben und schamlos auszunutzen, wird nachvollziehbar, wenn man weiß, dass schon sein Vater Samuel Prescott Bush zuerst Stahlfabrikant war und in der Folge US-Regierungsmitglied, für die Koordinierung und die Unterstützung wichtiger Waffenlieferanten im Weltkriege von 1914 zuständig. Was denn sonst? Als Stahlfabrikant. Der vertrat nicht Volkes Interessen. 1916 trat er dann in die *Skull-and-Bones*-Geheimgesellschaft in Yale ein. Dort ist man Mitglied, um auch in der ersten Liga mitspielen zu können. Prescott Bush heiratete Dorothy Walker 1921. Ihr erster Sohn ist George Herbert Walker Bush. Wird *er* wegen des Gesetzes über den Handel mit dem Feind oder *Trading with the Enemy Act* Sohn eines Zuchthäuslers oder wird er der Präsident der Vereinigten Staaten von Amerika? In der stalinistischen Sowjetunion jedenfalls würden Vater *und* Sohn für diese Unterstützung von Hitlers Kampf einen Genickschuss bekommen. Nein, Stalins Staat ist kein Rechtsstaat, aber die USA sind nicht moralischer – und das fing schon mit der Ausrottung der Eingeborenen an.[168]

Den einfachen Leuten in Deutschland kommt die wirtschaftliche Unterstützung auf jeden Fall nicht zugute, wie man unter der Hand gelegentlich hören kann. So singt man das Horst-Wessel-Lied in der inoffiziellen Variante dieses Jahres: Die Preise hoch, die Läden fest geschlossen, die Not marschiert mit unentwegtem Schritt – und Adolf, Hermann, Joseph und Genossen, sie hungern – aber nur im Geiste mit![169] Jetzt bleibt bloß abzuwarten, ob sich eine der hier namentlich aufgeführten Verbrecherfirmen getraut, einen bösen Naseweis wegen Verleumdung zu verklagen, weil er infolge seiner Nachforschungen ihre Namen mit der Ausbeutung und mit der Ermordung von Millionen Menschen in Verbindung bringt. Iosseb Bessarionis dse Dschughaschwili alias Stalin würde tot am Boden liegenbleiben, wenn ihm das Ausmaß des Jahrhundertskandals bekannt wäre. Im stalinistischen Sowjetland müssen eingefangene Leute immer noch der Reihe nach in Handarbeit umgebracht werden.

Hören wir uns noch weiter um, welchen Nährwert der aktuelle Krieg für die einfachen Leute hat: Was ist das? Es ist nackt und frisst Gras? – Das deutsche Volk in einem Jahr![170] Sehr schön kommt auch dieser Auftritt: Weiß-Ferdl erscheint mit einem Blumenkohl und schönen Spargeln auf der Bühne: „Leut'ln, was ist das?" Alles ruft „Blumenkohl und Spargel." Darauf er: „Nein, das ist die Vergangenheit." Er geht hinaus und kommt mit einigen armseligen Radieschen zurück. „Was ist das?" Das Publikum ruft: „Radi!" – „Falsch, das ist die Gegenwart!" Wieder geht Ferdl hinaus und kehrt mit einem Büschel Gras zurück. „Was ist das?" Laut rufen die Leute: „Die Zukunft!" Ferdl schüttelt traurig den Kopf: „Nein, wie könnt ihr nur so damisch daherreden! Ich, wenn ich das gesagt hätt', ich würd' nach Dachau kommen!"[171] Nicht ins kleine Städtchen! Ins KZ.

Was war das eben für ein Geräusch im Treppenhaus?

War nicht bei den lieben Nachbarn gerade die Wohnungstür ins Schloss gefallen? Na, dann aber schnell die Tür aufgerissen und geschaut, wohin sie wollen! Sagen Sie bloß nicht, das gehört sich nicht. Man muss schon wissen, wohin seine Nachbarn wollen mit dem Gepäck. Sonst sagen die Leute später, man habe sich nicht um seine Nachbarn geschert. Nehmen Sie zum Beispiel eine jüdische Familie, die einen Brief erhält, in dem sie aufgefordert wird, sich an einem der folgenden Tage an einem bestimmten Ort einzufinden. Sie sind die Ersten in der Bevölkerung des Reiches, die erfahren, dass im Oktober in deutschen Großstädten Deportationen beginnen. Keine Ahnung, wohin die Reise geht; das steht in den Briefen nicht drin. Gibt es Ghettos? Geht es ins Ausland? Sie packen ihre sieben Sachen zusammen und fahren zu den angegebenen Sammelpunkten. In Berlin erst einmal nach *jwd*, janz weit draußen, S-Bahn Grunewald, wo sich Fuchs und Hase *Gute Nacht* sagen, damit das keine Wellen schlägt. Aber auch wenn es noch so fein abgeschirmt ist, sieht der eine oder der andere Deutsche ja doch, was auf diesem abgelegenen Bahnhof im Wald vor sich geht – über eine Zeitung wird das allerdings schwerlich publik gemacht. Bei den Augenzeugen lösen diese Szenen Erschrecken und bei mutigen Leuten auch missbilligende Diskussionen aus. Und wer hart im Nehmen ist, geht noch weiter. Wie Heinrich und Maria List in Ernsbach im Odenwald. Mitte November steht ein Mann aus einer Familie, die die Lists kennen, vor der Tür, und bittet diese Bauernfamilie um eine Unterkunft für einige Tage. Es ist Ferdinand Strauß und sie holen den Juden in ihr Haus. Ja, natürlich ist das illegal, was sie hier veranstalten. Beten wir zu Gott, dass das herrschende Regime beseitigt wird, bevor die Behörden entdecken, dass die Familie List einen Juden illegal bei sich aufgenommen hat.[172] Ferdinand Strauß hat jedoch auch bessere Aussichten, bei jemandem unterzukommen, als eine mehrköpfige Familie. Wie viele Juden werden auf diese Art von Königsberg bis Aachen gerettet? In der Stadt Berlin allein sind es auf jeden Fall vier- bis fünftausend. Es sollen insgesamt ungefähr siebentausend Juden sein, die versteckt werden. Die Differenz liegt vor allem im Verpfeifen begründet, wenn 108-prozentige

Nachbarn Geräusche hören oder Licht sehen, oder in Bombenangriffen, bei denen sich Juden nicht wagen, mit der Nachbarschaft in den einigermaßen sicheren Luftschutzkeller zu gehen. Und wie viele Juden werden im ganzen Reich vor der Deportation gerettet? Insgesamt leben in etwa noch 200.000 Juden bei uns. Die Zahl allein der *unmittelbar* beteiligten Helfer innerhalb Deutschlands wird auf 100.000 geschätzt.[173]

Sie haben recht! Es ist empörend, dass die deutschen Familien nicht alle 200.000 Juden in ihren Wohnungen oder so verstecken und sich einmal der Gefahr aussetzen, von den Nazibehörden selbst aus dem Verkehr gezogen zu werden. Bei Ihnen bin ich mir sicher! Sie würden das natürlich sofort machen! Empörend ist allerdings auch, dass die Finanzelite New Yorks über Mittler in der Schweiz und in Nordafrika hinter den Kulissen des Weltkriegs mit dem Naziregime kollaboriert. Sie erinnern sich ganz gewiss an die Namen der großen Banken. Ob das Reich nun Krieg führt oder ob es noch Menschenrechte gibt, gehen die Geschäfte weiter ihren nationalsozialistischen Gang. Jetzt können Sie endlich einmal richtig die Moralkeule schwingen und die Verhaltensweisen kritisieren, die solches Elend über die Welt bringen. Wenigstens Historiker erwähnen hoffentlich nicht bloß deutsche Täter. Unterstützt wird Hitlers Militärmaschine ebenso über französische Tochtergesellschaften amerikanischer Firmen, die das Nazi-Besatzungsrecht in Frankreich preußisch-korrekt einhalten und im Traum nicht daran denken, ihre Produktion einzustellen. Wenn irgendwann einmal die Empörung über den Umgang mit den Juden und mit anderen Leuten in die Medien kommt, wird sie sich hoffentlich nicht bloß auf die Deutschen richten, sondern auch auf die aktiven Verbrecher im Ausland, ohne die die Deutschen nicht seit fast zehn Jahren solch ein intelligenzfernes, dafür aber ein derart brutales Regime am Hals hätten. Geschichtsaufarbeitung umfasst selbstredend auch, wie sich freie Bürger freier Länder jetzt zu den Juden verhalten. Warum haben die USA denn nun ihre Grenzen mehr oder minder für Einwanderer aus Ost- und Südosteuropa bis auf schmale Kontingente geschlossen? Aber England hatte die Einwanderung nach Palästina für Juden auch noch vor diesem Krieg beendet, als es bei Hitler für sie lebensgefährlich geworden war.[174]

Rechnungen, die nicht aufgehen wollen

Am 28. November 1941 trifft Reichsaußenminister Ribbentrop zu einem Gespräch mit dem Botschafter des Kaisers von Japan zusammen und ermutigt ihn dazu, dass sein Land das *British Empire* angreifen solle. Ihm und seinem Meister wäre es am liebsten, wenn es in Singapore passierte. Der *Gröfaz* in der Reichskanzlei will so die Engländer dazu veranlassen, ihre Flugzeuge vom Reich fernzuhalten und sie in Asien einzusetzen. Die beiden haben schon im März nicht verstanden, dass das die USA auf den Plan holt. Was unsere Ostfront angeht, erwarten sie, dass Japan so bald wie möglich die Sowjetunion angreift, denn Hitlers Truppen pfeifen auf dem letzten Loch. Die zuständigen Betriebe im Reich sind nicht wirklich in der Lage, die hochgesteckten Erwartungen des Führergenies auf dem Obersalzberg zu erfüllen. Während das Genie vom grünen Tisch aus die Produktion von 900 Panzern pro Monat wünscht, bringt es die Industrie im Durchschnitt lediglich auf 250 Stück. Das hatte dem armen Kerlchen ja auch kein Mensch rechtzeitig gesagt. Bei Flugzeugen sieht es übrigens in Görings Luftwaffe auch nicht besser aus. Bei den Sowjets geschieht in der Zwischenzeit das Gegenteil. Da werden Betriebe aus dem Westen in die Weiten Sibiriens verlegt und da neu aufgebaut, sodass es eine Frage der Zeit ist, wann sie wie früher viel mehr Panzer und anderen Krempel herstellen werden als das Reich Hitlers. Bis Ende des Jahres 1941 gelingt es ihnen, allein 3730 Panzer und Selbstfahrlafetten der weiterhin in den Osten drängenden deutschen Truppen zu zerstören.[175]

Am 29. November teilt Dr. Fritz Todt, der Minister für Bewaffnung und Munition, dem Führer mit, dass eine Beendigung des Krieges zugunsten Deutschlands nunmehr wirklich nur noch auf politischem Wege möglich sei. Rüstungswirtschaftlich und militärisch ist Deutschland somit schon zum Untergang verurteilt.[176] Schmerzhaft spüren es zuerst die Soldaten im bitterkalten russischen Winter, dass die neunmalkluge Staatsführung in Berlin bei den Vorbereitungen nicht alles bedacht hatte. Aber wenn in Russland Schnee und Kälte Einzug halten, sollte Moskau ja schon längst eingenommen sein. Als das wilde Abenteuer wegen der Schwierigkeiten im Südosten von Europa *um ein paar Monate* verschoben wurde, hatte dann offenbar keiner mehr durchgerechnet, dass dies auch die rettende Einnahme der Hauptstadt Moskau um einige Monate verzögern musste, was es jetzt auch tut oder den Sieg gegen die Rote Armee womöglich gar verhindert. Es gibt auf jeden Fall eine Riesenblamage wegen der absolut ungenügenden Versorgung des Heeres mit Winterkleidung. In Deutschland müssen plötzlich bei den Zivilisten Pelze eingesammelt werden und die Skier eingezogen, so dass jeder Unvoreingenommene einen geradezu verheerenden Eindruck von der ach so weisen Voraussicht der Führung in Berlin bekommt.[177] So nimmt es nicht wunder, dass man immer öfter Sprüche mit dieser Pointe aufschnappt: „Worin besteht der Unterschied zwischen der Sonne und Adolf Hitler?“ Die Antwort: „Die Sonne geht im Osten auf und im Westen unter. Adolf Hitlers Stern ging im Westen auf und im Osten unter!“[178] Richtig, im Westen fing das nämlich im Sommer 1933 mit dem *Viererpakt* aus London, Rom, Paris und Berlin an und der unsägliche Verhandlungsmarathon vom September ’38 war lediglich ein weiterer peinlicher Markstein auf dem Weg Hitlers vom ambitionierten Anführer einer Splitterpartei zum verdächtig erfolgreichen Staatsmann.

Angriff auf Pearl Harbor fast aus heiterem Himmel

Die Elite der USA fühlt sich durch Japans Expansionspolitik zunehmend in ihren wirtschaftlichen Interessen bedroht. Wozu hatten sie denn 1898 Südostasien für ihre Wirtschaft erschlossen? Das trifft insbesondere auf die Philippinen zu, die das freieste Land der Welt seit vierzig Jahren für eine seiner eigenen Kolonien hält. Trotzdem belieferte man Japan weiter mit Treibstoff für seine Feldzüge in China; eigene Energiequellen besitzt Japan bekanntlich nicht. Das freiheitsliebende Amerika hat es übrigens auch auf europäische Besitzungen in Südostasien abgesehen; das jedoch bloß, um die Verlogenheit der amerikanischen Propaganda bei der Ausdehnung des Lebensraumes für die reiche Elite in Erinnerung zu rufen. Japans Führung leidet ihrerseits wiederum ebenfalls unter Großmachtphantasien wie andere halbstarke Staaten in der Welt auch und sieht die Lösung seiner Probleme in einem überraschenden Überfall auf die USA. Dass man mit den vorgelagerten Hawaii-Inselchen aber höchstens eine Zehe eines Riesen anpiekst, ist der Führung im schönen Japan offenbar nicht klar. Wir alle wissen aus eigener und leidvoller Erfahrung, dass es derartige Fehlzündungen bei Männern woanders auch gibt.

Spätestens seit dem *27. Januar 1941* hätte die Regierung in Washington gewarnt sein müssen, als ihr Botschafter in Tokio Joseph Grew berichtet hat, dass das *Land der aufgehenden Sonne* einen Überraschungsangriff auf Pearl Harbor mit aller Kraft und allen zu Gebote stehenden Mitteln durchzuführen beabsichtigt. Im März hatte der deutsche Geheimdienst über Johann Jebsen und den Jugoslawen Dušan *Duško* Popov Amerika wissen lassen, dass die japanische Kriegsmarine versucht, Einzelheiten über den Torpedoangriff der *Royal Navy* auf italienische Schiffe '40 im süditalienischen Taranto in Erfahrung zu bringen, weil die Japaner eine ähnliche Aktion vorhaben. Die Deutschen stellten den Zusammenhang zwischen den vorhandenen Ölreserven der Japaner und dem Zeitpunkt Anfang Dezember '41 fest. Diese Information ging bis hoch zu FBI-Chef John Edgar Hoover und jener ließ sie bis hinunter in den Müllschlucker purzeln. Inzwischen ist gut und gerne noch mal ein halbes Jahr ins Land gegangen. Es folgten Auswertungen von Manövern durch Kommandeure der Luftwaffe aus Fernost. Frederik Martin und Patrick Bellinger sagten, dass Pearl Harbor, was so viel heißt wie Perlenhafen, einem japanischen Flugzeugträgerangriff weitgehend schutzlos ausgeliefert wäre. Überdies sind Meldungen eines japanischen Spions abgefangen worden, der seit März 1941 direkt von Hawaii aus detailliert über die Lage der auf dieser Inselgruppe stationierten Luft- und Marineeinheiten berichtet. Erst als sich Japan das französische Indochina einverleibt hatte, war im Juli des Jahres 1941 Schluss mit den amerikanischen Lieferungen zur Auffüllung der Treibstoffreserven der Japaner. Dann war ein Handelsembargo gegen Japan inkraftgetreten. Dessen Ölvorräte reichten da gerade noch für ein Jahr. Der Hieb gegen Pearl Harbor sollte über die Bühne gehen, solange es genug Sprit gab. Das erzeugte einen gewissen Druck. Dann, am 20. August 1941 bestätigte William Farthing, der Fliegertruppenchef auf Hawaii, was für verheerende Folgen eine feindliche Attacke gegen Pearl Harbor hätte, wenn Washington nicht für genügend Schutz durch Langstreckenbomber sorge. Er plädierte für ein System fester Verteidigungsstellungen unmittelbar an der Küste sowie einen regelmäßigen Luftaufklärungsdienst und ausgedehnte Kontrollfahrten von Zerstörergruppen im nördlichen Pazifik. Aber die warnenden Denkschriften verschwanden wie in Berlin in der Versenkung. Umgekehrt zog die Marineführung der USA auf Befehl von Roosevelt vier von sieben Flugzeugträgern aus Pearl Harbor in den Atlantik ab. Wir alle wissen, dass die Kriegsspielzeuge im Atlantischen Ozean nichts zu suchen haben, weil die USA *de jure* weiter neutral sind und Deutsche und Italiener sich alle Mühe geben, da keinen zusätzlichen Ärger vom Zaun zu brechen. Zum Schutz des Hafens Pearl Harbor jedoch würden sie dringend gebraucht. Aber damit nicht genug. Die Geheimdienste der *US-Army and -Navy* können wesentliche militärische sowie zivile Codes der Japaner entschlüsseln. Der komplizierteste von ihnen, Deckname *Purple* oder auf Deutsch Purpur, kann schon seit dem 15. September 1940 mit einer geringen zeitlichen Verzögerung gelesen werden. Geschwindigkeit ist auch in diesem Fall keine Hexerei. Die Hinweise auf eine japanische Aktion gegen Pearl Harbor verdichten sich im Herbst '41 weiter. Am 24. und am 27. November erlässt der *Chief of*

Naval Operations, der Admiral Harold Stark, Kriegswarnungen für die Kommandeure im Pazifik. Darin heißt es, dass aggressive Handlungen, gewissermaßen unamerikanisches Verhalten seitens Japans in nächster Zukunft zu erwarten sei. Als mögliche Ziele eines japanischen Angriffes wird Guam benannt, das 2612 Kilometer von Japan entfernt ist, ebenso die Philippinen in einer Entfernung von 3070 Kilometern, das hübsche Thailand in einer Entfernung von 4312 Kilometern, die Insel Borneo, die man 4614 Kilometer weit weg findet, und Malaysia, das man 5134 Kilometer entfernt erreicht. Überraschenderweise wird eine Inselgruppe im Pazifik nicht genannt – aber Hawaii ist sicher mit einer Entfernung von 6611 Kilometern nicht mehr wirklich in Sichtweite, oder so ähnlich. Die restlichen 1477 Kilometer machen das Kraut wohl nicht mehr fett. Man könnte doch auf Nummer sicher gehen und die Kriegswarnung wenigstens spaßeshalber auf jenes Inselparadies Hawaii ausdehnen, oder? *Alle* Kommandeure im Pazifik werden angewiesen, die entsprechenden Maßnahmen zur Vorbereitung der Truppen für den Kriegsfall zu treffen, aber selbst keine offensiven Aktionen durchzuführen, solange Japan keinerlei bösartige Handlungen unternimmt. Die *Allgemeine Kriegswarnung* gilt also für alle denkbaren Inseln im Pazifik, für Borneo, Guam, Samoa und sogar für die Philippinen. Nur die Inselgruppe Hawaii kommt in der *Allgemeinen* Warnung nicht vor – und Husband Kimmel, der Kommandierende Admiral in Pearl Harbor, belässt es daraufhin bei der niedrigsten Alarmstufe. Der Flugzeugträger Saratoga wird zur Werftüberholung an der nordamerikanischen Westküste abgezogen. Am 28. November muss Kimmel auch die Enterprise zum Wake-Atoll schicken und die schnittige Lexington nach Midway abgeben.[179]

Nach knapp einem Jahr entsteht allmählich ein gewisser Erklärungsbedarf, zumal die amerikanische Funkaufklärung im Laufe des Novembers Auffälligkeiten vermerkt, die auf die Vorbereitung einer großen militärischen Operation hinweisen. Obendrein stellt sie noch fest, dass Japans Flotte am 1. Dezember außerplanmäßig ihre Rufzeichen auswechselt. In den letzten Tagen waren zwei Schlachtschiffe, drei Kreuzer, elf Zerstörer und sechs voll bestückte Flugzeugträger bis Iturup am nördlichen Ende der japanischen Kurilen verlegt worden – und am 1. Dezember setzt sich dieser Tross in Richtung Hawaii in Bewegung. Aus 6611 Kilometern sind durch jene Verlegung im Handumdrehen 5100 Kilometer geworden. Das ist jetzt auch nicht mehr weiter entfernt als Malaysia, aber dort war jene Allgemeine Kriegswarnung durchgegeben worden. So ist das eben. Weiß Admiral Harold R. Stark nicht, dass die Kurilen zu Japan gehören? Auf diesem Weg wird der Verband am 4. Dezember dann zufällig von einem holländischen Zerstörer geortet. Von jenem erfährt Australiens Geheimdienst, dass eine große Flotte mit Höchstgeschwindigkeit nach Süden im Anmarsch sei. 24 Stunden danach ist klar, dass die Schiffe Pearl Harbor im Visier haben. Australiens Botschafter in Washington Robert Casey ist am 6. Dezember gegen 16 Uhr bei Präsident Roosevelt und warnt diesen vor der drohenden Gefahr. Und was soll ich sagen? Der Präsident unternimmt nichts. Wenige Stunden später entschlüsselt der Marinegeheimdienst ein Dokument, nach dem am nächsten Morgen ein Angriff bevorsteht. Überraschend. Durch die Japaner. Lester Schulz, Roosevelts stellvertretender Marineadjutant, liefert dieses Schreiben kurz nach 21 Uhr im Weißen Haus persönlich ab. Da besteht noch die Gelegenheit, geeignete Maßnahmen zur Verteidigung einzuleiten. Roosevelts Reaktion auf das Dokument besteht aus der offensiven Ansage: „Das bedeutet Krieg." Für die jungen Männer, die sich zur Verteidigung ihrer Heimat über das Meer bis in den Pazifik verschaukeln ließen, bedeutet das den baldigen Tod, denn Schiffe und Flugzeuge stehen dort wie auf einem Präsentierteller. Sie sind weder getarnt noch startbereit. Die Schiffe sind nicht einmal durch Torpedonetze geschützt – obwohl die Dechiffrier-Spezialisten mehrfach vor einem japanischen Erstschlag gewarnt hatten.[180]

Was haben die Japaner vor? Sie wollen Erdölquellen in Fernost für sich erschließen und verhindern, dass amerikanische Truppen die Lieferung des schwarzen Goldes nach Japan unterbrechen können. Die Alternative kann bloß sein, dass die USA das Embargo aufheben. Fakt ist, dass Verhandlungen in dieser Frage zwischen Tokio und Washington im Gange sind. Sie haben aber bis dato nicht zum Einlenken der USA geführt. Dort ist hingegen inzwischen im Weißen Haus bekannt, dass am 7. Dezember eine diplomatische Note aus Japan eingehen soll, mit der die bilateralen Verhandlungen in Washington beendet werden sollen, und Roosevelt ist sehr geneigt, sich nicht mehr aus dem Krieg herauszuhalten. Dabei geht es Amerika eigentlich im aktuellen Stadium auf dem Weg zur Weltherrschaft um den Konkurrenten Deutschland. Aber warum sollte man eine Kriegserklärung nicht auf dem Weg über Japan bekommen? Der Weltöffentlichkeit liefert *Mister President* nach der Meldung von Australiens Botschafter die *Showeinlage* einer ganz persönlichen *Friedensbotschaft* an Kaiser Hirohito: Dessen diplomatische Note sei „gleichbedeutend mit einer Kriegserklärung", wie er dem Tennō auseinandersetzt.

Am Morgen des 7. Dezember, ein paar Stunden vor dem Angriff, erfährt Flottenchef Stark in Washington von diesem Geheimdienstdossier, das Roosevelt bereits kennt und sagt auch: „Das bedeutet Krieg." Er kommt aber ebenso wenig in die Gänge wie George Marshall, der Kommandeur der US-Landstreitkräfte. Dieser will heute reiten und wenn er fertig ist, hat er sich eine ordentliche Dusche verdient. Um 10:20 Uhr ist er dann in seinem Büro. Zu der Zeit machen die Japaner ihre Flugzeuge auf den Trägerschiffen startklar. Stark und Marshall beschließen, eine Warnung nach Pearl Harbor abzuschicken, nicht per Telefon, stattdessen in einem Telegramm mit der niedrigsten Dringlichkeitsstufe. Das überzeugt.

Während es an der Ostküste der USA beinahe Mittag ist, graut in Hawaii erst der Morgen. 370 Kilometer nordöstlich von Pearl Harbor dreht der Tross der japanischen Flotte in den Wind. Allmählich fängt der Sonntag für die amerikanischen Soldaten auf Hawaii an und sie sitzen am Frühstückstisch. Der Himmel über dem Pazifik ist blau, als kurz vor acht Uhr japanische Kampfbomber auftauchen und sich ihrer Insel O'ahu nähern. 360 Flugzeuge greifen den Hauptstützpunkt der US-Pazifikflotte in zwei Wellen an. Die Detonationen der Torpedos in den Schiffen sind für 2403 Amerikaner das Letzte, was sie in ihrem Leben hören. Die meisten Opfer sind Marinesoldaten. Binnen knapp zwei Stunden werden fünf Schlachtschiffe versenkt, drei weitere schwer beschädigt und elf sonstige Kriegsschiffe zusammengeschossen. 188 US-Flugzeuge werden am Boden vernichtet. Die Verluste der Japaner halten sich in Grenzen; nur 29 werden vom Himmel geholt und versinken im Meer oder zerschellen am Boden. Die amerikanischen Radiosender unterbrechen die Programme. *Terroranschlag* und möglichst rund um die Uhr. Ach so, und Admiral Kimmel bekommt jenes Telegramm aus Washington mit der Warnung vor einem möglichen japanischen Angriff. Rechtzeitig ist anders.

Wann haben Sie das letzte Mal schallend gelacht? Mehr als alle anderen Amerikaner ist Franklin D. Roosevelt überrascht. Endlich gibt es wieder einen *Terroranschlag* wie 1898 und 1915. Warum schicken die Eltern in Amerika ihre schmucken Söhne auch nicht freiwillig in die Kriege, derer es bedarf, um den Großverdienern die Weltherrschaft zu beschaffen? Im Radio wendet sich der US-Präsident an das Volk: „Yesterday, December 7, 1941, a date which will live in infamy, the United States of America was suddenly and deliberately attacked by naval and air forces of the Empire of Japan." So ähnlich wird es wohl ungefähr gewesen sein: plötzlich und vorsätzlich sowie böse, hinterhältig und gemein. Vom Kongress erhält er die Erlaubnis, Japan den Krieg zu erklären. Das ist jetzt aber bitte keine wirkliche Überraschung mehr. Doch irgendwer muss für das vermeintliche Debakel verantwortlich sein, also werden Admiral Kimmel und der Heereschef auf Hawaii, General Walter Short wegen „schwerer Pflichtversäumnisse" vor ein Kriegsgericht gestellt. Sie werden, so sehr es der lächelnde Präsident natürlich bedauert, aus dem Militär entlassen.

Zuständig für die Planung des Angriffes war übrigens der Herr Admiral Yamamoto Isoroku. Er hat an der Harvard Universität studiert, Englisch und Erdölwirtschaft, und er war so erfolgreich, dass ihn amerikanische Ölfirmen einstellen wollten. Yamamoto hat selbst nichts gegen Amerika und ist persönlich davon überzeugt, dass ein Krieg gegen die USA nicht zu gewinnen sei. Was glauben Sie, wo der Unterschied zwischen seinem Gehorsam als Militär und dem der deutschen oder amerikanischen oder irgendwelcher anderer Militärs in der Welt zu finden sein wird? Ich höre Ihren Widerstand. Wenn etwas überhaupt nicht geht, darf man es nicht mitmachen. Und dann kommt der große Unterschied zwischen Theorie und Praxis. Wie oft im echten Leben macht ein Menschenkind alles mit, weil er oder sie selbst davon lebt? Schauen Sie sich in ihrem Leben um, bei den Freunden und Bekannten. Einen Krieg gegen die USA zu führen, das hatte Yamamoto, immerhin Oberkommandierender der Vereinigten Flotte der Kaiserlichen Marine, als Verhängnis bezeichnet. Das hat nicht geholfen. Die politische Führung Japans und die Armee hatten den Angriff beschlossen. Nun vertraute der Admiral dem Überraschungseffekt. Ein kurzer, gewaltiger Schlag sollte den USA zeigen, dass sie sich besser nicht mit Japan anlegen sollten. Er wollte keinen Krieg beginnen, nein, nur die Flotte der USA sollte so weit wie möglich zerstört werden. Nach einem ersten Sieg musste Amerika so geschockt sein, dass man wohl um Frieden betteln würde. Doch Yamamoto liefert Roosevelt den Vorwand, um das zu tun, was seine Auftraggeber von ihm erwarten. Japans Traum von einer neuen Weltordnung ist unter dieser Voraussetzung nicht mehr zu einem Erfolg zu führen: „Asien den Japanern, Nord- und Südamerika den USA, und Europa den Deutschen." Das wird sich mit Gewissheit als Hirngespinst herausstellen. Logischerweise ist auch dies wieder so eine Rechnung ohne den Wirt, wenn sich die lieben USA gerade anschicken, dem *British Empire* die Weltherrschaft abzuluchsen.

Die staatstragenden Köpfe in Berlin fallen aus allen Wolken. Diesmal ist es Tokio, das mit seinem *Harakiri* die Partner schockt. Was wäre jedoch anders gekommen, hätten die Japaner Singapore angegriffen? Und das war der heilige Wille Hitlers und Ribbentrops gewesen. Es ist die gleiche unangenehme Überraschung wie bei Mussolinis verrücktem und erfolglosem Einmarsch in Griechenland oder wie bei Hitlers Tricks, bei denen Mussolini immer erst in der letzten Minute vor einer Unternehmung ins Bild gesetzt wird. Die *Kritikaster* im Auswärtigen Amt sagen dazu: „Das scheint bei Diktatoren und Kaisern so Sitte zu sein."[181] Nun ja. Trotzdem erklären sowohl Berlin als auch Rom am 11. Dezember '41 den kleinsten Vereinigten Staaten auf der Welt den Krieg, obwohl sich beide im Dreimächtepakt nur dann zur Hilfeleistung an Japan verpflichtet hatten, so es angegriffen würde. Auf den Straßen Deutschlands flüstert manch ein Passant dem anderen zu: „Gott erhalte unsern Führer – aber bald!" Eine

Bitte kann man einer Person direkt zuordnen – Henning von Tresckow gibt den Seufzer von sich: „Ich wünschte, ich könnte einen Film drehen: *Deutschland nach dem Kriege*. Den würde ich allen Deutschen zeigen. Vielleicht würden sie dann mit Grausen erkennen, was uns bevorsteht." Da ein flüchtiger Blick auf den Globus genügt, um zu dieser Erkenntnis zu gelangen, ist er garantiert nicht der Einzige, der das so sieht.[182]

Die *Großmächte* Ungarn, Bulgarien und die Slowakei erklären den USA sowie obendrein auch noch Großbritannien am 12. Dezember den Krieg. Ob sie sich dabei womöglich verheben? Hitler und Ribbentrop kommen aus dem Staunen nicht heraus. Da ihre Schwadrone vor Moskau stehen, ist es nötig, die Verlegung frischer sowjetischer Divisionen vom Fernen Osten nach Moskau zu verhindern. Zu diesem Zweck erwarteten sie von Japan eine entlastende militärische Aktivität. Es geschah jedoch nichts. Im Gegenteil, Japan setzte seine Flotte in die entgegengesetzte Richtung in Marsch und führte am 7. Dezember den Überraschungsangriff gegen die USA durch. Japan nimmt also nicht den Druck britischer Flugzeuge und Schiffe vom Reich, es holt obendrein die gefürchteten U.S.A. auf das Schlachtfeld. Für Stalin ist jener japanische Angriff auf Pearl Harbor ein Geschenk. Als er zuvor aus dem Fernen Osten Truppen abgezogen hatte, um sie vor Moskau einzusetzen, wusste er nicht so sicher, ob Japan dies nicht ausnutzen würde. Da musste man sich auf den deutschen Agenten Richard Sorge verlassen, der nach Moskau gemeldet hat, dass Japan die Sowjetunion nicht angreifen würde. Von Stund an jedoch kann Genosse Jossif Wissarjonowitsch Stalin nach Herzenslust die Truppen aus Asien abziehen und braucht nichts mehr zu befürchten.[183]

Wenn man in Hitlers Staatsersatz schon keinen Einfluss darauf hat, wer vom großen Meister angegriffen wird, so kann man noch weniger gegen die Führungen anderer Länder unternehmen. In aller Hilflosigkeit bleibt auch hier wieder nur der Spott: Ein Senator will sich über dieses Ungarn informieren und fragt einen in der Kongressbibliothek beschäftigten ungarischen Auswanderer. „Was ist denn Ungarn eigentlich für ein Staat?" Er bekommt die Erklärung: „Ein europäisches Königreich mit achteinhalb Millionen Einwohnern." Der Senator zieht daraus den Schluss: „Da hat Ungarn also einen König?" Der Ungar korrigiert: „Dös gerade nicht, aber einen Reichsverweser, den Admiral Horty!" Da fragt Herr Senator: „Einen Admiral? Da haben Sie also eine große Flotte?" Wieder korrigiert dieser Befragte: „Dös gerade nicht. Unsere Flotte haben uns die Italiener 1918 weggenommen." Fragt der Senator: „So führen Sie also mit Italien Krieg?" Meint der Ungar: „Dös gerade nicht, mit Italien sind wir verbündet. Wir führen Krieg mit den Russen." Fragt der Senator: „Da haben Sie wohl territoriale Ansprüche gegen die Russen." Wiederum korrigiert der Ungar: „Dös gerade nicht. Aber gegen die Rumänen und Slowaken!" Der Senator schlussfolgert daraus: „Da sind also die Rumänen und Slowaken Ihre Feinde?" Der Ungar erläutert ihm: „Dös auch nicht, es sind unsere Bundesgenossen." Der Senator ist endgültig verwirrt: „Ja, zum Donnerwetter, wer soll sich denn in dem Durcheinander zurechtfinden?" An der Stelle zuckt der Ungar mit den Schultern: „Ja, Herr Senator, das ist die neue europäische Ordnung!"[184]

Passend zum Weihnachtsfest erreicht die Deutschen auch noch ein Gruß aus Washington in den Vereinigten Staaten. Dort hält Winston Churchill nämlich am 23. Dezember 1941 eine tolle Rede, in der er erläutert, dass „sich die Alliierten eher auf einen externen *Knock-out* Deutschlands als auf einen internen Zusammenbruch verlassen sollten". Das ist exakt das, worauf London seit 1938 hinarbeitet. Die Beseitigung des Regimes oder die Verhinderung des Krieges war von Anfang an nicht erwünscht. Alles läuft auf den nächsten Totalzusammenbruch Deutschlands hinaus. Liest man Reynold's News, findet man unter Umständen die unerwünschten Worte des Journalisten H. N. Brailsford: „Wir können den Krieg um ein Jahr verkürzen, wenn wir das deutsche Volk davon überzeugen, dass wir Deutschland nicht der Zerstückelung, dem Hunger und der Arbeitslosigkeit aussetzen wollen." Man kann es sich an fünf Fingern einer Hand abzählen: Deutsche Generäle stimmen Brailsford in dieser Beurteilung still und leise zu. Aber Churchill erfindet hier das Rad in keiner Weise neu – er bleibt auf der Linie von Lloyd George im ersten Weltkrieg.[185]

1 Tagebucheintrag vom 2. Februar 1941
Wikipedia (2020), Fraktur (Schrift) [online]. Verfügbar unter http://de.wikipedia.org/wiki/Fraktur_(Schrift) [07.06.2020]

2 Falin (1995), S. 256 und 521
IMG (1948), Band XXII, S. 501

3 Ebd., S. 513f.
Shirer (1961), S. 768
Falin (1995), S. 139, 193 und 520

4 IMG (1948), Band XXII, S. 514f.

5 Steinbach & Tuchel (Hrsg., 1994), S. 330

6 IMG (1948), Band XXII, S. 649

7 Shirer (1961), S. 749f.

8 Steinbach & Tuchel (Hrsg., 1994), S. 481-484

9 Falin (1995), S. 174
Shirer (1961), S. 768
Higham (1983), Sutton (2008), Preparata (2011), Pauwels (2013) u. a.
Katasonov, Valentin (2015), Anglo-amerikanische Geldgeber organisierten den zweiten Weltkrieg [online]. Verfügbar unter http://www.voltairenet.org/article187534.html [05.06.2015]

10 Moorhouse (2007), S. 296f.

11 Steinbach & Tuchel (Hrsg., 1994), S. 103

12 Knightley (1990), S. 122
Sutton (2008), S. 32f., 37f., 71 und 152f.
Pauwels (2013), 206f.
Higham (1983), Trading with the Enemy. An Exposé of the Nazi-American Money Plot 1933-1949. Verlag Delacorte Press
Gassert (1999), Handel mit Hitler. Nach den Schweizer Banken geraten nun auch die amerikanischen Unternehmen ins Visier. In: Die Zeit, 14.01.99, S. 78

13 Overy (2013), S.401ff.
Sutton (2008), S. 71 und 76
LeBor (2014), S. 92, 109 bis 120
Nein, die Royal Air Force wird nichts in oder um Auschwitz herum angreifen. Dafür verdienen die Bank of England und amerikanische Investoren auch zu gut an Auschwitz-Monowitz. LeBor (2014), S. 92, 109 bis 120

14 Schmidt (1961), S. 533f.
Der Nachname wird im Japanischen zuerst genannt.

15 Schmidt (1961), S. 529
IMG (1948), Band XXII, S. 515

16 Ebd.

17 Schmidt (1961), S. 529ff.

18 Ebd., S. 531

19 Ebd.

20 Shirer (1961), S. 750f.
Zum Nachlesen über die nachfolgenden Gräueltaten: Goldstein, Slavko (2018), 1941 – Das Jahr, das nicht vergeht. Die Saat des Hasses auf dem Balkan. Aus dem Kroatischen von Marica Bodrožic. Frankfurt am Main: Fischer-Verlag

21 Schmidt (1961), S. 532

22 Ebd., S. 532-535

23 Ebd., S. 535f.

24 Ebd., S. 533

25 Ebd., S. 537
Vgl. Falin (1995), S. 519

26 Schmidt (1961), S. 537
27 Ebd., S. 537
28 Ebd., S. 538
29 Ebd., S. 537
Huber & Müller (1964), Band 2, S. 579
30 Schwipper (2018)
Suworow (2000)
Musial, Bogdan (2008), Kampfplatz Deutschland: Stalins Angriffspläne für den Westen [online]. Verfügbar unter https://www.welt.de/politik/article1799869/Stalins-Angriffsplaene-fuer-den-Westen.html [20.04.2020]
Machen Sie sich nicht die Mühe, in meinem Text entschuldigende Worte für den Überfall der Wehrmacht auf die Sowjetunion zu finden. Dass ein Hitler vielleicht einen Präventivkrieg geführt haben könnte, wird von mir verneint. Es gibt genug Autoren, die Belege für Hitlers Kriegsabsichten zusammengetragen haben, und genug mit Belegen für Stalins Kriegsabsichten. Wenn ich mich hier nicht täusche, bin ich der erste Autor, der die Argumente für beide Sichtweisen auswertet und in ein stimmiges gemeinsames Narrativ bringt. Nach meinem Dafürhalten liefern die von mir gelesenen Texte anderer Autoren zu dieser Thematik jedoch bislang auch keine schlüssige und glaubhafte Erklärung dafür, wie es vielleicht der technisch unterlegenen Wehrmacht gelungen ist, die hochmoderne Rote Armee bis an die Wolga zurückzudrängen. Was an modernen Panzern und anderen Mittelchen im Laufe der Zeit entwickelt wurde, stand jedenfalls Mitte 1941 nicht zur Verfügung.
31 Falin (1995), S. 202
Fest (1994), S. 174
32 Gosztony (1966), S. 402
Shirer (1961), S 768f.
33 IMG (1948), Band XXII, S. 515
Preparata (2011), S. 345
Schwipper (2018), S. 49-54
34 Falin (1995), S. 176
35 Ebd., S. 176f.
36 Gosztony (1966), S. 401
37 Suworow (2000), S. 247ff. 251 und 293
38 Huber & Müller (1964), Band 2, Seite 579
39 Shirer (1961), S. 767
40 Falin (1995), S. 197f.
41 Suworow (2000), S. 155f. und 325f.
Valentin Falin polemisierte zwar in grellen Formulierungen gegen Suworow und hielt 1995 die These für unmöglich, dass Stalin dem Angriff Hitlers letztlich doch noch durch einen Präventivkrieg zuvorgekommen wollte, doch er bezog seine Schilderung des Empfangs am 5. Mai aus den Schilderungen damals anwesender Militärs, die er für glaubhaft hielt. Suworow stützte sich in seinem Buch aus dem Jahr 2000 auf ein Protokoll aus dem Russischen Zentrum für die Aufbewahrung und das Studium von Dokumenten der neuesten Geschichte (RZChIDNI), das inzwischen nicht mehr unter die Geheimhaltung fiel, mit der Fundstelle Fonds 558, Liste 1, Akte 3808, Blatt 12. Bei aller Ablehnung des Gedankens, dass Stalin Hitlers Angriff durch einen eigenen Angriff zuvorkommen wollte, räumt Falin auf Seite 200 auch selbst ein, dass London zu dieser Veränderung von Stalins Planung entscheidend beigetragen haben könnte. Das hier zitierte Dokument halte ich auf jeden Fall für glaubhafter als die Bekundungen sowjetischer Militärs gegenüber Falin. Vergleichen Sie die Inhalte von Stalins Äußerungen mit Post, Walter (1996), Unternehmen Barbarossa, Hamburg, Berlin, Bonn: Mittler & Sohn, Seite 276.

42 Falin (1995), S. 206
Gosztony (1966), S. 401ff.
Schwipper (2018), S. 53
Ivanov, S. P. u. a. (1974), Die Anfangsphase des Krieges. Teil 2, Kapitel 8, Punkt 4 [online]. Verfügbar unter http://militera.lib.ru/science/npv/index.html [07.02.2019] Moskau: Woenizdat, auf Russisch
43 Suworow (2000), S. 197
Schwipper (2018), S. 42 und 44
44 Falin (1995), S. 199
45 Gosztony (1966), S. 400
46 Ebd., S. 400
47 Vogt (2011), Prof. Dr. Michael Vogt – Geheimakte Hess [online]. Ab 00:18:10 h, 00:25:05 h, 00:28:30 h, 01:03:38 und 01:05:45 h. Verfügbar unter https://www.youtube.com/watch?v=ovp88BDzPM4 [07.06.2020]
Schmidt (1961), S. 538
48 Ebd., S. 538
Vogt (2011), Prof. Dr. Michael Vogt – Geheimakte Hess [online]. Ab 00:28:30 h. Verfügbar unter https://www.youtube.com/watch?v=ovp88BDzPM4 [07.06.20]
49 Schmidt (1961), S. 538
Vogt (2011), Prof. Dr. Michael Vogt – Geheimakte Hess [online]. Verfügbar unter https://www.youtube.com/watch?v=3n4fqPQntMQ [05.03.2019]
Wikipedia (2019), Ernst Wilhelm Bohle [online]. Verfügbar unter https://en.m.wikipedia.org/wiki/Ernst_Wilhelm_Bohle [05.03.2019]
„The next day, he requested a meeting with the Duke of Hamilton, in the mistaken belief that the duke would be sympathetic to Hess' peace plan. Hamilton said he would inform King George VI, but nothing ever came of it. Over the next few weeks, Hess was moved from Scotland to a military installation at Mytchett Place, about 40 miles southwest of London."
„He was also a confidant and on staff of Rudolf Hess, the Deputy Führer until Hess' failed peace mission to England in May 1941."
Zitate aus: Smithsonian.com (2019), Rudolf Hess' Tale of Poison, Paranoia and Tragedy [online]. Verfügbar unter https://www.smithsonianmag.com/history/rudolf-hess-tale-poison-paranoia-and-tragedy-180952783/ [05.03.2019]
50 Vogt (2011), Prof. Dr. Michael Vogt – Geheimakte Hess [online]. Ab 00:12:15 h und ab 00:44:54 h. Verfügbar unter https://www.youtube.com/watch?v=ovp88BDzPM4 [07.06.2020]
51 Hirche (1964), S. 155
52 Ebd., S. 154
53 Ebd., S. 155
54 Ebd., S. 156
55 Ebd., S. 154
56 Ebd., S. 22
57 Ebd., S. 155
58 Knightley (1990), S. 132
59 Preparata (2011), S. 342ff.
60 Falin (1995), S. 256
IMG (1948), Band XXII, S. 501
Knightley (1990), S. 113
Aussage des britischen Historikers Allen Martin in der NTV-Dokumentation Vogt, Geheimakte Rudolf Hess – Die Wahrheit (NTV Doku) Langfassung [online]. Ab 00:21:42. Verfügbar unter https://www.youtube.com/watch?v=26Fxm55aqBU [21.04.2020]

61 Vgl. Shirer (1961), S. 760-764
Vgl. auch: Speidel (1977), S. 108
62 Suworow (2000), S. 136 und 140
63 Speidel (1977), S. 112
64 Schmid (1981), S. 197
65 Ebd., S. 198
66 Speidel (1977), S. 109f.
67 Hirche (1964), S. 145
68 Ebd., S. 173
69 Shirer (1961), S. 770
70 Falin (1995), S. 521
71 Ebd., S. 192
Knightley (1990), S. 151
Moorhouse (2007), S. 196
Knightley ist davon überzeugt, dass eine Menge Literatur nach der Eröffnung von Lord Frederick Winterbotham neu geschrieben werden muss. Dazu zählt gewiss auch die Story, dass der Code der deutschen Verschlüsselungsmaschine Enigma erst kurz vor dem Überfall der Wehrmacht auf die Sowjetunion geknackt worden sein soll.
72 Shirer (1961), S. 768
Falin (1995), S. 198
Wikipedia (2020), Richard Sorge [online]. Verfügbar unter https://de.wikipedia.org/wiki/Richard_Sorge#cite_ref-7 [30.03.2020]
73 Kryptowissen.de (2019), Die Chiffriermaschine Enigma [online]. Verfügbar unter https://www.kryptowissen.de/enigma.html [31.01.2019]
74 Schmidt (1961), S. 538
75 Ebd., S. 481
76 Speidel (1977), S. 113
Gisevius (1947), Zweiter Teil, S. 9f.
77 Speidel (1977), S. 127
78 Fest (1994), S. 177f.
79 Ebd., S. 178f.
80 Gehlen (1971), S. 21
81 Die Aufhebung erfolgte nach andauernden massiven Protesten am 6. Mai 1942.
82 Manstein (2009), S. 173
83 Steinbach & Tuchel (Hrsg., 1994), S. 313, 316, 231 und Fußnote 95
Fest (1994), S. 177f.
Moorhouse (2007), S. 298f., 303 und 306-310
84 Suworow (2000), S. 247ff. 251 und 293
Schwipper (2018), S. 47ff.
85 Falin (1995), S. 176f.
Haisenko (2016), S. 112
86 Falin (1995), S. 200f.
Suworow (2000), S. 138f. und 156f.
87 Ebd., S. 139 bis 145
88 Falin (1995), S. 189
Suworow (2000), S. 117
89 Falin (1995), S. 177
90 Shirer (1961), S. 770
91 Suworow (2000), S. 146

92 Ivanov, S. P. u. a. (1974), Die Anfangsphase des Krieges. Teil 2, Kapitel 8, Punkt 4 [online]. Verfügbar unter http://militera.lib.ru/science/npv/index.html [07.02.2019] Moskau: Woenizdat, auf Russisch

93 Shirer (1961), S. 769
Suworow (2000), S. 146ff.

94 Ebd., S. 232
Gosztony (1966), S. 402

95 Falin (1995), S. 199

96 IMG (1948), Band XXII, S. 516

97 Speidel (1977), S. 134

98 Fest (1994), S. 182

99 Suworow (2000), S. 143
Moorhouse (2007), S. 196

100 Falin (1995), S. 526, Fußnote 14

101 Ebd., S. 177

102 Suworow (2000), S. 154

103 Shirer (1961), S. 774f.

104 Schmidt (1961), S. 538f.
Shirer (1961), S. 775
Manstein (2009), S. 178

105 Ivanov, S. P. u. a. (1974), Die Anfangsphase des Krieges. Teil 2, Kapitel 8, Punkt 4 [online]. Verfügbar unter http://militera.lib.ru/science/npv/index.html [07.02.2019] Moskau: Woenizdat, auf Russisch
Suworow (2000), S. 144
Eine Bestätigung für meine lange gehegte Vermutung, dass die Frage der Termine die Schlüsselrolle bei der Aufklärung des Rätsels spielt, wie die Wehrmacht nach der Überwindung anderer ernsthafter Gegner auch die Rote Armee so lange in die Zange nehmen konnte, fand ich in einer Zeugenaussage für einen Dokumentarfilm von Stuart Russell nach dem Krieg. Herbert Döring aus der SS-Leibstandarte sagte darin, er habe als Hausverwalter des Berghofes bei Berchtesgaden bei einer der nächtlichen Besprechungen mit einem deutschen Spitzenagenten selbst gehört, dass führende Generäle der Roten Armee endlich losschlagen wollten, aber von Stalin immer wieder von einem vorzeitigen Angriff abgehalten wurden. Um jedes Missverständnis auszuschließen: Auch das macht aus Hitlers x-tem militärischem Vorstoß in ein weiteres Land keinen Verteidigungskrieg. Es dient der Findung der historischen Wahrheit, was die Planungen des Kreml in diesen Jahren angeht.
Russell (2020), Von Garmisch in den Kaukasus. Die Geschichte der 1. Gebirgsjägerdivision 1941-1942. Ein Film von Stuart Russell. 2020 auf YouTube eingestellt. Min. 2:41 bis 3:00. Edition Montanus.

106 Shirer (1961), S. 771

107 Ivanov, S. P. u. a. (1974), Die Anfangsphase des Krieges. Teil 2, Kapitel 8, Punkt 4 [online]. Verfügbar unter http://militera.lib.ru/science/npv/index.html [07.02.2019] Moskau: Woenizdat, auf Russisch
Falin (1995), S. 205

108 Shirer (1961), S. 776

109 Ebd., S. 772f.

110 Schmidt (1961), S. 539f.
Hughes (1955), S. 145

111 Falin (1995), S. 213f.

112 Hughes (1955), S. 145

113 Hesse (1953), S. 66ff.
Roewer (2016), S. 64

114 Ivanov, S. P. u. a. (1974), Die Anfangsphase des Krieges. Teil 2, Kapitel 8, Punkt 4 [online]. Verfügbar unter http://militera.lib.ru/science/npv/index.html [07.02.19] Moskau: Woenizdat, auf Russisch
Manstein (2009), S. 179
115 Suworow (2000), S. 144 und 231
Moorhouse (2007), S. 196
Ivanov, S. P. u. a. (1974), Die Anfangsphase des Krieges. Teil 2, Kapitel 8, Punkt 4 [online]. Verfügbar unter http://militera.lib.ru/science/npv/index.html [07.02.2019] Moskau: Woenizdat, auf Russisch
116 Moorhouse (2007), S. 196
117 Suworow (2000), S. 220-224
118 Ebd., S. 224f.
119 Suworow (2000), S. 226f.
Vgl. Falin (1995), S. 189, Fußnote 30
Ivanov, S. P. u. a. (1974), Die Anfangsphase des Krieges. Teil 2, Kapitel 8, Punkt 4 [online]. Verfügbar unter http://militera.lib.ru/science/npv/index.html [07.02.2019] Moskau: Woenizdat, auf Russisch
120 Falin (1995), S. 94f.
121 Meltjuchov (2000), S. 479
122 Hoffmann (1995), S. 21
Suworow (1995), S. 202
Hughes (1955), S. 162
Ivanov, S. P. u. a. (1974), Die Anfangsphase des Krieges. Teil 2, Kapitel 8, Punkt 4 [online]. Verfügbar unter http://militera.lib.ru/science/npv/index.html [07.02.2019] Moskau: Woenizdat, auf Russisch
123 Suworow (2000), S. 201-204, 234 und 239f.
124 Manstein (2009), S. 182
125 Falin (1995), S. 190 und 203ff.
126 Rothfels (1960), S. 91
127 Falin (1995), S. 84
128 Gehlen (1971), S. 39
129 Falin (1995), S. 209
130 Ebd., S. 141 und 209
131 Preparata (2011), S. 234f.
Sutton (2008), S. 24, 26, 36f. und 49
132 Ebd., S. 41f. und 152
133 Ebd., S. 23, 44, 51f. und 91
Preparata (2011), S. 327
Katasonov, Valentin (2015), Anglo-amerikanische Geldgeber organisierten den zweiten Weltkrieg [online]. Verfügbar unter http://www.voltairenet.org/article187534.html [05.06.2015]
134 Sutton (2008), S. 38
Wikipedia (2020), Reichswerke Hermann Göring [online]. Verfügbar unter https://de.wikipedia.org/wiki/Reichswerke_Hermann_G%C3%B6ring [31.03.2020]
135 Suworow (2000), S. 306 und 311ff.
136 Ebd., S. 306 und 311ff.
137 Wikipedia (2020), Bessarabien [online]. Verfügbar unter https://de.wikipedia.org/wiki/Bessarabien [29.03.2020]
138 Hughes (1955), S. 205
139 IMG (1948), Band XXII, S. 518
140 Ebd., S. 544

141 Falin (1995), S. 512f.
Goldberg, Harold J. (2010), Europe in Flames. Understanding World War II [online]. Verfügbar unter https://books.google.de/books?id=K-m3DAAAQBAJ&pg=PA77&lpg=PA77&dq=%22The+two+governments+mutually+undertake+to+render+each+other+assistance%22&source=bl&ots=WS7M2V3_eu&sig=ACfU3U2m3hZ66_8ycOMIU_uLzY7kwE7IJQ&hl=de&sa=X&ved=2ahUKEwjkyaPom8fgAhWGqaQKHRIBAiUQ6AEwAXoECAkQAQ#v=onepage&q&f=false [19.02.2019]
Wikipedia (2020), Boris Lwowitsch Wannikow [online]. Verfügbar unter https://ru.wikipedia.org/wiki/%D0%92%D0%B0%D0%BD%D0%BD%D0%B8%D0%BA%D0%BE%D0%B2,_%D0%91%D0%BE%D1%80%D0%B8%D1%81_%D0%9B%D1%8C%D0%B2%D0%BE%D0%B2%D0%B8%D1%87 [07.06.2020]
142 Preparata (2011), S. 347
143 Steinbach & Tuchel (Hrsg., 1994), S. 103
Sarkowicz (2004), CD 2, Track Nr. 5, Min. 4:56
Wikipedia (2020), Joannes Baptista Sproll [online]. Verfügbar unter http://de.wikipedia.org/wiki/Joannes_Baptista_Sproll [07.06.2020]
Gedenkstätte Pirna Sonnenstein. Stiftung Sächsische Gedenkstätten (2016), Abbruch der „Aktion T4“ vor 75 Jahren [online]. Verfügbar unter https://www.stsg.de/cms/pirna/aktuelles/abbruch-der-aktion-t4-vor-75-jahren [05.07.2020]
144 Wikipedia (2019), Atlantic Charta [online]. Verfügbar unter https://de.wikipedia.org/wiki/Atlantik-Charta#Wortlaut_(deutsche_%C3%9Cbersetzung) [07.06.2020]
145 Schmidt (1961), S. 259
Rothfels (1960), S. 155
Hughes (1955), S. 208
Wikipedia (2019), Atlantic Charta [online]. Verfügbar unter https://de.wikipedia.org/wiki/Atlantik-Charta#Wortlaut_(deutsche_%C3%9Cbersetzung) [07.06.2020]
146 Schmidt (1961), S. 259
Rothfels (1960), S. 155
Hughes (1955), S. 208
Wikipedia (2019), Atlantic Charta [online]. Verfügbar unter https://de.wikipedia.org/wiki/Atlantik-Charta#Wortlaut_(deutsche_%C3%9Cbersetzung) [07.06.2020]
147 Hughes (1955), S. 205
148 Compact (12/2016), S. 57
149 Ebd.
Wikipedia (2019), USS Greer (DD-145) [online]. Verfügbar unter https://de.wikipedia.org/wiki/USS_Greer_(DD-145) [26.03.2019]
150 IMG (1948), Band X, S. 335
Sutton (2008), S. 71 und 76
Wikipedia (2019), Cash-and-carry-Klausel [online]. Verfügbar unter https://de.wikipedia.org/wiki/Cash-and-carry-Klausel [15.04.2019]
151 IMG (1948), Band XXII, S. 539
152 Klemperer, Teil I, S. 663f.
153 Straeten (1997), S. 42
Steinbach & Tuchel (Hrsg., 1994), S. 104
154 Fest (1994), S. 182f., 185 und Fußnote 15
155 IMG (1948), Band XXII, S. 544
Das RSHA war das Reichssicherheitshauptamt.

156 Höhne (1976), S. 212
157 Hughes (1955), S. 210
158 Suworow (2000), S. 115
159 Schwarzer (1996), S. 95
Dönhoff (1976), S. 23 f.
Inge März, geb. Lehmann, hat dies dem Autoren berichtet. Ihr bin ich überaus dankbar dafür, dass sie meine Bücher über die Hitler-Zeit gelesen und mit Ihrer Kritik bereichert hat. Sie war vor dem Krieg schon 17 Jahre alt und hat diese schlimmen Jahre selbst bewusst erlebt. Sie betonte vor allem, dass bei mir die ständige Angst stärker betont werden musste. Das habe ich dann an einigen Stellen umgesetzt.
160 Schmid (1981), S. 198f.
161 Steinbach & Tuchel (Hrsg., 1994), S. 161f.
162 Rothfels (1960), S. 145ff.
163 Preparata (2011), S. 306 und 339
Sutton (2008), S. 64 und 149f.
Pauwels (2013), S. 207
Imlay & Horn (2014), The Politics of Industrial Collaboration during World War II: Ford France, Vichy and Nazi Germany. Cambridge University Press
164 Sutton (2008), S. 96f.
165 Ebd., S. 95
166 Preparata (2011), S. 306 und 339
Sutton (2008), S. 64 und 149ff.
Pauwels (2013), S. 207
167 Sutton (2008), S. 149-152
168 The Guardian (2004), How Bush's grandfather helped Hitler's rise to power [online]. Verfügbar unter https://www.theguardian.com/world/2004/sep/25/usa.secondworldwar [31.03.2020]
Wikipedia (2019), Prescott Bush [online]. Verfügbar unter https://de.wikipedia.org/wiki/Prescott_Bush [27.03.2019]
169 Hirche (1964), S. 170
170 Ebd., S. 171
171 Ebd., S. 166
172 Steinbach & Tuchel (Hrsg., 1994), S. 104
Straeten (1997), S. 51
173 Steinbach & Tuchel (Hg., 1994), S. 399f.
Bruch & Hofmeister (2000), S. 156
Andere nennen noch geringere Zahlen für das Inland.
Rothfels (1960), S. 31f. und 35f.
174 Sutton (2008), Wall Street und der Aufstieg Hitlers, S. 150
Black (2001), IBM und der Holocaust. Die Verstrickung des Weltkonzerns in die Verbrechen der Nazis. München: Propyläen Verlag
LeBor (2014), Tower of Basel. BIZ. Die Bank der Banken und ihre dunkle Geschichte. Zürich: Rotpunktverlag
Trepp (1997), Bankgeschäfte mit dem Feind. Die Bank für Internationalen Zahlungsausgleich im Zweiten Weltkrieg. Von Hitlers Europabank zum Instrument des Marschallplans, Zürich: Rotpunktverlag, S. 130
175 IMG (1948), Band X, S. 333 verglichen mit Band XXII, S. 519
Suworow (2000), S. 131
Falin (1995), S. 247
176 Ebd.
177 Schmidt (1961), S. 551

178 Hirche (1964), S. 148

179 Es folgen die Quellen, aus denen ich für die Darstellung der Vorgänge rund um Pearl Harbor geschöpft habe. Bei den nachfolgenden Absätzen sollen nicht jedesmal Endnoten mit Ebenda angefügt werden.
Knightley (1990), S. 143
Compact (12/2016), S. 57ff.
Hanefeld, Jürgen (2013), Angriff auf Pearl Harbor vor 75 Jahren. Der große Irrtum. Im Internetportal des Deutschlandfunks [online]. Verfügbar unter https://www.deutschlandfunk.de/angriff-auf-pearl-harbor-vor-75-jahren-der-grosse-irrtum.724.de.html?dram:article_id=373277 [03.04.2019]
Wikipedia (2019), Angriff auf Pearl Harbor [online]. Verfügbar unter https://de.wikipedia.org/wiki/Angriff_auf_Pearl_Harbor [03.04.2019]

180 Wenn der Entfernungsrechner https://www.luftlinie.org/Pearl-Harbour/Kamtschatka,Kamtsjatka,RUS sogar für die größere Distanz von Kamtschatka, Kamtsjatka, RUS bis Pearl Harbor nur 5.169,14 km angibt, dann wurde in dem Artikel wohl von 8500 km geschrieben, weil die Anfahrt bis zu der Insel Iturup mit eingerechnet wurde. Das war jedoch nicht der Ort, an dem diese Operation letzten Endes tatsächlich begann.

181 Schmidt (1961), S. 542

182 Hirche (1964), S. 90
Moorhouse (2007), S. 303

183 Suworow (2000), S. 131
Falin (1995), S. 247

184 Hirche (1964), S. 161

185 Hughes (1955), S. 212

Literaturauswahl

Allen, Martin (2003). The Hitler-Hess Deception. New York: HarperCollins Publishers Ltd.

Bereshkow, Walentin. M. (1975). Jahre im diplomatischen Dienst. Berlin: Dietz Verlag

Black, Edwin (2001). IBM und der Holocaust. Die Verstrickung des Weltkonzerns in die Verbrechen der Nazis. München: Propyläen Verlag

Boberach (Hrsg., 1984). Die geheimen Lageberichte des Sicherheitsdienstes der SS. 1938-1945. Bände 2 und 3. Herrsching: Pawlak Verlag

Bruch, Rüdiger vom & Hofmeister, Björn (2000). Deutsche Geschichte in Quellen und Darstellung. Band 8. Kaiserreich und Erster Weltkrieg. 1871-1918. Stuttgart: Philipp Reclam jun.

Cairns, John C. (1955). Great Britain and the Fall of France. A Study in Allied Disunity. In: The Journal of Modern History, Vol. 27. No. 4 (Dec., 1955). Chicago: The University of Chicago Press

Campbell, J. (1763). Consideration of the Nature of the Sugar Trade. London

Churchill, Winston Spencer (1954). Der Zweite Weltkrieg. Bern: Alfred Scherz Verlag

Dönhoff, Marion Gräfin (1976). Menschen, die wissen, worum es geht. Politische Schicksale 1916-1976. Hamburg: Hoffmann & Campe

Dulles, Allen Welsh (1947). Germany's Underground. Neuauflage 2000, New York: Da Capo Press

Falin, Valentin (1995). Zweite Front. Die Interessenkonflikte der Anti-Hitler-Koalition. München: Droemersche Verlagsanstalt Th. Knaur Nachfolger

Felfe, Heinz (1988). Im Dienst des Gegners. Autobiografie. 2. Auflage 1989, Berlin: Verlag der Nation

Fest, Joachim C. (1994). Staatsstreich. Berlin: Wolf Jobst Siedler Verlag

Gassert, Philipp (1999). Handel mit Hitler. Nach den Schweizer Banken geraten nun auch die amerikanischen Unternehmen ins Visier. In: Die Zeit, 14.01.1999, S. 78

Gehlen, Reinhard (1971). Der Dienst. Mainz und Wiesbaden: v. Hase & Koehler Verlag

Gilbert, Martin & Gott, Richard (1963). The Appeasers. 2. Ausgabe 1967. London: Weidenfeld and Nicolson. Gekürzt kam das Buch 1964 auch auf Deutsch in den Buchhandel.

Gilbert, Martin & Gott, Richard (1964). Der gescheiterte Frieden. Europa 1933-1939. Stuttgart: W. Kohlhammer Verlag

Gisevius, Hans Bernd (1947). Bis zum bittern Ende. Bände 1 und 2, Darmstadt: Claassen & Würth

Goldberg, Harold J. (2010), Europe in Flames. Understanding World War II. Mechanicsburg, Pennsylvania: Stackpole Books

Goldstein, Slavko (2018), 1941 – Das Jahr, das nicht vergeht. Die Saat des Hasses auf dem Balkan. Aus dem Kroatischen von Marica Bodrožic. Frankfurt am Main: Fischer-Verlag

Gosztony, Peter (1966). Über die Vorgeschichte des deutschen Angriffs auf die Sowjetunion im Juni 1941: Schluss. Aus der Zeitschrift ASMZ: Sicherheit Schweiz: Allgemeine schweizerische Militärzeitschrift, Band 132 aus dem Jahr 1966, Heft 7

Haisenko, Peter (2016). England, die Deutschen, die Juden und das 20. Jahrhundert. Die perfiden Strategien des British Empire. 4. überarbeitete Auflage, München: Anderwelt Verlag

Hesse, Fritz (1953), Das Spiel um Deutschland. München: Paul List Verlag

Harrison, Mark (2000). The Economics of World War II: Six Great Powers in International Comparison. Cambridge University Press

Higham, Charles (1983). Trading with the Enemy. An Exposé of the Nazi-American Money Plot 1933-1949. Verlag Delacorte Press

Hirche, Kurt (1964). Der braune und der rote Witz. Düsseldorf und Wien: Econ Verlag

Hofer, Walther (1982). Der Nationalsozialismus. Dokumente 1933-1945. Überarbeitete Neuausgabe des Jahres 1957, Frankfurt am Main: Fischer Taschenbuch Verlag GmbH

Hoffmann, Joachim (1995). Stalins Vernichtungskrieg 1941-1945. München: Verlag für Wehrwissenschaften

Hoffmann, Joachim (1998). Die Angriffsvorbereitungen der Sowjetunion 1941. In Uhle-Wettler, Reinhard (Hg.). Wagnis Wahrhcit, Kiel: Arndt Verlag

Höhne, Heinz (1976). Canaris. Patriot im Zwielicht. München: C. Bertelsmann Verlag GmbH

Huber, Heinz & Müller, Artur (1964). Das Dritte Reich. Seine Geschichte in Texten, Bildern und Dokumenten. München, Wien und Basel: Verlag Kurt Desch GmbH

Hughes, Emrys (1955). Winston Churchill. British Bulldog - His Career in War and Peace. New York: Exposition Press

IMG: Internationaler Militärgerichtshof Nürnberg (1948). Der Nürnberger Prozess gegen die Hauptkriegsverbrecher vom 14. November 1945 bis 1. Oktober 1946. Genehmigte Sonderaus-ausgabe, herausgegeben vom Internationalen Militärgerichtshof Nürnberg, Frechen: Komet MA-Service und Verlagsges. mbH

Imlay, Talbot & Horn, Martin (2014). The Politics of Industrial Collaboration during World War II: Ford France, Vichy and Nazi Germany. Cambridge: Cambridge University Press

Jacobsen, Hans-Adolf (1979). Der Weg zur Teilung der Welt. Koblenz, Bonn: Verlag Wehr & Wissen

Kennan, George F. (1968). Memoiren eines Diplomaten. Stuttgart: Henry Goverts Verlag

Kleist, Peter (1952). Auch du warst dabei. Ein Buch des Ärgernisses und der Hoffnung. Heidelberg: Kurt Vowinckel Verlag KG

Klöckler, Jürgen (2005). Auslandspropaganda und Holocaust. Kurt Georg Kiesinger im Auswärtigen Amt 1940-1945. In: Buchstab, Gassert, Lang (Hg.). Kurt Georg Kiesinger 1904-1988. Von Ebingen ins Kanzleramt. Freiburg: Herder Verlag

Knightley, Phillip (1990). Die Geschichte der Spionage im 20. Jahrhundert. Aufbau und Organisation, Erfolge und Niederlagen der großen Geheimdienste. Berlin: Verlag Volk und Welt

Knopp, Guido (2009). Die Wehrmacht. Eine Bilanz. München: Wilhelm Goldmann Verlag

Laupp'sche Buchhandlung (1949). Die Beziehungen zwischen Deutschland und der Sowjetunion 1939-1941. Dokumente des Auswärtigen Amtes. 184. Tübingen: H. Laupp'sche Buchhandlung

LeBor, Adam (2014). Tower of Basel. BIZ [Bank für Internationalen Zahlungsausgleich]. Die Bank der Banken und ihre dunkle Geschichte. Zürich: Rotpunktverlag

Mackinder, Halford John (1919). Democratic Ideals and Reality. A study in the politics of reconstruction. London: Constable and Company Ltd.

Mackinder, Halford John (1904). The geographical pivot of history. In: The Geographical Journal. Special Issue: Halford Mackinder and the 'Geographical Pivot of History'. Edited by Klaus Dodds and James D. Sidaway. December 2004. Volume 170. Part 4. Glasgow/Schottland: Royal Geographical Society

Manstein, Erich von (2009). Verlorene Siege. 18. Auflage. Bonn: Bernard & Graefe in der Mönch Verlagsgesellschaft mbH

Mayer, Edgar & Mehner, Thomas (2001). Das Geheimnis der deutschen Atombombe. Gewannen Hitlers Wissenschaftler den nuklearen Wettlauf doch? Die Geheimprojekte bei Innsbruck, im Raum Jonastal bei Arnstadt und in Prag. Rottenburg: Jochen Kopp Verlag

Meltjuchov, M. I. (2000). Stalins verpasste Chance. Die Sowjetunion und der Kampf um Europa. 1939-1941. Moskau: Wjetsche

Moorhouse, Roger (2007). Killing Hitler. Die Attentäter, die Pläne und warum sie scheiterten. Wiesbaden: marixverlag

Musial, Bogdan (2008). Kampfplatz Deutschland: Stalins Kriegspläne gegen den Westen. Berlin: Propyläen Verlag

Overy, Richard (2013). The bombers and the bombed: Allied war over Europe 1940-1945. New York, NY [u. a.]: Penguin Books

Owen, David (2017). Cabinet's Finest Hour. The Hidden Agenda of May 1940. Paperbackausgabe. www.hauspublishing.com

Pauwels, Jacques R. (2003). The myth of the good war. America in World War II. London: The Merlin Press

Pauwels, Jacques R. (2013). Big Business avec Hitler. Brüssel: Les Èditions Aden

Post, Walter (1996), Unternehmen Barbarossa, Hamburg, Berlin, Bonn: Mittler & Sohn, Seite 276

Preparata, Guido Giacomo (2011). Wer Hitler mächtig machte. Wie britisch-amerikanische Finanzeliten dem Dritten Reich den Weg ebneten. 2. Auflage, Basel: Perseus Verlag

Quigley, Carrol (2010). Appeasement. Die britische Mitschuld am Zweiten Weltkrieg. Berlin: Kai Homilius Verlag, Compact

Roewer, Helmut (2016). Unterwegs zur Weltherrschaft. Warum England den Ersten Weltkrieg auslöste und Amerika ihn gewann. 2. korr. Auflage. Zürich: Scidinge Hall Verlag

Rothfels, Hans (1960). Die deutsche Opposition gegen Hitler. Ungekürzte, stark revid. Ausgabe, Frankfurt am Main und Hamburg: Fischer Bücherei KG

Sarkowicz, Hans (2004). Radio unterm Hakenkreuz von 1933 bis 1945. Die Geschichte des Rundfunks in Deutschland. Tonbeiträge auf zwei Compactdiscs. Frankfurt am Main: Hessischer Rundfunk

Schmale, Wolfgang (2000). Geschichte Frankreichs (UTB). Stuttgart: Ulmer-Verlag

Schmid, Carlo (1981). Erinnerungen. Taschenbuchausgabe. München: Wilhelm Goldmann Verlag

Schmidt, Paul (1961). Statist auf diplomatischer Bühne. 1923-1945. Original von 1949. Frankfurt/Main und Bonn: Athenäum Verlag

Schultze-Rhonhof, Gerd (2007). 1939. Der Krieg, der viele Väter hatte. 6. überarb. und aktualisierte Auflage, München: Olzog Verlag

Schwarzer, Alice (1996). Marion Dönhoff – Ein widerständiges Leben. Köln: Kiepenheuer & Witsch

Schwipper, Bernd (2018). Deutschland im Visier Stalins. Der Weg der Roten Armee in den Europäischen Krieg und der Aufmarsch der Wehrmacht. Eine vergleichende Studie anhand russischer Dokumente. 3. ergänzte Auflage 2018. Gilching: Druffel & Vorwinckel-Verlag e. K.

Shirer, William (1961). Aufstieg und Fall des Dritten Reiches. Frechen: Komet MA-Service und Verlagsgesellschaft mbH, Originalausgabe: Köln: Verlag Kiepenheuer & Witsch

Speidel, Hans (1977). Aus unserer Zeit. Frankfurt am Main, Berlin, Wien: Lizenzausgabe des Deutschen Bücherbundes, Originalausgabe Frankfurt/M., Berlin, Wien: Verlag Ullstein GmbH

Steinbach, Peter & Tuchel, Johannes (Hrsg., 1994). Widerstand gegen den Nationalsozialismus. Bonn: Bundeszentrale für Politische Bildung

Straeten, Herbert (1997). Andere Deutsche unter Hitler. Mainz: v. Hase & Köhler Verlag

Sutton, Antony Cyril (2008). Wallstreet und der Aufstieg Hitlers. Basel: Perseus Verlag

Suworow, Viktor (1995). Der Tag M., Stuttgart: J. G. Cotta'sche Buch handlung Nachfolger

Suworow, Viktor (2000). Stalins verhinderter Erstschlag. Hitler erstickt die Weltrevolution. Selent: Pour le Mérite-Verlag für Militärgeschichte

Szepansky, Gerda (1983). Frauen leisten Widerstand: 1933-1945. 16. bis 18. Tausend: Mai 1988, Frankfurt am Main: Fischer Taschenbuch Verlag GmbH

Trepp, Gian (1997). Bankgeschäfte mit dem Feind. Die Bank für Internationalen Zahlungsausgleich im Zweiten Weltkrieg. Von Hitlers Europabank zum Instrument des Marshallplans. 2. Auflage, Zürich: Rotpunktverlag

Namensregister

Wichtige Funktionsträger in den einzelnen Staaten

Belgien

Bulgarien

Deutschland

Vom Luftfahrtminister und Vorsitzenden des Reichsverteidigungsrats bis zum Obersten Beauftragten für den Naturschutz verschiedenste Funktionen
Hermann Göring 16, 38, 65f., 71, 99, 109, 126, 148, 190ff., 207, 220, 243, 259, 273, 286, 290

Reichsaußenminister
Joachim von Ribbentrop 20, 35, 44f., 56, 58, 65, 70, 119f., 122, 132, 137, 143-146, 149, 151f., 155, 158, 182, 188-191, 193, 209, 219, 228, 235, 237ff., 271f., 289, 297f.

Botschafter
in Moskau: Friedrich Werner von der Schulenburg 112, 158, 195, 199f., 230f., 235-238
in Rom: Herbert Otto Rudolf von Bismarck 236
in Tokio: Eugen Ott 189, 216

Geschäftsträger
in Washington: Hans Thomsen 116, 211

Gesandter
in Belgrad: Viktor von Heeren 188

Militärattaché
in Moskau: Ernst-August Köstring 231

Stellvertretender Militärattaché
in Moskau: Hans Krebs 195, 231

Generalstabschef
Franz Halder 28f., 52, 152, 161, 196, 219, 221

Chef des Auslandsgeheimdienstes
Wilhelm Canaris 64, 71, 73, 139, 272, 278, 280

Frankreich

Großbritannien

Italien

Japan

Kaiser, genannt Tennō
Hirohito 132, 194, 289, 295, 297

Außenminister
Matsuoka Yōsuke 187, 189-195, 198

Der Nachname wird bei Japanern zuerst genannt.

Botschafter
in Washington: Nomura Kichisaburō 187, 192f.
in Berlin: Ōshima Hiroshi 189, 289

Jugoslawien

Ministerpräsident
Dragiša Cvetković 188

Niederlande

Militärattaché
in Berlin bis Mai 1940: Gijsbertus Jacobus Sas 42, 70f.

Norwegen

König
Haakon VII. 60

Rumänien

Sowjetunion

Spanien

ehemalige **Tschechoslowakische Republik**

Vereinigte Staaten von Amerika

Unternehmen

Zeitungen, Presseagenturen und Radiosender

Abkürzungen

BDM	Bund Deutscher Mädel für 14- bis 18-jährige Mädchen
BEF	British Expeditionary Force, Britisches Expeditionskorps, Bezeichnung des Truppenkontingents der British Army, das in beiden Weltkriegen in Frankreich sowie in Belgien eingesetzt war.
HJ	Hitlerjugend für Jungs dieses Alters; darin gab es auch den Jungmädelbund für Mädchen von 10 bis 14 Jahren.
KZ	Konzentrationslager
NSV	Nationalsozialistische Volkswohlfahrt
SD	Sicherheitsdienst der SS bzw. Sturmstaffel

Ebenfalls im Anderwelt Verlag erschienen:

England war mit dem Aufstieg kontinentaleuropäischer Länder zu Wirtschaftsmächten und Konkurrenten am Ende des 19. Jahrhunderts nicht untergegangen. Dabei standen die Sterne für das Empire nicht günstig. Der Anteil der Insel am Welthandel war über Jahrzehnte immer weiter gesunken, sie verfügte perspektivisch nicht selbst über genug Rohstoffe für ihre eigene Wirtschaft, auch nicht über hinreichend viele Einwohner, um den ökonomischen Aufstieg anderer Länder mit Hilfe von Feldzügen zu beenden. Wie lässt es sich erklären, dass binnen 50 Jahren die erfolgreiche Entwicklung großer Reiche in Kriegen und Diktaturen versandete und England auch ohne materielle Grundlage noch der Global Player ist wie vor hundert Jahren?

Londoner Außenpolitik & Adolf Hitler: Gibt es einen blinden Fleck?
Autor: Reinhard Leube
ISBN 978-3-940321-19-0 **€ 25.00 (D)**

Was haben die Menschen in Deutschland wohl gefühlt und erlebt in den Jahren 1933 bis 1937? Waren alle glühende Nationalsozialisten oder begann mit den Nazis eine Diktatur? Hätte es tatsächlich eine braune Mehrheit gegeben, dann wäre das eine Demokratie gewesen und man hätte die Gestapo und Ähnliches nicht gebraucht. Wie hat aber das Ausland auf den neuen Kanzler Adolf Hitler reagiert? Wieso war die Chefetage in London von ihm eigentlich so begeistert?
Das vorliegende chronologisch aufgebaute Werk vermittelt dem Publikum einen Eindruck von dieser Zeit, der eine Gänsehaut erzeugt. Ganz anders als die unzähligen Dokus, die nur blitzlichtartig Ausschnitte zeigen ...

Atemberaubend
Autor: Reinhard Leube
ISBN 978-3-940321-20-6 **€ 25.00 (D)**

Kann sein, dass die Berufshistoriker ihr Wissen bloß in verschämten Nebensätzen und in ihren Fußnoten unterbringen. In der Geschichte dritter Teil Septemberrevolution kommt alles auf den Tisch, was inzwischen über das Jahr 1938 bekannt geworden ist, zeitlich geordnet und packend erzählt. Nach weniger als sechs Jahren konnte der kleine Hitler, der mit dem Geld aus England und Amerika in Berlin an die Macht kam, von der Bühne wieder verschwunden sein und sein Drittes Reich nicht mehr als eine üble Panne in der Geschichte Deutschlands. Monate vor den Pogromen gegen die Juden vom November 1938 und ein Jahr, bevor ein zweiter Weltkrieg begann, konnte Hitler durch einen Aufstand in seinem Dritten Reich weggeputscht sein. In diesem Buch erleben Sie noch einmal live mit, wie genau das verhindert wurde.

Septemberrevolution
Autor: Reinhard Leube
ISBN 978-3-940321-23-7 **€ 25.00 (D)**

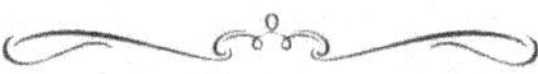

England war mit dem Aufstieg kontinentaleuropäischer Länder zu Wirtschaftsmächten und Konkurrenten am Ende des 19. Jahrhunderts nicht untergegangen. Der Anteil der Insel am Welthandel war über Jahrzehnte immer weiter gesunken, sie verfügte perspektivisch nicht selbst über genug Rohstoffe für ihre eigene Wirtschaft, auch nicht über hinreichend viele Einwohner, um den ökonomischen Aufstieg anderer Länder mit Hilfe von Feldzügen zu beenden. Wie lässt es sich erklären, dass binnen 50 Jahren die erfolgreiche Entwicklung großer Reiche in Kriegen und Diktaturen versandete und England auch ohne materielle Grundlage noch der Global Player ist wie vor hundert Jahren?

God Save the Fuehrer
Reinhard Leube
ISBN 978-3-940321-25-1 **€ 25,00 (D)**

Florian Stumfall war im Bürgerkrieg in Mozambique, in Angola, im Hauptquartier der UNITA in Jamba, er war zu Gast bei Regierungen... Drei Ereignisse hat er in diesem Buch zu einer auf Tatsachen beruhenden Romanhandlung verarbeitet, deren wahrer Kern sich ganz erheblich von dem unterscheidet, was uns die Medien darüber erzählt haben. Stumfall schildert, wie und mit welchem Deal Nelson Mandela in Südafrika von der US-Hochfinanz an die Macht gebracht wurde und wie der Energiekonzern SASOL in Mozambique wegen eines Gasfeldes einen Bürgerkrieg angezettelt hat. Er berichtet vom Krieg in Angola und beschreibt die Rolle, die das weltweite Oppenheimer Diamanten-Monopol gespielt hat, als Jonas Savimbi, der Anführer der antikolonialen UNITA, vom Westen fallen gelassen wurde. Schließlich deckt er auf Basis ihm zugespielter Dokumente die Hintergründe für den 2011 geführten Krieg gegen Gaddafi in Libyen auf.

Tripoli Charlie
Autoren: Florian Stumfall
ISBN 978-3-940321-22-0 **€ 24.30 (D)**

Kriege werden aus zwei Gründen begonnen: Wirtschaft und Religion. In der Neuzeit ist es oftmals nicht zu übersehen, dass der Kampf ums Öl der wahre Grund für Kriege ist. Die Betrachtungen von Peter Haisenko zeigen, dass es bereits vor mehr als 100 Jahren nicht anders war. Politisch orchestrierte Lügen und Intrigen sind keine Erfin- dung der Neuzeit. Mit diesem Buch gehen Sie auf eine Reise durch das 20. Jahrhundert, und die Analyse wirtschaftlich-politischer Verknüpfungen lässt manche „geschichtliche Wahrheit" zweifelhaft erscheinen.

England, die Deutschen, die Juden und das 20. Jahrhundert
Autor: Peter Haisenko
ISBN 978-3-940321-03-9 **€ 24.90 (D)**

Vor einigen Jahren reisten kleine Gruppen von neugierigen Weltverbesserern aus vielen Ländern nach Neuseeland, um zu bewundern und zu lernen, wie so eine kleine, ehemalige Kolonie es geschafft hatte, einen der höchsten Lebensstandards auf Erden für seine Bürger zu erreichen. Neuseeland stand damals für einen Traum, für den Traum einer tatsächlich möglichen gerechten Welt. Heutzutage kommen die Menschen in Millionenstärke jedes Jahr, aber fast ausschließlich als Touristen oder als Einwanderer, als Ertragsquellen, um Devisen zu bringen, die das Land dringend braucht. Denn inzwischen haben die Investoren wieder die Oberhoheit vom Volk zurückerobert, die ihnen einige Jahre lang aus den Händen geglitten ward.

Ausverkauf vom Traum Neuseeland
Autoren: Hans-Jürgen Geese
ISBN 978-3-940321-24-4 **€ 21.00 (D)**

Wer echte Demokratie will, muss als wichtigste Voraussetzung ein Finanz- und Wirtschaftssystem fordern, das die Macht des Kapitals bricht, der „wundersamen Geldvermehrung" durch Zins und Zinseszins ein Ende setzt und Korruption weitgehend unmöglich macht. Die Humane Marktwirtschaft wird das leisten, und nicht nur das. Sie wird den Menschen Freiheit schenken in bisher nicht gekanntem Ausmaß; ein Leben frei von Lohnsteuer und Inflation und damit eine zuverlässig planbare Zukunft. Um das zu erreichen, bedarf es keiner blutigen Revolution, sondern lediglich der Rückbesinnung auf die Grundsätze des Humanismus – und deren konsequente Umsetzung.

Die Humane Marktwirtschaft
Autoren: Peter Haisenko / Hubert von Brunn
ISBN 978-3-940321-13-8 **€ 15.00 (D)**

Das gesamte Angebot des Anderwelt Verlages finden Sie unter:

www.anderweltverlag.com

Besuchen Sie auch unser Portal für kritischen Journalismus und Meinungsbildung unter:

www.anderweltonline.com

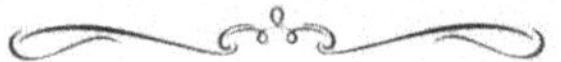